Max Bänziger
Das ICH und sein Schicksal

Max Bänziger

Das

ICH

und sein Schicksal

Offenbart auf der Basis altägyptischer Pyramidentexte und des Universums

Naturwissenschaft ohne Religion ist lahm;

Religion ohne Naturwissenschaft ist blind.

Einstein

© 2001 by Max Bänziger

Alle Rechte der Verarbeitung durch Elektronik, Computer, Funk, Fernsehen, fotomechanische Wiedergabe, Tonträger jeder Art und auszugsweiser Nachdruck sind vorbehalten.

ISBN Nr. 3-9522377-2-8

Hans Neuper

in Dankbarkeit gewidmet

Dank sei Roman Bösch

für gemeinsames Streben und gemeinsame Arbeit -

seit 10 Jahren: auch an diesem Buch.

Dank sei Tobias Blättler,

der immer und in jeder Beziehung sein Bestes gab und gibt,
meine Arbeit zu fördern und zu sichern.

**Der Sinn dieses Buches ist,
dem Menschen den realen Weg aufzuzeigen,
sein eigenes Schicksal besser zu verstehen -
begonnen beim täglichen Leben
bis hin zur individuellen Unsterblichkeit!**

Inhalt

	Zu diesem Buch	9
Erstes Kapitel	Das ICH und sein Bewusstsein	11
	Was ist das ICH?	12
	Das Gleichnis vom Maulwurf	17
	Zugehörigkeit zum Ganzen / Albert Einstein	25
Zweites Kapitel	Das ICH und das lebendige Universum	27
	Das ICH und die Evolution	45
Drittes Kapitel	Die Göttliche Neunheit	49
	Die 9 Wirkungsdimensionen	51
	Die heilige Neunheit von ON (Heliopolis)	52
	Zeitloser Gesichtspunkt	54
	Weltseele / J.W. von Goethe	81
Viertes Kapitel	Das ICH als kosmische Persönlichkeit	83
	Was war der 'Urknall' - und was war davor?	86
	Wesen der unsterblichen Persönlichkeit	105
	Bös und gut / Wilhelm Busch	109
	'Was war vor dem Urknall?' / S.W. Hawking	120
	Text Tonbildschau "Gottheit"	125
	Grundkategorien / Karl Jaspers	131
	AMUN	132

Fünftes Kapitel	Das ICH zwischen Geburt und Tod	142
	Freundlicher Zuruf / J. W. von Goethe	143
	Das ICH und sein irdisches Entstehn	152
	Das ICH und übersinnliche Wahrnehmung	154
	Das ICH und seine Träume	158
	Auswertung nat.wissenschaftl. Erkenntnisse	164
	Gesang der Geister / J.W. von Goethe	181
Sechstes Kapitel	Das ICH und sein kosmisches Wesen	183
	Das ICH und der Tod	205
	1. Bibelgeheimnis	214
	2. Bibelgeheimnis	215
	3. Bibelgeheimnis	216
Siebtes Kapitel	Das ICH und die Unsterblichkeit	240
	Die Physik der Unsterblichkeit	247
	Die zwei Tode	261
	Das Alter und der Tod	266
	'Hier beginnen die Sprüche der Seele'	271
Achtes Kapitel	Das ICH und die Verstorbenen	287
	Das ICH und die GOTTHEIT	317
Neuntes Kapitel	Das ICH und die Pyramidentexte	328
	Pyramiden-Texte (Unas): Spruch 213	330
	Pyramiden-Texte (Unas): Spruch 248	337
Zehntes Kapitel	Das ICH und sein Ziel	342
	Private Osiris-Universität	350

Zu diesem Buch

Woher komme ich? Wer bin ich? Wohin gehe ich? Woraus ist mein ICH? Das sind die legitimen Fragen jedes denkenden Menschen, und die Antwort kann nur eine individuelle sein, denn jeder Mensch ist einzigartig. Darum erkennen viele Menschen, dass sie solche individuelle Antworten nicht erhalten können von dogmatischen Systemen, seien diese nun religiöser oder ideologischer Art. Auch die Wissenschaft lässt den suchenden Menschen hier allein und drückt sich vor klaren sinnvollen Antworten - also: warum sind die Naturgesetze des Lebens, und was ist Ursache, Sinn und Ziel des Ganzen? Wissenschaft, so lautet das unausgesprochene Gesetz, hat es ausschliesslich mit dem Mess- und Wägbaren zu tun. Alles andere geht sie nichts an. Das ist wahrlich dem Menschen eine Hilfe!?

Der suchende Mensch tut gut daran, am Suchen nach den ewigen Grundantworten festzuhalten, denn je mehr er seine lebendig-individuelle Antwort gefunden hat, wird diese ihm zur geistigen Nahrung und stärkt real; sie wird seine Persönlichkeit in allen Lebenslagen ertüchtigen.

Der Mensch hat sich nicht selbst erschaffen, sondern erlebt sich als ICH mit Fähigkeiten und Schwächen, mit denen er zurecht kommen muss - ob er will oder nicht. Der Mensch kann in diesem Sinne gar nicht schuldig sein, und alle Vorwürfe einer Erbsünde (oder wir wären alles Sünder und ähnlich Ungerechtes) sind im Lichte kosmischer Erkenntnis unberechtigt und mit Sicherheit falsch. Da hat Arthur Schopenhauer schon mit seinen Worten die Wahrheit erreicht, wenn er den Menschen als *Willensausdruck der Natur* erkennt. - Und wer oder was ist die Natur, und was ist die Ursache allen Lebens?

Es ist allgemein bekannt, dass durch Training sich die Muskeln entwickeln und dass durch Untätigkeit sich die Muskeln abbauen. Es ist ein kosmisches Gesetz im Interesse des ewigen Lebens, dass alles, was der Mensch nicht braucht, vernachlässigt, ihm früher oder später genommen wird. Viele kennen diese Wahrheit auch als leidvolle Erfahrung aus der Partnerschaft, indem sich um den vernachlässigten Partner jemand anders kümmert. Oder im Zusammenhang mit Sprachen zeigt sich dieses Naturgesetz, dass wir Sprachen, die wir nicht oder zu wenig benutzen, vergessen! Es gibt zahllose Beispiele dieser Art. - Aber das Umgekehrte ist eben auch Naturgesetz: indem derjenige, der z.B. seinen Geist auf individuelle Weise lebendig trainiert, intelligenter, klüger und weiser wird. Wer hauptsächlich sein Bewusstsein durch die physischen Organe schafft, erlebt sich sterblich. Wer hauptsächlich sein Bewusstsein durch Gefühle schafft, erlebt sich sterblich. Wer aber - sich in seinem wahren Wesen erkennend - geistig, seelisch und körperlich erwacht ist, hat das erreicht, hat das verwirklicht, was immer gesucht worden ist und nun gefunden, was glücklich, gesund, individuell erfolgreich macht. Dieses Buch möchte, wo es dies darf, den individuellen Geist des Lesers trainieren und stärken. Darum enthält dieses Buch - auf der Basis altägyptischer Weisheit und kosmischer Erkenntnisse - pragmatische Antworten, die im individuell-täglichen Leben hilfreich unterstützen wollen. *Denn das Leben ist und verlangt die lebendig-individuelle, unendliche Praxis!*

Max Bänziger

Erstes Kapitel

Das ICH und sein Bewusstsein

Der römische Brunnen

Aufsteigt der Strahl und fallend giesst
Er voll der Marmorschale Rund,
Die, sich verschleiernd, überfliesst
In einer zweiten Schale Grund;
Die zweite gibt, sie wird zu reich,
Der dritten wallend ihre Flut,
Und jede nimmt und gibt zugleich
Und strömt und ruht.

C.F. Meyer

Wie ich in diesem Buch noch ausführlich erklären und nachweisen werde, ist das Leben aus kosmischer Sicht eine **unendliche Gleichzeitigkeit!** Nach dieser Erkenntnis ist auch dieses Buch geschrieben, so dass als Ausgangspunkt zum Verstehen einer bestimmten Information Wiederholungen im Interesse des Lesers nicht zu vermeiden sind.

Dieser Wahrheit soll auch in diesem Sinne Rechnung getragen werden, dass sich für niemanden die Frage stellen soll: 'Reicht meine Intelligenz zum Verstehen dieses Buches aus - oder nicht?', sondern im Verstehen zeigt sich, dass der geneigte Leser die Information brauchen kann, und im Nichtverstehen, dass er diese im Augenblick nicht, oder noch nicht, benötigt. Denn der Durst nach Erkenntnis gleicht dem allgemeinen Durst; und je nach der Stärke des Dursts trinkt man -

oder eben nicht, trinkt viel oder wenig. Dieses Buch aber kann nicht wissen, wie der Erkenntnisdurst des Lesers beschaffen ist, sondern es darf eine Quelle sein - und der Leser entscheidet selbst, was und wie viel er von dieser Quelle 'trinken' will.

Was ist das ICH?

Ich antworte zunächst mit einem Phänomen! Ein Phänomen, zu beobachten in einer scheinbar banalen Natürlichkeit: Jeder Mensch träumt immer wieder einmal, dass er auf die Toilette muss, und er will im Traum die Toilette aufsuchen - doch entweder findet er keine, oder die Toilette im Traum ist besetzt, schmutzig, kann nicht versperrt werden und was der Schikanen noch mehr sind. Wirkung in der Regel ist, dass der Träumer durch diese Störungen aufwacht - und aufgewacht (‚wach' im Sinnenkörper), ist der Mensch dann sehr froh, dass die Toilette im Traum nicht frei war.

Diese Art Träume aber sind ein eindeutiger Beweis dafür, dass in uns etwas ist, was nie schläft und immerfort wach ist, so, wenn wir im Sinnenkörper für unser menschliches Verständnis wach sind, aber auch dann, wenn wir schlafen und träumen! Eindeutig und sehr qualifiziert überwacht, überblickt etwas Höheres in uns die beiden Aspekte des Wach- und Traumbewusstseins! Es ist also in diesem Traumbeispiel nachgewiesen, **dass der Mensch ein Bewusstsein hat, welches das körperliche Wachbewusstsein und das Traumbewusstsein versteht, überwacht** sowie die natürlich-sinnvollen Schlüsse zieht und diese ausführt. Dieses hier nachgewiesen erkennbare Bewusstsein ist das **individuell-kosmische ICH-Bewusstsein des Menschen - und in diesem Sinne sein realer kosmischer Teil als lebendige, unsterblich-kosmische Idee!**

Wir erleben diese Welt dreidimensional und können in einem bestimmten Raum mit den drei Angaben von Höhe, Breite und Länge jeden Punkt im Raum definieren, bestimmen und wiederfinden. Der gesuchte Punkt ist zunächst unsichtbar: er ist die Wirkung des Arbeitens mit Höhe, Breite und Länge. Wird in der Angabe von Höhe, Breite oder Länge ein Fehler gemacht, so kann der Punkt nicht gefunden werden. Je mehr und je grössere Fehler im Umgang mit Höhe, Breite und Länge gemacht werden, desto schwieriger wird es, den Punkt zu finden. Diese Wahrheit übertragen wir jetzt auf das lebendige ICH des Menschen.

Was in unserem bisherigen Beispiel die Höhe war, wird jetzt zum Geist. Denken wir in diesem Zusammenhang an Begriffe wie: 'Übersicht-Halten', 'Über-den-Dingen-Stehen' usw. Das Beispiel stimmt wirklich und in allen Bereichen, indem z.B. auf einem Schiff der Ausguck auf dem Mastkorb möglichst frühzeitig Informationen zugänglich machen soll. Vergessen wir auch nicht den berühmten Feldherrenhügel - oder den Hochsitz der Jäger usw. Aus dieser wahren Erkenntnis nehmen wir für die Höhe den Geist und nennen ihn das erste Prinzip. Das erste Prinzip deshalb, weil alles, was geschieht, immer zuerst ein Gedanke ist!

Lebewesen, die wir lieben, oder doch wenigstens sympathisch finden, haben wir gern an unserer Seite und sind gerne mit ihnen zusammen (ICH + DU). Ganz besonders zeigt sich dieses überall dort, wo Gefühle die Situation bestimmen oder doch wenigstens stark beeinflussen. Gefühle wollen das WIR, wollen also das ICH und DU. Beachten Sie bei dieser Gelegenheit, dass alle Organe, die es dem Menschen möglich machen, als Ich das Du wahrzunehmen, doppelt angelegt sind und so ein räumliches Erlebnis ermöglichen (zwei Augen, zwei Ohren, Ober- und Unterlippe und zwei Arme und Beine etc.). Weiter sind die Organe von Augen und Ohren in der Mitte des Gesichtes angeordnet. Es zeigt sich hier also naturgesetzmässig die Zahl Zwei in der Verbindung der Idee der Zweiheit mit den entsprechenden Organen. - Der Mensch sieht etwas, was geschieht da? Lichtwellen transportieren die Idee als Information zu den Augen (entsprechend beim Hören sind es die Schallwellen, welche die Ohren informieren). Die Sinnesorgane, in unserem Beispiel die Augen, leiten diese Informationen als Nervenreize in das Hirn - und erst jetzt hat das ICH das Erlebnis vom Sehen. Also, erstens: Reize erreichen unsere Sinnesorgane und werden zweitens: als Nervenreize an das Hirn weitergeleitet, wo drittens: die Information verstanden wird. Die unter zweitens aufgeführte Leistung nennen wir das zweite Prinzip, das Prinzip der Energie und der Seele. So wird in unserem Beispiel die Breite zum Seelischen.

Jetzt bleibt uns noch die Erklärung für die Länge. Die Länge ist ein linearer Ablauf, wie wir ihn z.b. auch durch den natürlichen Ablauf des Lebens von Zeugung, Geburt bis zum Tod erleben. Die Länge entspricht dem Willen, etwas zu erreichen, einen "Weg" zu gehen, wie immer der auch aussehen mag. Denken wir bei dieser Gelegenheit an die Tatsache, dass die DNS den berühmten Gencode enthält und so mit dem Prinzip der Zellteilung ihre Informationen auch linear verwirklicht. Alle sinnlichen Organe, also unser gesamter sterblicher Körper, untersteht diesem linearen Gesetz der Länge, welches wir das dritte Prinzip, also das Materiell-Physische, nennen.

Unser ICH ist die lebendige Idee, die alle diese drei Prinzipien steuert: also für das qualifizierte Bewegen des Körpers (das dritte Prinzip), für die Zustände der Seele (das zweite Prinzip) und für die Übersicht über körperliches und seelisches Erleben, das Denken (das erstes Prinzip), zuständig ist.

Das ICH und sein Schicksal: Erkennt und denkt der Mensch seine ICH-Idee und die damit verbundenen Lebensmöglichkeiten richtig, wirkt dies intelligente bis weise Handlungen und wirkt entsprechende Folgen. Es kann aber das ICH nur im Rahmen seiner seelischen Möglichkeiten seine Geistigkeit entfalten und leben, und ist demnach auf ein gesundes Seelenleben angewiesen. Entsprechendes gilt für den Körper, indem der intelligente Mensch seine Intelligenz nur im Rahmen seiner körperlichen Fähigkeiten verwirklichen kann.

Angenommen, ein Mensch hat einen guten Hammer, aber er ist unklug, dann werden die Hammerschläge entsprechend unbrauchbar und / oder gar gefährlich sein. Sieht man diesem ungeschickten Menschen beim Hämmern zu, so verrät der Ungeschickte in der Art der ungeschickten Bewegung seinen Mangel an Können. Gemäss dieser Wahrheit funktioniert unsere auf kosmischer Erkenntnis basierende Physiognomie, weil die *Formqualität der Organe* uns sozusagen die geistige Qualifikation des ICHs verrät. Wir denken dabei an keine Typen- und Naturelllehren, die eigentlich mehr organisierte Vorurteile darstellen, sondern an die individuell-geistige Qualität eines ICHs im Zusammenhang einer bestimmten Situation. So wie wir mit den drei Angaben von Höhe, Breite und Länge in einem bestimmten Raum jeden Punkt finden, finden wir über die Qualität von Geist (1. Prinzip), Seele (2. Prinzip) und Sinnenkörper (3.Prinzip) das individuelle Wesen, die individuelle Idee des Menschen!

Wenn wir nun diese individuelle Idee in uns - und in allen anderen - richtig lesen können, bedeutet das schlichtweg Glück und Erfolg in allen Lebensbereichen!

Das ICH und sein Schicksal bedeutet also, zu erkennen, was man für eine kosmische (der Religiöse darf berechtigt vom Göttlichen sprechen) Idee ist. **Denn wir haben uns nicht selbst geschaffen, sondern dürfen und müssen individuelles ICH sein** - und das ist ein Willensausdruck der Schöpfung, des Universums, der Gottheit.

Der nächste wichtige Schritt ist, die drei Dimensionen in einen zuverlässigen Bezug zum Bewusstsein zu bringen.

Beispiel: Ein Mensch hat die Absicht, ein Bild zu malen. Er hat nun dieses Bild als Idee - und organisch, somit linear (er kann es ja nicht auf einen Schlag malen, kann nicht gleichzeitig alle notwendigen Pinselstriche ausführen), malt er Pinselstrich um Pinselstrich. Und jeder Pinselstrich bedeutet einen Anfang und ein Ende - einer gelingt besser und einer weniger gut, einige werden vielleicht sogar übermalt.

Hätte der Maler jetzt reines Organbewusstsein, dann wüsste er nicht mehr um das Bild, sondern erlebte die Teilwahrheit als illusionäre ganze Wahrheit; er empfände seine Existenz als Pinselstrich ohne ein Vorher und Nachher! So geht es dem Menschen, der sein individuell-kosmisches Geheimnis nicht kennt. Er ist mit seinem Leben zufrieden, wie der Maler es ist, wenn der Pinselstrich gelingt; er hadert mit seinem Leben, wenn die Widerstände und Störungen zu gross sind: gleich dem Maler, dem ein Pinselstrich aus irgend einem Grund nicht gelingt.

Sie erkennen im Zusammenhang mit den Organen das organische Bewusstsein. Im Zusammenhang mit Gefühlen das seelische Bewusstsein - und je mehr ein Menschen richtig erkennen und denken kann, sprechen wir vom geistigen Bewusstsein. In Wahrheit bilden diese drei eine *unzertrennbare Einheit*, wie wir auch den Raum als dreidimensionale Einheit erleben.

Jetzt misslingt dem Maler ein Pinselstrich, er hat aber ständig als innere Vorstellung oder als Vorlage das Bild vor sich, wird also ganz ruhig die notwendige Korrektur vornehmen und motiviert, weil er ja das Bild kennt, weitermalen. Das seelische Bewusstsein ist der Mittler zwischen Geist und Körper; darum ist das seelische Bewusstsein enorm wichtig für ein glückliches, erfolgreiches Leben.

Ein ICH, das seine kosmisch-individuelle Idee nicht kennt, gleicht einem Vogel, der um seine Flugfähigkeit nicht weiss und in der Umgebung von Maulwürfen, von diesen beraten, belehrt und angeregt auch Löcher gräbt. Er gilt dann in Maulwurfskreisen als typischer Versager und fristet ein jämmerliches, verkanntes Vogelleben. Oder stellen sie sich vor, ein Schaf und ein Wolf verlieben sich ineinander - und das Schaf fragt den Wolf: 'Liebst Du mich?' - 'Ja', antwortet der Wolf und lügt doch nicht, schliesslich hat er das Schaf wirklich "zum Fressen gern". Das Schaf kann sich nicht verändern - und der Wolf auch nicht. Aber das Schaf kann klug werden und erkennen, dass es ein Schaf ist und verstehen, was die Wölfe für es bedeuten; somit vermag es rechtzeitig als kluges Schaf den Wölfen ausweichen und ein glückliches Schafsleben zu führen. Für die Ernährung der Wölfe wird es immer genügend dumme Schafe geben. Wer diese Fragen mit gut oder schlecht beantworten will, hat keine Chance - denn: weder Schaf noch Wolf wurden gefragt, ob sie diese Tierart sein wollten, sondern sie erwachten als diese Tiere und müssen demgemäss leben! Genau, wie niemand Sie gefragt hat, ob Sie Mensch sein wollen und dieses bestimmte Leben erleben wollen! Aufwachen! Aufwachen heisst, erkennen, wer man als individuell-lebendiges Wesen wirklich ist. Und haben Sie keine Angst vor den Folgen des Aufwachens: die können nur positiv, genial und segensreich, glücklichmachend sein, weil DAS, was Sie geschaffen hat, Sie kosmisch genial so geschaffen hat, dass Sie ganz von selbst, je mehr Sie sich selbst leben, für sich und andere nützlich, erfolgreich und glückbringend sind! *Da diese ICH-Idee individuell ist, muss diese Erkenntnisleistung notwendig für sich jeder selbst leisten.*

Das ICH und sein Schicksal: Lassen Sie mich Ihnen Gesetzmässigkeit und Zusammenhänge zwischen der individuellen ICH-Idee und menschlichem Schicksal an folgendem Gleichnis verdeutlichen.

Das Gleichnis vom Maulwurf

Vor vielen Jahren suchte ich nach einem Gleichnis, welches wichtige menschliche Lebensumstände naturgesetzmäss erfasst und sinnvolle Anregung in Krisensituationen geben soll. Da jeder Mensch ein individuelles Schicksal erlebt, aber naturgesetzlich in der gleichen Welt lebt wie alle Menschen, existieren deshalb schon notwendig Lösungsmöglichkeiten. Werden die aber an rein menschlichen Erfahrungen geschildert, wird vielleicht doch der springende Punkt zu wenig deutlich erkannt, weil viele Menschen geltend machen, dass es bei ihnen selbst doch ganz anders wäre und deshalb das Beispiel hinke. Um dieses Problem zu lösen, erfand ich die folgende Geschichte, die sehr beliebt wurde - und immer wieder wurde deren schriftliches Festhalten verlangt, dem ich hiermit sehr gerne stattgebe.

Es war einmal eine Schwalbenfamilie, die glücklich in ihrem Nest, hoch und gut geschützt in den Ästen, eines Baumes lebte. Wie das Schicksal oft so spielt, denken wir nur an den Kuckuck, der seine Eier in fremde Nester legt, lag im Schwalbennest nebst den anderen Schwalbenkinder ein Maulwurfkind. Niemand wusste, wie das Maulwurfkind in das Schwalbennest kam - ja, es wurde auch gar nicht als Maulwurf erkannt, sondern als ein höchst merkwürdiges Schwalbenkind von den Schwalbeneltern betrachtet und akzeptiert. Als alle Kinder noch klein waren, fiel der Unterschied nicht so auf: die Eltern wunderten sich wohl über das etwas seltsame Aussehen des Maulwurfkindes, gaben sich aber im übrigen damit zufrieden. Die Kinder wurden älter und kamen in die Schwalbenschule. Die Schwalbenkinder kamen sehr gut im Unterricht mit - ganz im Gegensatz zum Maulwurfkind, das zu einem schulischen Sorgenkind wurde. Ganz schlimm wurde es, als die jungen Schwalben das Fliegen lernten und überhaupt keine Mühe damit hatten, während das Maulwurfkind glücklichstenfalls die beste Notlandung vorweisen konnte.

Unsere geplagten Schwalbeneltern unternahmen all das, was Eltern in einem solchen Fall zu unternehmen pflegen. Es kamen die Schwalbenpsychologen und Schwalbenärzte, aber keiner wusste Rat, und die armen Schwalbeneltern sahen für ihr Kind die allertraurigste Zukunft. Aber sie liebten das Kind wie alle ihre anderen Kinder auch, vielleicht sogar noch ein wenig mehr, wie das bei Sorgenkindern nicht selten der Fall ist. Als die Verzweiflung am größten war, tauchte ein Experte, ein Professor, auf, der schon in vielen aussichtslosen Fällen eine Lösung fand - und voller Hoffnung wandten sich die Schwalbeneltern mit ihrem Problem an ihn. Er sah sich das Maulwurfkind sehr gut an und sagte dann, dass das Maulwurfkind eine ganz besondere Schwalbenart wäre, nämlich eine Hochgeschwindigkeitsschwalbe. Der Professor begründete seine Erkenntnis wissenschaftlich und physikalisch einwandfrei, indem er auf die beiden kurzen und stämmigen 'Flügel' des Maulwurfes hinwies und erklärte, je schneller ein Flugzeug oder eine Rakete fliege, desto kleiner wären notwendigerweise die Flügel. Die Eltern waren glücklich, und mit Tränen der Freude in den Augen schlossen sie ihr Kind, dass also doch eine Schwalbe war, halt eben eine besondere, in ihre Flügel. Dem Professor bezahlten sie sehr gerne sein Honorar, baten aber um Ratschläge, wie nun die Weiterentwicklung der Hochgeschwindigkeitsschwalbe zu fördern wäre. Auch da wusste der Schwalbenprofessor rat und erklärte, dass es von grössten Wichtigkeit wäre, dass die Anfangsgeschwindigkeit möglichst hoch wäre - und das würde am besten erreicht, wenn man die Hochgeschwindigkeitsschwalbe vom höchsten Baum im Walde starten liesse. Geraten, getan. Die Schwalbeneltern schleppten ihre Hochgeschwindigkeitsschwalbe auf den höchsten Baum (der Professor war übrigens bei der Umsetzung seines Rates nicht dabei, war unabkömmlich, wünschte aber gutes Gelingen) und liessen sie dort sausen. Der Maulwurf kam tatsächlich auf hohe Geschwindigkeit, nur von Fliegen war keine Rede: ganz im Gegenteil - mit voller Wucht fiel er auf, Gott sei Dank, weiches Erdreich. Und dieser Sturz auf das Erdreich löste etwas Merkwürdiges in ihm aus. Er wusste es selbst nicht, was es war - es war etwas in ihm und leitete ihn. Durch das weiche Erdreich war er nicht verletzt und begann sich einzugraben. Die Schwalbeneltern beobachteten den Sturz mit Entsetzen und befürchteten das Schlimmste. Als der Maulwurf gar begann, sich einzugraben, war den armen Schwalbeneltern klar, dass ihr Kind den Verstand verloren hatte, denn im Schwalbenkreisen ist das sich ins Erdreich Eingraben ganz und gar nicht üblich. Während man noch zauderte und beriet, was hier wohl am besten zu tun wäre, hatte sich der Maulwurf total eingegraben und war verschwunden. Die Schwalbeneltern gaben ihr Kind für tot und waren sehr traurig. Die Schwalbengelehrten trösteten, dass es so wohl doch das beste sei, denn eine wirkliche Zukunft hätte ihr armes Kind doch wohl nie gehabt. So ging die Zeit dahin, und ausser den Schwalbeneltern vergassen alle Schwalben die Hochgeschwindigkeitsschwalbe.

Eines Tages aber flog eines der Schwalbengeschwister, gross und kräftig geworden, umher und sah plötzlich auf dem Boden, wie Erde aufgeworfen wird und aus einem Erdloch ein sehr gesundes und kräftiges Etwas herauskam. Das ist doch mein armes Brüderchen, erkannte die Schwalbe und flog glücklich zu ihm nieder - darauf sprach sie ihn an: "Du bist doch unser Bruder, nicht war? Du siehst aber gesund und gut aus. Wir hielten dich alle für tot." - "Ja, ich bin's", antworte der Maulwurf der Schwalbe, "du siehst übrigens auch sehr gut aus. Aber sonst: bleibt mir bloss weg mit eurer Schwalbenweisheit und dem Luftreich. Das Wahre ist die Erde und das Erdreich!" - "Hör auf!", antwortete die Schwalbe und sagte weiter: "Ich verstehe nicht, warum es dir gut geht und wie es möglich ist, dass du in die Erde verschwinden und wieder aus ihr herauskommen kannst - aber ich sehe: es geht dir gut, und allein das zählt. Du verstehst also etwas vom Erdreich, und schau, ich kenne das Luftreich. Seien wir doch klug, arbeiten wir zusammen, dann haben wir mehr Lebenschancen, als je einer von uns allein haben kann! Hör zu, vielleicht kannst du mir helfen! Ich suche schon den ganzen Tag nach Würmern, aber ich finde keine, und es plagt mich schon sehr der Hunger, ganz abgesehen davon, dass ich Verpflichtungen gegenüber meiner Familie nachkommen muss." "Du hast Recht, ich verstehe Dich", sagte der Maulwurf, "und was die Würmer betrifft, da kann ich dir tatsächlich helfen. Bei dem trockenen Wetter, wie es jetzt ist, bleiben die Würmer tiefer in der Erde als sonst. Aber auf dem Weg hierher habe ich in der Erde gesehen, dass du dort mit deinem Schnabel nur einige Zentimeter die Erde aufreissen musst und du wirst Würmer finden, so viel du willst. Im übrigen kenne ich deine Sorgen! Manchmal grabe ich Gänge um Gänge und finde nichts, weil die Würmer mehr auf oder an er Erdoberfläche sind." "Dann frag mich, lieber Maulwurfbruder, und ich werde die Erde abfliegen und dir die richtigen Stellen verraten. Wir werden von nun an zusammenarbeiten." Sagt's und fliegt zur vom Maulwurf gewiesenen Stelle - und fand die Würmer.

Was will das Gleichnis klarmachen? Im Sinne der Individualität sind wir alle mehr oder weniger 'Maulwürfe' zur Umwelt. Die Umwelt ist nicht 'böse', aber sie sieht uns aus der Interessenlage der Umwelt, schult und fordert uns einzig nach diesen Interessen. Je mehr wir in unserer Individualität von diesen Umweltinteressen abweichen, desto grösser sind die Probleme. Die Schwalbenwissenschaftler und Professoren sind nicht dumm, aber ihr Wissen und Können gilt in erster Linie für Schwalben - bzw. die Umwelt misst uns nicht an unserer Einzigartigkeit, ja, vermag die gar nicht zu erkennen, sondern versucht das Bestmögliche im Rahmen ihrer Interessenlage aus uns zu machen. So erhalten viele von uns Ausbildungen usw., für die sie gar nicht geeignet sind - werden viele beeinflusst oder gar gezwungen zu Berufen, für die sie von Natur aus gar nicht geschaffen sind. Und weil Leben Leistungsaustausch ist, sind diese Menschen nur eingeschränkt oder gar nicht leistungsfähig, so dass es zum 'Absturz' kommt. Der kann derart sein: Nichtbestehen einer Prüfung, Lehr- oder Studienabbruch, Entlassung im Berufsleben. Im Moment ist für den Betroffenen das alles mehr oder weniger schlimm - ist es aber nicht auf die Zukunft gesehen! Denn der Absturz bewies ja eigentlich in erster Linie, dass man am falschen Ort war. So auf sich selbst zurückgeworfen, was ja sehr oft eine Krisensituation auslöst, kommen sehr oft erst die eigenen Kräfte zur Entfaltung! Eine ganze Reihe heute namhafter und renommierter Schweizerfirmen wurde in den Dreissigerjahren, während der grossen Arbeitslosigkeit, von Menschen gegründet, die arbeitslos waren, keine neue Stelle fanden und selbst anfangen mussten.

Der Mensch darf nie vergessen, dass er sich nicht selbst geschaffen hat, sondern dass ihn die Natur oder die Gottheit geschaffen hat, und dass er somit eine Absichtserklärung der Schöpfung ist, d.h. die Schöpfung will etwas mit ihm erreichen. Was? Erkenne Dich selbst in Deinem Charakter, Deinen Fähigkeiten und Deinen Schwächen, dann wirst Du nicht mehr fragen! Je schneller einer versteht, wer und was er ist und wieweit die Umwelt ihn richtig erkannt hat oder von eigenen falschen Vorstellungen ausgeht, kann er diese Erkenntnis im Interesse aller nutzen.

Wer Flügel hat, soll fliegen; und wer Schaufeln hat, soll graben! Analysieren Sie deshalb sorgfältig ihre geistigen, seelischen und körperlichen Fähigkeiten. Ihre linke Gesichtshälfte zeigt die Basis an, und ihre rechte Gesichtshälfte zeigt an, wie ihr Verhalten zur Umwelt ist bzw. wie Sie die als Basis erkannten Voraussetzungen verwirklichen möchten.

Beispiel: Gegeben ist ein Mensch, dessen linke Gesichtshälfte (immer links und rechts vom studierten Objekt aus gesehen definiert!) stärker ausgebildet ist als die rechte. Das wäre ein Hinweis in der Richtung, dass der betreffende Mensch seine Möglichkeiten zu wenig ausschöpft und aktiver nach aussen wirken sollte.

Und nun das umgekehrte Beispiel: Gegeben ist ein Mensch, dessen rechte Gesichtshälfte stärker ausgebildet ist als die linke. Stärker ausgebildet bedeutet, dass z.B. das linke Auge im Verhältnis zum rechten Auge grösser ist. Das wäre ein Hinweis in der Richtung, dass der betreffende Mensch eine Tendenz hat, sich zu stark nach aussen zu orientieren, sich zu überfordern oder zu überschätzen.

Es muss einfach klar sein, dass jeder Mensch selbst herausfinden muss, wer er ist und wie seine Individualität aussieht. Dabei kann einem niemand helfen! Das Schöne und lebenspraktisch Wertvolle bei dieser Arbeit mit sich selbst ist die Tatsache, dass, je mehr Sie sich lebenstüchtig in Ihrer Individualität entwickeln, Sie automatisch für die Umwelt positiver, nützlicher und wertvoller werden. Die Gefahr einer weltfremden Nabelschau oder das Entwickeln von schädlichem Egoismus ist nicht zu befürchten.

Das ist deshalb so, weil uns das ewige Leben erschaffen hat, und in seinen unendlich-vernetzten "Denken" automatisch so geplant und geschaffen hat, dass wir, je mehr wir uns in unserer Individualität entwickeln, unserem, vom Leben selbst gesetzten, Ziel näherkommen - und es irgend einmal erreichen. Dieses "Denken", das uns erschaffen hat, ist gleichzeitig der absolute Uranfang von Allem: so musste und muss es deshalb mit sich selbst arbeiten, weil absolut gesehen gar nichts anderes existiert! - Und darum besteht unser Wesen aus dem gleichen 'Material' wie "das, was ewig denkt" und uns sowie alles Leben überhaupt geschaffen hat. *Darum muss ein Lebewesen siegen, wenn es mit seinem Wesen arbeitet, weil die Wirkungen seines Tuns und Lassens kausal-vernetzt automatisch richtig sind.* - Wer das ganz verstanden hat, wird den Tod nie kennenlernen! - Zitat Albert Einsteins: "Der Tod ist eine optische Täuschung."

Nun gilt es abschliessend im Zusammenhang mit dem dreidimensionalen Lebensraum die Leistungsfähigkeit der drei Bewusstseinsformen zu erklären. Denn, und das ist erreichbare Realität, *wer in individueller Harmonie seine drei Prinzipien bewusst leben kann*, ist real unsterblich geworden, denn er hat das lebenstüchtige ganzheitliche Niveau des Universums erreicht, ist bewusster Teil des Universums geworden - und dieses ist wirklich real-ewig!

Das erste Prinzip entspricht der Denkfähigkeit und der lebendigen Erkenntnis seiner Individualität und dessen Möglichkeiten.

Das zweite Prinzip entspricht der **Seele**, die in Wahrheit unseren ***kosmischen Körper*** darstellt, aus Energie besteht und in einem unendlichen Teil sich in der Ewigkeit befindet, um dort die individuellgöttliche Idee 'zu lesen', den individuellen Schöpfungsauftrag versteht - im ergänzend anderen, endlichen Teil, der Verdichtung nämlich, verwirklicht sie die Ausführung dieser göttlichen Idee mittels Werkzeugen (Organen, linearen Prozessen und organischen Lebensabläufen), die konkret ausführen und so ihren individuellen Beitrag zum unendlichen Leben leisten.

Das dritte Prinzip entspricht der Materie, den Organen, dem Sinnenhaften. Es ist im Prinzip nichts anderes als die Verdichtung (und damit Verwirklichung) der geistigen Absicht - sie dient damit als Information für alle anderen Lebewesen. **Materie ist Information!** Welche Information? Materie verrät durch ihre Eigenschaften, welchen Ideen sie dient, welche Ziele mit ihr als Werkzeug erreicht werden sollen. Durch ihre Charakteristik der Verdichtung ist Materie im Rahmen ihrer Eigenschaften immer "Widerstand" gegen alles andere. Da, wo sie positiver Widerstand ist, z.B. als Leinwand gegen die Informationen tragenden Lichtwellen, wird sie als nützlich, positiv erlebt. Als gegen die Umwelt gerichteter Widerstand wird sie als Hindernis oder verletzendes (Waffen usw.) erlebt.

Es ist doch völlig logisch und wirklich realistisch, dass, wenn nun ein ICH seine individuell-kosmische ICH-Idee erkennt und lebt, sie automatisch für die gesamte Umwelt in der Verdichtung als Mensch nützlich und damit positiv ist. In dem Masse, wo der Mensch das nicht ist, erzeugt er für sich und andere Leiden.

Zugehörigkeit zum Ganzen

Wie alle Wesen ist der Mensch Teil des Ganzen, das wir "Universum" nennen, und rein äusserlich betrachtet von Raum und Zeit begrenzt. Er erfährt sich, seine Gedanken und Gefühle als etwas, das ihn von anderen trennt, aber dies ist eine Art optischer Täuschung des gewöhnlichen Bewusstseins. Diese Täuschung ist wie ein Gefängnis, das unsere persönlichen Wünsche und unsere Zuneigung auf einige wenige Menschen beschränkt, mit denen wir näher zu tun haben. Unsere wirkliche Aufgabe besteht darin, uns aus diesem Gefängnis zu befreien, indem wir unser Mitgefühl und unsere Fürsorge auf alle Wesen und die Natur in ihrer ganzen Schönheit gleichermassen ausdehnen. Auch wenn uns dies nicht vollständig gelingt, so ist doch bereits das Streben nach diesem Ziel Teil der Befreiung und die Grundlage für das Erlangen inneren Gleichgewichts.

Albert Einstein

Im Universum haben wir die unendliche Dreiheit von Form, Raum und Inhalt

Prinzip	Universum	Physik	Mensch	Kopf
1. Prinzip	Form bzw. lebendige Ideen (DNS)	Information	Geist	Stirn, (Formqualität im Antlitz)
2. Prinzip	Raum bzw. Lebensräume	Energie	Seele	Mittelgesicht (Augen, Ohren)
3. Prinzip	Inhalt bzw. Körper	Materie	Körper	Untergesicht (Mund, Kinn)

Zweites Kapitel

Das ICH und das lebendige Universum

Das einzige absolut Sichere, was der Mensch sagen kann, ist die Tatsache, dass er in diesem Universum ist! Wo wir vor hundert Jahren waren, wissen wir nicht, aber es muss im Universum gewesen sein und ebenso gewiss ist, dass wir nach dem Tod, in welcher Form auch immer, im Universum sein werden. Der Mensch weiss zwar nicht, wo im Universum er sich befindet, weil das Universum unvorstellbar und unendlich ist. Der Mensch muss immer vom Sicheren, zuverlässig Erkannten ausgehen, will er zu wirklichen Antworten, Erkenntnissen usw. kommen, die ihn von Leid und Unwissenheit befreien und zum ersehnten glücklichen Dasein führen. Viele meinen, das wäre eine Frage der Intelligenz, dem ist aber keinesfalls so, weil auch die Intelligenz der Lebewesen individuell ist und jedem Lebewesen die Art und Qualität von Intelligenz eigen ist, die ihm ein individuell-glückliches Leben möglich machen! Ein Frosch hat die Intelligenz zu einem glücklichen Froschleben, begäbe er sich aber an eine Storchenschule, würde er sich gequält und überhaupt als 'unbegabter' Schüler bzw. Student erleben. Wer fragt heute schon nach der individuellen Intelligenz - dabei ist die "Natur" so genial, dass, sobald ein Mensch seine individuelle Intelligenz schult und entwickelt, er automatisch nützlich für sich und die anderen Lebewesen ist, denn in jedem Menschen kommt der Schöpfungswille **ganz** zum Ausdruck! - Wir kennen von der Natur Phänomene, wie z.B. die in Kanada festgestellte Tatsache: Wenn die Population der Hasen zurückgeht, die Wölfe weniger Junge und die Adler weniger Eier in ihren Nestern haben. Dies aber nicht als Wirkung der zurückgegangenen Hasenpopulation, sondern alles gleichzeitig stattfindet. Phänomen heisst, eine Realität erleben, die man sich nicht erklären kann. Heisst im Klartext, Dinge zu erleben, die man nicht - oder etwas netter formuliert: noch nicht - versteht. Wir Menschen beobachten solche Phänomene bei Tieren, wobei diese Tiere, in unserem Fall die Hasen, Wölfe und Adler, von diesem Phänomen gar nichts wissen! - Und was wissen wir nicht und faseln dann von "Zufall", obwohl es Zufall im Sinne eines willkürlichen Begriffes gar nicht geben kann, *weil die Natur die Summe von Gesetzmässigkeiten und lebendiger Individualität ist,* was Zufall absolut unmöglich macht. Darum: wenn jemand, und vor allem die Wissenschaft, von Zufall spricht, heisst das im Klartext - man weiss es nicht. Durch Zufall sollen wir entstanden sein? Klartext: man weiss es nicht. Durch Zufall soll das Leben entstanden sein? Klartext: man weiss es nicht. Durch Zufall soll das Universum entstanden sein? Klartext: man weiss es nicht. - Was war vor unserer Geburt? Wo waren wir vorher? Was ist der Sinn unseres Lebens, und was ist nach dem Todesphänomen? Exakte zuverlässige und praktisch lebbare qualifizierte Antworten wären hierzu nicht möglich, ist dann oft die Antwort der Unfähigen. Oh doch! Und dieses Buch will und kann diesen Antworten dienen. Aber leicht im Sinne von oberflächlich, im Sinne auch von schnell (die berühmte Weisheit in fünf Minuten), kann dieser Weg praktischer Erkenntnis nicht sein - darum darf ich Sie in Ihrem Interesse um etwas Geduld bitten, wenn ich mit dem Erklären des Universums beginnen muss, um dann auch für Sie verblüffende und vor allem auch praktische Schlüsse zu ziehen vermag, die Sie teilweise mit treuem Erfolg im täglichen Leben nutzen können. Aber ich muss mit dem Verständnis des Universums beginnen, denn es ist der einzige sichere Ort der Erkenntnis; erinnern Sie sich daran: mit absoluter Sicherheit können wir nur sagen - wir sind im Universum!

Dass es ohne den Kosmos weder unsere Galaxie, unser Sonnensystem noch unsere Erde gäbe, ist klar; somit ist aber auch die Abhängigkeit des Menschen von diesem Universum offensichtlich! Diese besteht auch dann, wenn der Mensch gar nicht um sie weiss bzw. diese in ihrer ganzen Realität gar nicht verstehen kann. Ich hoffe, dass es mir gelingt, mit folgenden zwei Beispielen diese kosmische Realität, mit dem Mittel des Gleichnisses, auf den Menschen bezogen zu erklären.

1. Beispiel: Eine Fliege belästigt einen Menschen. Die Fliege hat im menschlichen Verständnis keine Chance, weder den Menschen noch die ihm zugefügte Belästigung zu verstehen - und in offensichtlicher

Unkenntnis der ihr durch den Menschen drohenden Todesgefahr fliegt sie immer wieder und wieder zu ihm zurück... bis sie erschlagen wird. Sollten die Fliegen unter sich ebenso eng-materialistisch orientierte Wissenschaftler haben wie wir, werden diese mit Sicherheit von "Zufall" sprechen, aber den noch lebenden Fliegen ist damit wohl kaum gedient.

Tatsache ist aber wohl sicher, dass die Fliege noch gerne länger gelebt hätte, und dass der Mensch nur nicht von der Fliege belästigt sein und nicht grundsätzlich ihren Tod wollte. - Wer den Mut hier fasst, gleichnishaft das Fliegenschicksal mit Menschenschicksal zu ersetzen, erkennt die Parallele, welche zum Ausdruck kommt: erleiden doch viele Menschen schlimme Schicksalsschläge, die sich niemand richtig erklären kann und bar jeder Gerechtigkeit erscheinen! Und 'Zufall' ist dann die Antwort darauf - oder es wird der 'unergründliche Ratschluss Gottes' bemüht (vielleicht finden Sie einen Unterschied im Sinn und in der Qualität der beiden Antworten - ich jedenfalls fand keinen). Nun, Fliege bzw. Mensch: lebe künftig glücklich mit dieser Hilfe weiter. - Nein, ich habe mich entschlossen, mich niemals mit solchen unsinnigen und / oder hilflosen Antworten abzufinden und darum unter anderem auch dieses Buch geschrieben; **denn in der Schöpfung an sich sehe ich eine Genialität, die in der Lage sein muss, eine echte und sinnvolle Antwort zu geben!** Und soweit die Möglichkeiten dieses Buches es erlauben, will ich Ihnen sehr gerne meine Erkenntnisse und Praktiken als mögliche Lösung bzw. Antwort dazu vorstellen. Ich habe nämlich das "Betriebssystem" des Universums entdeckt (oder besser: wiederentdeckt, denn den Altägyptern war es ebenfalls bekannt); und wir, dass sind diejenigen Menschen, welche diese Gesetze auch erkannt haben und mit ihnen arbeiten, sind deshalb fähig, Sie als ein kosmisches Geschöpf zu erkennen und als Absicht des Universums zu lesen!

Wenn man solch schwierige Fragen lebenspraktisch beantworten will, muss man sich darüber klar sein, dass der Massstab zur Wertung - und damit der Ausgangspunkt - des Verstehens das Universum selbst ist. Gerade die modernen Erkenntnisse der Astrophysik liefern uns hierzu einen grossartigen Beitrag, indem sie feststellt, dass, soweit der Kosmos beobachtet werden kann, in ihm sehr wohl ein ununterbrochenes Werden und Entstehen im Sinne von Geburt und Tod zu beobachten ist, aber das ganze Geschehnis an sich nie ein absolutes Ende finden wird. Auch die Urknalltheorie beweist wohl eher unfreiwillig dasselbe: es ist logisch, dass etwas vor dem Urknall sein muss, was alles Notwendige für den Urknall zu liefern hatte. Wir kommen also mittels Astrophysik zur zwingenden Erkenntnis, **dass dieses Universum - im menschlichen Verständnis - weder einen absoluten Anfang hatte, noch zeigt sich in irgend einer Form ein absolutes Ende.** Nun aber ist gerade dieses, was das Universum darstellt, in der für uns wahrnehmbaren Wirkung Leben in unendlicher Vielfalt. Und aufgrund der aufgeführten astrophysikalischen Erkenntnisse wird einsichtig, **dass das Universum als Leben sich selbst Sinn und Zweck ist** - im Gegensatz zum Menschen, der ein bedingtes Dasein erlebt - **sowie das unbedingte Dasein verkörpert.** Alles ist einzigartig: schon darin zeigt sich eine für den Menschen unfassbare Kreativität. Wer kann allein diese Tatsache als Mensch sich vorstellen, dass, seit es Menschen gibt (uns gibt es bereits seit Millionen von Jahren), kein einziger Mensch dem andern gleicht, sondern jeder individuell ist, war und sein wird. Das gleiche gilt z.B. für Eiskristalle, und gilt doch für alles und jedes - natürlich auch für das Geschehnis an sich! Alles, was geschieht, hat immer einen absolut individuellen Touch, mögen auch Ähnlichkeiten bestehen. Diese verständlicherweise für Menschen unfassbare Kreativität des Universums erscheint einigen als Chaos, wobei aber die Chaosforschung nachweist, dass es eben doch keines gibt - sondern im Chaos eben auch ein schöpferisches Prinzip wirkt, welches endlich alles einer wohlbestimmten Ordnung, nämlich der Naturgesetze, zuführt. Dieses Prinzip zeigt sich z.B. in der Winterzeit, wo all das verblühte Laub - und vieles mehr - zerfällt, verwest: indem es seine ursprüngliche Form verliert, wirkt es chaotisch; aber alles wird doch von der Natur in einem lebendigen Prozess bis zum Frühjahr als Baustein neuen Lebens genutzt. Deshalb muss man, wenn man für die "Fliegenfrage" eine sinnvolle und pragmatische Antwort haben will, vom Kosmos ausgehen, der ganz offensichtlich die absolute Ursache von allem und jedem ist. Tun wir das nicht, und gehen wir vom Menschen mit seinen begrenzten Wahrnehmungs- und Erkenntnismöglichkeiten aus, haben wir keine Chance, die Wahrhaftigkeit der Dinge zu erkennen. - Sondern wir stellen als Tatsachen fest: Weder die Fliege noch der Mensch haben sich selbst geschaffen, **sondern beide sind gewollte Geschöpfe der Natur und damit des Kosmos.** Nun gilt es zu unterscheiden zwischen dem Willen, der die Lebewesen schafft und dem eigenen Willen - und sofort wird klar: Der Tod der Fliege ist Wirkung des Menschenwillens und nicht an sich Wille der Natur. Die Natur selbst schafft Fliege und Mensch in der Absicht, dass die eine Wesenheit das Fliegenleben und die andere das Menschenleben nach den Gesetzen der Natur lebe. - Was wäre das für die Fliege für ein Geschenk, wenn sie ein Wissen bekäme, welches ihr Verhalten so bestimmte, dass sie den Menschen nicht mehr ärgerte? Die Wirkung wäre, dass die Fliege nach den Gesetzen der Natur ihr Fliegenleben derart leben könnte, dass sie glücklich und zufrieden würde. Gibt es dieses Wissen? Natürlich: das, was alles schafft, hat den absoluten Überblick. Und die Natur, welche die Fliege schuf, hat durchaus ein Interesse an der Existenz der Fliege, ansonsten sie gar nicht existieren würde... Es muss zwingend klar sein, dass der Kosmos in seinem unbedingten Dasein nichts schafft, was er nicht will. **Wir sollten deshalb alles Geschaffene als eine Botschaft der Schöpfung verstehen lernen!**

Wenn also die Fliege sich in ihrer Schöpfungsabsicht verstehen könnte, würde sie, in dieser kosmisch - und damit harmonisch - orientierten Weise lebend, gar nie in die Situation kommen, von einem Menschen willkürlich erschlagen zu werden. Von der Fliege wird es wohl zu viel verlangt sein, anzunehmen, dass eine solche Erkenntnis und ein entsprechendes praktisches Wissen ihr möglich sind - aber dem Menschen ist es möglich. - Und die entsprechenden Möglichkeiten sollen hier erörtert werden.

2. Beispiel: Keine Raupe weiss, dass sie sich einmal verpuppen und dann ein Schmetterling wird. Wenn aber die Naturprozesse ungestört verlaufen, wird genau dies geschehen. Für die andern Raupen ist dann die Raupe tot... und lebt angeblich in einer anderen Welt, im Jenseits, weiter. Für den geschilderten Naturprozess spielt es übrigens keine Rolle, welcher Religion die Raupe angehörte und auch nicht, welcher Partei. In den meisten Fällen genügt es, dass sie ein natürliches Raupenleben führte - und man will festgestellt haben, dass die dicksten Raupen später die schönsten Schmetterlinge geben. Wenn man dieses Beispiel auf den Menschen übertragen will (wobei der menschliche Tod für die Verpuppung und das natürlich-nachtodliche Leben für den Schmetterling stehen darf), so kann weder ich mir selber, in Berücksichtigung meines Übergewichtes, noch Sie sich eine Vorstellung darüber bilden, wie schön ich dereinst nach dem Tod sein werde. - Keine Raupe kann diese vom Menschen leicht zu beobachtende Tatsache erkennen. Jeder von uns weiss, dass er über unsere Eltern - mittels Sperma und Ei - sein Leben als individueller Mensch begann. Aber keiner weiss dies aus eigenem, klaren Erleben im Verständnis von menschlichem Bewusstsein, wie Sie jetzt diesem Vortrag bewusst folgen. Oder ist etwa einer unter Ihnen, der sich daran erinnert, dass er irgendwo im Raum war, und das Sperma des Vaters erblickte, schliesslich sich im Raum damit verabschiedete, der Bus wäre gekommen? Erkennen wir doch in diesen Tatsachen, dass es naturgesetzliche Abläufe gibt, die wir direkt nicht wahrnehmen können, dass aber diese Abläufe im absolut ursächlichen Sinne vom Kosmos abhängig sind sowie von diesem direkt und indirekt gesteuert werden.

Diese vom Menschen nicht erkennbaren bzw. für ihn praktisch nicht erfassbaren, naturgesetzlichen Abläufe sind aber sehr wohl wichtig für sein Wohlbefinden. Ich denke dabei an Gesundheit, an Schicksal und an all das, was unser Privat- und Berufsleben ausmacht. Überall begegnen wir dieser Überforderung des Menschen - und es ist einerlei, ob wir dann von Schicksal oder von unergründlichem göttlichem Ratschluss hilflos sprechen. Darf ich für diesen Vortrag vorschlagen, dass wir dieses scheinbar Unergründliche einmal, zum besseren Verständnis, **Faktor Kosmos** nennen: Faktor Kosmos nämlich als Repräsentant für den Schöpfungswillen und seine offensichtliche Macht über alles Leben - und damit verbunden über alles Geschehen.

Wenn ein vernünftiger Mensch etwas tut, was wir nicht verstehen, fragen wir ihn nach seinen Gründen, und unklug würde handeln, wer ohne zu Fragen das Tun verstehen wollte.

Fragen wir doch das Universum, was es mit dem Menschen will. Natürlich antwortet es nicht in Worten, **aber die Natur verrät in den Fähigkeiten ihrer Geschöpfe ihre Absicht**!

Gehen wir also in diesem Sinne schön der Reihe nach: Wir können mit absoluter Sicherheit wissen, dass wir uns in diesem Kosmos befinden, aber wir wissen nicht, wo das genau im Universum ist. Wir können weiter mit Sicherheit sagen, dass wir auf dieser Erde leben, diese wiederum Teil unseres Sonnensystems und dieses Teil unserer Galaxie ist. Unsere Galaxie ist scheibenartig - exakt müsste man zwar von linsenförmig sprechen - und hat nach Meinung vieler heutiger Astrophysiker im Zentrum ein schwarzes Loch. - Das kennen wir doch alle aus unserem täglichen Leben, nämlich von der Schallplatte bzw. der CD. Die Schallplatte enthält als Rille analog gespeicherte Informationen, und die CD verfügt über digital festgehaltene Informationen.

Vergessen wir nie: Der Mensch hat sich nicht selbst gemacht! Aber als Mensch hat er menschliches Bewusstsein, hat Ideen und kann diese im Rahmen seiner Möglichkeiten ausführen. Und das, was den Menschen - und überhaupt alles Leben - hervorgebracht hat, soll kein Bewusstsein besitzen, soll willkürlich handeln, und dies auf eine irgendwie geartete, gesetzlose und vor allem sinn- und ziellose Weise? - Materie ist Information, sagt der grosse und geniale Physiker Carl Friedrich von Weizsäcker. Sehr einverstanden! Aber wer will wen mit der Materie informieren? Zeigt sich nicht in der Materie als Information eine Willensabsicht der Natur? Warum diskutieren, wenn die natürliche Antwort, von der Naturwissenschaft als Gencode aufgefunden vorliegt. Dazu kommt, dass dieser Gencode existiert, sich aber nicht selbst geschaffen hat! Wir Menschen können dies nicht erfassen: es existiert deshalb aber noch lange nicht eine Vorschrift, dumm zu sein - und dumm ist mit Sicherheit, nur weil man etwas nicht versteht, nicht erkennen kann, zu behaupten, es existiere kein ursächlich-schöpferisches Prinzip, wenn doch eindeutig eine reale Wirkung vorhanden ist, welche jenseits allen Fassungsvermögens liegt.

Ganz offensichtlich arbeitet die Natur mir ihrem eigenen, genialen System der DNS, mittels dem sie ihre Ideen über die Zellteilung baut und physisch real verwirklicht. Es muss eindeutig ein schöpferisches Prinzip geben, dass die Menschen an sich nie verstehen können. Kann der Mensch das wirklich nicht verstehen? Denken Sie sich bitte als Gleichnis für das menschlich-geistige Fassungsvermögen ein Wasserglas, und setzen Sie in Ihrer Vorstellung dazu den Ozean. Wenn jemand mit dem Wasserglas den Ozean ausschöpfen wollte, um auf diese Weise die Wassermassen - und damit die Realität des Ozeans - zu erfassen, wäre wahrlich chancenlos. Mit Intelligenz aber kann man erkennen, dass man im Glas Wasser hat; man kann das Wasser auf seine Eigenschaften hin untersuchen und hat dann eine seriöse Vorstellung von dem, was Wasser ist - egal, wo und wie viel es ist. Das Weltmeer besteht aus Wassertropfen, und alle Wassertropfen zusammen machen das Weltmeer aus. Jeder Wassertropfen ist ganz Wasser, besitzt und teilt damit die grundsätzlichen Eigenschaften des Weltmeeres. Ersetzen wir nun den Wassertropfen mit dem Menschen und das Wasserglas mit dem menschlichen Vermögen, das Leben zu verstehen, während das Weltmeer durch den Weltraum ersetzt werde. Und jetzt wird klar, **dass wir keine Organe besitzen, das Unendliche wahrzunehmen,** sondern als Menschen nur über Organe mit beschränktem Leistungsvermögen verfügen, die aber genial auf das Leben auf der Erde abgestimmt sind. In diesem Zusammenhang muss uns doch ein Phänomen auffallen, nämlich dieses, dass wir uns selbst als ICH sowie unsere Gedanken gar nicht wahrnehmen können, sondern immer nur indirekt über Organe eine Wahrnehmung möglich ist. Wie an anderer Stelle in ähnlichem Zusammenhang schon erklärt: -

Lichtwellen transportieren das Gesehene zu meinen Augen und werden dort in Nervenreize umgesetzt, die dann im Hirn zum Bild decodiert werden. Gleiches gilt für das Hören: Schallwellen erreichen mein Ohr und werden in Nervenreize umgewandelt - diese werden wiederum im Hirn zum Gehörten decodiert. Das nun ist ein wesentlicher Teil menschlicher Kindheit, dass er lernen muss, das Gesehene, das Gehörte zu interpretieren und zu verstehen. Denken wir bitte an die Tatsache, dass die Augen von Kleinkindern hervorragend abbilden, aber das Sehen, also das Verstehen, dieser vom Auge in das Hirn kommenden Bilder als Nervenreize muss erst erlernt werden. Ein Kleinkind sieht und hört also vieles um sich herum absolut scharf und klar, aber versteht nicht, was es sieht, was es hört. Das ist eine wichtige Tatsache, die uns später zu einem **kosmischen Verständnis** unserer Seelentätigkeit verhelfen wird. - Da sich der Mensch nicht selbst geschaffen hat, trägt er die Eigenschaften dessen in sich, woraus er ist und geschaffen wurde: das ist für den Religiösen das Göttliche und für den Astrophysiker das Sternenmaterial. Es ist müssig darüber entscheiden zu wollen, wer von den beiden Recht hat, dürften doch beide ähnliche Schwierigkeiten haben z.B. 1 kg "Gottheit" bzw. 1 kg "Sternenmaterial" beizubringen. Das Entscheidende aber ist, dass sowohl das Göttliche wie das Kosmische den Ewigkeitscharakter tragen. Beachten Sie aber die subjektive Illusion im Zusammenhang mit der Wertigkeit der Begriffe: dem Religiösen ist der Begriff Gott oder Gottheit hier einzig richtig, während der "aufgeklärte", der "wissenschaftliche" Mensch das Göttliche als Arbeitsbegriff und Realität in der Regel strikte ablehnt. Ich bin weder gegen Religion noch Wissenschaft, ich bin lediglich entschieden gegen den Missbrauch der beiden. In Wahrheit stimmen beide Begriffe nicht, weil der Mensch schlichtweg nicht in der Lage ist, das lebendig-schöpferische Prinzip, das sich im Weltraum zeigt, zu verstehen. Und doch ist die Sache so einfach: in 10 Sekunden kann man das Wichtigste zum richtigen Leben begreifen -: die Tatsache, dass weder ich noch die anderen Lebewesen sich selber und wir uns gegenseitig gemacht haben, nicht machen können, beweist, dass es einzig klug ist, Respekt vor allen Lebewesen zu haben, weil nur Lebewesen existieren, die das Leben will und wir so den Willen des Lebens respektieren. Wie das dann jeder einzelne individuell erlebt und benennt, ist Privatsache und individuelle Freiheit. Die individuelle Freiheit hört allerdings dort auf, wo sie in ihrer Wirkung die individuelle Freiheit anderer Lebewesen stört.

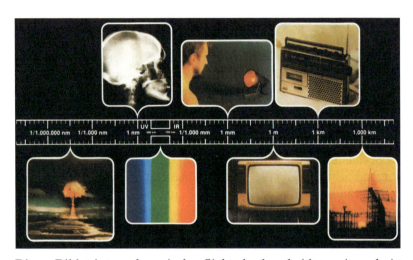

Dieses Bild zeigt, aus kosmischer Sicht, den bescheidenen Ausschnitt von Wellenbereichen, die der Mensch erkannt hat und vor allem mit seiner Technik sichtbar bzw. nutzbar machen kann. **Der für den Menschen sichtbare Teil, derjenige des Sonnenspektrums, ist vergleichsweise sehr winzig.** Es muss klar sein: wenn der Mensch "Augen" besässe, die den ganzen heute bekannten physikalischen Wellenbereich sehen könnten, wie unser Auge in begrenztem Masse sieht, dann würde vieles von dem, was ich hier vortrage, sofort verstanden werden! So mögen wir wohl für die Erde mit unseren Augen gut ausgerüstet sein - aus kosmischer Sicht sind wir überwiegend blind und nicht in der Lage, den gigantischen Rest an Tatsachen zu sehen und damit zu erfassen. Aber diese Tatsachen sind dennoch vorhanden und haben einen enormen, ja wesentlichen Einfluss auf unser Wohlbefinden. - Darf ich Ihnen ein humorvolles Beispiel anbieten? Denken Sie sich bitte anstelle des Kosmos einen absolut dunklen Raum, in dem wir uns, Männer und Frauen, befänden. Da wir nichts anderes kennen, vermissen wir das Licht nicht und wissen nichts über die herrschende Dunkelheit. Nun, sagen wir, fällt einem Herrn, der sich hinter einer Dame befindet, etwas zu Boden. Er bückt sich nieder, und weil er nicht sehen kann, sucht er tastend nach dem Verlorenen. Das Gesuchte findet er nicht, aber er kommt bei seiner suchenden Tätigkeit an Beine und Füsse der Dame. Bitte, seien Sie hier besonders aufmerksam, bietet das Beispiel Ihnen doch auf einfache, plausible Weise die Möglichkeit, die Relativitätstheorie zu verstehen: denn es ist durchaus relativ, wie die Dame dieses Befühlen ihrer Beine und Füsse interpretiert. Wohlverstanden, alle sind im Dunkeln, und wir nehmen nun an, die Dame findet das nicht gut und verteilt in Richtung Täterschaft eine Ohrfeige. Der - an sich unschuldige - Täter aber ist gebückt und sein Nachbar, der da merkt, das etwas vor sich geht, beugt sich zu ihm hin und bekommt just die Ohrfeige der Dame ab - Sie erkennen, er ist damit relativ schlecht dran. Und nun ersetzten Sie bitte die gedachte Dunkelheit mit dem Nichtwissen des Menschen über wesentliche Umstände, die seine Lebensqualität beeinflussen sowie den Rest mit Schicksal und mit dem, was die Leute gemeinhin mit Recht und Unrecht bzw. mit dem Ausspruch: "Es gibt keine Gerechtigkeit" bezeichnen! **Die Tragödie liegt doch wohl in erster Linie darin, dass der Mensch entscheidende Einflüsse auf sein Wohlbefinden nicht kennt** - und das muss sich ändern. - "Licht her", möchte man rufen, und dieses Licht gibt es tatsächlich - **es ist das Licht der kosmischen Erkenntnis!**

Und als absolut sichere Erkenntnis darf gelten: Wir sind aus kosmischem Material; wir haben somit auch grundsätzlich dessen Eigenschaften, dies ist die der Unendlichkeit und... der Unsterblichkeit! Denken wir dabei an Albert Einstein, der als Physiker sagte, dass der Tod eine optische Täuschung wäre. Mit Sicherheit hat er auch hier Recht. Diese optische Täuschung offenbart sich aber nur dem, welcher den kosmischen Standpunkt mit seinen Konsequenzen als Ausgangslage einnimmt. Genau das aber werde ich in diesem Buch tun. Etwas aber, das unendlich ist, also keinen Anfang und kein Ende hat, ist mit den Fähigkeiten menschlicher Organen besehen, die immer nur

Ausschnitte der Wirklichkeit erkennen können, nicht wahrnehmbar, wie es nicht möglich ist, den Ozean in ein Wasserglas abzufüllen. Weil aber das wahre Wesen des Menschen unendlich - und damit auch unsterblich - ist, ist die Erklärung dafür, dass das ICH und die Gedanken nicht wahrgenommen werden können.

Der Hirnforscher und Nobelpreisträger, John C. Eccles, schreibt in seinem Buch: "**Es gibt ein Selbst. Und es regiert das Gehirn.**" Ich zitiere einen Ausschnitt aus der Inhaltsangabe des Verlegers: "**Während die materialistisch orientierten Naturwissenschaften zum Dogma erheben, dass das Gehirn uneingeschränkter Herrscher über den Geist sei, führt Eccles hier zum ersten Mal den neurophysiologischen Nachweis: Es gibt ein Bewusstsein, das nicht identisch ist mit der Materie der Gehirnmasse. Es verfügt frei und unabhängig über das Gehirn.**" - Und ich darf hier John Eccles dankbar im Sinne meiner Arbeiten ergänzen: Dieses Bewusstsein habe ich auch gefunden; ich nenne es das kosmische Bewusstsein! *Der Kosmos verfügt frei und unabhängig über alles, was im Kosmos ist (Weltmeer), und das kosmische Bewusstsein des Menschen (Wassertropfen) verfügt unabhängig über sein Gehirn; es steuert über sein Gehirn alle Organe und erhält über die Organe alle den Organen mögliche Informationen.*

Form ist immer die Wirkung von Bewusstsein: Ungeschicktes Bewusstsein wirkt ungeschickte Form. Der Rohstoff besitzt immer bestimmte Eigenschaften, die ihn damit zu einem wohlbestimmten Rohstoff machen. Rohstoff und Form verhalten sich zueinander wie Weltraum und Inhalt - nur, dass der Weltraum voller Leben ist und nach meiner Erkenntnis selbst das Leben darstellt -, was noch besser mit Ei und Sperma verdeutlicht werden kann. **Licht ist immer Informationsträger** (denken Sie an den Film, Lichtbilder, moderne Telefonübertragungssysteme usw.): z.B. trägt das Sonnenlicht Informationen auf die Erde. Informationen aber sind ursächlich Ideen. Alles, was in irgend einer Form von Menschen geschaffen, gemacht wurde, war zuerst eine unsichtbare Idee! Dasselbe gilt für das Universum, auch wenn wir das nicht verstehen können, aber wir müssen von uns als Geschöpf auf das Universum, das uns hervorgebracht hat, solcherart zwingend schliessen - allerdings mit dem noch zu ergänzenden Unterschied, dass das Universum in seinem geistigen Teil noch unvorstellbar dem Menschen überlegen ist (denken wir doch dabei an den Wassertropfen und an das Weltmeer: das hilft!).

Sonach ist auch jede Zelle gleich einem winzigen Weltraum - besser: Lebensraum - und enthält das ganze Wissen und Können, die kosmischen Ideen zu materialisieren! Und so, wie der Sonnen- bzw. Lichtstrahl die Informationen transportiert, bringt doch das Sperma die Informationen in das Ei, und dann beginnt die Natur zu arbeiten und sich zu materialisieren. - Die Natur arbeitet aber exakt und individuell nach dem erhaltenen Plan; darum sind wir Menschen uns z.B. im Menschenkörper ähnlich, da aber jeder eine individuell-geistige Idee ist, sieht jeder dieser Körper individuell anders aus. Wenn wir nun diese Pläne der Natur lesen können, haben wir es logischerweise leichter...

Wenn die Fliege aus unserem Beispiel ihren kosmischen Plan lesen und verstehen könnte, würde sie sich kosmisch orientiert verhalten und - ohne es zu wissen, ohne je um die Gefahr zu ahnen - gar nicht zum Menschen hinfliegen bzw. sich nicht in andere gefährliche Situationen begeben, sondern sie könnte ihr Fliegendasein glücklich geniessen. - Und die Raupe: wenn sie ihren kosmischen Plan lesen könnte, wüsste um ihre Zukunft als Schmetterling. - Und der Mensch? Was ist mit dem Mensch, wenn er um seinen kosmischen Plan weiss? Er hätte es leichter, erfolgreich, gesund und sinnvoll, ja glücklich zu leben, wie das ja auch der kosmische Wille ist! **Alles Leid stammt aus irgend einer Art Unfähigkeit: entweder direkt durch sich selbst oder indirekt durch andere, meistens aber individuell durchmischt, verursacht.** Es gibt nichts Böses in diesem Universum - es gibt nur falschen Umgang mit den Inhalten dieses Kosmos, ob diese nun als Lebewesen erkannt oder für tote Materie gehalten werden. Auch das ist schliesslich eine Standpunktfrage! - Ein Grippenvirus im menschlichen Körper ist möglicherweise durchaus der Meinung, sich in einer Umgebung aus mehrheitlich toter Materie zu bewegen und wird wohl Blut, andere Körpersäfte, Organe des Menschen wohl vergleichsweise betrachten, wie wir eine Landschaft mit Fluss und Bächen usw. erleben. Tot aber ist am Schluss der Grippenvirus, und zwar ohne dass er je zur vollen Erkenntnis des wahren Geschehens gelangt ist. Der Mensch aber ist kein Virus, er kann erkennen und damit sein eigenes Wohlbefinden, und dasjenige der mit ihm verbundenen Lebewesen, entscheidend dadurch verbessern.

Auf dem Wege, den Menschen aus kosmischer Sicht zu erkennen, fragen und beantworten wir: Was macht den Menschen aus? Er ist ein lebendig-individuelles Wesen, das als Persönlichkeit mit Geist, Seele und Körper ausgestattet ist. So wollen wir nun dem nachgehen, was Persönlichkeit ausmacht, was Geist, was Seele und was Körper darstellen. Die Persönlichkeit, das Wesen, das ICH besteht aus Universum, aus Sternenmaterial und ist Träger der Idee, die sich uns in der Dreiheit von Geist, Seele und Körper offenbart. Diese Dreiheit wird gewirkt durch den von uns erlebten dreidimensionalen Lebensraum - und wir können in einem bekannten Raum mit drei Angaben, nämlich Höhe, Breite und Länge, jeden unsichtbaren Punkt bestimmen. Wichtig ist, dass man nie vergisst, dass es sich hier um eine *Gleichzeitigkeit* handelt: jeder Raum ist gleichzeitig hoch, breit und tief! - Ebenso auch der Mensch: er ist gleichzeitig Geist, Seele und Körper. Nehmen wir, wie schon einmal vorgeschlagen, die Höhe für den Geist, denn Höhe gibt Übersicht; nehmen wir für die Breite die Seele, denn Seele will ICH und DU - in den beiden Augen des Menschen erkennen wir besonders gut seine Seele; nehmen wir zum Schluss für die Länge den Körper: weil die Länge immer Beginn und Ende hat, ist sie eben linear - so arbeiten und wirken auch die Organe im Dienste des Willens, der ja einen Anfang und ein Ziel hat!

Das folgende Bild mit der Helix im Zusammenhang mit Galaxien, Pflanze und der DNS, zeigt nun sehr deutlich eine ganz typische Bewegung des Lebens, nämlich die Spiralform, wie wir diese in der

Doppelhelix, der DNS, beobachten können, aber auch fast überall in der Natur, hier noch im Pflanzenwuchs gezeigt.

Sie sehen nun: Der Weltraum ist voller solcher Spiralformen, weil dies die Charakteristik der Fortbewegung ewig-individueller Ideen ist, seien diese nun Galaxien, Menschen (Doppelhelix der DNS), Pflanzen usw. Wenn wir ganz genau den Lebensablauf des Menschen ab seiner Geburt betrachten, erkennen wir die Tage, Monate und Jahre als gezählte Kreisbewegungen der Erde um die Sonne. In dieser ganzen Zeit lebt der Mensch, durch die Zellteilung gezwungen, sein Leben linear von Geburt zum Tod. Wenn ich also diese lineare Lebensbewegung des Menschen von Geburt bis zum Tode als Vorstellung mit dem Kreisen der Erde um die Sonne in Verbindung bringe, dann erkenne ich, dass diese Lebensbewegung insgesamt eine Spiralform ergibt, und wir deshalb von einer spiralförmigen Schicksalslinie des Menschen sprechen können. Denn sein erlebtes Schicksal ist die Begegnung und Mischung seines persönlichen, individuellen Lebens in lebendiger Wechselwirkung zur Umwelt, welche die Erde ist und trägt.

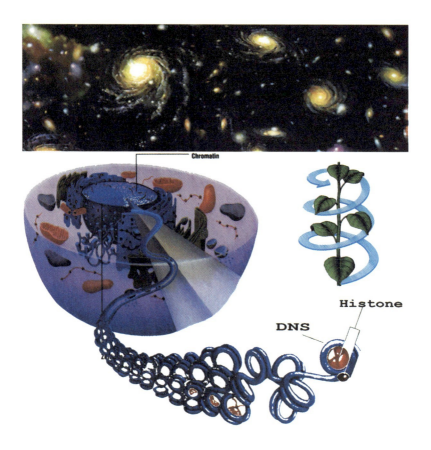

Sie sehen hier also eine Zelle, aus der die Doppelhelix graphisch hervorgehoben wurde. So wie wir Spuren lesen können (z.B. Fussspuren von Mensch und Tier) oder z.B. uns bekannte Lebewesen schon an der Art, wie sie sich bewegen, erkennen, so zeigt sich das real Unsterbliche in einer ganz speziellen Verhaltensweise: nämlich der Spiralform. *Ewigkeit ist nichts anderes als die Gleichzeitigkeit von unendlich kreisendem Leben in linearer Abfolge.* Die Richtung ist logischerweise das Ziel der Verwirklichung. Im Menschen ist diese Wahrheit zu beachten (er lebt und kann gleichzeitig sein und sich dabei bewegen), wie bei den Galaxien. Die DNS, die ja nichts anderes als der kreativ-lebendige Verdichtungsplan des ICHs ist, zeigt wiederum diese Spiralbewegung. Das aber bedeutet nichts anderes, als dass beide, die unsichtbare Ursache der Galaxien und die unsichtbare Ursache allen gezeugten Lebens, in Wahrheit unsterblich sind.

All das, was ich Ihnen bis jetzt im Zusammenhang der Dreiheit und der Spirale als naturgesetzlich-kosmische Erscheinung habe mitteilen dürfen, wussten tatsächlich die Eingeweihten Altägyptens und gaben dieses Wissen als kosmische Instruktion für das Erwachen im individuell-ewigen Leben - und in diesem Zusammenhang als Wegleitung - dem Verstorbenen mit. Das folgende Bild zeigt den Beginn eines Papyrus, der offiziell auf etwa 3'500 Jahre alt geschätzt wird: er zeigt, wie das Leben begonnen hat.

Diese Hieroglyphe ⊏ bedeutet Haus. Die Schlange steht für Wellenbewegung als Träger lebendiger Information (Lichtwellen, Schallwellen usw.). Drei Häuser bedeuten also: der Beginn allen Lebens ist

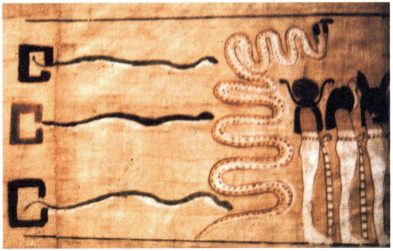

der dreidimensionale Raum. Denken Sie daran, dass wir alles Körperliche, alles Leben, dreidimensional erleben. Unserem Auge sind Rezeptoren für drei Farben eigen, und in der Mischung können

Augen und Hirn uns jede Farbe sehen lassen. Aus diesem Grund arbeiten auch alle Fernsehgeräte mit drei Farben. Das Leben ist die **kosmisch, naturgesetzliche Dreiheit**: Mann und Frau wirken das Dritte, das Kind. Die moderne Physik geht heute auch von drei Kräften (die elektromagnetische Kraft, die Kernkraft und die Gravitation) aus, die am "Anfang" der Welt von einer einzigen Superkraft ausgingen. Gestattet sei die vernünftige und sicher wissenschaftliche Frage: was ist die Voraussetzung gewesen - und ist es immer noch - für diese Superkraft? Darf ich Gottheit sagen, weil in dem Begriff Gottheit noch das schöpferisch-lebendige Prinzip miteingeschlossen ist, das Leben selbst. - Oder wie würden Sie es empfinden, wenn man zu Ihnen sagte, es müsse hinter Ihren Organen, Ihren Handlungen usw. eine Superkraft als Ursache wirken, und meint damit das, was Sie selbst als Ihr ICH erleben? Auch die Biologie geht von drei Arten von Zellen (Ektoderm, Mesoderm und Entoderm) aus, die den Körper des Menschen bilden.

Wie entsteht diese Spirale? Aus Frau ◖ und ◗ Mann entsteht das Kind ●.

Aus Kreis und Linie entsteht die Spirale. Stellen Sie sich bitte einen Kreis als Leben vor, dann zirkuliert alles in sich. Und stellen Sie sich

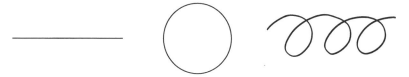

bitte eine lebendige Linie vor: dies ist jedes Lebewesen, das sich erhebt und mit einem Ziel sich linear fortbewegt. Wenn nun ein lebendiger Kreis und eine lebendige Linie (dieses existiert in der Natur in unendlichen Erscheinungsformen, z.B. als Ei und Sperma) sich verbinden, entsteht eine lebendige Spirale. Eine Spirale, wie wir sie bereits bei der DNS und der Pflanze gesehen haben.

Das ICH und die Evolution

Es kann nicht Aufgabe dieses Buches sein, im Sinne von Wiederholungen oder in der Bearbeitung von 'Streitfragen' dieses Thema hier zu bearbeiten. Unter Evolution versteht man die Entwicklung der Arten des Lebens - dazu zählt auch der Mensch und damit das ICH. Eigentlich bedeutet Evolution: erkennen, verstehen, lernen und daraus seine konkreten Schlüsse ziehen! Unser ICH und seine Produkte, die Gedanken, können wir direkt nicht sehen, weil diese aus dem Urstoff des Universums bestehen und dessen Eigenschaften haben: nämlich die der Unendlichkeit und der Ewigkeit. Da der Wassertropfen ganz Wasser ist, wie der Ozean, ist es für den 'Tropfen' nicht unmöglich, das Ewige zu verstehen, sofern er geistig an diese Erkenntnis richtig herangeht. Wohlgemerkt, mit keinem Gefäss wird man das Meer ausschöpfen oder abfüllen können, und alle, die versuchen, das Geheimnis des ICHs nur linear zu verstehen - ob nun wissenschaftlich oder religiös - erleben einen ganz kleinen Anfangserfolg und glauben dann, kurz vor der Entdeckung, vor dem Verstehen des Ganzen zu stehen und scheitern konkret, weil an jedem 'Punkt' nach allen Seiten die Unendlichkeit gähnt und ganz genau genommen sogar der Punkt selbst aus Unendlichkeit ist, was bedeutet, dass er sich verändert - und somit weniger und weniger als Ausgang für zuverlässige Erkenntnis dient. - Nein, wenn man das Wesen vom Wasser verstanden hat, also in diesem versteht, was Wasser ist, spielt es überhaupt keine Rolle mehr, ob es sich um einzelne oder um Milliarden von Tropfen handelt: immer vermag man Wasser zu Erkennen und zu nutzen. Und Wasser ist keinesfalls immer nur 'gut': es kommt auf den Umgang mit Wasser an und in welchem Verhältnis wir zu ihm stehen. Durch den 'falschen Umgang' mit Wasser kann man Ertrinken, und es gibt Flut- und Wasserkatastrophen. Aber ohne Wasser ist Leben unmöglich; also müssen wir mit Wasser richtig umgehen können. Diese Idee mit Wasser übertrage ich jetzt sinngemäss auf das Ewige und das ICH: Dann müsste ich also jetzt als ICH über diese grundsätzliche Wesenseigenschaft verfügen, ja sie selbst sein, der ich in und aus der Unendlichkeit der Unendlichkeit des Universums begegne. Und dem ist so: Sie erleben sich jetzt wach in Ihrem Körper - und wenn Sie ganz gesund sind, können Sie Ihren Körper nutzen, ohne ihn zu 'spüren', wie das bei Verletzungen und Krankheit der Fall ist. Ihr ICH belebt alles in Ihrem Körper, und ganz bewusst können Sie spontan denken, welche Glieder Sie bewegen wollen und haben die gleichzeitige Erkenntnis von Bewusstsein am Ort -: das bedeutet im Zusammenhang mit dem bewegten Organ, Sie wissen es in sich, 'in Ihrem Kopf', wenn Sie etwas berühren, d.h. Sie verfügen also über ein ganzheitliches Körperbewusstsein sowie über ein Bewusstsein in der und über die Benutzung Ihrer Organe. Sie können blitzschnell an die Füsse denken, dann vielleicht an die Ohren oder gar an mehre Körperstellen gleichzeitig. Sie denken: 'Ich will mich bewegen, einen Schritt tun', und dieser Gedanke reicht, dass Sie gehen. - In Tat und Wahrheit löst jeder Gedanke eine unvorstellbare Kettenreaktion von Befehlen, Steuerungsmechanismen, Kontrollen usw. aus. Stellen Sie sich vor, ein Roboter geht einen Schritt; sonach muss alles bis ins Einzelne programmiert werden - und dann gucken Sie mal, wie der geht! - Also, ich hoffe, Sie erlauben mir die Bemerkung: Ich bin mit den Produkten der Natur, inklusive mit meinem eigenen Körper, sehr zufrieden und wollte niemals einen Körper beleben müssen, den Menschen 'geschaffen' haben. Wir kennen ja solche Horrorvisionen aus Unterhaltungsfilmen. Aber nehmen wir nun doch einmal an, wir müssten alle Funktionen ganz bewusst selbst vornehmen und hätten da nicht in uns 'Programme', die aus dem 'Unbewussten' heraus die ganze Arbeit leisten: es wäre verdammt mühsam und sähe ungefähr so aus: Ein ICH als Mensch sitzt auf einem Stuhl und möchte aufstehen; es müsste eine Art Alarm im ganzen Körper auslösen, um eine Art Bereitschaftszustand zu erreichen. Dann kommandierte es vielleicht: 'Gewicht von Oberkörper, gefolgt vom Rest, nach vorne auf die Beine verlagern.' Dann folgen Befehle an die Beine, das Gewicht zu übernehmen und gleichzeitig der Befehl an die Zentrale des Hirns, alles auszubalancieren - wegen des Gleichgewichtes. Ich darf jetzt aufhören, denn ich denke, Sie haben verstanden, was ich als Tatsache sagen will: übrigens, wir hätten nicht einmal die Geburt geschafft, müssten wir tatsächlich alles selbst leisten, was da an Lebensfunktionen ganz konkret besteht. Nein, es genügt, dass wir eine gewollte Bewegung denken, und schon führt diese unser Körper aus. - So ist der Weltraum von Bewusstsein erfüllt und belebt. Da ich dieses Thema nur im Lichte der Unendlichkeit erklären kann, muss ich in der Folge darauf achten, dass ich keine rein linearen Aussagen verwende.

Schema der unendlichen, real-lebendigen Situation des Lebens

Gottheit	Weltraum	Verkörperung
Ich (Geist)	Seele	Körper

(Beachten Sie auf Seite 26 die Informationen der Gedankengänge Einsteins zu diesem Thema!)

Dieses Schema weist aber eine lineare Darstellung auf, ist also nur in der Lage, eine Teilwahrheit aufzuzeigen; denn in Tat und Wahrheit herrscht auch hier das Gesetz des Universums, des Ewigen: also die unendliche Gleichzeitigkeit, denn all das durchdringt sich, bedingt sich gegenseitig und lebt zusammen und / oder voneinander usw. In diesem Sinn gilt es, sich der Wahrheit um eine weitere Teilwahrheit zu nähern. (Die ganze Wahrheit kann der Mensch nie erfassen, ist nur durch die Gottheit selbst erfassbar, denn die Gottheit ist das Leben und ist sich damit Sinn und Bedingung in einem).

Gottheit	Unsterblichkeit	Gleichzeitigkeit	Unbedingtes Dasein
ICH	Sterblichkeit	Zeitabhängigkeit	Bedingtes Dasein

Daraus folgt die Erkenntnis: **Die Gottheit ist das Ganze oder die lebendige Einheit der Dreiheit von Geist, Seele und Körper!** Die alten Ägypter stellten diese Tatsache mit 27 Hieroglyphen ⌈*Neter* dar (siehe z.B. Texte in der Pyramide von Unas). Warum 27? Nun, jedes Lebewesen verfügt über einen eigenen dreidimensionalen Körper: das macht für unser Beispiel drei. Die Lebewesen sind in der Geschlechtspolarität von Mann und Frau: also zwei mal drei, gibt sechs. Beide Geschlechter leben aber in einem dritten, dreidimensionalen Raum: nämlich die Welt, in der sie leben - gibt noch einmal drei dazu, so dass wir die Zahl 9 erhalten. Jetzt aber können Sie in den Weltraum hinaussehen und feststellen: es existiert ein unvorstellbar-unendlicher Raum, in dem die Welten sich befinden; deswegen steht für die dynamische Situation von lebendigem, unendlichem Raum nochmals die 3, was dann die Zahl 27 (3 x 9) ergibt - oder man kann auch sagen: das ICH (mit seinen drei Dimensionen) begegnet dem DU (mit seinen drei Dimensionen) in der Ewigkeit (der Einheit der drei Qualitäten von Geist - Seele - Körper): 3 x 3 x 3 = 27! Und die Texte vor und nach dieser Zahl beschreiben konkret Eigenschaften und Leistungen der Gottheit, die in der Wirkung alles Geschehen im Weltraum führen, korrigieren und auch erneuern, ja überhaupt neu schaffen und so allen die Unsterblichkeit garantiert. Das sind konkrete Erkenntnisse Genialer zu allen Zeiten!

Drittes Kapitel

Die Göttliche Neunheit

Sie lässt sich wie folgt definieren: - die erste dreidimensionale Realität: Das ICH des Menschen erlebt sich in seinem Körper. Die zweite dreidimensionale Realität: Alle anderen Lebewesen haben ihren eigenen dreidimensionalen Körper. Die dritte dreidimensionale Realität: Wir existieren in einem dreidimensionalen Lebensraum - auf unserer Welt. Alle diese dreidimensionalen Realitäten beeinflussen, bedingen und durchdringen sich wechselseitig.

Eben dieser Tatsache kommt ungefähr die Rechnung $3 \times 3 \times 3 = 9 \times 3$ ($27 \times$ ⎤ wie in der Unas-Pyramide zu sehen) nahe.

Beachten wir die 'tiefsinnige' Aussage: Ein Mann mit seinen 3 Dimensionen trifft auf eine Frau mit ihren 3 Dimensionen und das gibt addiert 6 (sex, engl. sex = Geschlecht). Sind Mann und Frau kreativ, so kommt das Kind mit seinem eigenen dreidimensionalen Körper dazu, und schon haben wir hier im Zusammenhang mit Mann, Frau und Kind die 9.

Die Zahl 6 wurde altägyptisch entweder mit sechs Strichen oder so ausgeschrieben ⎕⎕⎕ (und wurde vermutlich auch "sechs" oder "seks" ausgesprochen). Beachten Sie die tiefe Wahrheit im Sinne von: ⎕ Persönlichkeit, die ⎕ lebensrichtig mit der anderen ⎕ Persönlichkeit verbunden ist, zusammenlebt, was eine sinnvolle und für alle positive Wirkung ergibt. - Denken wir dabei an die Neunerprobe in der Mathematik, die mittels Harmoniekontrolle über die Richtigkeit der ausgeführten Rechenoperation Auskunft gibt.

Der Mensch hat und kann sich weder seinen Körper noch seine Umwelt bauen bzw. schaffen, sondern er nutzt beide. Der denkende Mensch erkennt, dass ihn im Körper und in allem, was ihn umgibt, eine schöpferische Genialität erfüllt, umgibt und erstlich und letztlich trägt - und eine tiefe Freude, Dankbarkeit und Ehrfurcht erfüllt ihn! So, wie der sinnliche Körper ein genialer Organismus ist, der mit anderen Organismen kommunizieren kann, so ist auch unsere Umwelt, unser Lebensraum, ja unsere Erde in Tat und Wahrheit ein lebendiger Organismus, in dem alle 9 Dimensionen gleichzeitig aktiv sind. Der vernünftig denkende und genial erkennende Mensch stellt fest, dass hier einerseits von höheren, weisen schöpferischen Mächten Naturgesetze als Rahmenbedingungen für das Zusammenleben geschaffen werden. Anderseits, dass als ergänzendes Gesetzt die Individualität besteht, und dass alles ewig und unendlich in Zeit und Raum lebt und wirkt. Diese göttlichen Kräfte, die unseren Lebensraum mit den Lebewesen schufen, nannte der geniale zur Schau des Göttlichen befähigte altägyptische Priester die Götterneunheit. Er erkannte in ihr eine bestimmte göttlich-organische Funktion, die in ihrer Ganzheit göttlich ist, wie auch in all ihren Teilen - altägyptisch in Hieroglyphen wie folgt geschrieben:

𓊹𓊹𓊹 - Neter bzw. Neteru bedeutet das Wirken der Gottheit

𓊹𓏤𓂋𓏏 bzw. das göttliche Wirken auf Erden.

Das 𓊹 göttliche Wirken ⬧ wirkt nach 𓏏 Plan das ⬧bewusste

𓏤 Lebendige und Kreative (lässt entstehen, wachsen, gedeihen).

Die 9 Wirkungsdimensionen

Das Ganze ist vielleicht am besten verständlich, wenn wir die Wahrheit erkennen, dass alles aus Unendlichkeitspunkten besteht. So wie der Mensch aus Zellen besteht, besteht die Gottheit aus Unendlichkeitspunkten. Diese Punkte sind nach allen Seiten unendlich, also auch nach aussen und nach innen. *Darum ist symbolisch die grösste Dimension gleichzeitig die kleinste und umgekehrt - dies unendlich.* In seiner Unendlichkeit kann dies kein Mensch verstehen, wohl aber in seiner Wesenhaftigkeit erkennen, und diese ist definiert als ein Unendlichkeitsgesetz:

Es gibt drei absolute Dimensionsarten:

1. Das schöpferisch-göttliche Prinzip oder die Gottheit als bedingte und unbedingte Dimension. Altägyptisch symbolisch als die 27-heit (27 mal ⅂ Neter).

2. Die 9 Wirkungsdimensionen, die immer Lebensraum sind und im lebendigen Zusammenwirken alles mit allem verbinden.

3. Die für menschliches Verstehen unendliche Zahl von individuellen Geschöpfen, welche als individuelle Schöpfungsideen individuelle Dimensionen sind.

Die heilige Neunheit von ON (Heliopolis)

Atum. Das ist die Dimension, die sich als linearer Ablauf, als Lebensweg, zeigt und so Lebensläufe - z.B. auch die Bahnen der Planeten - entstehen lässt.

Schu. Das ist die Dimension, die Wachsen und Ausdehnen ins Zahlreiche und Grosse wirkt. Sie zeigt sich in ewig-männlichem Wirken.

Tefnut. Das ist die Dimension, die durch Zeugung, Empfängnis und Geburt Sinnenkörper wirkt.

Geb. Das ist die Dimension, die den irdischen Raum den Schöpfungsideen als Bewegungsraum wirkt.

Nut. Das ist die Dimension, die allen Schöpfungsideen Lebensraum ist, dies sowohl als Kosmos als auch als Lebensräume in allen menschlich vorstellbaren und nicht vorstellbaren Varianten. Sie ist räumlich und zeitlich unendlich, und sie zeigt sich über das ewig-weibliche Wirken.

Osiris. Das ist die dynamische, göttlich-schöpferische Dimension als individuelle ICH-Idee, die unsterblich und aus Gottheit ist. So, dass sie das Schicksal der Gottheit teilt, d.h. sich selbst bewusst aus dem Göttlichen heraus, in das Göttliche hinein neu erschaffen muss, kann und darf.

Die 9 Wirkungsdimensionen

Das Ganze ist vielleicht am besten verständlich, wenn wir die Wahrheit erkennen, dass alles aus Unendlichkeitspunkten besteht. So wie der Mensch aus Zellen besteht, besteht die Gottheit aus Unendlichkeitspunkten. Diese Punkte sind nach allen Seiten unendlich, also auch nach aussen und nach innen. *Darum ist symbolisch die grösste Dimension gleichzeitig die kleinste und umgekehrt - dies unendlich.* In seiner Unendlichkeit kann dies kein Mensch verstehen, wohl aber in seiner Wesenhaftigkeit erkennen, und diese ist definiert als ein Unendlichkeitsgesetz:

Es gibt drei absolute Dimensionsarten:

1. Das schöpferisch-göttliche Prinzip oder die Gottheit als bedingte und unbedingte Dimension. Altägyptisch symbolisch als die 27-heit (27 mal ⅂ Neter).

2. Die 9 Wirkungsdimensionen, die immer Lebensraum sind und im lebendigen Zusammenwirken alles mit allem verbinden.

3. Die für menschliches Verstehen unendliche Zahl von individuellen Geschöpfen, welche als individuelle Schöpfungsideen individuelle Dimensionen sind.

Die heilige Neunheit von ON (Heliopolis)

Atum. Das ist die Dimension, die sich als linearer Ablauf, als Lebensweg, zeigt und so Lebensläufe - z.b. auch die Bahnen der Planeten - entstehen lässt.

Schu. Das ist die Dimension, die Wachsen und Ausdehnen ins Zahlreiche und Grosse wirkt. Sie zeigt sich in ewig-männlichem Wirken.

Tefnut. Das ist die Dimension, die durch Zeugung, Empfängnis und Geburt Sinnenkörper wirkt.

Geb. Das ist die Dimension, die den irdischen Raum den Schöpfungsideen als Bewegungsraum wirkt.

Nut. Das ist die Dimension, die allen Schöpfungsideen Lebensraum ist, dies sowohl als Kosmos als auch als Lebensräume in allen menschlich vorstellbaren und nicht vorstellbaren Varianten. Sie ist räumlich und zeitlich unendlich, und sie zeigt sich über das ewigweibliche Wirken.

Osiris. Das ist die dynamische, göttlich-schöpferische Dimension als individuelle ICH-Idee, die unsterblich und aus Gottheit ist. So, dass sie das Schicksal der Gottheit teilt, d.h. sich selbst bewusst aus dem Göttlichen heraus, in das Göttliche hinein neu erschaffen muss, kann und darf.

𓋴 Isis. Das ist die Dimension der göttlichen Liebe, der seelischen Liebe und des weiblich-göttlichen Teiles der Gottheit. Sie wirkt Hingabe in Liebe zu allen Geschöpfen und begünstigt alles Werden.

𓊃 Seth. Das ist die Dimension, die nichts schenkt und nur Lebensrichtiges und Lebenstüchtiges gelten und bestehen lässt. Achtung: Seth (Satan) ist nicht der Teufel! Die in der Unsterblichkeit Erwachten kennen keinen Teufel, nur Taten, die, wenn richtig gemacht, gut und sinnvoll sind und dem Leben und damit der Unsterblichkeit dienen; falls falsch getan, als noch untüchtige dem Dünger gleich als Nährboden dem schöpferischen Leben neu zur Verfügung stehen. In wessen Geist und Seele die Gottheit lebt, findet das kranke und dumme Phantasiegebilde des Teufels keinen Raum!

𓉠 Nephthys. Das ist die Dimension, die durch Hingabe in Liebe alles Verbrauchte wieder verjüngt und erneuert.

Zeitloser Gesichtspunkt

Einstein war ein 'Gemässigter', was Religion und Politik betraf. Wissenschaftlich war er dogmatisch, was die Kontinuität in der Natur betraf. Die Atomphysik befasst sich mit Diskontinuitäten in der Natur.

Einstein konnte keine »Ungewissheiten« in der Atomphysik vertragen. Einsteins Ideen waren ganz anders als übliche Entdeckungen.

Albert Einstein hatte einen Hang zum Religiösen, ohne dass er sich in irgend einer Religion engagierte. Seine Randbemerkungen über Gott, den »Alten«, spiegeln seine tiefe Ehrfurcht vor der Natur wider. 1929 drückte er seine Ansicht in einem Telegramm an eine jüdische Zeitung kurz und bündig aus: "Ich glaube an Spinozas Gott, der sich in der Harmonie von allem zeigt, was existiert, aber nicht an einen Gott, der sich um das Schicksal und die Handlungen der Menschen kümmert." Baruch Spinoza war ein Jüdischer Brillenmacher und Philosoph. Er sagte, dass Gott und die materielle Welt ein und dasselbe wären. Unseren menschlichen Geist sah er als Teil von Gottes Geist. Je besser man das Universum versteht, um so näher kommt man Gott. "Es ist die Natur des Geistes", erklärte er, "die Dinge von einem gewissen zeitlosen Gesichtspunkt aus zu begreifen (sub specie aeternitatis)." Spinozas Schriften nehmen die Unternehmungen der modernen Physik und Kosmologie vorweg, und Einsteins Achtung vor dem 17. Jahrhundert überrascht deshalb nicht. Aber gerade diese »leichte« Religiosität wurde am Ende für den Physiker Einstein ein Stolperstein. Einsteins Theorien wurden durchwegs verunglimpft. Ein Naziphysiker bezeichnete sein Werk als »herausgeputzte Theorien, die nur aus altem Wissen und einigen willkürlichen Additionen bestehen«. Die »jüdische« Theorie der Relativität wurde in Hitlers Deutschland offiziell verworfen. Auch streng religiöse Führer, **die offenbar nichts aus den Kämpfen von Galilei und Darwin gegen die Kirchen gelernt hatten, griffen Einstein an.** Der Vatikan spendete einem amerikanischen Kardinal Beifall, als der erklärte, dass die Relativität einen »universalen Zweifel an Gott und seiner Schöpfung« hervorbrächte.

Und die jüdische Zeitung, an die Einstein sein berühmtes Telegramm über Spinoza gesandt hatte, beschuldigte Einstein der Blasphemie. In der Sowjetunion wurden Einsteins Ideen erst nach dem Tod von Stalin in der Öffentlichkeit voll akzeptiert.

So stellt diese Zahl 27 symbolisch die Ganzheit der Gottheit dar. Jetzt gehe ich den 'Weg' der Erkenntnis von der Gottheit aus (gibt es überhaupt einen anderen?) und sage: die Gottheit ist drei Drittel! Weiter erkenne ich den Weltraum und seine Himmelskörper, Galaxien usw. als Wirkungen der Gottheit (wenn ein Mensch Sie lieb hat und Sie mit der Hand streichelt, ist die Hand nicht die Liebe selbst, sondern sie steht im Dienste dieser Liebe, ist also organische Wirkung dieser Liebe). Der Weltraum und seine Himmelskörper sind also mit Sicherheit nicht die Gottheit selbst, stehen aber in ihrem Dienste und wurden von ihr geschaffen, enthalten also Wesen und Auftrag der Gottheit, nicht aber die Gottheit selbst - so sage ich zu diesen Planeten und Galaxien: Zwei-Drittel-Götter oder, wie die Altägypter sie nannten: die sterblichen Götter! Was sagt unsere Astrophysik zu solchen Erkenntnissen: sie kann sie nur tendenziell bestätigen, indem sie uns richtig lehrt, dass auch Galaxien, Sterne geboren werden und sterben müssen. Gemessen aber an menschlicher Lebenszeit ist deren Lebenszeit, weil Abermilliarden von Jahren grösser, gigantisch. - Und da ist der Mensch auf der Erde, der eben nicht ein Roboter ist, sondern ein unsterbliches ICH, das auch nur deshalb überhaupt über Fragen von 'Woher komme ich, und wohin gehe ich' nachdenken kann! Für das menschliche ICH bleibt nach meinem Vorgehen hier nur noch ein Drittel, so dass wir ein Ein-Drittel-Gott sind - und sich dieser 'Drittel' in unserem ICH selbst zeigt. Bitte, lieber "Drittel-Gott", zur Zeit sehr geschätzter, an dieser Stelle vielleicht schmunzelnder, Leser meines Buches - weder die Altägypter noch ich stehen mit dieser Erkenntnis allein: im babylonischen Gilgamesch Epos treffen Sie auf die gleiche kosmische Erkenntnis der erwähnten Dreiteilung. Der 'Unterschied'

liegt allein darin, dass ich von der Gottheit ausgehend im Zusammenhang mit dem Menschen vom "Drittel-Gott" spreche, während im Epos vom Menschen ausgegangen wird, und die göttlichen (göttlich = unsterblich) Teile im Menschen, nämlich Geist und Seele, als "Zwei Teile sind Gott an ihm" bezeichnet werden:

So schufen den Gilgamesch herrlich die grossen Götter: Elf Ellen war lang sein Wuchs. Die Breite der Brust, ihm mass sie neun Spannen. Zwei Teile sind Gott an ihm - Mensch ist sein dritter Teil!

Jetzt stellen wir den Zusammenhang zwischen den drei Bewusstseinsarten und der Göttlichkeit her - denn das Leben kommt von der Gottheit! Dass die Gottheit das vollkommene Leben ist, ist wahrlich *nicht zu glauben* -: sondern für jeden, der Denken kann, die **einzige Realität**, zu der auch unsere ICHs zählen. Wie sieht denn das ganz konkret und praktisch aus. - Nein, der Einwand, als Sterblicher, als Mensch könne man das nicht wissen, stimmt schlicht nicht, sofern ich richtig mit diesem Thema umgehe. Es ist wie mit dem Meer und dem Wasser: ich muss nicht das ganze Meer 'begreifen' können, sondern es reicht bekanntlich, wenn ich das Wesen, die Charakteristik des Wassers in jedem Wassertropfen feststelle. Dann sieht die Vorgehensweise derart aus: Ist Ihnen noch nie aufgefallen, dass wir eigentlich überall, vor allem in jedem Menschen, Tier und auch in der Pflanze *zwei Intelligenzen* real feststellen können. Eine Intelligenz ist z.B. das ICH des Menschen, im Tier und in der Pflanze. Ja, auch die Pflanze hat ein ICH, denn der ICH-Charakter zeigt sich in der absolut individuellen, lebendigen Idee - und das ist eben auch eine Pflanze. *Die andere, zweite Intelligenz ist diejenige, welche die Körper baut, dies auf genialste Weise.* Also, eine Intelligenz ist sozusagen diejenige, welche die Körper nutzt und selbst gar nicht fähig wäre oder ist, seinen Körper selbst zu bauen. Die Intelligenz des Nutzers, in unserem Fall unser ICH, ist ganz offensichtlich nicht so genial, so fähig, Körper zu schaffen, wie das der Intelligenz eindeutig möglich ist, die in ihren geschaffenen Werken, Geschöpfen zum Ausdruck kommt. Das heisst, es gibt keinen Ort und absolut nichts, dass nicht in einem direkten Zusammenhang zu dieser "zweiten Intelligenz" steht, und welche die Wirkung der Gottheit selbst ist. Beachten Sie dazu eine Fliege: das geistige Wesen, was da als Fliegenpersönlichkeit rumfliegt, verfügt doch nicht über die Fähigkeit, seinen genialen Fliegenkörper (denken Sie in diesem Sinne einmal überhaupt an die genialen Körper der Insekten) selbst schaffen zu können. Unsere besten Flugingenieure wären von der Aufgabe, ein Flugzeug mit den Fähigkeiten eines Fliegenkörpers zu schaffen, hoffnungslos überfordert. Unsere Flugzeuge streifen beim Landen einen Hügel, Bäume oder weiss ich was - und den Rest sieht man dann an der Tagesschau. Schauen Sie bitte doch in diesem Zusammenhang einer Wespe zu, die mit 'Volldampf' gegen die Glasscheibe donnert: weil zur Zeit, als die Natur Wespen schuf, und das ist schon eine Weile her, gab es noch keine Menschen, die Glasscheiben herstellen konnten - und derzeit fehlt diese Information in der 'Software' der Wespenausrüstung. Also die Wespe donnert gegen die Glasscheibe und stürzt ab: Ein Flugzeug in vergleichbarer Situation ist zerstört! Nicht aber die Wespe, die erholt sich, sammelt sich und startet mit 'Vollgas' (wenigstens empfinde ich das intensive Brummen der Wespe so) neu und total-frontal wieder in die Scheibe. Je nach Intelligenz der Wespe - auch bei denen gibt es klügere und dümmere (von letzteren auch bei den Wespen am meisten, wie die zahlreichen toten Kollegen vor der Scheibe es beweisen) - wiederholt sie nicht erkannte leidvolle Aktivitäten, krabbelt vielleicht herum und mit etwas Glück (nicht nur Menschen, auch Wespen brauchen Glück) gelangt sie an den Luftspalt des geöffneten Fensters und fliegt fort - wobei diese klügere Wespe natürlich nie begreifen kann, was Glas überhaupt ist. Was man von dieser klugen Wespe lernen kann: Aktivitäten, die durch Widerstand ernsthaft eingeschränkt werden, muss man dann nicht einfach einstellen, sondern seine Umgebung zuerst erforschen, um herauszufinden, wo was möglich ist. Erstaunt? Ich beobachte jeden Sommer diese Wespen- und Insektenschicksale in meinem Wintergarten. Und wissen Sie, was traurig ist? Ich kenne viele Menschen, die sich eindeutig dümmer verhalten, als ein intelligentes Insekt, indem sie die Produkte ihres Fehlverhaltens, oder gar ihrer

Dummheit, noch verherrlichen und versuchen, ihnen einen "mysteriösen" Sinn zu geben. Oder haben Sie noch nie Menschen zugehört, die ganz eindeutig einen grossen Fehler begingen und in dem Sinne 'verklärten', dass sie so unendlich viel aus dem Fehler gelernt hätten? Ja, sie wären froh, dass es passiert sei - und um keinen Preis wollten sie auf 'diese wichtige Erfahrung' verzichten. Verzichten kann man nur, wenn man frei über etwas verfügen kann; wenn man aber durch Fehlverhalten Leid, Unglück, Schaden erlebt, stellt sich die Frage des Verzichtens überhaupt nicht. - Ich kenne eine Person, die übte Turnen an einer in die Türöffnung eingeklemmten Stange, und zwar mit dem Kopf nach unten. Die Stange gab nach (das kann man natürlich nicht wissen!), und die Person fiel so unglücklich, dass sie sich nicht nur die Wirbelsäule verletzte, sondern auch Halswirbel brach oder anbrach, wobei sie durch Genickbruch fast das Leben verlor. Diese Person gab mir einen Entwurf eines von ihr zu diesem Unfall verfassten Artikels mit dem Titel: "Wie mein (Un)fall mir half, mich mit Gott und den Menschen zu versöhnen." - Nach solchen Erlebnissen geniesst man den bewussten Kontakt zu natürlich intelligenten Tieren und Insekten. Diese Person ist in anderen Bereichen des Lebens überdurchschnittlich intelligent und fähig. Es geht nämlich nicht um das Lächerlich-Machen eines Menschen: es kann nur darum gehen, dass wir dieses selbsthypnotische 'Sich-selbst-anlügen-Spielchen' durchschauen. Wenn Sie das in der Art und Weise verstehen, dann haben Sie mich verstanden. Wer aber über die Person vermeint, lachen zu müssen, studiere doch sein eigenes Leben - und er wird "fündig" werden.

Die Wahrheit ist ein Heilmittel! Viele Menschen weichen der Wahrheit aus, weil sie meinen, die Wahrheit schmerze. Nun, wenn wir eine Wunde reinigen oder gar nähen müssen, können diese therapeutischen Massnahmen durchaus schmerzen - aber die Ursache des Schmerzes ist das, was zur Wunde erst führte. Versorge ich die Wunde, ist der möglicherweise negative Verlauf einer unbehandelten Wunde gestoppt und in Richtung Genesung gewendet. Demnach ist es auch hier: *Wer den Mut hat, in sich selbst zur Wahrheit zu stehen,* *aus den Fehlern zu lernen, verhält sich kosmisch richtig - zumal Fehler ganz nicht zu vermeiden sind; aber man muss aus ihnen lernen!* Wer aber in sich die Wahrheit unterdrückt, wird in dem Masse und so lange seelisch und / oder psychosomatisch leiden, als die 'Kraft der Lüge' (= pervertierte Lebenskraft!) wirken kann.

Ich darf zurückkommen auf das Hauptthema: die Realität des göttlichen Bewusstseins. Wie erwähnt, entbehrt nichts dieser zweiten Art, dieser Intelligenz: nämlich der Wirkung dieses göttlichen Bewusstseins. Denken Sie einmal an Kot, Abfälle usw. Auch hier hat die Natur es naturgesetzlich so eingerichtet, dass alles früher oder später sich zersetzt und neuem Leben dienen muss. Wer, was ist Natur? Natur ist das Wirken der Gottheit und SIE "scheint" unsichtbar zu sein. Alles, was Menschen als typisch von Ihnen real erleben ist Wirkung Ihres unsichtbaren ICH. So ist die unsichtbare Gottheit Ursache allen Lebens und auch des unsichtbaren ICH des Menschen. Aus dem Sinn der ganzen bisherigen Abhandlung zu diesem Thema geht klar hervor, dass das ICH in keiner Form und nirgends verlassen ist oder sein kann, dass immer in einer bestimmten Form das Göttliche "da" ist. Und wie ist es zugegen, auf welche Weise kann ich es erkennen: in all den **Chancen zur Lebensverbesserung** für mich und andere! Wenn der Mensch Wege aus seinen Schwierigkeiten sucht und dabei nur sein eigenes Interesse im Auge behält, wird er vom Göttlichen nichts merken, so wie einer, der mit dem Rücken zur Sonne steht, sie auch nicht sieht. Da lückenlos im unendlichen Sinne der ganze Weltraum durch lebendige Formen erfüllt ist, wie immer sich diese auch zeigen, ist bewiesen: Form ist immer direkte oder indirekte Wirkung von Bewusstsein, womit auch angezeigt ist, dass ein allumfassendes, lebendiges Bewusstsein alles übersieht, alles versteht und an allem teilnimmt. Denken Sie in diesem Zusammenhang an das ICH des Menschen - dass es ein Bewusstsein hat, welches nachweisbar nie schläft, sowie Wacherleben und Traumerleben natürlich-sinnvoll überwacht und steuert. Ein solch allumfassend-lebendiges Bewusstsein ist aber am Existieren und Gedeihen von allem interessiert. Wenn darum der Mensch in Schwierigkeiten und Nöten nach Lösungen sucht, die für ihn und andere als auch für das Leben "gut" sind, dann wird er real die Gottheit erleben (und nicht glauben müssen) - denn die Gottheit muss ihm helfen, sie würde ansonsten sich selbst "verraten". Wie sieht das ganz konkret und real aus: Wenn ein Mensch *sich ehrlichen Herzens bemüht, die Dinge richtig zu machen* (egal, was das sein mag), ist der positive Verlauf seines Schicksals, und damit sein persönlicher Erfolg, nicht aufzuhalten. Nicht immer stellen sich die Erfolge zeitlich so ein, wie der Mensch es gerne hätte - aber erstens: er wird nie untergehen und immer haben, was er wirklich braucht. Zweitens: sein Leben wird immer sinnvoller - und drittens: im kosmisch richtigen Moment wird er den verdienten Erfolg erleben!

Weil das Göttliche die einzig wirkliche Realität ist und wir nur als in ihrem Willen ein bewusstgewordenes Geschöpf real werden können, ist der Grundsatz für allen Erfolg: richtig mit allen Erscheinungen des Lebens umzugehen! Dazu ist auch praktische Menschenkenntnis auf der Basis exakter Psychologie wichtig, ja notwendig, die im Kosmischen wurzelt und es ermöglicht, sich und die anderen zuverlässig in ihrem ICH zu erkennen; mit den derart gewonnen Informationen wird das Leben aller erleichtert, schliesslich mit Sinn erfüllt. - Natürlich gilt dieser Grundsatz für alles und jedes; z.B. kann ich dann am besten mit einem bestimmten Stoff umgehen, wenn ich seine Möglichkeiten, seine Eigenschaften - und die sich daraus auch mir eröffnenden Möglichkeiten - erkenne.

Dieses 'zweite' - also das göttliche - Bewusstsein ist immer aktiv, unabhängig davon, ob das Wesen, das den Körper usw. benutzt, dessen bewusst ist oder nicht. Denken Sie dabei an den Tiefschlaf, wo der Mensch nichts von sich weiss, aber er dennoch existiert. Denken wir dabei an all die Samenarten, wo die Idee im Samen lebt und nur auf die Umstände wartet, die seine Verwirklichung ermöglichen. Nichts ist Tod - nur viele sind dumm! Da wird mir vorgeworfen, dass ich eine Art "Naturreligion" lehre. Diejenigen, die mir diesen Unsinn vorwerfen, sind ja geistig-seelisch so krank, dass sie das Göttliche und die Natur trennen, ja, die Natur gar das Schlechte nennen. In Wahrheit hilflos und ohne lebendiges Wissen und Können stehen sie da, wenn einer stirbt und babbeln von einem unergründlich-göttlichen Ratschluss, wo doch in den meisten Fällen Dummheit, Bosheit, und / oder Ausbeutung nachweislich zum verfrühten - und in diesem Sinne unnötigen - Tod geführt hat.

Das Leben erkennen und mit seinen Möglichkeiten richtig umgehen, heisst deshalb auch, sich die seelisch-geistigen Fähigkeiten zu erwerben, um Verbindung aufzunehmen mit denen, die wir lieben, ob sie auch verstorben sein mögen. - Seit Sommer 1999 lehre ich Menschen, die das wünschen, in einem Spezialseminar sich diese wichtigen Fähigkeiten zu erwerben. Obwohl ich diese Stärkung nicht brauche, gäbe schon das dankbare glückliche Strahlen eines einzigen Menschen, der auf diese Weise die 'Todesschranken' überwunden und real ein Wiedersehen mit seinem geliebten Menschen oder Lebewesen erlebt hat, einem die Kraft, auch in dieser Richtung weiterzugehen. Vor zweihundert Jahren hätten sich nur die wenigsten vorstellen können, das es technisch einmal möglich sein wird, zu telefonieren, fernzusehen usw. Das alles sind naturwissenschaftliche Erkenntnisse und stehen in einem direkten Zusammenhang zu unseren Organen. Telefon ist nichts weiter, als eine ins Gigantische erweiterte Fähigkeit, zu sprechen und zu hören. Entsprechendes gilt fürs Fernsehen. - Aber was die Seele ist, wissen die wenigstens - und über ihre Fähigkeiten sowie den damit verbunden seelisch-wissenschaftlichen Erkenntnissen ist praktisch nichts bekannt. Die meisten Menschen können z.B. nicht auf einem Hochseil gehen, und diejenigen Artisten, die es können, haben geübt und dadurch diese Fähigkeit erworben. Dass man durch Üben Fähigkeiten entwickeln kann, weiss jeder und kann bestens z.B. im Zusammenhang mit unserer Körperkultur beobachtet werden, wo durch geduldiges Üben kraftstrotzende Muskeln entwickelt werden können. Man beachte das Resultat in den meisten Fällen: grosse, breite, muskulöse Körper - und darauf thronend relativ kleine Köpfe, der Kopf quasi als natursynthetisches 'Nebenprodukt'. Wer nur die Hälfte der Zeit, die solche körperbewussten Menschen in ihre Übungen stecken, für seine individuell-ganzheitliche, geistig, seelische und körperliche Entwicklung aufwenden würde, würde für sich selbst real *die grossen Lebensgeheimnisse lösen* können: **Man kann nämlich wissen, woher man kommt, wer man ist und wohin man geht!** Man kommt von der Gottheit, und in seiner eigenen, lebendig-individuellen ICH-Idee kann man SIE erkennen und erleben. Man ist diese lebendige Idee und lebt und verwirklicht sie - zu Glück und zum Nutzen von sich selbst und anderen. Man kann real wissen, wohin man geht, indem das Zusammenwirken der lebendigen Selbsterkenntnis mit der Erkenntnis, wie man dieses erkannte, individuelle ICH lebt und verwirklicht, das kosmische Konzept als "Vision" sichtbar macht. Und in einem kosmischen Konzept ist der Tod nichts mehr, als Handlung zur Wandlung eines überholten Zustandes in einen neuen, besseren. Beispiel - der Weizen: Die Weizen-Idee ist im Samen drin, und dieser Same kann nicht anderes werden als Weizen. So ist im Menschen seine individuell-göttliche ICH-Idee drin - und diese allein kann er entwickeln. Wenn wir aber einander dabei helfen, schaffen wir Zug um Zug das Paradies, und zwar dort, wo wir dies leisten, weil wir mehr und mehr "paradiesfähig" werden. Sodann kommt der Weizensame in die feuchte Ackererde, das heisst, er kommt in eine Umgebung, wo er sich verwirklichen kann und die Umgebung ihn auch wünscht - denn viele leben vom Weizen. Denken Sie dabei daran: die Weizen-Idee ist ewig, egal, wie viel Weizen gegessen wird - solange die Weizen-Idee die unverzichtbaren natürlichen Voraussetzungen findet, findet der ewige Kreislauf des Weizenlebens statt, und viele Lebewesen profitieren davon. Auch die Weizen-Idee profitiert davon, indem z.B. die Menschheit sorgfältig darauf achtet, dass diese wunderbare Pflanze nicht ausstirbt. Ach, Mensch, werde nützlich fürs Leben - und das Leben selbst wird über Dir wachen, Dich vor allen Gefahren beschützen : - selbst noch vor denen Deiner eigenen Dummheit.

Nun befindet sich in unserem Beispiel der Weizensame im fruchtbaren Acker und beginnt Wurzeln zu schlagen. Es sind Weizenwurzeln, das heisst, die Weizen-Idee ist in den 'Wurzeln' drin, und jeder Fachmann auf diesem Gebiet erkennt schon am Aussehen der Wurzeln, dass es Weizenwurzeln sind. Wer in kosmischer Weisheit denken kann und mit kosmisch orientierter Psychologie arbeitet, erkennt im Menschen sozusagen eine Art 'Wurzel-Dasein' und zu welchem Ziel dieses dient. Nun ist es für die Weizenpflanze sehr wichtig, dass sie diese Wurzelphase richtig und kraftvoll durchlebt; denn gesunde und kräftige Wurzeln sind als die Voraussetzung für einen kräftigen, gesunden Stengel, welcher wiederum für das gesunde Erblühen der Pflanze - und damit zur Nützlichkeit dem Leben und dem Weitergeben des eigenen Lebens dienlich - zuständig ist, unverzichtbar: Darum erkenne Dich selbst und sag' freudig, tatenfroh 'Ja' zum Leben; **verwirkliche Dein eigenes, individuelles "Gesetzt" - denn das ist das Schicksal des ICHs!**

Dieses in den vorangegangenen Abschnitten ausführlich beschriebene, reale göttliche Bewusstsein ist in Wahrheit auch der Initiant dessen, was wir Evolution nennen. In Wahrheit zeigt die beobachtbare Evolution jedem, der ein bisschen denken kann, dass die Natur bewusst ist, das Geschehnis erlebt, daraus Schlüsse zieht und geniale Verbesserungen vornimmt. Weil eben das Göttliche überall unendlich und individuell wirkt, wirkt es auch in den Arten. - Lernen wir deshalb auch aus dieser Tatsache, dass alle Formen von Rassismus total falsch, ja widernatürlich sind. Ja, man muss aus realer Erkenntnis sagen, dass, wer sich rassistisch verhält, sich gegen den normalen Kräfteverlauf der Natur stellt und in dem Masse, als er das störend leistet, Misserfolg und keine Zukunft hat. Denn diese 'Rassen' stehen im Dienste der Evolution und haben das Ziel, aus allen Rassen immer die Besten, Fähigsten zusammenzuführen, um mit ihrer Hilfe eine noch bessere Entwicklung zu erreichen.

Ich weiss, ich komme scheinbar etwas vom Thema ab, aber es ist zu wichtig! Zuviel Dummheit, Gemeinheit, Kriminelles (denken wir z.B. an all die vielen Morde, die durch wahnhaften Rassismus verursacht wurden) hängt daran. Da darf ich nicht schweigen, weil ich etwas Erlösendes dazu zu sagen habe! Eigentlich gibt es gar keine Rassen, denn das, was wir als Rasse bezeichnen, ist nichts Definitives, überdauert vielleicht einige tausend Jahre, aber das ist im Sinne der Entwicklung ein Nichts.

Schauen wir doch einmal genauer hin und durchdenken das, was sich uns als Rasse offenbart. Da ist nämlich wiederum das kosmische Gesetz der Dreiheit erkennbar. Alle Rassen weisen folgende Dreiheit auf:

1. Individuelles ICH

2. Vererbung durch Vater und Mutter

3. Physischer Körper

Diese sogenannten rassenspezifischen Merkmale beschränken sich nämlich in der Hauptsache auf den Körper und sind nichts anderes, als das evolutionäre Anpassen der Organe an Umwelt und Klima. Interessant ist, dass im Gencode keine 'Rassen' feststellbar sind, und das ist logisch, indem der Gencode Träger einer lebendigen Idee ist - und die ist individuell, ist Wirkung des ICHs.

Die Vererbung steht sehr stark im Dienste der Evolution, indem die erlebten Erfahrungen als Informationen für ein besseres Immunsystem, leistungsfähigere Organe usf. genutzt werden. - Nein, die Natur macht hier selten Fehler; aber wir Menschen machen im Zusammenhang mit der Vererbung viele Fehler. - Harmlose sexuelle Aktivitäten zwischen Mann und Frau werden gegeisselt, während im Lichte der Natur nur dann Unzucht vorliegt, wenn vermeidbar Krankes und Lebensuntüchtiges gezeugt wird.

Und noch einmal zurück zum Thema Rasse und Organe: Nach meiner Einschätzung dauert es im Minimum 5'000 bis 15'000 Jahre, bis eine neue Rasse entsteht, d.h. wenn eine Population während dieser Zeit in der gleichen Umgebung lebt, passen sich die Organe an das Klima und die Umstände dieser Umgebung an - und wir beobachten die entsprechend rassenspezifischen Merkmale. Denken wir z.B. in diesem Zusammenhang an die Indianer auf dem Hochplateau in Mexiko, wo die Evolution dafür gesorgt hat, dass das Blut dieser Menschen mehr Sauerstoff aufnehmen kann als andere Menschen, womit in der sauerstoffärmeren Luft möglichst optimal gelebt werden kann. - Im ganz kleinen Sinne können Sie diesen Prozess schon an sich erleben: wenn Sie z.b. nach Afrika gehen und dort von der Sonne gebräunt werden, wirkt die Intelligenz der Evolution bereits in Ihnen und will Ihre Haut, damit Ihr Leben, schützen und "lernt", sich zu bräunen. Man könnte jetzt an Stelle von: Sie würden braun, sagen, Sie würden negrid. Sehen Sie, sogar hier zeigt sich der Unsinn allen Rassenwahnes.

Es gibt ein sicheres Mittel, seelisch unglücklich zu werden und es zu bleiben, das heisst: Rassismus leben!

Warum? Nun, wir sollten nicht so eng denken; nicht das Wenige, was der Mensch erkennen kann, sollte als Massstab für das Ganze verwendet werden - auch sehen wir grundsätzlich "Körperlichkeit" viel zu eng. Gut, ich habe meine eigenen Organe und Sie die Ihren: aber was ist beispielsweise mit der Luft? Keiner hat die Luft für sich allein, sondern teilt den 'Luftkörper' mit allen anderen Lebewesen, die atmen. Ähnlich verhält es sich mit der Seele, die in Wahrheit unser kosmischer Körper ist und im nächsten Kapitel behandelt wird. Die Seele ist die unendliche Energie, die alles mit allem verbindet und darum das grosse WIR anstrebt und verlangt, welche von uns zudem als die Allkraft der Liebe erlebt wird. Wer Rassismus lebt, macht falschen Gebrauch von seiner Seele, wie einer falschen Gebrauch von seinem Körper machen kann und an den Folgen dann zu leiden hat.

Bei dieser Gelegenheit lassen Sie mich auf die *drei Lebensfunktionen* hinweisen, ohne die wir nicht leben können bzw. sterben, wenn diese nicht mehr funktionieren.

1. **Das Atmen:** Ohne Sauerstoffzufuhr kann unser Bewusstseinsorgan Hirn nicht arbeiten. Die meisten Menschen kommen schon nach einer Minute Sauerstoffentzug in Panik, die meisten verlieren nach etwa 2 - 4 Minuten das Bewusstsein - und in der Regel wird es nach 10 Minuten lebensgefährlich.

2. **Das Trinken:** Ohne Wasser hält es der Mensch nicht sehr lange aus, je nach Klima einen Tag bis vielleicht etwa eine Woche. Dann aber tritt der Tod ein.

3. **Das Essen:** Ohne Essen kann der Mensch recht lange leben. In der Regel ein bis zwei Monate, oder sogar ein weniger darüber. Wie klug ist auch hier die Natur. Denn wenn in einer Gegend die Ernte aus irgend einem Grund nicht zur Verfügung steht, kann der Mensch innerhalb von 1 - 2 Monaten zu Fuss in eine andere Gegend wandern, wo es Nahrung gibt!

Lassen Sie mich in diesem Zusammenhang das Göttliche im Essen aufzeigen. Viele Menschen machen ein riesiges Theater um das Essen, dabei hat Jesus das Klügste zum Thema gesagt, was ich je vernommen habe: Man möchte nicht so Angst haben, dass etwas Unreines in den Mund komme, da an sich alle Nahrung gut wäre - man möchte vielmehr darauf achten, dass nichts Unreines aus dem Mund komme.

Darf ich Sie fragen, ob Sie an einem Fahrzeug mit einem Motor interessiert sind, der nicht etwa bleifreies oder Superbenzin oder Diesel schluckt, sondern mit fast allem läuft, was man ihm eingibt? dem Sie z.B. Brot, Teigwaren, Tomaten und andere Lebensmittel geben können und der mit all dem läuft und läuft und läuft, und zudem als Modell gut und gern 80 Jahre hält, in einzelnen Fällen sogar über 100 Jahre arbeitet? Die Menschentechnik ist teilweise genial und bewundernswert, aber einen solchen Motor kriegen wir nicht hin. Doch die Natur hat diesen Motor in Form unseres Körpers mit seinem Verdauungsapparat geschaffen! So kann der Mensch auf dem ganzen Planeten Erde leben und immer das 'tanken', was eben gerade verfügbar ist. Dem Eskimo den Verzicht auf Fleischessen zu empfehlen, entlarvt sich als undurchführbar und dumm, denn landwirtschaftliche Produkte in ausreichendem Masse findet er in seiner Umgebung nicht. Und dort, wo genügend Pflanzen sind und wenig Tiere, kann man von den Pflanzen leben. Es ist die Vernunft des Menschen allein, die entscheidet über gesund und ungesund. In vernünftigen Massen genossen ist jede Nahrung gesund und richtig.

Wenn der Mensch ein Haus baut, dann müssen die Materialien fertig herangeschafft werden, ob dass nun Steine, Geräte, Leitungen sind. Der Mensch aber isst Tomaten - und wird davon keine Tomate. Der Mensch ist Fleisch - und wird davon nicht das Tier, dessen Fleisch er verzehrt. Erkennen Sie, dass wir in unserer Verdauung einen genialen Alchimisten haben, der es versteht, die Nahrung derart zu zerlegen und umzuformen, dass daraus "ICH-Bausteine" werden: dass heisst, unser unsichtbares ICH entnimmt der Nahrung all das, was benötigt wird, die individuelle ICH-Idee am Leben zu erhalten. Erkennen Sie, dass wir auch in der Genialität der Verdauung der Gottheit begegnen, denn alle Lebewesen verfügen in irgend einer Form darüber, aber keines wäre weder klug genug noch fähig, einen Verdauungsapparat zu erfinden und ihn zu erbauen.

Wie schon einmal erwähnt, entsteht Bewusstsein durch die Dreiheit: Lebewesen, Lebensraum und Rauminhalte. - Denken Sie nun an einen Diaprojektor, der in den freien Raum hinaus ein Lichtbild strahlte. Ob es Tag oder Nacht ist, spielt dabei keine Rolle: vom Bild ist nichts zu sehen - in der Dunkelheit allenfalls der Lichtstrahl. Trifft der Lichtstrahl auf die weisse Leinwand, ist diese streng genommen Widerstand gegen das Licht, und dadurch wird das Bild, welches das Licht als Information transportiert, sichtbar. Wäre die Leinwand schwarz, wäre das Bild nicht sichtbar. Und so ergeht es dem ICH überall im Universum. Wie Sie im nächsten Kapitel erfahren werden, teilt das ICH des Menschen ganz wesentliche Eigenschaften mit dem Licht. Wenn Sie als Mensch auf eine Umgebung treffen, die positiv zu Ihnen steht, wo Sie leben und sich entfalten können, liegt eine vergleichbare Situation zur weissen Leinwand als Widerstand vor. Denn diese anderen Menschen sind ja eine Art "Widerstand", indem Sie auf diese Rücksicht nehmen müssen, deren Interessen usw. mit bedenken müssen, wenn Sie eine gute Gegenwart - und damit verbunden: auch eine gute Zukunft - haben wollen. Umgekehrt dagegen sieht es aus, wenn der Mensch auf eine Umwelt stösst, die ihn ablehnt, hasst oder gar bekämpft - hier passt dann das Beispiel des Lichtstrahles auf die schwarze Leinwand.

Nach diesem Prinzip (und in der unendlichen Wechselbeziehung) der drei bekannten Bewusstseinsarten wirkt die Evolution, und damit auch die Evolution des ICHs. Bitte, beschränken Sie das ICH nicht auf den Menschen: **denn Mensch ist man nur eine Zeitlang, aber ICH ist man immer!** Ich erkenne und erlebe mich als ICH, das zur Zeit Mensch ist. Meine drei Katzen daheim sind für mich ICHs, zur Zeit eben Katzen. Die Erde ist für mich ein ICH, zur Zeit Planet Erde usw. Dies gilt natürlich auch in Richtung des Kleinen. Eine Fliege ist ein ICH, zur Zeit Fliege usw. Kurz, alles individuell Lebende ist die Wirkung von einem ICH.

Beginnen wir im Geiste nun den 'Evolutionslauf' des ICHs. Als unsterblicher, ewiger Teil bekam es Idee - und wurde so zur individuellen Idee. Die Idee kam von der Gottheit zum göttlichen Teil, und dies war das erste Mal, als die sich ergänzenden Pole trafen (Raum und Inhalt, Licht und Dunkelheit, Mann und Frau usw.): also der Beginn der Geschlechter als göttliches Werkzeug zur Zeugung. Die Idee, die nach Verwirklichung sucht, ist es, die den an sich unendlichen und ewigen Teil ihres Selbst-Seins in Bewegung bringt und als Licht durch die unendlichen Räume des Universums reiste. - Mensch, willst Du Zahlen hören, ich könnte sie Dir nennen - und Du würdest schaudern, denn Menschen könnten sie nicht mehr ausdrücken, darstellen oder gar verstehen. Denk' daran: 1'000 Lichtjahre durchmisst allein unsere Galaxie. - Aber da ist keine Willkür, und die Gottheit lässt die Qualität der göttlichen Idee über die "Sehnsucht" nach der Möglichkeit, sich ganz zu verwirklichen, suchen, suchen und suchen - und schliesslich finden: Denn nur das ganzheitliche Suchen, wo das Geistige, Seelische und Physische harmonisch verbunden sind, wirkt das Finden im Universum, und damit auch auf der Erde! - Auf diese Weise, Mensch, suche Dein Auskommen, Deine Partnerschaft und Deinen Sinn im Leben! Jedes ICH hat seinen individuellen Weg und kommt auf die Erde als "Lichtsamenfunken"; und wie sagte bereits das Genie Goethe: "...und bis zum Menschen hast Du Zeit!" - Das ICH-Fünklein 'weiss' zu Beginn nichts von anderen ICHs, sondern denkt und lebt nur: Ich-Ich-Ich. Das ist ganz besonders bei Kleinstlebewesen zu beobachten, die Fressen und oft so primitiv sind, noch weiterzufressen, während sie selbst schon von hinten von einem anderen ICH angeknabbert werden. Erkenne den kosmischen Lehrsatz: *Ein ICH, das nur an sich selbst denkt sowie rücksichtslos andere Lebewesen ausnutzt und benutzt, ist auf der Erscheinungsebene des Menschen ein gestörtes und eindeutig unreifes Wesen.* Der Kosmos ist göttlich "klug": Jeder von uns kommt letztlich dahin, wo er für das Ganze, also auch für sich selbst, am Nützlichsten ist. **Das ist das Schicksal des ICHs nach dem physischen Tod.** Das heisst, es darf einer solange 'Fressen-und-gefressen-Werden' erleben, als er in der Illusion lebt, dies wäre die einzige Daseinsform. Wie kommt das Lebewesen aus dieser Misere! Durch die Leiderfahrung. Das Lebewesen versucht natürlicherweise, dem Leid auszuweichen und lernt mit der Zeit erkennen, dass dies nur durch **Lebenstüchtigkeit** möglich ist. Es entwickelt durch den leidvollen Widerstand, auf das Übel aufmerksam gemacht, Fähigkeiten, dem Übel auszuweichen (darum rennen die meisten Lebewesen zunächst bei Gefahr weg), bis es merkt, dass durch das Wegrennen die Gefahr selbst nicht gebannt ist und es die Gefahr erkennen, verstehen und dann mit ihr umzugehen lernen muss. Das ist die geistig-seelische Seite der Evolution. So durchlebt jedes ICH in kosmischer Dimension Existenzen, bis es Mensch wird - und der Mensch ist keinesfalls die Krönung der Schöpfung, sonst wäre ich das erstemal der Gottheit 'böse'. Dieser Weltraum ist für die geschaffen, welche in Weltraumdimension leben; und wir gehören dazu, als gigantische Winzlinge. Nur sollte sich diese Winzigkeit auf unsere körperlichen Proportionen zum Weltraum beschränken und nicht auf unseren Charakter - hoffentlich. - Im Kapitel Pyramidentexte werde ich Ihnen aus meiner Übersetzung zeigen, dass die Eingeweihten Altägyptens real um die Weiterentwicklung des ICHs über den Menschen hinaus, in die komische Dimension hinein, wussten - und damit sind wir bei der Reinkarnation. Ich kann nur aus eigener Erfahrung sprechen: *Reinkarnation ist das Natürlichste und Selbstverständlichste überhaupt.* Ich arbeite und profitiere doch in verschiedenster Hinsicht von dem, was man gemeinhin frühere Leben nennt. Erwarten Sie jetzt aber nicht, dass ich Ihnen aus meinen 'früheren Leben' berichte; dies werde ich darum nicht tun, weil man persönliche Erlebnisse nicht beweisen kann. Aber ich will Ihnen gerne Praktisches und Nützliches zu diesem Thema mitteilen. Ich bearbeite das Thema aus der Sicht meiner Erfahrung, wohlwissend, dass jedes ICH auch in dieser Beziehung seine absolut individuellen Erfahrungen hat. Aber wir haben alle den naturgesetzlichen Menschenkörper, der gleichzeitig den Einfluss und die Merkmale unserer Individualität trägt, deshalb macht die Abhandlung hier schon Sinn. Soweit ich das Leben erkannt habe, und es die Heilige Gottheit mich schauen und verstehen liess, gibt es nur **ein einziges, ewiges Leben** - und damit verbunden allein eine "Welt"; nur durch die Organe erleben wir die Illusion von Welten und denken so an andere Welten etc., aber das stimmt nachweisbar nicht. Erhellen wir dieses Problem anhand des Beispieles von Raupe und Schmetterling. Das Lebewesen, was zunächst als Raupe lebt, erlebt die Raupenwelt: und das Ende des Raupenlebens ist der Raupentod; wir wissen es besser, Raupentod heisst - neues Leben als Schmetterling! Warum soll die Natur den Menschen 'schlechter' behandeln als eine kleine Raupe? Die Natur ist genial und vernünftig; sie wandelt und schafft alles um, hin zu einem Zustand, wo es wieder brauchbar wird und sich selbst auch als brauchbar erlebt. - Eine grauenvolle Verschwendung aber wäre es, einem ICH, welches als Mensch erlebend gelebt und dadurch als "kosmische Software" am Ende des Lebens in jedem Fall dazugelernt hat und wertvoller wurde, wenn auch in einzelnen Fällen sehr, sehr wenig, nicht eine leistungsfähigere Verkörperung zu geben, nicht brauchbarer zu gestalten. - Das Universum, das über Milliarden von Lichtjahren verfügt, kann ruhig warten; also nur schön weiter die Lebenszeit mit Unfug oder gar lebenschädigendem Verhalten 'verplempern'. Da kann für das menschliche Verständnis ein "schweres" Schicksal im Lichte des Universums der schnellste und direkteste Weg zur Vergottung sein. *Unter Vergottung (Gottwerdung) verstehe ich, wenn ein ICH seinen individuell-göttlichen Auftrag erfüllt bzw. verwirklicht hat.* In Tat und Wahrheit ist für uns Menschen völlig klar, was für Raupen unmöglich zu verstehen ist: Raupe und Schmetterling leben in einer gemeinsamen Welt, aber der Schmetterling kann fliegen, und es steht ihm so eine zusätzliche Dimension offen. Daraus lässt sich ableiten, dass der dümmste Schmetterling wissen kann, was der klügsten Raupe unmöglich ist. Ich hoffe doch wohl nicht, dass Sie, geneigter Leser, glauben, dass diese 'Problematik' auf die Raupe beschränkt wäre! Das wiese geradezu dogmatisch-religiös und / oder -wissenschaftlich verkleidete "Beschränktheit" aus, wie sie tagtäglich (eher mehr als weniger) offiziell beobachtet werden kann. - Und so erlebe und erkenne ich meine Reinkarnationen als 'Pulsschlag' meiner Seele. Wie der Kunstmaler, um das künftige Bild wissend, könnend Pinselstrich um Pinselstrich malt (ein Bild hat mehr, ein anderes weniger Pinselstriche), so lebt und webt meine Seele mein individuelles ICH-Pro- gramm - und einmal ist es Verdichtung: dann wirkt es Existenz in dem Masse, als es der **Gottesdienst** erfordert, und Menschen nennen es Geburt. Wenn **"es"**, eben der Dienst, **vollbracht ist,** pulsiert die Seele zurück ins Unendliche - zurück in die Heimat des ICHs: **Die Heimat des ICHs ist die Gottheit!** Das wird gemeinhin von den noch physisch lebenden Menschen als Tod bezeichnet, ist aber in Wahrheit nur das Ende einer seelischen Bewegung. In Wahrheit schenken wir dem Toten, dem Leichnam, viel zu viel Aufmerksamkeit, denn die Leiche ist der "Stuhlgang der Seele". Im Tageszyklus erleben Sie, wie die gute eingenommene Nahrung verbraucht wird: das, was gut ist, nutzt der Organismus - und damit Sie - als Lebenskraft, und der Rest verlässt unseren Körper als Kot und Urin. Das gleiche Naturgesetz zeigt sich im Zusammenhang mit dem Tod in der Dimension eines menschlichen Lebens -: Frisch und voll Kraft werden wir geboren und erfreuen uns am Guten, lernen vom Leben, dabei (sowie durch den Widerstand des Lebens selbst) verliert unser physischer Körper an unverzichtbaren Funktionen und wird schliesslich zum defekten Erdenkleid, so dass früher oder später ein neuer kosmischer Massanzug 'fällig' wird. - Wir bleiben nach geleisteter Notdurft doch auch nicht noch sinnlos auf der Toilette sitzen, sondern gehen erleichtert weg, vor allem auch dann, wenn wir etwas Schlechtes gegessen haben und 'verdaulich' darunter litten. So wird das ICH nach dem 'seelischen Stuhlgang' erleichtert weggehen und auch verstehen, was der dümmste Schmetterling weiss und sich die klügste Raupe nicht vorstellen kann.

Wenn das ICH im Verlaufe kosmischer Dimensionen in einen Zustand gerät, wo es erkennt, ICH und DU sind wichtig, reinkarniert es in Lebewesen, die wir gemeinhin als Tiere bezeichnen. Der Mensch selbst ist das Schwellenwesen bzw. nimmt einen Schwellenzustand ein, wo sich der Übergang vom rein tierischen Zustand in einen Zustand vollzieht, wo mehr und mehr die kosmische Realität erkannt und verstanden wird. - So wie die Pflanze aus dem Erdreich hinaus und vermittels Stengel und Blüte zum "Himmel" hinan wächst, wächst sozusagen das ICH auf der Erde (Erde als Ackerkugel für den himmlischen ICH-Samen) heran, stärkt sich und wächst schliesslich hinaus in den Weltraum als kosmisches Wesen, wird zum kosmischen 'Erwachsenen' und Weltraumbürger. Diese Entwicklung ist individuell und geht niemals schnell, sondern Geschwindigkeit ist hier die individuelle Quantität; Qualität dagegen ist die schnellste Art, voranzukommen, bedeutet also, die Dinge richtig zu machen! Für das ICH in Menschenform heisst 'Richtig-Machen', zu lernen und zu praktizieren: richtig denken, richtig fühlen und richtig handeln. 'Richtig-Machen' meint hier: *gemäss seinen individuellen Fähigkeiten und Möglichkeiten in Berücksichtigung der drei Interessenlagen zu denken, fühlen, handeln -: nämlich die Interessen des eigenen ICHs, die der anderen Lebewesen sowie diejenigen des Lebens im gesamten zu berücksichtigen.* Aufgrund von Landschaftsbeobachtungen (im Zusammenhang persönlicher Erinnerungen an abgelebte Zeiten) der Geologie gilt es auch hier vielleicht mit 50'000 oder gar 100'000 Jahren zu rechnen, bis die Angelegenheiten natürlich-richtig gefügt sind. - Denken Sie ja nicht, ich dächte mir diese Dinge aus: für mich persönlich spielt es gar keine Rolle mehr, ob ich als Mensch im Wachbewusstsein existiere oder in einem seelischen Wachzustand mich befinde. Logischerweise ist es mir deshalb möglich, eine kosmisch orientierte Wissenschaft - sei dies Psychologie, Ägyptologie usw. - zu leisten, die ausserordentlich zuverlässig und leistungsfähig ist: meine Psychologie, vor allem auch meine **Hermetische Diagnostik**, arbeitet mit exakten kosmischen Gesetzen, von deren Existenz die herrschende und offizielle Wissenschaft nicht einmal eine Ahnung hat. **Wer sich Eingeweihter oder Meister nennt, soll Leistung zeigen - und kann er das, warum sollte er sich da vor der Unfähigkeit verneigen.**

Mit folgenden Bildern und der Zeichnung von Leonardo da Vinci will ich Ihnen aufzeigen, wie man in etwa den kosmischen Entwicklungszustand eines Menschen erkennen kann. - Wie schon mehrfach erwähnt, zeigt sich in der organischen Erscheinung des Menschen die Verdichtung bzw. Verwirklichung seiner unsterblichen ICH-Idee. Da aber Leben als ganzheitlicher Ausdruck der Gottheit in und über den Weltraum notwendig Gesetzmässigkeit wirkt (die Astrophysik bestätigt ausdrücklich, dass im Universum Gesetze herrschen!), drückt es sich vor allem als kosmisches Gesetz der unendlichen Gleichzeitigkeit aus! Das aber bedeutet nichts anderes, als dass der in diese kosmischen Gesetze Eingeweihte die 'Schritte' der Gottheit lesen kann. Wer die Gesetze von Lesen und Schreiben - das sind die Buchstaben des Alphabetes - kennt, kann eben lesen, was andere schreiben oder geschrieben haben. *Mit dem "kosmischen Alphabet" liest man die Lebewesen als Schöpfungsabsicht der Gottheit!* Auf dieser Basis führe ich auch meine Beratungen durch, indem ich versuche, zu verstehen, warum die Gottheit einen bestimmten Menschen geschaffen hat - und das Resultat wende ich als Lösungsinstrument auf die aktuellen Fragen und Sorgen an. Wir können also mittels des "kosmischen Alphabets" feststellen, in welchem aktuellen Zustand in bezug auf die geistige, seelische und körperliche Verfassung sich ein Mensch befindet. Soweit das hier möglich ist, will ich Ihnen sehr gerne diese verblüffende Realität vorstellen.

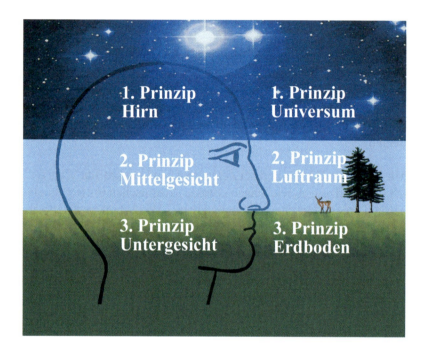

Auf der Erde findet also die Verdichtung bzw. physische Verwirklichung statt - nun aber ist die Erde selbst auch Teil dieses Universums und trägt wiederum selbst in sich diese kosmischen Gesetze. Der dichteste Punkt bei der Erde als Kugel ist mit Sicherheit der Mittelpunkt: die 'Verdichtungslinie' verläuft also vom Weltraum in Richtung Erdkern. Und der Mensch, welcher auf der Erdoberfläche lebt, wird natürlich durch diese kosmischen Gesetze, wie sie auf der Erde wirken, mitbeeinflusst.

So sieht das aus:

1. Unendliche Gleichzeitigkeit	Weltraum	Stirn	Gottheit
2. Verbindung von 1 und 3	Luftraum	Mittelgesicht	ICH als kosmische Persönlichkeit
3. Verdichtung	Erde	Untergesicht	ICH als Mensch

Die lebendige ICH-Idee wirkt immer gemäss ihrer Lebenstüchtigkeit die Form. Diese Wirkung wird gemischt, also positiv und negativ (je nach Situation der Vererbung und der Umwelt) beeinflusst. Die Gottheit stellt den genialen Menschenkörper und die geniale Natur. In allen Lebewesen ist die göttliche Qualität eindeutig zu sehen, so in der kleinsten Zelle bis zu dem, was da die Natur hervorbringt. Lasst Euch die unverschämte und höchst unwissenschaftliche Behauptung, alles Leben wäre durch Zufall entstanden, nicht gefallen. Das Leben ist dazu viel zu kompliziert! Wer von Zufall in diesen Zusammenhängen spricht, sagt im Klartext, dass er es nicht weiss und nichts versteht. Diskussionen mit solchen Menschen fruchten nichts, zumal diese Art Menschen, welche allein 'aus Gründen des Zufalls' oder aus dogmatisch-religiösen Gründen widersprechen, die Wahrheit gar nicht wollen; und haben sie auch nicht, sondern sie wollen Macht besitzen, um mit ihren Systemen Menschen zu unterdrücken und auszubeuten. Ich führte an, dass diese Dogmatiker und Behaupter die Wahrheit nicht haben; ich kann Ihnen gerne erklären, weshalb das so ist: Wer die Wahrheit erkannt hat, wird von ihr ergriffen, belebt, beglückt und lebenstüchtig - er kommt gar nicht auf die törichte Idee, irgend einen Vorteil höher als die Wahrheit zu werten.

Bei dieser Gelegenheit: **Was ist Wahrheit?** Das könne man nicht wissen und das wäre relativ, so sagt man. Für viele Juristen ist die Wahrheit eine Honorarfrage; für andere eine der Macht, der eigenen egoistischen Interessen in all ihren schlimmen Erscheinungsformen. Und darüber ist sich doch dieses 'Gesindel' (aus kosmischer Sicht ist das eindeutig Gesindel) einig, dass man so klar und eindeutig Wahrheit nicht definieren kann. Doch, sagt jeder, der aus dem "Licht" kommt:

Das Leben ist sich selbst Sinn und Bedingung - darum ist alles, was dem Leben dient, Wahrheit!

Nun wenden wir diese kosmischen Gesetze kosmisch-psychologisch an, und das sieht dann so aus: Je mehr ein ICH an Geistigem interessiert ist, wird dadurch als Wirkung das Hirn entsprechend grösser und tüchtiger ausgebaut. Dies ist an der Formqualität von Kopf und Stirn zu sehen - und selbstverständlich in individueller Qualität.

Ein Mensch, der stark am Geistigen interessiert ist und aus dem Geistigen heraus lebt, erfährt als Wirkung eine entsprechend bessere Hirnentwicklung, die sich besonders in der Schädel- und Stirnform offenbart.

Ein Mensch, der weder an Geistigem noch sehr am Sinnlichen und / oder Materiellen interessiert ist, sondern sehr gerne emotionale Kontakte lebt und pflegt, dessen Mittelgesicht ist im Verhältnis zu Stirn und Untergesicht am grössten. Dazu sind in der Regel seine Augen grösser, im Ausdruck beseelter und die Oberlippe ist betont, steht sogar etwas - oder gar deutlich - gegenüber der Unterlippe vor.

Ein Mensch, der sich stark für das Materielle und / oder für die Sinnlichkeit interessiert, das Geistige als langweilig und Gefühle als wertlos ablehnt, der zeigt ein stark nach vorne drängendes Untergesicht, dazu eine fliehende Stirn. "Viel Schnauze, wenig Hirn", kommt mir hier spontan in den Sinn. Denken Sie dabei an Tiere, die alle ein stark nach vorne drängendes Untergesicht zeigen und im vergleichbaren Sinne zum Menschen kein Grosshirn besitzen.

Beachten Sie, dass das Genie Leonardo (Profilstudien) eindeutig den Zusammenhang primitiver und plumper Gesichtsform und Gesichtszüge im Verhältnis von vorstehendem Untergesicht und fliehender Stirn erkannt und genutzt hat.

Hier sehen Sie ein Selbstportrait von Leonardo da Vinci.

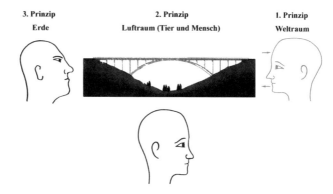

Bitte, stellen Sie sich jetzt eine Brücke vor. Ein Ufer stellt die Tierstufe dar - das andere Ufer den kosmischen Zustand. Dazwischen, als verbindende Strecke, steht der Mensch, der in sich beide Prinzipien verbindet. In der Sphinx haben wir im übrigen dieses Phänomen des Überganges vom Tier zum Menschen auch veranschaulicht, wie sich das im Löwenkörper mit Menschenantlitz zeigt.

Das 3.P. als ein Ufer der "Evolutionsbrücke" zeigt den Menschen, der noch stark im "ICH-Wahn" verstrickt ist und deshalb sich deutlich bis extrem über die Sinnesorgane und das Materielle auslebt.

Das 2.P. in der Mitte zeigt den Menschen eigentlich, wie ihn das Universum will: seine eigenen Interessen stehen in einem harmonischen Verhältnis zu sich selbst sowie zu den anderen Lebewesen, was Verständnis und ein Miteinander wirkt (allerdings nicht auf naive Weise, wozu auch das Grosshirn dient, die richtigen Erkenntnisse zu erzielen, was eben lebensrichtig sei). - Das Profil eines solchen Menschen tendiert dazu, dass eine gedachte senkrechte Linie im Gesicht gleichzeitig Stirn, Mund und Kinn berührt.

Das 1.P. als das andere Ufer der "Evolutionsbrücke" müsste den Energiekörper eines kosmischen Lebewesens aufzeigen, ein Lichtwesen - aber das können wir uns nicht mehr vorstellen. Beachten Sie die Tatsache, dass sich der Mensch sehr gut Menschen und die Entwicklungsstufen unter dem Menschen vorstellen kann und diese erkennt, nicht aber etwas, welches das Menschsein übersteigt. Theoretisch (aber die Natur kennt keine Theorie!) müsste man ein Bild vorzeigen eines Gesichtes mit stark vorstehender Stirn und extrem zurückweichendem Kinn. Eine solche menschliche Körperlichkeit gibt es nicht - und sie wäre im organischen Sinne nicht lebensfähig. Ein solches Wesen ist für die organische Wahrnehmung des Menschen schlicht unsichtbar. Nicht aber für die seelische Wahrnehmung; da ist durch Schulung "etwas" möglich. - Wie soll man sich diese für uns Menschen unsichtbare kosmische Körperlichkeit vorstellen? So schwer ist dies tatsächlich nicht. Es ist völlig klar, dass dieser kosmische Körper den kosmischen Gesetzen des Weltraums genügen muss: *damit muss er die Verbindung zwischen Endlichkeit und Unendlichkeit darstellen und leisten - dies ist allein mit einem Energiekörper möglich.* Weiter ist völlig klar, dass dieser Energiekörper Informationen transportiert: nämlich die ICH-Idee - und Energie, welche Informationen transportiert, nennt man Licht. Lebewesen im Kosmos verfügen also über einen Lichtkörper.

Da hängen so viele Menschen an ihrem Sinnenkörper (weil sie sich eine andere Daseinsform nicht vorstellen können) und schlottern vor dem Tod, weil sie vermeinen nach dem Tod wäre alles vorbei: keinen Sex mehr (das stehe hier ganz zufällig an erster Stelle?!), kein Leben und Erleben der Natur mehr und der Lebewesen, die man geliebt hat... Diese Menschen sind hypnotisiert von der Vorstellung, Bewusstsein wäre nur über die Organe möglich. Dabei: Um ein bisschen zu leben und zu erleben (denken Sie jetzt, was Sie wollen), muss der Mensch diesen Fleischsack herumschleppen sowie einen riesigen Teil der Lebenszeit dafür aufwenden, dass dieser funktionieren kann (Existenz, Essen und Schlafen - sonst noch was?). Diese lieben Menschen, die ganz zu Recht Freude am Leben haben und die Lebensfreuden nicht meiden wollen, werden dies auch gar nicht tun müssen. - Ich werde Ihnen erklären, warum: Denken Sie bitte an die mechanischen Rechenmaschinen in den Büros, die man früher hatte. Man konnte sehr gut mit ihnen rechnen, und man hatte sie ja auch zum Zwecke des Rechnens. Die Elektronik verschafft uns Rechner in der Grösse von Kreditkarten, die schneller und genauso gut rechnen können, wie die an sich genialen mechanischen Rechenmonster von damals. Aber man will ja rechnen! Und das geht viel bequemer und schneller mit den heutigen kleinen, elektronischen Taschenrechnern. - Sinngemäss vergleichbar ist der organische Menschenkörper stellvertretend in unserem Beispiel für den mechanischen Rechner, der nachtodlich-kosmische Energiekörper dagegen stellvertretend für den elektronischen Taschenrechner. Es funktioniert alles im kosmischen Körper leichter und besser. Dies gilt auch für Sexualität. Sie glauben mir nicht - macht nichts; tun Sie hier, solange Sie leben, freudevoll, liebevoll und verantwortungsvoll, was Ihnen Spass bereitet, denn die altägyptische Lebensweise war (und ist für mich): als Mensch fröhlich und lebensbejahend zu leben - dies zugleich harmonisch mit den anderen zusammen... und nach dem Tode erst recht. Die Kommunikation verläuft unter komischen Lebewesen für unser Verständnis als Telepathie ab. - Stellen Sie sich ganz realistisch vor, was passiert, wenn ein Mensch Ihnen etwas sagt: Der Mensch hat gelernt, seine Ideen als Worte in einer Sprache über den Mund als Schallwellen zu formulieren. Diese Schallwellen erreichen Ihr Ohr und gehen als Nervenreize ins Gehirn. Der Hörer hat gelernt, diese Nervenreize als bedeutungsvolle Wörter einer Sprache zu verstehen. - Sie kennen doch Film- und Lichtbildvorführungen, wo Licht als Informationsträger für das Bild steht und das prächtig funktioniert. Der seelische Energiekörper nutzt stellvertretend für die uns bekannten Organe Licht. Sie rufen einem Menschen zu - das geht so vor sich: Sie denken, ich rufe, und schon rufen Sie; der andere hört Sie, sofern er gesunde Ohren hat und Ihre Sprache versteht. Im seelischen Energiezustand verläuft es sehr ähnlich, wenigstens in dem Sinne, als Sie denken, ich "rufe", weil Sie Kontakt zu einem anderen Lebewesen aufnehmen wollen. Dieses Denken bringt das Licht, das von Ihnen ausgeht, in die entsprechende Frequenz des Schwingens - und es wird vom anderen verstanden. Übrigens arbeite ich genau nach diesem Prinzip, wenn es darum geht, Kontakt mit Verstorbenen herzustellen. Durch besonderes seelisches

Training suchen und finden wir die Frequenz, auf der wir dann mit unserer Seele den realen Kontakt zum lieben Verstorbenen herstellen. Das ist altägyptische Magie, die in Wahrheit nichts anderes ist, als gekonnter Umgang mit den Seelenkräften, verbunden mit praktischem Wissen um die kosmischen Gesetzte. - *Gefühle, seelische Liebe kann man im kosmischen Körper viel inniger und beseligender erleben.* Diese Verschmelzung liebender Seelen ist körperlich gar nicht möglich, aber mit dem seelischen Energiekörper des Weltraumes. Haben Sie diese Tatsache, da Sie ein seelisch innig-geliebtes Wesen umarmten und spürten, dass doch der Körper "stört" bzw. man den anderen fast erdrückt, noch nie erfahren? - Für den Zweifler habe ich einen Trost: leb' jetzt lebensbejahend, denn es ist im Zweifelsfalle sicher besser, einmal zu bereuen, was man "gehabt" hat, als etwas, was man nicht gehabt hat. - Ich habe von der Gottheit gelernt, die Zweifler zu lieben, denn in Regel sind das Menschen, welche die Dinge richtig machen wollen - und manchmal ist das Leben und das Schicksal des Menschen nicht so klar, weswegen Zweifel durchaus berechtigt sind. Übrigens habe ich festgestellt, dass die meisten Dummen unter den Menschen zu finden sind, die nie Zweifel haben! Eben, sie sind ja auch zweifelsfrei dumm. Und wer an der Gottheit zweifelt, darf das - denn soweit ich SIE verstanden habe, will SIE keinen blinden Glauben, keinen Glaubensgehorsam, sondern freut sich über das ICH, das, an seinen Zweifeln arbeitend und immer für sich und andere lebenstüchtiger werdend, sanft und individuell in der ewigen Realität der Gottheit erwacht.

Weltseele (J.W. von Goethe)

Verteilet euch nach allen Regionen
Von diesem heilgen Schmaus!
Begeistert reisst euch durch die nächsten Zonen
Ins All und füllt es aus!

Schon schwebet ihr in ungemessnen Fernen
Den sel'gen Göttertraum
Und leuchtet neu, gesellig, unter Sternen
Im lichtbesäten Raum.

Dann treibt ihr euch, gewaltige Kometen,
Ins Weit und Weitr' hinan.
Das Labyrinth der Sonnen und Planeten
Durchschneidet eure Bahn.

Ihr greifet rasch nach ungeformten Erden
Und wirket schöpfrisch jung,
Dass sie belebt und stets belebter werden
Im abgemessnen Schwung.

Und kreisend führt ihr in bewegten Lüften
Den wandelbaren Flor
Und schreibt dem Stein in allen seinen Grüften
Die festen Formen vor.

Nun alles sich mit göttlichem Erkühnen
Zu übertreffen strebt:
Das Wasser will, das unfruchtbare, grünen,
Und jedes Stäubchen lebt.

Und so verdrängt mit liebevollem Streiten
Der feuchten Qualme Nacht!
Nun glühen schon des Paradieses Weiten
In überbunter Pracht.

Wie regt sich bald, ein holdes Licht zu schauen,
Gestaltenreiche Schar,
Und ihr erstaunt auf den beglückten Auen
Nun als das erste Paar.

Und bald verlischt ein unbegrenztes Streben
Im sel'gen Wechselblick,
Und so empfängt mit Dank das schönste Leben
Vom All ins All zurück!

Viertes Kapitel

Das ICH als kosmische Persönlichkeit

Wir werden uns nun mit der kosmischen Persönlichkeit des Menschen beschäftigen. Streng genommen muss man sagen: mit der kosmisch-individuellen, unsterblichen ICH-Idee, die ab Geburt und bis zum Tod sich in Menschenform zeigt. Menschenform heisst hier ja nichts anderes, als mit einem materiellen Körper mit all den zugehörigen Organen ausgestattet zu sein, welche das ICH zum Leben auf der Erde benötigt. Was heisst hier 'streng genommen'? Das ist doch zu verstehen im Sinne von: genau, exakt genommen?! - Das ist richtig, aber dann tun wir es auch! - Ja, wollen Sie bei Adam und Eva anfangen? höre ich im Geiste den einen oder anderen fragen? Früher, Menschlein, viel früher werde ich anfangen, bei einer "göttlichen Frühe" werde ich beginnen, und das heisst vor dem, was Menschen einseitig irrend den 'Urknall' nennen, dort werde ich anfangen, wo sogar der Urknall seinen Beginn hat. - Das gehe nicht! Das könne man nicht! Das dürfe man nicht, so sagt man. Wach auf in Deinem unsterblichen ICH und erkenne die drei Urfeinde aller lebendigen Erkenntnis, als Formen von Unfähigkeit: Unwissenheit, Lieblosigkeit und Gier! Wenn das ICH unwissend ist, liebt es falsch und wählt sinnlich-organisch gierhaft. Je mehr das ICH in seinem individuellen ICH erwacht, versteht es, was es ist und was es kann und wie es für sich und andere sinnvoll, lebensfördernd sein kann. In diesem Bewusstsein aber wird das ICH nicht mehr das Falsche lieben oder sich in Falsches verlieben, weil es durch die Erkenntnis seiner selbst und des anderen Wesens liebend weiss, wie Glück für sich und das andere in der Liebe gewirkt, erlebt und gelebt werden kann. So in seiner wahren individuellen Tüchtigkeit erwacht, ist auch der sinnvolle und glückliche Umgang mit Materie zum eigenen und des anderen Wohl real möglich. Es genügt nicht, brünstig zu wollen, was viele als religiöse Aktivität missverstehen: **man muss das, was man will, auch harmonisch umsetzen können!**

Mensch, pass auf, wenn andere Dich bremsen wollen (eher selten ist es das Wohlwollen), da Dir etwas Negatives widerfahren könnte! Fast immer ist es die Angst, Du könntest Recht haben, Du könntest Erfolg haben - oder gar etwas vom Schlimmsten: Du könntest die Bremser nicht mehr brauchen und sie Dich dann nicht mehr ausbeuten, Dich nicht mehr bremsen und nicht verhindern, dass Du ein erfülltes Leben hast. Durchschau es, wenn sie heuchlerisch von Liebe geifern und damit das Heilige verhöhnend nur ihren negativen Egoismus tarnen wollen! Exakte Menschenkenntnis ist das Heilmittel.

Wer liebt, freut sich über Gelingen und Erfolg des geliebten Wesens und lieber lässt er das Geliebte frei ziehen, als dass er das Geliebte davon abhält, ein sinnvoll erfülltes Leben zu führen!

Wer sagt, das könne man nicht? - Nimm niemals das Können des Menschen zum Massstab. Dieses gilt nur für das, was der Mensch verfertigt und ausführen kann. Aber das Leben kann der Mensch nicht erschaffen, und darum empfehle ich aus erlebter Erkenntnis: Mensch, nimm das als Muster und Lehrmeister, was das Leben und alle seine Erscheinungen geschaffen hat! Geh diesen Weg, und es wird Dir von Atemzug zu Atemzug besser gehen!

Mensch, das was das Leben ist und es geschaffen hat, hat auch Dich geschaffen, und darum müssen wir dort anfangen, was eigentlich unsagbar ist und ich mit "göttlicher Frühe" bezeichne, wobei ich mich in meiner Seele an diese Zeit erinnere, wohl wissend, dass sie astrophysikalisch gesehen nur als unendliche Gleichzeitigkeit zu verstehen ist. Aber der Urknall war nicht der Anfang, und jedes kleine Kind fragt in seiner gesunden "Frage-Zeit", die uns Eltern schon recht fordern kann: Warum? - Und dann geben wir eine Antwort und wieder fragt das Kind warum? zur gegebenen Antwort. Mensch, wenn Du das mit einem Kind erleben darfst, nimm Dir die Geduld und die Zeit und umarme Dein Kind, denn es verrät Klugheit! Solch ein kluges Kind würde eben fragen: "Und was war vor dem Urknall? Und warum überhaupt Urknall?" Die besten Naturwissenschaftler mit Charakter würden sich gerne bemühen, bestmöglich dem Kind zu antworten, aber, wenn sie ehrlich sind, zugeben müssen, dass man es nicht weiss; und dass eigentlich das ganze auch in dem Sinne ein Phänomen ist, weil überhaupt keine Willkür oder Ähnliches beim Urknall wirksam war, sondern ein exakter Plan hat bestehen müssen, weil ansonsten das Leben, so wie wir es selbst sind und es erleben, gar nicht möglich wäre. Folglich müssen im Universum kosmische Gesetze tätig wirksam sein. Dann fragt das Kind: "War das der liebe Gott?" Und da muss der ehrliche Wissenschaftler antworten: "Es muss etwas geben, was das gewollt und geschaffen hat, aber wir können in Menschenform das nicht wissen." Mit absoluter wissenschaftlicher Sicherheit kann man aber sagen, dass die von Menschen geschaffenen Gottesbilder, und vor allem ihre missbräuchlich-dogmatische Anwendung, nicht stimmen! Dann könnte man das Kind in die Arme nehmen und weiter sagen: " Es muss das, was alles Geschaffen hat, noch viel grösser, gütiger sein, als es sich Menschen mit ihren religiösen System ausdenken können. Wenn Du, liebes Kind, aus Deinem Herzen liebend es lieber Gott nennst, dann darfst Du das - es ist sicherlich einer von den unvorstellbar vielen liebevollen Namen, die liebende Herzen der Gottheit geben." **Haften wir aber nie an Namen und zwingen wir niemanden einen Namen auf!**

Darf ich auf eine tragische Tatsache aufmerksam machen? Z.B. in der Bibel und auch im Koran heisst es: Du sollt Dir kein Bildnis von Gott machen. Da haben die begabten und die Wahrheit erkennenden Stifter doch eben gemeint: sich keine menschlich beschränkte Vorstellung vom Göttlichen zu machen; sie hatten und haben dabei natürlich völlig Recht. Und was passiert! Dogmatische Idioten übernehmen die Texte, verstehen sie nicht und leiten schwachsinnig davon ab: man dürfe keine Bilder machen. - Begreifen Sie, lieber Leser, dass nur ein Weltraum, der mit Milliarden von Jahren rechnet, solche Dummen überhaupt aushalten kann und sie langsam in der komischen Schule der Milliarden-Jahre zur freiwilligen Erkenntnis führen will. Ohne Zwang, die dürfen irren, solange sie wollen und "können". Aber was ist mit den Begabten, die durch diese Irren zu allen Zeiten gebremst wurden? Da auch diese Noch-Irrenden von der Gottheit geschaffen wurden, können sie den ehrlichen und tüchtigen Menschen nicht wirklich hindern, sondern mit ihrer für den Begabten vorübergehenden Bedrängnis werden sie sogar nützen müssen, ob sie wollen oder nicht - aber es kommt ihnen dabei kein Verdienst zu.

Der Wassertropfen ist ganz aus Wasser - wie der Ozean - und dem gleich ist das ICH des Menschen: ganz aus Gottheit, wie die Gottheit selbst, und dies bedeutet, dass ein ICH individuell alles erkennen und wissen kann, was überhaupt mit ihm zu tun hat. Denken Sie daran: im Menschen steckt ein Bewusstsein, dass nie schläft - und mit diesem Bewusstsein gilt es lernend zu arbeiten, denn in diesem Bewusstsein kann man das Unsagbare schauen, verstehen und leben.

Aus dieser Quelle schöpfend, schildere ich den Beginn und den Weg des ICHs - noch vor dem Urknall.

Was war der 'Urknall' - und was war davor?

Erstens kann 'Urknall' nicht stimmen, denn Knall ist immer Explosion und wirkt Zerstörung -: Wenn schon, dann Urzeugung - denn auch die Wissenschaft ist sich klar darüber, dass das Leben so kompliziert ist, dass die entsprechenden Voraussetzungen dazu bereits im Urknall definiert sein mussten. Die Wissenschaft geht davon aus, dass der Punkt des Urknalles unendlich klein, unvorstellbar dicht und unvorstellbar schwer war. Was aber die Voraussetzungen für diesen Urknall waren, da erfahren wir nichts. Kann man etwas darüber wissen? Natürlich, wenn man erweitert Forschung betreibt - unter erweiterter Forschung verstehe ich dazu nicht nur die Mithilfe der neusten, wissenschaftlich 'verlängerten und verbesserten Organe', sage korrekt: des wissenschaftlich-materiellen Werkzeugs; das ist schon sehr gut, nicht dass ich hier falsch verstanden werde - aber es alleine reicht nicht aus! Unser Körper und seine Organe sind hervorragend geschaffen, auf der Erde zu leben; sie sind aber höchst ungeeignet für den Einsatz im Weltraum und damit für Weltraumfragen. Aber die **Seele** des Menschen ist in Wahrheit **ein Weltraumkörper** mit den entsprechenden Eigenschaften und Fähigkeiten - und wer in seiner Seele mehr oder weniger erwacht ist (was die meisten Menschen mit Sicherheit nicht sind), der kann mit den Möglichkeiten der Seele Dinge im Weltraum wahrnehmen, wie das vergleichsweise der Mensch auf der Erde mit seinem Erdenkörper tun kann.

Der Weltraum ist die unendliche Gleichzeitigkeit, und in dem Masse, als ein ICH diese Tatsache nicht nur glaubt oder philosophisch annimmt, sondern als seelische Fähigkeit erkennen kann, wie der Erdenmensch mit seinen Organen die Erdenwelt erkennen kann, erschliessen sich ihm ganz andere und höchst leistungsfähige, kosmisch-reale Möglichkeiten, das natürlich-kosmische Geschehen im Weltraum erkennend zu verstehen! Auf diese Weise erzielte ich folgende Erkenntnisse:

Um für Menschen verständlich zu sein, muss Erkenntnis in einer Art linearem Ablauf geschildert werden - wenn auch völlig klar sein sollte, dass das Folgende auch jetzt (und ewig, seit Ewigkeiten) real im Universum geschieht.

Die Gottheit ist die unendliche, ewige Einheit und ist in IHRER göttlichen Qualität unveränderbar. Jetzt beschliesst SIE, etwas zu schaffen, z.B. ein ICH. Die kosmisch-reale Wirkung ist, dass sich dieses göttlich-geschaffene ICH vom Ganzen trennt und doch nicht trennt. Die Wirkung ist: Es entsteht ein ICH, das, weil es aus Gottheit ist, individuell-göttliche Qualität hat, mit seinem entsprechend individuellen Schöpfungsauftrag ausgerüstet. Gleichzeitig verbleibt es in der Gottheit - und die Wirkung ist die zweifache Intelligenz: die vollkommene Intelligenz - die Gottheit - schafft, entsprechend der Entwicklungsstufe des ICHs, geniale Körper, und die unvollkommene Intelligenz erlebt, nutzt diese Körper und seine Möglichkeiten als Werkzeug. Absolut gesehen dürfte man bei der unvollkommenen Intelligenz, die z.B. der Mensch als sein waches ICH-Bewusstsein erlebt, gar nicht von Unvollkommenheit sprechen, denn Vollkommen kann dieses erst sein, wenn der Schöpfungsauftrag erfüllt ist. Exakt müsste man also von Verhältnis-Intelligenz sprechen, denn die individuelle Intelligenz des ICHs steht in einem direkten Verhältnis zu seiner erlernten, erarbeiteten Lebenstüchtigkeit.

Dadurch, dass die Gottheit schöpferisch aktiv wird, teilt SIE sich in genannter Weise - und das hat gleichzeitig auf den Weltraum folgende dreifache Wirkung: gemäss der göttlichen Idee wird lebendige Form gewirkt; die Teilung schafft die unendliche Polarität von Raum und Inhalt, und beide sind jetzt unendlich verdichtet, weil ja die Gottheit real schöpferisch tätig ist.

So haben wir die von der Physik erkannte, unvorstellbare Verdichtung am Anfang im Zusammenhang mit deren Urknalltheorie erklärt. Wie aber erfolgt der Start? Da sich der Raum unendlich verdichtet und sich die Inhalte des Raumes unendlich verdichten, hört dieser Prozess nie auf - und die beiden drängen immerfort aufeinander. Gesteuert wird dieser Prozess nach der göttlichen Idee. Das heisst, wenn der Punkt erreicht ist, wo die beiden unendlichen Kräfte sich gegenseitig unendlich verdrängen müssten, was gemäss ihrer Eigenschaften aber nicht möglich ist (keines kann da absolut nachgeben), entsteht eine dritte Reaktion - die Möglichkeit nämlich, diese vereinten Kräfte in eine Neuschöpfung einfliessen zu lassen, und damit ist diese unvorstellbare Energie "Schub" und unendliche Basis dessen, was da verwirklicht werden soll. Der "Augenblick" des Startes ist dann gegeben, wenn die beiden Kräfte in ihrem Aufeinanderwirken die optimale Voraussetzung bilden, dass durch diese neue göttliche Ideen entstehen können - und in diesem Sinne eine neue Dimension, ein neues Universum, darstellen. - *Ich sprach von unendlicher Gleichzeitigkeit: dann müsste diese Wahrheit sogar jetzt und überall sinngemäss und entsprechend beobachtet werden. Dem ist auch so!* Denken Sie bitte an die sexuelle Zeugung: Der 'Raum' und der 'Inhalt' verdichten sich, indem Frau (Raum) und Mann (Inhalt) sich im Akt vereinigen und - wenn es die Umstände erlauben - es kommt hier als göttliche Idee das gezeugte ICH als Drittes dazu. Und bitte, das sinngemäss Entsprechende wird von Galaxien berichtet, die sich begegnen, auf verschiedenste Weise aufeinander wirken, auch sich vereinigen (und sei es nur durch ihre Gravitationsfelder) und in all diesen und ähnlichen Situationen neue Sterne entstehen. - Hunde zeugen Hundekinder, Menschen zeugen Menschenkinder und Galaxien zeugen Sternenkinder! Ist das so schwer, oder ist hier der Schwachsinn Vorschrift! Weil: man muss schwachsinnig sein, um nicht zu erkennen, dass alles reales Leben ist, und dass in Tat und Wahrheit diese Sterne und Galaxien gigantische Lebewesen sind! - Und wenn wir uns ihnen als vernünftiges Lebewesen zu vernünftigem Lebewesen wissend und könnend mit unseren seelischen Kräften nähern, dann werden wir nicht mehr blind glauben und hoffen müssen, doch vielleicht Gnade (oder weiss ich was) zu finden, sondern man wird sich als göttlich geliebtes Kind des Universums real erkennen und erleben, wobei man automatisch lebenstüchtig und genial wird. Es wird einem plötzlich klar werden, dass da eine göttliche Familie ist (dazu das göttlich erwachte Genie Jesus: In meines Vaters Haus sind viele Wohnungen), die auf der Basis des Leistungsaustausches lebt und nicht auf der primitiven Grundlage von Fressen-und-Gefressen-Werden. Wird erkennen, dass wir für diese "heilige Familie" gleichsam Säuglinge irdischen Formates sind, einmal lachen und einmal weinen und in Tat und Wahrheit überhaupt nie (im Sinne der Ewigkeit) in einer wirklichen Gefahr sind.

Die Fähigkeit der Kommunikation mit den "Himmlischen" war die Tätigkeit und Praxis wahrer Priester und Priesterinnen Altägyptens, aber auch der anderen hohen Kulturen. Davon mehr, wenn ich von den Geheimnissen altägyptischer Tempel sprechen werde, die mir niemand erzählt hat, gar nicht konnte, weil ich sie selbst erlebt und mitgebracht habe, um mit Ihnen die sinnvolle und nützliche Praxis zu teilen.

Gefährlich das Ganze? - Nein, Mensch, gefährlich ist nur die Dummheit. *Wo Dich aber ehrliche Sehnsucht und das Streben, alles richtig zu machen, leitet, kannst Du nie falsch liegen! Hör auf Deinen inneren*

Stern! 'Ja aber', sagt der sterbliche Mensch in seinen wirklich oft sehr, sehr schwierigen Situationen, wo er wirklich als Sterblicher hoffnungslos überfordert ist, 'was soll ich tun?' - Komm zu irgend einem Entschluss, der Dir richtig erscheint, und versuch diesen leise in Dir zu beten. - Man darf nichts tun, was man nicht beten kann! Deine Seele hat ewig den Kontakt zum Göttlichen, und dann wirst Du "spüren": mach's oder tu das nicht! - Und bitte nicht naiv! Man kann z. B. nicht beten, einen Menschen zu morden - aber man kann beten, in der Notwehr gewachsen zu sein und einen Mörder dadurch vom Mord abzuhalten, indem man ihn tötet. **Alles, was dem Leben dient, ist Wahrheit!** Die Christen erzählen in der Bibel die bekannte Geschichte von Jesus, der da richtig sagt, es wäre besser, dass einer, der sich an Kindern vergehe, nicht geboren wäre, und dass man diesen mit einem Mühlstein am Hals in der tiefsten Stelle des Meeres versenken solle. Ist ja auch nicht so gesund für den Täter, aber es beweist: *Jesus war nicht gegen die Todesstrafe!* Aber er war ein Idealist: ein Mühlstein - das ist doch viel zu teuer und zu aufwendig, da reicht ein Naturprodukt - ein Bio-Hanfseil. Seien Sie vielleicht ruhig ein wenig schockiert. Das Leben ist es nämlich auch, weil eine gigantische Zahl von heuchlerisch-feigen Menschen, die durch die Anwendung falscher Gnade und Barmherzigkeit mitschuldig werden und sind, so etwas überhaupt zulässt! Jawohl, jeder einzelne von diesen ist mitschuldig in dem Masse, als er das Leid verhindern könnte oder hätte verhindern können. Mitschuldig also an allen Missetaten und deren Folgen, die einer noch tun wird, da man ihn auf die eine oder andere Art ungehindert weiter gewähren lässt. - Bitte: es vergeht doch fast kein Tag, an dem nicht die Medien vermelden, dass Mörder, Verbrecher auf Urlaub oder als geheilt entlassen, rückfällig geworden sind und wiederum die schlimmsten Untaten begingen! Alle diese Psychiater, Psychologen, Richter usw. sind an den Untaten voll mitschuldig, weil sie die Verbrechen nicht im Rahme ihrer wirklichen Möglichkeiten (höchstens im Rahmen ihrer faulen Ausreden) verhindert haben - sie gehörten im Sinne von grobfahrlässiger Mittäterschaft strafrechtlich verfolgt. Mag die Schwäche, Unfähigkeit und teilweise Degeneration des heutigen Rechtssystems gang und gäbe sein - *das Universum* *ist weder schwach noch unfähig. - Wer glücklich sein will, muss wissen: wer die Ursache von Glück ist - und das ist doch das harmonischgeordnete Leben -, dem muss auch das Leben helfen. Wer sich aber am Leben vergeht, den wird das Leben allein lassen, dann nämlich, wenn er es am dringensten bräuchte!*

**Leben wollen alle im Glück,
doch um zu erkennen, was das Leben glücklich macht,
dafür sind sie blind.**

Seneca

Bitte, denken Sie nicht, ich käme immer wieder vom Thema ab: das, was ich Ihnen hier aus realer kosmisch-seelischer Erkenntnis vorstellen will, lässt sich nämlich nicht einfach linear schildern, sondern, weil es die Qualität der unendlichen Gleichzeitigkeit haben muss, und ich diese Qualität anstrebe, gilt es aufzeigen, in welcher Qualität, Umgebung zum Thema, die Inhalte zu verstehen sind. Und wenn ich einem Interessierten erklären soll, was da real vor dem Urknall war, und dieser Interessierte ist gelinde gesagt naiv in seinem realen Verhalten zum Leben, dann könnte ich genauso gut zu einem Blindgeborenen von Licht und Farben sprechen! Übrigens schreibe ich, wie ich erlebe, dass ich es soll!

Die Ungeduld, die Mutter der Torheit, preist die Kürze.

Leonardo da Vinci

Die Astrophysik lehrt: Kurz nach dem Urknall herrschte im gesamten Universum eine "Superkraft". Sie spaltete sich erst bei der Abkühlung des Alls nach und nach in die drei Kräfte auf, die wir heute kennen. Die sich aufzwingende Frage ist nun: Wer oder was ist diese 'Superkraft', und sie muss beantwortet werden, weil sonst in der physikalischen Erklärung das schöpferische Prinzip eindeutig fehlt. Wir, die Eingeweihten Altägyptens, sowie alle Eingeweihten in der Antike und viele andere, nennen es Gottheit, wohlwissend, dass SIE unvorstellbar ist und darum nichts mit von Menschen geschaffenen Gottesvorstellungen zu tun hat. Für die Christen: lest Meister Eckehart! Beide aber, die Astrophysik und die altägyptische Weisheit, haben die Teilung dieser 'Superkraft' erkannt. Über diese Teilung will ich nachfolgend schreiben und vermerken, dass eine Ur-Teilung schon vor dem Urknall stattgefunden hat, womit das Programm im und über den 'Urknall' - die naturgesetzliche Teilung - im Dienste der zu schaffenden Ideen angelegt ist und entsprechend erfolgt: wie sich nach diesem naturgesetzlichen Prinzip z.B. auch die ursprüngliche Zelle teilt, wobei sie die in sie gezeugte Idee über eben diese Zellteilung real verwirklicht. Es stimmt, dass sich die Zelle teilt - aber es stimmt auch, dass vorher durch die zuvor "geteilten" Väter und Mütter (die sich ja erst zu vereinen haben) eine Idee in die Zelle gezeugt wurde: - das selbe Prinzip herrscht vor und in der 'Urknallsituation', aus der ja schliesslich alles (so auch Sie und ich) hervorgegangen ist; somit also auch die Naturgesetze der Sexualität und der Zeugung!

Ich zeigte Ihnen die Entstehung der Spirale auf, und ich darf an dieser Stelle das Thema im Zusammenhang zu dem, was vor dem Urknall geschah, teilweise wiederholen und nutzen.

Die Gottheit ist für den Menschen am besten vorstellbar, wenn er sich eine nach unendlichen Seiten unendliche Kugel vorstellte - und das ist in diesem Buch ausführlich im Zusammenhang mit der Neunheit - das heisst: den unendlichen 9 Dimensionen - erklärt. Will die Gottheit schöpferisch sein und schafft aus sich heraus, sich selbst als "Rohstoff" nehmend, dann bedeutet dies, dass die beiden Teile einerseits die göttlichen Ureigenschaften nach wie vor haben und sind - andererseits aber nicht alle: dass nämlich jede der "Hälften" das hat, was mit absoluter Sicherheit die andere Hälfte nicht hat! Wäre dem nicht so, bestünde keine Teilung. **Alles Geschaffene ist nicht die Gottheit selbst, aber von IHR gewollt und aus IHR bestehend.** Die Wirkung ist Raum und Inhalt. Da aber auch Raum und Inhalt das Wesen der Unendlichkeit besitzen, sind sie beide notwendig gleichzeitig, d.h. also immer für etwas Raum und immer in etwas Inhalt. - Beispiele: Der Weltraum und seine Inhalte; beim Menschen sind dies Mann und Frau, und jeder hat für den anderen Raumwirkung und Inhaltswirkung - sei dies nun materiell, emotional, oder geistig.

Nun sind aber beide "Hälften" auch Teilträger göttlicher Ideen: deswegen ist ihnen sowohl das göttliche "Sein" als auch die lineare Bewegung im göttlichen Auftrag eigen - und daraus entstehen später, also nach der Urzeugung (man nehme Urzeugung anstelle des ungeschickten Wortes Urknall) u.a. die beiden Molekülstränge der DNS. Zunächst aber bestehen diese Hälften aus Energie, welche entstanden ist durch die Urmaterie der Gottheit in Verbindung mit IHRER neuen, zu schaffenden Idee selbst: Das stellen Sie sich am besten real als Licht vor, denn so entsteht Licht! Und Licht ist immer Informationsträger; denken Sie an Dia- und Filmvorführungen usw. Das ICH entsteht also in dem "Augenblick" der göttlichen Ewigkeit, wo sich die Gottheit zur Schaffung dieses individuellen ICHs entschlossen hat und mit diesem ICH eine ganz bestimmte Wirkung erreichen will.

Die Abbildung auf der folgenden Seite will die Vorstellung versinnbildlichen, wie die Gottheit sich teilt zum Zwecke eines bestimmten Schöpfungsvorganges. Die beiden Teile sind wohl getrennt, aber durch den göttlichen Auftrag verbunden. Gehen wir davon aus, dass ein göttlicher Auftrag ein ICH wirkt, dann haben wir eine Eins. Die beiden Hälften sind nach ihrer Eigenschaft zwar eben Hälften, aber in ihrer realen Erscheinung machen sie einen dreidimensionalen Raum und / oder Körper aus. Jede Hälfte hat ihren eigenen dreidimensionalen Körper, so dass wir als kosmische Rechnung haben: $1 + 2 \times 3 = 7$.

- Die Siebenheit steht also für die kosmisch-gesetzmässige Entstehung der individuellen Persönlichkeit. Das hätten die alten Ägypter gewusst? Natürlich, denn sie interessierte das ewige Leben - und nicht das Vergängliche und Sterbliche. Die alten Ägypter liebten das Leben, liebten und bejahten das Diesseits und wollten, dass es im Jenseits erst recht weiter schön zu leben ist: sozusagen noch mit Sahne drauf. - Sie möchten das auch?! Verständlich! Ich auch - und sehen Sie: darum interessiere ich mich für diejenigen, welche das Leben verstanden haben und mit den kosmischen Kräften des Lebens bewusst umgehen können, weil man von diesen Menschen lernen kann. - Interessieren Sie sich auch dafür? Dann lesen Sie bitte denkend (und Ihrer Individualität treu bleibend) weiter.

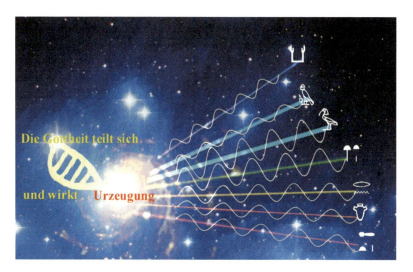

Die Eingeweihten Altägyptens nannten und arbeiteten mit der Siebenheit anders, besser und genialer, indem sie die Tatsache miteinbezogen, dass das ICH des Menschen aus sieben kosmischen Kräften besteht, die zusammen den kosmischen Körper ausmachen. So wie Sie als Erdenmensch Kopf mit Augen, Ohren, Nase und Mund, Armen und Beinen usw. besitzen (und trefflich diese Organe nutzen können), so hat das ICH einen Weltraumkörper, der aus diesen sieben kosmischen Hauptorganen besteht. - Der Weltraumkörper des ICHs und seine Seele sind ein und dasselbe. Diese Siebenheit zeigt sich übrigens physikalisch real in den sieben Spektralfarben des Sinnenlichtes. Auch das werde ich noch ausführlich erklären.

Nun konkret zum ICH als kosmischer Persönlichkeit!

Die sieben Spektralfarben des unsterblichen kosmischen ICHs sind wie beim Sonnenlicht:

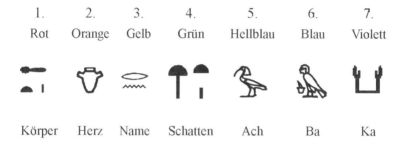

1.	2.	3.	4.	5.	6.	7.
Rot	Orange	Gelb	Grün	Hellblau	Blau	Violett
Körper	Herz	Name	Schatten	Ach	Ba	Ka

Diese Siebenheit macht als Ganzes die göttlich-kosmische, und damit unsterbliche, Persönlichkeit aus. Denken Sie daran, dass Sie sich als individuelle Persönlichkeit erleben, zu der Geistigkeit, Gefühle, körperlich-aktives Erleben (das Erkennen und der Umgang mit Materie: die Sinnlichkeit) zählen; eins dieser Elemente jener schöpferisch-unendlichen Dreiheit ledig, würden Sie sich dabei nicht als Einheit erleben - sondern ganz im Gegenteil: durch diese Fähigkeiten überhaupt erfahren und erleben Sie erst Lebensqualität. In Altägypten war die Siebenzahl heilig, eben weil das Leben an sich heilig ist und eine Offenbarung der kosmisch natürlichen Gesetzmässigkeit. Denken wir dabei an die sieben Öffnungen im Kopf und z.B. an die sieben Halswirbel, dann zeigt sich uns eine weitere reale Bedeutung. Die Realität des Siebenjahresrhythmus' beim Menschen darf als allgemein bekannt vorausgesetzt werden. Auch in der Bibel kommt die Zahl Sieben häufig vor. - Wann immer im Zusammenhang mit der Antike, als auch mit der Bibel, die Siebenzahl auftritt, ist stets die göttlich bestimmte Persönlichkeit gemeint. Die Zahl 777 steht symbolisch für die Persönlichkeit, die ihre göttliche Individualität vollkommen im dreidimensionalen kosmischen Raum verwirklicht hat und so real als individuelles Lebewesen Unsterblichkeit lebt und erlebt. Diesem Thema ist im Tempel von Edfu, wenn man hereinkommt, gleich zu Beginn der Tempelwand rechts, eine etwa 4 m lange Hieroglyphenzeile gewidmet. Vielleicht kommen Sie einmal mit mir nach Ägypten, dann zeige ich es Ihnen sehr gerne. Wer mit mir schon dort war, wird sich beim Lesen dieser Zeilen bestimmt daran erinnern. Es gäbe noch sehr viele Zusammenhänge zwischen der Zahl Sieben und Altägypten aufzuzeigen, was aber den Rahmen dieses Buches sprengen würde.

So wie der Mensch einen Sinnenkörper hat, und das Zusammenwirken der Organe ihm das Leben als individuelle Persönlichkeit auf der physischen Ebene ermöglicht, so verfügt das unsterbliche ICH des Menschen über die **sieben kosmischen Kräfte** (die alle Arten von Körpern, wo auch immer im Weltraum, schaffen), welche zusammen seine unsterbliche Persönlichkeit ausmachen. Nachfolgend sollen die sieben kosmischen Teile einzeln erklärt werden.

1. Rot (Körper, das Blut - als Laut: khet): Rot steht nicht nur in unserem irdisch-sinnlichen Verständnis für Körperlichkeit, sondern kausal (Ursache für alles ist das Universum) aus kosmischer Sicht für eine verdichtete, aktive Bewegung im Sinne organischer Wirkung. Diese Hieroglyphe bedeutet Tierfell und steht für Körper. Diese Hieroglyphe bedeutet: 'ergibt' (weibliche Determination) und der Strich I steht für das ICH. Also: Die Verdichtung zur körperlich-organischen Erscheinung des ICHs hin.

2. Orange (Herz - als Laut: eb): Das Herz ist im Sinne menschlichen Erlebens doch weit mehr als nur die berühmte Pumpe, und seine psychosomatischen Reaktionen sind unbestreitbar. Tat-

sächlich kann man die Herztätigkeit in zwei Bereiche "aufteilen":
nämlich in einen organischen - eben den der Pumpe, und das wäre farbenpsychologisch Rot - und den des Bewusstseins, was die psychosomatischen Reaktionen steuert, und dieses Bewusstsein wäre farbenpsychologisch Gelb. Rot und Gelb gemischt ergeben bekanntlich Orange. Farbenpsychologisch nach unserer kosmisch orientierten Lehre bedeutet Orange: intelligente Aktivität. Der Begriff Herz ▽ ausgeschrieben in Hieroglyphen. Das Herz als Gefäss ▽ 'enthält'

den göttlich orientierten Willen als ICH ❙ lebensrichtig ❙

sich zu verwirklichen, zu 'bewegen' ⌐ . Wunsch und Wille als bewusst-aktive Handlungen werden vom Herzen gesteuert.

⌒ 3. Gelb (Name - als Laut: ren): Der Name steht für das indivi-
〜 duelle Bewusstsein des ICHs. Mit Namen bestimmt das Bewusstsein die erlebten und erkannten Dinge. Die Hieroglyphe
⌒ Mund steht für Bewusstsein und 〜 steht für Wasser: also belebtes Bewusstsein. Die Dinge sieht man nur bei Licht, und zudem steht das Sonnenlicht für die schöpferische und belebende Kraft. Sonnenlicht wirkt Frühling und die Möglichkeit der Erkenntnis. Ein 'ICH-Erkenne' ist nur mit Hilfe des Lichtes möglich - also farbensymbolisch Gelb.

↑ 4. Grün (Schatten - als Laut: shut): Natürlich ist der Schatten
❙ an sich schwarz; aber Schwarz existiert als Farbe nicht im Farbenkreis. Der schwarze Schatten entsteht durch Widerstand zum Licht, und gleichzeitig konzentriert Schwarz bekanntlich das Licht - und etwas Schwarzes erwärmt sich im Sonnenlicht viel schneller und intensiver als das gleiche Objekt in einer anders gefärbten Farbe. Es nimmt Schwarz also Licht auf, gibt kein Licht zurück und wandelt es um in Wärme. Denken wir an ein Lichtbild, ein Dia, das im Prinzip nichts anderes ist, als unterschiedlicher Lichtwiderstand gemäss der

Bild-Idee - und so entsteht das farbige bzw. schwarz-weisse auf die Leinwand projizierte Lichtbild. Die lebendige Idee des ICHs ist sozusagen ein "kosmisches Lichtbild" und lässt "Licht" durch, gemäss seiner individuellen Idee. So entsteht eine Wirkung. - Das gelbe Sonnenlicht scheint auf den blauen Planeten Erde, und die von der Erde kreativ genutzte Sonnenenergie erscheint als das Grün der Natur. So steht der Schatten als Wirkung im Sinne von kraftspendendem Element. Grün steht für Lebenskraft und die Erscheinungen als Wirkungen des Lebens. *Wenn der Verstorbene etwas als einziges "Gepäck"* (das altägyptische Wort Schatten ⇒👤◦🌴 in Hieroglyphen geschrieben: die Wirkung des vergangenen Lebens als Realität ▭, die als Programm und Wirkung die Verjüngung als nachtodlicher Prozess 👤 wirkt ◦ 🌴 ; 🌴 = Fächer) *über die Grenze des Todes mitnehmen kann,* wird daraus klar, dass es sich hier nur um die Wirkungen seines gelebten Lebens im Verhältnis zur Ursache seines sonnenhaften, göttlichen ICHs auf Erden handeln kann. Der Schatten kann sehr gut oder schlecht sein, je nach der Qualität bzw. der Wirkung des Schattens! Denken Sie an das deutsche Wortspiel: ein bestimmtes Ereignis wirft seinen Schatten voraus! Diese Denkart ist uns also gar nicht so fremd. Interessant ist in diesem Zusammenhang, dass das Schattengericht (also das Gericht, welches die Schatten, also Wirkungen, beurteilt) in Hieroglyphen folgendermassen geschrieben wird ⋎‖◦🌴ⁱⁱⁱ. Die Hörner ⋎ stehen für sinnliche, tierische Aktivität; das Rechteck ▬ steht für Materie; die beiden Federn ‖ für harmonisches, gegenseitiges kosmisches bzw. lebensrichtiges Verhalten, das ergibt ▲ die "Schatten"wirkung - hier folgt die eigentliche Hieroglyphe für Schatten 🌴 (Fächer) wirkend ▲ das ICH | und seine Wirkungen ||| (drei Striche stehen für Mehr- und Vielzahl). Das bedeutet also, dass aus kosmischer Sicht durch das ergänzende, lebensrichtige Verhalten als Wirkung die Materie entsteht: die Materie als kosmische Schattenwirkung! - Schatten kommen und gehen und sind Wirkungen von Licht und Widerstand. Materie ist Wirkung von Prozessen, sie entsteht und vergeht gemäss den Naturgesetzen. In Orientierung nach dem Farbenspektrum ist deshalb Grün als die Wirkung des Tuns und Lassens des ICHs im Sinne des Schattens mit Sicherheit richtig.

5. Hellblau (verklärter Geist - als Laut: ach): Ihm stehen alle Räume des Alls offen, und diese Situation ist am besten mit Hellblau zu symbolisieren. Da jedes ICH sich nicht selbst geschaffen hat, ist diese absolute göttliche Idee gleichsam als ein Leitstrahl der Sensibilität und göttlichen Liebe vorhanden - und in diesem Sinn ewiger Teil der Persönlichkeit sowie als Hellblau Teil des Sonnenspektrums. Das ICH erlebt diese Wirklichkeit als Sehnsucht nach dem erlösenden Göttlichen und dem damit verbundenen Frieden. Aus dieser Sehnsucht stammt auch das Gewissen, das im ICH als göttlicher Leitstrahl lebt und wirkt. - Ach in Hieroglyphen geschrieben. bedeutet: lebensrichtig (im Sinne von: nach der göttlichen Idee) wurde das ICH (der Falke steht für das A und ICH - interessant und wichtig ist die Tatsache, dass die Menschen auf der ganzen Welt ‚Aha' sagen, wenn sie meinen, sie hätten den anderen verstanden. Das erste A steht also symbolisch für das eigene ICH, und das H für die Beziehung zum zweiten A, welches das andere ICH darstellt). Das ● ch im Ach steht symbolisch für die Materie als Urstoff, aus der die individuelle kosmische ICH-Idee nach göttlichem Plan verwirklicht wird. Wer dieses Ziel nach göttlichem Willen erreicht hat, erlebt sich in göttlicher Qualität zu allem - und darum ist die Bezeichnung verklärter Geist richtig. Diese Wahrheit erlebt der Mensch auch als das stille, innere und innigste Glück, wenn er erkennt, dass er die Dinge richtig macht: und dies ganz unabhängig vom äusseren Erscheinungsbild seiner Persönlichkeit und seiner irdisch bedingten Umstände!

6. Blau (Seele - als Laut: ba): Als Hieroglyphe steht der Falke mit dem Menschengesicht für das ICH des Menschen, welches aus Energie, Lebenskraft ist. Es ist das die Seele, wie wir sie auch als Traumkörper erleben. Im Traum erleben viele Menschen Flugträume.

Wir müssen uns klar darüber sein, dass wir in der Wahrnehmung im Zustand des Träumens einem Säugling gleichen, der in der Regel über gesunde Augen, Ohren bzw. Sinne verfügt, aber all das, was er organisch "richtig" erfasst, geistig noch gar nicht verstehen kann. Unser Weltbild ist immer gemäss unseren geistigen Fähigkeiten. Die Natur ist genial und stattet jedes Lebewesen organisch vortrefflich auf seine Umwelt abgestimmt aus. Das gilt auch im kosmischen Ausmass! Unser unsichtbarer Geist ist nur unsichtbar für die dazu unfähigen Organe, weil er aus "Ewigkeit" - oder einzig richtig formuliert: aus Gottheit - besteht. Unsere Seele ist nichts anderes als unser genialer Weltraumkörper. Wir wachsen sozusagen zyklisch in diesem Werden und Vergehen in kreisenden Bewegungen von dieser Erde hinaus in den Weltraum. Wir werden (so wie ein Mensch gezeugt wird zwischen Mann und Frau) in den Mutterleib gezeugt und so auf der Erde als individuell-menschliche Persönlichkeit gemäss der göttlichen ICH-Idee entstehen (Zusammenwirken von Sonne und Erde). Dann sind da die bekannten neun Monate des embryonalen Werdens im Mutterleib, was der irdischen Existenz entspricht. - Die Geburt des Menschen entspricht dem "Tod", *der in Wahrheit nichts anderes ist als eine Geburt, ein Erblühen in den Weltraum zum kosmischen Wesen und zur kosmischen Persönlichkeit!* Dieser Prozess vollzieht sich nicht rein linear, sondern in Form einer Spirale, so dass sich das ICH gemäss seiner individuellen Idee gleichsam von der Sonne als "Tor" aus der Unendlichkeit heraus verdichtet (die sieben Eigenschaften verdrehen sich zur Verdichtung als Lichtstrahl) - es "schraubt" sich so auf die Erde und durch die Erde hindurch; dann weiter in den Weltraum hinein. So wie nun ein Säugling noch ziemlich am Anfang der Menschwerdung steht, obwohl er inmitten der Menschwelt lebt und theoretisch alles wahrnehmen könnte, aber eben praktisch nicht kann, steht das ICH entsprechend nach dem Prozess des physischen Todes im Verhältnis zum Weltraum. Der Säugling ist enorm abhängig und schutzbedürftig, bis er erwachsen ist; ebenso ergeht es der Seele, solange diese noch den Körper belebt und in dieser körperlichen Abhängigkeit im Traum nur verzerrt, schemenhaft usw. die Realitäten des Universums wahrnehmen kann. - So erlebt die erwachte Seele sich als ungebundenes, frei bewegliches Element, das sich in alles verwandeln kann: Verwandeln im Sinne von Verdichten als Wirkung einer Willensabsicht! Denken wir dabei an die Phänomene der Hypnose, oder an ganz begabte Schauspieler, die sich in alle Wesen hineinfühlen können. Einmal kosmisch erwachsen, ist die Seele mit dem unsterblichen ICH **der Himmelskörper**, mit dem es sich ungehindert im Weltraum bewegen kann. Sei dies als Stern oder Galaxie, die sich spiralförmig fortbewegen. Bis es soweit ist, wird die Seele in ihrem Rhythmus von Verdichtung (Werden und Entstehen) - wie Geburt oder Einatmen - sich nach göttlichem Auftrag auf der Erde verkörpern. Und in der Auflösung (Sterben und Vergehen) - wie Sterben oder Ausatmen - die Erde verlassen. Ein solcher Zyklus, oder Schrauben, ist sehr gut als Inkarnation zu verstehen und in den *stetig sich verbessernden Verkörperungen* zu erkennen. Darum wird der Seelenvogel als Falke mit Menschenkopf symbolisiert. Dieses Prinzip zeigt sich übrigens als Evolution und Auslese grundsätzlich für alles Leben. - So wie wir z.B. mechanische Rechenmaschinen kannten, die heute durch elektronische abgelöst wurden, welche schneller und viel komfortabler die benötigten realen Rechenergebnisse erzielen, möchte man sich die mechanischen Rechenmaschinen als die bekannten irdischen Sinnenkörper vorstellen und für die elektronischen Rechenmaschinen den kosmischen Körper. Mit dem kosmischen Körper ist es viel leichter und komfortabler, Lebensqualität zu erleben, als dies mit dem physischen Sinnenkörper möglich ist. - Denken wir dabei an Einstein, wenn er sagt, dass der Tod eine optische Täuschung wäre! Für die Symbolik kosmischer Beweglichkeit steht der Vogelkörper und für die Energie das Gefäss mit Flamme.

In diesem Universum ist bekanntlich nichts ruhig, und deshalb dreht sich alles. Das ICH-Bewusstsein zeigt sich als kosmische Drehung um einen Mittelpunkt. Da alles Wirkung und nichts - ausser der Gottheit selbst - Ursache ist, ist alles Bewegtes, und dies wirkt die lineare Bewegung. Diese beiden Bewegungen zusammen, also Kreis und Linie als Bewegung, wirken die Spirale, wie wir sie als Bewegung der Galaxien, aber auch bei der DNS und überall in der Natur als die ewige Bewegung erkennen können. Diese kosmische Bewegung wirkt immer einmal Verdichtung; und ist das Ziel bzw. die Wirkung erreicht - umgekehrt die Auflösung. Wenn wir mehrere Fäden zusammen drehen, entstehen Schnüre und Taue. Wenn die sieben göttlichen Eigenschaften gemäss göttlichem Auftrag belebt werden (also in der Spiral-form sich bewegen), entsteht die lebendig-unsterbliche individuelle Persönlichkeit. Diese sieben göttlichen Eigenschaften finden sich logischerweise auch im Spektrum des Sonnenlichtes, weil die Sonne in Wahrheit eine lebendig-kosmische Persönlichkeit ist, die sich der in seinem göttlichen ICH noch nicht Erwachte nicht vorstellen kann, wie kein Insekt bzw. kein Tier sich eine richtige Vorstellung vom Menschen machen kann. So aber wie das Sonnenlicht alles Leben auf die Erde zeugt und mit Energie versorgt, strahlt es die göttlichen ICH-Ideen auf die Erde, wo diese gemäss ihrer Schöpfungsidee sich verwirklichen und ihre Evolution durchmachen. - Denken wir an die Bibel, wo Engel mit flammenden Schwertern Adam und Eva aus dem Paradies trieben, weil sie vom Baum der Erkenntnis assen. *Nach kosmischer Erkenntnis kann es allerdings keinen Sündenfall geben, weil ja das ICH sich nicht selbst geschaffen hat und in diesem absoluten Sinne unschuldig ist.* Es geht auch gar nicht um Schuld, **sondern um die Erkenntnis, was für eine unsterblich-göttliche Idee man selbst ist und welchen damit verbundenen Beitrag man gerne und freiwillig zur ewigen Schöpfung leistet und leisten will, von der man ja erstlich und letztlich selbst profitiert** - und so wird absolut jedes ICH einmal, im Sinne von "ICH-mal", also wann das individuelle ICH seinen göttlichen Auftrag erfüllt hat, dieses glückselige Ziel erreichen! Es kann also für niemanden und nichts eine ewige Verdammnis und ähnlichen Unfug geben; wer solches lehrt, hat das Göttliche nicht verstanden, irrt und wirkt schädliche und unnötige Angst. Wer vom lebendigen Hauch der Gottheit bewusst erfasst ist, kann gar nicht so etwas Dummes - aus göttlicher Sicht Liebloses, Unmögliches und Sinnloses - lehren.

⊔ 7. Violett (körperliche Lebensenergie - als Laut: ka): Diese Lebensenergie entsteht durch Verdauungsprozesse freigewordener Energie, die einerseits den physischen Körper energiemässig am Leben erhalten, und andererseits durch die Verbindung zu der Seele, die aus ergänzender Energie besteht. Die Seele kann mittels der KA-Kräfte den Körper beleben, was bei Ausfall derselben nicht mehr möglich ist. Dieser Prozess kann bei jedem Aufwachen und das Umgekehrte bei jedem Einschlafen bzw. Sterben beobachtet werden. Je stärker die KA bzw. diese Lebenskräfte beim Menschen sind, desto mehr Anhäufung von Energie ist vorhanden. Diese Lebenskraft wird durch materielle Zuwendung wie Essen und Trinken sowie Schlafen vermehrt. - Verständlich und sinnvoll werden dann die entsprechenden altägyptischen Hinweise, dass Ungeniessbares und Störendes Abscheu für die KA ist. Ein Rätsel bleibt, wieweit Darbietung von Speise oder Trank der KA wirklich dient, indem ja die belebende Energie, die in der Nahrung usw. steckt, ja in dieser gebunden ist und sich im Prinzip allseitig erschließen lässt?! Ich denke dabei an die Opfergaben von Nahrungsmitteln und Getränken, was nicht nur die alten Ägypter praktizierten, sondern noch heute bei vielen Asiaten im Zusammenhang mit Ahnenkult und Geisterglaube gängige Praxis ist. In Hieroglyphen schreibt sich KA einerseits durch die aufgerichteten Arme ⊔ und steht auch in direktem Zusammenhang für Magie, was meint, dass über das Wort das ICH diese Kräfte zur Verwirklichung bringen kann . Dies gilt sinngemäss für alle Formen psychischer Beeinflussung, logischerweise auch Hypnose. Richtig angewendet kann die KA als Heilungsmittel eingesetzt werden, wie ich das an meinen Gesundheitsseminaren praktiziere.

Jetzt gilt es, die erkannte Siebenheit in einen direkten Bezug zur göttlichen Schöpfungssituation vor der Urzeugung bzw. dem Urknall zu bringen. Ich schilderte die seelische Beobachtung, wie sich bei der Entstehung des ICHs die Gottheit "teilt" und zeige nachfolgend den realen Zusammenhang dieser göttlichen Teilung zu der erwähnten Siebenheit auf.

Eine Hälfte wirkt sozusagen den Lebensraum, das Ei, das Weibliche - und diese Hälfte mit ihrer Dreiheit sind: Ach (Hellblau), Ba (Blau) und Shut (Grün). Diese Dreiheit zeigt sich auch z.b. organisch in den Fähigkeiten der rechten Hirnhälfte (psychologisch dagegen in der linken Gesichtshälfte). Diese letztere Erkenntnis ist sehr wichtig im Zusammenhang mit Hirnverletzungen, indem ich einigen Menschen mit dieser Erkenntnis real helfen konnte, wo es der Neurologie nicht mehr möglich war und die Leute aufgegeben wurden.

Die andere, ergänzende Hälfte wirkt sozusagen die Rauminhalte, die Aktivitäten des Lebens in den Lebensräumen, das Sperma, das Männliche - und ihre Dreiheit sind: Ka (Violett), Eb (Orange) und Khet (Rot). Diese Dreiheit zeigt sich auch z.b. organisch in den Fähigkeiten der linken Hirnhälfte (psychologisch dagegen in der rechten Gesichtshälfte).

Das Siebente ist eigentlich die göttliche "Mitte", das Zentrum, um das sich alles dreht (beachten Sie, dass sich die DNS-Spirale um eine unsichtbare Achse dreht!) und stellt den eigentlichen Schöpfungswillen der Gottheit dar im Sinne der bewussten Schöpfung - damit das göttlich- oder kosmisch-ganzheitliche Bewusstsein sowie Wesen des individuellen ICHs; dies wird symbolisiert im Namen (Gelb). Unter Name ist hier gemeint: die exakt bewusste Bezeichnung des individuellen ICHs. Es ist hier unter Name nicht das zu verstehen, was Menschen gemeinhin unter einem Namen begreifen und wie sie solche verwenden, indem sehr oft ja ein bestimmter Name nicht nur für einen Menschen gilt, sondern für viele. - Nein, hier steht der Name im Sinne einer individuell-kosmischen Zahl, die allüberall den individuellen Träger göttlich identifiziert. Denken Sie z.B. an eine Telefonnummer. Unter dieser Telefonnummer können Sie einen bestimmten Menschen im ganzen Netz erreichen. Und in der Regel gilt diese Nummer nur für einen bestimmten Menschen allein. Wenn Sie in den Computer einen Namen schreiben, dann macht der Computer Zahlen daraus. Ähnlich geht das Göttliche mit dem Organismus Weltraum vor, indem jedes ICH eine individuelle Schwingung, einen Ideenträger darstellt - und die individuelle Idee ist eine folglich individuelle Schwingung: somit eine Art "Zahl". Wenn man diese Zahl von einem bestimmten ICH kennt, kann vermittels geschulter seelischer Kräfte mit hoher Wahrscheinlichkeit zu allen Zeiten (und eben: allüberall) der Kontakt vom einen ICH zum andern ICH hergestellt werden. Diese 'individuelle Zahl' ist nämlich eine Art Frequenz, und wenn man die zu erreichen versteht, ist der Kontakt möglich. Das ist für den Könner keine Glaubensfrage - und für mich schon fast alltägliche Praxis: vor allem im Zusammenhang mit meinen Seminaren der 'Hermetischen Diagnostik' und 'Kontakt mit Verstorbenen'. Natürlich ist es Magie - aber bitte, es gilt zu wissen: Magie ist lebenstüchtiger Umgang mit den unsterblichen, seelischen Kräften. Was andere unter Magie verstehen, geht mich nichts an. Leider wird dieses Thema Magie sehr stark von dogmatischen Religionen missbraucht und ist mit Dummheit bis Betrug stark besetzt. Es gibt da nur einen einzigen Ausweg: *Mach Dich frei, lerne Deine eigenen seelischen Kräfte kennen, und interessiere Dich für Deinen individuellen göttlichen Plan, der Du bist und lebst!* - Niemand kann Dir diese Aufgabe abnehmen, die letztlich Dein grösstes Glück wird und ist.

Wesen und Eigenschaft der unsterblichen Persönlichkeit

Wenn wir eine Idee haben, ist diese noch nicht verwirklicht, sondern sie ist auf all das angewiesen, was sie zur Verwirklichung benötigt. Wenn wir ein Lichtbild haben, benötigen wir einen Projektor - und um das Lichtbild zu sehen, eine Leinwand. Der Projektor nimmt mit Energie (als Licht gestrahlt) und dem optischen System die Idee auf und projiziert diese in Richtung Leinwand. Streng genommen ist diese Leinwand Widerstand. Aber diese Leinwand ist positiver Widerstand, indem die an sich im Lichtstrahl unsichtbare Idee nur durch (positive) Widerstände erst sichtbar wird. Je besser die Leinwand, desto besser wird das Lichtbild sichtbar in seiner ganzen Qualität: oder auch in seiner allfälligen Schwäche, da sich die Mängel ja auch im Bild auf der Leinwand zeigen. Es zeigt sich in diesem Beispiel: Lichtbild-Projektor-Leinwand sind die Erfüllung eines kosmischen Naturgesetzes, welches deshalb auch für das ICH zählt. Im Zusammenhang mit der Existenz des ICHs als Mensch auf der Erde sieht das Beispiel wie folgt aus: Die Sonne ist der Projektor, der die ICH-Idee "aufgreift", das ICH ist in unserem Beispiel das Lichtbild als Ideenträger, und die Leinwand ist die Erde! Durch diese kosmische Projektion wird das ICH nach den kosmischen Gesetzen dieser Galaxie, des Sonnensystems, auf der Erde sichtbar verwirklicht. Und wie auf der Leinwand zeigt sich in dieser irdischen Verwirklichung (oder auch Verkörperung) die Qualität des ICHs mit seinen Stärken und Schwächen. Dass wir es hier aber nicht mit leblosen Ideen zu tun haben, wie es die Lichtbilder sind, sondern mit dem individuellen, lebendigen ICH, wirkt die Verkörperung einen Bewusstseinsprozess. Von religiösen Narren, welche nicht wirklich die Gottheit erkannt haben (und damit weder die göttliche Liebe, noch sich als harmonischen göttlichen Auftrag erkannt haben), wird dies 'der Sündenfall' genannt. Glauben Sie ja nicht, das diese Kreise ein konkretes Wissen hatten oder haben im Zusammenhang mit diesen Dingen, wie ich sie Ihnen hier vorstellen darf. Nein, da ist allenfalls als Wirkung eigener Unfähigkeit (nennen wir es doch ganz offen: egoistischer Dummheit) eine Art 'dumpfe Erinnerung' an den 'Absturz' bzw. an die ICH-Werdung auf der Erde. Das erwachte ICH, der "Lichtmensch", erlebt sich als göttlicher Teil dieser göttlichen Schöpfung, sieht, was zu tun ist, und mit einem glückseligen Jauchzer saust er auf dem göttlichen Licht- und Leitstrahl auf die Erden nieder und erfüllt sein individuelles Gotteswerk!

Das Sonnenlicht ist zeugende Ursache allen Lebens auf der Erde und sendet keinesfalls nur Energie, sondern auch lebendige Ideen! Diese kosmische Wahrheit zeigt sich im kosmischen Mythos von der Vertreibung von Adam und Eva aus dem Paradies durch Engel mit flammenden Schwertern! Und die Umstände, auf die Adam und Eva nach der Vertreibung treffen, sind doch exakt diejenigen unserer sterblichen Existenz! - Die Pharaonen behaupten, dass sie von der Sonne abstammen; ein Gleiches nehmen der Inka und der Tenno (Kaiser von Japan) sowie viele andere von sich in Anspruch. Das aber ist Wahrheit: **Jeder von uns ist als unsterbliche ICH-Idee aus der Sonne als Licht auf die Erde gezeugt.** Es gab und gibt immer Menschen, die sich an solche Zustände erinnern; dazu zähle auch ich. Was sagt die Wissenschaft grundsätzlich zum Verhältnis Sonne und Erde? Sie ist davon überzeugt, dass sich unser Planetensystem aus einer materiellen Verdichtung 'kosmischen Ur-Staubes' entwickelt hat. Die Erde, wie auch die übrigen Planeten, erhielten ihre Qualität, ihre ICH-Idee von der Sonne. Für den Menschen sollen diese kosmischen Gesetze nicht gelten, nur weil er diese Dinge weder erkennen noch verstehen kann?! Aber diese Nichtwisser würden auch dementieren, dass sie aus dem Zusammenwirken von Sperma und Ei abstammten, wenn die Fakten nicht seit Beginn der Mikroskopie bekannt wären! - Das Universum ist das Grosse: es hat es nicht nötig, sich darum zu kümmern, ob es von einem Regenwurm oder von einem zur Erkenntnis unfähigen Menschen verstanden wird oder nicht. - Das Universum ist das Leben - und ist sich selbst Sinn und Bedingung; es gibt uns unseren individuellen Sinn sowie die individuellen Bedingungen, denen wir durch Lebenstüchtigkeit entsprechen müssen. Das Ewige durchdringt alles, eben auch das Sterbliche, und lebt und wirkt ewig als individuelle Ideenursache in der individuellen Persönlichkeit! Individuell wird ein Wesen niemals durch das Geschlecht als Mann oder Frau, sondern nur durch seine individuelle Persönlichkeit. - Und daraus ergibt sich folgende kosmische Gesetzmässigkeit, welche die Altägypter genial erkannt hatten: nämlich die sieben Erscheinungsformen der unsterblich-individuellen göttlichen ICH-Idee! In Wirklichkeit ist das eine lebendige Einheit, kann aber als solche nur von dem erkannt werden, der in diesem Bereich seelisch erwacht ist. Für den noch nicht oder teilweise Erwachten zeigt es sich in den sieben Teilaspekten bzw. Eigenschaften. - Sie müssen sich das u.a. so vorstellen, indem Sie daran

denken, dass unser unsichtbares ICH über die verschiedenen Organe (wie schon erwähnt: 7 sind es im Kopf: 2 Augen, 2 Ohren, zwei Nasenflügel und der Mund) sich in unserer bekannten Sinnenwelt erfahren und leben kann: also als die Siebenheit des Erdenkörpers! Die in diesem Kapitel erklärte Siebenheit bezieht sich auf den kosmischen Körper, wie ihn die Eingeweihten Altägyptens erkannten und präzise beschrieben.

Bös und gut

**Wie kam ich nur aus jenem Frieden
Ins Weltgetös?
Was einst vereint, hat sich geschieden,
Und das ist bös.**

**Nun bin ich nicht geneigt zum Geben,
Nun heisst es: Nimm!
Ja, ich muss töten, um zu leben,
Und das ist schlimm.**

**Doch eine Sehnsucht blieb zurücke,
Die niemals ruht.
Sie zieht mich heim zum alten Glücke,
Und das ist gut.**

Wilhelm Busch

Nochmals kurz und bündig zum Sündenfall. Viele religiöse Menschen (und vor allem dogmatisch religiöse Systeme) sehen in der Erde ein Jammertal und sehen die Seele gefangen im Körper. Mensch, hüte Dich vor diesem Schwachsinn! Er ist reiner Zeitverlust! Wer so redet und lehrt, verrät nur zu klar und deutlich, dass er im Lichte des Lebens ein mehr oder weniger gestörter und unfähiger Mensch ist. Nein, diese Erde und der Körper sind kein Gefängnis für das lebenstüchtige ICH, sondern eine wunderbare Möglichkeit, sich als göttliches Wesen in seinem Auftrag zu erkennen und von der Erde aus über das Mensch-Sein hinaus hin zur kosmischen Persönlichkeit zu wachsen und zu reifen. Mensch, lerne von der Pflanze -: wenn Wurzelzeit ist, dann baut die Pflanze bestmögliche und kräftige Wurzeln und sichert sich dadurch eine günstige Chance für das künftige, gesunde Dasein als Stengel; und in der Stengelzeit will die Pflanze nichts anderes sein als ein gesunder Stengel; sie wirkt dadurch sich selbst die günstigste Chance für das künftige, gesunde Dasein als Blüte: sie erreicht so ihr Ziel! Mensch, tue das gleiche auf Deine individuelle Weise. Das, was der Mensch macht, soll er richtig machen, nach bestem Wissen und Gewissen! Ein derart lebenstüchtiger Mann oder eine entsprechend lebenstüchtige Frau sei allen ehrlichen Lebewesen der ergänzende und helfende Freund! Hab' aber auch den Mut, entschieden und total gegen alles Unrecht und Verlogene anzugehen. Zivilcourage! Sei gütig und nachsichtig gegen den, der seinen Fehler erkannt hat und sich tatkräftig sowie ehrlich nach Überwindung des Fehlers sehnt und der sich einsetzt. **Richte, auf dass Du gerichtet wirst!** So ist der Satz richtig - denn wer richtet, muss sich selbst auch einsetzen und ehrlichen Herzens strebend sich mühen. So wirkt das Richten automatisch, dass wir uns nach der göttlichen, kosmischen Ordnung richten! Diese Ordnung nannten die alten Ägypter 'Maat'! Die Göttin der Gerechtigkeit. So wie Deine Hand, Mensch, nicht Dein ICH ist, aber im Dienste Deines ICHs steht, so steht das Universum (und alles was in ihm ist) im Dienste der Gottheit - und darin wirkt im göttlichen Dienste ein allumfassendes Bewusstsein, das die Dinge nach göttlichen Gesetzen ordnet: das ist die Maat. Die existiert, Menschlein, als göttlich-universelles Raumbewusstsein und Vollstreckerin göttlicher Ordnung, wie Deine Hand existiert und ein Bewusstsein für Deinen ganzen Körper. Habe der Mensch acht, dass kein Lebewesen in seiner Not und erlittenem Leid ihn bei der Göttin anklagt! Sicherer und realer als der Atemzug des Menschen ist der Vollzug der Göttin Maat, die alles weiss und miterlebt. Z.B. auch, dass Sie das hier lesen - und wie Sie das erleben; einfach alles! - Noch einmal zum wichtigen Verständnis dieser Wahrheit: Der Mensch hat ein gleichzeitiges Körperbewusstsein, er kann seine Organe nutzen und gleichzeitig z.b. fühlen, wie es mit seinen Füssen, anderen Körperteilen usw. geht. Das gleiche Bewusstein hat das Universum auch von sich selbst - und die Regulation sowie Steuerung des ganzen göttlichen Organismus erkannten die alten Ägypter als Maat. Während ich diese Zeilen schreibe, fühle und erlebe ich sie in meiner Seele, gleich einer göttlichen Mutter, die dem ihr anvertrauten Kind Geborgenheit schenkt (die Gottheit hat das göttliche ICH dem Universum 'anvertraut'), indem sie mich belehrt, stärkt und beschützt, aber auch verlangt, dass ich die anderen Lebewesen respektiere. Es sei nicht verschwiegen, dass auch die Erde - oder besser: die lebendige Erde -, also das Erdenwesen, durch das ICH der Menschen bzw. alle auf ihr lebenden Lebewesen Vorteile hat und Vorteile sucht. Das ist in Ordnung, denn im Universum existiert real die Unsterblichkeit als Leistungsaustausch. Die Erde leistet uns einen göttlichen Dienst und lebt gleichzeitig von uns. Davon merkt der Mensch in der Regel nichts, ahnt allenfalls etwas im Zusammenhang mit dem, was ihm als Liebe und Existenz begegnet. - Goethe meinte, dass, bis Professoren verstanden hätten in der Natur das Getriebe, leite sie alles mit Hunger und mit Liebe... - *Lesen Sie Goethe und Schiller und helfen Sie mit, dass vor allem unsere Jugend die Werke dieser Genies zu lesen bekommt.* Dies wird heute extrem vernachlässigt.

Die Wahrheit ist mit diesem Thema sicher erreicht, hat aber noch eine eigentliche Tiefe. Das individuell-göttliche ICH des Menschen ist in Tat und Wahrheit auch eine punktuelle Quelle unendlicher Energie, denn es kann nicht sterben, weil es aus Gottheit ist! Darum erhält die Erde durch alle Lebewesen Energie zum eigenen sinnvollen Dasein - in diesem Sinne ist es dann im Gegenzuge ihre Leistung, den Lebewesen durch den Widerstand, welchen sie dem ICH entgegensetzt (und dabei uns die Energie abnimmt!), real die Möglichkeit zu geben, sich durch die Verdichtung als Wirkung des Widerstandes in göttlicher Qualität bewusst zu werden; auf solche Weise kosmisch lebenstüchtig geworden, wird das ICH von der Erde hinaus in den Weltraum wachsen und dort zum Leben erblühen.

Der Mensch sei vorsichtig, dass er andere Lebewesen nicht ausbeutet, ausnützt oder sich ausbeuten oder ausnützen lässt - und so gehindert ist in seiner lebenstüchtigen, sinnvollen persönlichen Entwicklung; aber vor der Erde selbst braucht sich der Mensch nicht zu fürchten, nie würde sie ihn oder ein anderes Lebewesen ausnützen. Wer einmal auf der Realitätsebene der Unsterblichkeit erwacht ist, der erkennt pragmatisch-real, dass sich **nur das Echte und Gerechte lohnt!** Aus Klugheit und Erkenntnis der göttlichen Gesetze im Weltraum wird kein Himmelskörper (sei er Planet, Stern oder Galaxie) ein Lebewesen ausnutzen, wird aber göttlich konsequent im Bewusstsein der Kausalität von "Jahrmilliarden" gemäss seinem Auftrag tun und lassen, wirken: Diese kosmischen Wesenheiten wissen wohl, dass es den Tod nicht gibt, und sie erscheinen deshalb dem Sterblichen missverständlich grausam.

Nichts Edleres sei, als Mann und Frau.
Mann und Frau und Frau und Mann
Reichen an die Gottheit an.

Mozarts "Zauberflöte"

Wir erleben uns als eine Persönlichkeit mit Geist, Seele und Körper. Wir erfahren eine Gleichzeitigkeit über unser Bewusstsein, indem wir alle Berührungen unseres Körpers an der betreffenden Stelle erleben und gleichzeitig um diese Berührungen wissen. Wir können gleichzeitig sehen, hören, gehen, sprechen usw. Denken wir bei dieser geschilderten Gleichzeitig des menschlichen Bewusstseins an den Wassertropfen, und machen wir im Sinne geistiger Erkenntnis den Sprung vom Wassertropfen zum Weltmeer bzw. zum Weltraum: so können wir ahnen, dass dieser Weltraum ein für den Menschen unvorstellbares Bewusstsein hat, aber gleichzeitig auch alles wahrnimmt, erkennt, versteht und darauf reagiert, wie es im Kleinen dem erwachsenen Menschen möglich ist. - Jetzt will ich Ihnen im Einzelnen und nach bestem Wissen und Können die Funktionen dieses kosmischen Betriebsystems im Zusammenhang mit dem Menschen schildern, welche das menschliche Wohlbefinden massgebend beeinflussen.

Sie wissen, dass nach heutigem physikalischen Verständnis das Licht aus Teilchen, Photonen genannt, besteht. Sie wissen, dass der Lichtstrahl des Film- oder Lichtbildprojektors eine Art von bewegter Lichtstrasse ist, auf der die Lichtteilchen das Bild, also die Information, transportieren. Wie aber entsteht so ein Film- oder Lichtbild? Die Idee wird als Lichtstrahl auf eine lichtempfindliche Schicht gebracht, und dieses Ergebnis - der Lichtbildträger - wird mit Licht durchstrahlt und so projiziert. - Wie entsteht Leben auf der Erde? Alle Energie und alles Leben kommt von der Sonne auf die Erde. Also, Licht transportiert auch hier Ideen und Energie auf die Erde, wie das Sperma seinen Teil der Idee ins Ei transportiert. Übrigens kennt die Physik vom Licht Eigenschaften, die sich entweder als Teilchen oder als Welle beobachten lassen, nicht aber gleichzeitig. Wenn wir diese physikalische Beobachtung auf den Menschen übertragen, wird das, was in der Physik das Teilen ist zum physischen Körper und das, was in der Physik Welle ist zur Seele.

Denken wir dabei auch an die grossen alten Kulturen der Ägypter, Inkas und nicht zuletzt an den Tenno der Japaner: alle Herrscher dieser alten Kulturen künden davon, dass sie von der Sonne abstammen, und ihre Kulturleistungen sind derart aussergewöhnlich, dass viele Menschen einfach hilflos schweigen, aber an und für sich das gar nicht beurteilen können. Und die Christen haben die Bibel - ob sie wohl immer richtig verstanden wird? - Jedoch bleibt die Tatsache, dass nach der Bibel Adam und Eva aus dem Paradies gejagt wurden; dies geschah von Engeln mit feurigen Schwertern: - aus der Sonne auf die Erde gezeugt!

Bis jetzt hatten wir das ICH ab Erschaffung durch die Gottheit als siebenstrahlige Lichtschnur erkannt und verfolgt. Die nachfolgende Abbildung zeigt die Ankunft des Sonnenstrahles als Träger und Projektor dieser göttlichen ICH-Idee auf die Erde (Leinwand). Das in seinem kosmischen Bewusstsein erwachte ICH kann diese Dinge mittels der seelischen Technik der Bewusstseinserweiterung wahrnehmen: es handelt sich um das kosmische Gesetz der unendlichen Gleichzeitigkeit allen Geschehens, was die Gottheit in ihrer Tiefe ausmacht!

Es gilt zu beachten, dass im Weltraum in der Regel alle himmlischen Wesenheiten Kugelgestalt haben und sich in der Spiralform fortbewegen. Wenn ein Lebewesen auf der Erde gezeugt wird, egal ob Mensch oder Tier, ist die Ausgangslage die Zelle - und zuerst wird über die Zellteilung das Hirn als Steuer- und Bewusstseinszentrale gebaut, somit der Kopf gestaltet. Der ganze restliche Körper mit seinen Organen stellt eigentlich nichts anderes dar, als die für diese gezeugte Idee zum Leben auf der Erde angepassten und notwendigen 'Peripheriegeräte'. Das ICH des Menschen ist eine unsterblich-göttliche 'Software', die zudem noch lernfähig ist und dadurch an Qualität gewinnt. - Ein Textprogramm hat im Rahmen seiner Konkurrenzfähigkeit ein 'Textprogramm-Schicksal', welches ganz anders aus- sieht, als das Schicksal der Festplatte. Wenn Sie Ihr eigenes und fremdes Schicksal verstehen wollen (oder gar müssen?!), ist das Folgende sehr wichtig, denn das Schicksal des Menschen ist gemäss seiner individuell-göttlichen ICH-Idee ausgelegt: Der 'Name' der Idee, das ICH, ist in Tat und Wahrheit der Code - oder noch mehr, weil gleichzeitig auch das ganze göttliche Programm enthaltend, das letztlich alles in der kosmischen Existenz dieses ICHs entscheidend steuert. Um jede Verwirrung zu vermeiden, gilt es einfach daran zu denken, dass die göttliche Basis im ICH einerseits die Unsterblichkeit ist und garantiert, aber letztlich auch nur göttliche Qualität gelten lässt, was für das irdische Leben bedeutet -: **man darf alles tun, wenn es für einen selbst, für die anderen und das Leben überhaupt auch nützlich, liebevoll, hilfreich, mindestens nicht schädigend ist!** Anderseits hat das ICH, weil es eben aus Gottheit ist, ein göttliches Schicksal. Das heisst, es ist im

Rahmen der göttlichen Harmonie-Ordnung unendlich frei! - Nun, es lernt ein Kind gehen; und zum Leben muss es dies lernen! Auch das ICH muss lernen, mit dieser göttlich-unendlichen Freiheit so umzugehen, dass die Wirkungen dieser Freiheit den Anforderungen göttlich-kosmischer Ordnung genügen. Im Weltraum herrscht die Ewigkeit; und streng genommen: durch die Geburt und den Tod erscheint es einem, als ob ein "Stück aus der Ewigkeit" herausgenommen wurde, aber die Charakteristik und Qualität der Ewigkeit bleibt bestehen - **das ist der Grund, weshalb der Mensch alles als Gegenwart erlebt!** Dazu kommt, dass das ICH in Menschenform von der Konsequenz der göttlichen Gesetze hoffnungslos überfordert ist, was man auch daran erkennen kann, dass der Mensch machen kann, was er will und wie er es will: nichts bleibt ihm, alles, was immer es sei, ist für den Sterblichen vergänglich! Darum ist es wichtig, dass man schon jetzt in Menschenform beginnt, mehr oder weniger (so wie es dem Einzelnen möglich ist) in seiner individuellen Unsterblichkeit zu erwachen: dann nämlich vermag man das Sterbliche zu Nutzen, weil man im Bewusstsein seiner Unsterblichkeit durch die "Reize" der Sterblichkeit (also durch den konstruktiven Widerstand) sich immer mehr und mehr bewusst wird, bewusst erwachend wahrnimmt. - Darum will ich jetzt zeigen, wie sich die göttliche ICH-Idee unsterblich als realer göttlicher Licht- und Leitstrahl durch alle Existenzformen des ICHs zieht und unaufhaltsam ist, bis zum Erreichen des göttlichen Zieles. Dieser Prozess ist das Schicksal des ICHs. Nun ist der Mensch auf der Erde wohl kaum an diesem Ziel angelangt; so wird es sehr interessant sein, zu erfahren, dass man sozusagen die Reife des ICHs im Zusammenhang mit der auf Erden notwendigen Lebenstüchtigkeit ablesen kann - oder anders ausgedrückt: wie weit ein ICH sein ICH ertüchtigt hat und erstarkt ist, somit entsprechend in der Lage ist, ICH-stark auf der Erde zu leben.

Jeder Reisende möchte doch gern wissen, wieweit er schon ist - und in diesem Sinne können wir dem ICH als kosmisch Reisendem mittels dieser Siebenheit und aus seinem Kopf sowie Antlitz sagen, wieweit es auf seiner individuell-kosmischen Reise ist.

**Herkunft: Eine der beiden Hälften göttlicher Teilung.
Wirkt Rauminhalte.
Wirkt beim Menschen das Verhalten zur Umwelt.
Meistens Vererbungen über die väterliche Linie.**

**Herkunft: Eine der beiden Hälften göttlicher Teilung.
Wirkt Lebensräume.
Wirkt beim Menschen das Innenleben, Familie.
Meistens Vererbungen über die mütterlichen Linie.**

**Göttlicher Schöpfungswille als lebendige individuelle ICH-Idee.
Wirkt die Persönlichkeit.**

**Ewige Wesensqualität der Gottheit, nach der sich in der Wirkung alles richten muss.
Wirkung: alles muss in der Wirkung so sein, dass es gut ist für das verursachende ICH, aber auch für alle anderen ICHs und für das Leben.
Wirkt das Schicksal.**

Darstellung der kosmischen Lichtschnur, welche die DNS wirkt. Darstellung der Doppelhelix um die Idealachse der Lichtschnur gewunden - als Ausdruck des göttlichen Willens. Das Ganze symbolisiert die siebenfache Lichtschnur des ICHs inklusive seiner Verwirklichung über die DNS.

Der gelbe Lichtstrahl als der eigentliche Ideenträger verläuft im Antlitz des Menschen über die Nasenwurzel, den Nasenrücken, wie auf dem Bild dargestellt. Exakt gesehen ist der Bereich von Gelb auf die rechte Seite von Nasenwurzel und Nasenrücken usw. beschränkt. **Wichtig:** Rechts und links gilt es vom studierten Menschen aus, also objektiv, zu definieren und niemals subjektiv! - Je breiter und klarer geformt nun diese Flächen von Nasenwurzel, Nasenrücken usw. sind, desto fähiger ist ein Mensch im Verwirklichen seiner Persönlichkeit. Ist der Nasenrücken nach aussen gebogen, will das ICH auf die Umwelt seinen Einfluss gelten machen; ist der Nasenrücken nach innen eingebogen, so besteht die Tendenz, gegenüber den Einflüssen der Umwelt nachzugeben. Die beste Form ist der gerade verlaufende Nasenrücken, weil er darauf aufmerksam macht, dass das ICH tüchtig und konsequent seinen eigenen Weg geht, aber auch der Umwelt den eigenen Weg offen lässt. Nun ist ja das Ganze ein ununterbrochener Prozess von Leben und Erleben - und daraus ist zu lernen. Dies alles beschränkt sich keinesfalls allein auf die Geburt des Menschen, sondern dieser Prozess begann exakt bei der Erschaffung des ICHs durch die Gottheit. Das heisst, es sind also bereits Wirkungen da - und diese Wirkungen zeigt der grüne Lichtstrahl, dessen "Macht" sozusagen die linke Hälfte in der Nasenwurzel, im Nasenrücken usw. ausmacht und in diesem Zusammenhang die "Schicksalsqualität" - oder besser: den Charakter - des Menschen anzeigt. Die rechte Seite des Gesichtes wird von den Lichtkräften Rot und Orange bestimmt; sie definieren damit das Verhalten des Menschen zur Umwelt (Beruf und Existenz; die Möglichkeit, sich in der Welt zu verwirklichen). Die linke Seite des Gesichtes wird von den Lichtkräften Hellblau, Blau und Violett bestimmt und definieren damit das Innenleben des Menschen (Partnerschaft, Familie, Privatleben). Ist die rechte Seite des Gesichtes stärker ausgeprägt als die linke, haben wir einen Menschen vor uns, der gefährdet ist, mehr zu wollen als er kann. - Wenn Sie diese wichtige Thematik interessiert, darf ich Sie auf meine exakte Psychologie und Menschenkenntnis-Seminare aufmerksam machen, wo gelehrt wird, die individuelle Idee des Menschen zu lesen, um mit dieser seriösen Information das Leben erfolgreicher und harmonischer zu gestalten. Sie erlernen also bei mir eine kosmisch fundierte Physiognomie, die nichts zu tun hat mit den bekannten physiognomischen Systemen von Typen- und Naturllehren und diesen in kosmischer Qualität weit überlegen ist. Denken wir daran, dass alle Arten von Naturell- und Typenlehren letztlich nichts anderes sind, als organisierte Vorurteile, weil sie das Wichtigste, das, was der Suchende eigentlich will und braucht, nämlich das Individuelle des ICHs, überhaupt nicht erfassen.

Denn tatsächlich: mit der fähigen Praxis unserer Physiognomie habe ich nicht nur die praktischen Vorteile im täglichen Leben, sondern zusätzlich die reale Möglichkeit, meine wahre Schicksalssituation zu verstehen und zum Besseren zu wenden. Das ist kein leeres Versprechen, sondern logische Realität, weil: *wenn das ICH seine ihm wesenseigenen Fähigkeiten entwickelt und nutzt, arbeitet es tatsächlich mit seiner göttlichen Wesenssubstanz und ist dadurch unbesiegbar.* Ein Mensch, der so sein Wesen erkannt hat und lebt, wird immer für sich selbst und andere nützlich sein: er wird sinnvoll und zufrieden leben können. - Nutzt er seine Möglichkeiten gar noch, um auch andere Lebewesen glücklich zu machen, ist es nicht mehr zu 'vermeiden', dass er selbst glücklich wird, ganz egal, in welcher Situation er auf dieser Welt ist.

Dieser Lichtstrahl des ICHs als siebenfach gedrehte Lichtschnur ist bei der Zeugung die Ursache für die DNS, die logischerweise ein Abbild dieser Lichtschnur ist und sich in Spiralform mit den beiden Molekülsträngen und den dazwischenliegenden Brücken von Geburt bis zum Ende des Sinnenkörpers mitbewegt. Der Tod ist aber nichts anderes, als dass das Zellsystem des Körpers die Aufträge, welche die DNS steuern, nicht mehr ausführen kann. Wenn jemand einen Lichtschalter ausschaltet, ist der Strom bis zum Schalter dennoch vorhanden! Darum wollen wir jetzt die kosmische Reise des unsterblichen ICHs weiter verfolgen, die als Erlebnis sein Schicksal ist - weiter verfolgen über Geburt und Tod hinaus, bis hin zum individuell-kosmischen Endziel.

Die Sonne ist eine Offenbarung des Höchsten, die mächtigste, die uns Erdenkindern wahrzunehmen vergönnt ist. Ich bete in ihr das Licht und die zeugende Kraft Gottes an, wodurch allein wir leben und alle Pflanzen und Tiere mit uns.

Goethe

Vielmehr ist jedes Menschengesicht eine Hieroglyphe,
die sich allerdings entziffern lässt,
ja deren Alphabet wir fertig in uns tragen.

Arthur Schopenhauer

Was sagt die Wissenschaft zum Thema:

'Was war vor dem Urknall?'

Auszug aus dem Buch: 'Eine Kurze Geschichte der Zeit' von Stephen W. Hawking (Seite 67).

"Zu diesem Zeitpunkt, den wir Urknall nennen, wären die Dichte des Universums und die Krümmung der Raumzeit unendlich gewesen. Da die Mathematik mit unendlichen Zahlen im Grunde nicht umgehen kann, bedeutet dies, dass die allgemeine Relativitätstheorie (auf der die Friedmannschen Lösungen beruhen) einen Punkt im Universum voraussagt, an dem die Theorie selbst zusammenbricht. Dieser Punkt ist ein Beispiel für das, was Mathematiker eine Singularität nennen. Tatsächlich gehen all unsere wissenschaftlichen Theorien von der Voraussetzung aus, dass die Raumzeit glatt und nahezu flach ist. *Deshalb versagen die Theorien angesichts der Urknall-Singularität, wo die Krümmung der Raumzeit unendlich ist. Also könnte man sich, selbst wenn es Ereignisse vor dem Urknall gegeben hat, bei der Bestimmung dessen, was hinterher geschehen ist, nicht auf sie beziehen, weil die Vorhersagefähigkeit am Urknall endet.** Entsprechend können wir keine Aussagen über das machen, was vorher war, wenn wir, wie es der Fall ist, nur wissen, was seit dem Urknall geschehen ist. Soweit es uns betrifft, können Ereignisse vor dem Urknall keine Konsequenzen haben und sollten infolgedessen auch nicht zu Bestandteilen eines wissenschaftlichen Modells des Universum werden. Wir müssen sie deshalb aus dem Modell ausklammert und sagen, dass die **Zeit mit dem Urknall begann."

*Beachten Sie, wie hier auf höchst unwissenschaftliche Weise die Unfähigkeit zum Massstab erhoben wird! Niemand wird es der Wissenschaft übelnehmen, wenn sie hier wahrheitsgemäss mitteilen würde: 'Wir sind nicht in der Lage, hier eine Aussage zu machen - aber etwas kann nicht von nichts kommen, deshalb muss etwas vor dem

Urknall gewesen sein, auch wenn wir vielleicht nie wissen können, was es war'. Das wäre ehrlich.

Da ich mit den Möglichkeiten der Seele arbeite und die aus dem Stoff gemacht ist, aus dem das Weltall besteht, kann man eben erkennen, was vor dem Urknall war, weil der Urknall eindeutig nur einen Teil darstellt - und zwar denjenigen eines linearen Ablaufs im unendlichen Raum ewigen Lebens. Denken Sie bitte an mein System des Arbeitens: Der Ozean ist aus Wasser, und niemand kann den Ozean in ein Wasserglas abfüllen, aber der Ozean besteht auch aus lauter Wassertropfen; und jeder dieser Wassertropfen ist ganz Wasser, so dass ich durch die Untersuchung des Tropfens das Wesen des Ozeans verstehen kann. Das ICH des Menschen ist ein "Gottestropfen" - und wenn das ICH auch niemals die Gottheit in IHRER realen Ganzheit verstehen kann, sich dies als "Mangel" auch gar nicht und nie bewusst wird, so kann das ICH das Wesen der Gottheit in seinem ICH erfassen. Die Gesamtzahl aller göttlich geschaffener Wesen macht die Gottheit aus, so ist die Gottheit einerseits für "sich" ganz und gleichzeitig als göttlicher Teil in allen Wesen. Diese Tatsache stellt eine Art göttliche Bewegung in sich selbst dar, indem jeder Schöpfungsakt der Gottheit eine Art göttliche Bewegung ist und die Wesensqualität Gottheit bestimmt Ziel und ist absolute Grenze. Real wirkt das die "Verjüngung" der Gottheit oder verhindert ihr Alter. Die Realität des Universums ist unendliche Gleichzeitigkeit: in diesem Zusammenhang mit der 'Frischhaltung' der Gottheit durch Bewegung: Wasser, das nicht bewegt wird, fault! Oder: der Mensch muss sich z.B. von Zeit zu Zeit körperlich bewegen; er erfährt dadurch Wohlbefinden und Erleichterung. - *Es ist wirklich so, wir sind ununterbrochen in allem und durch alles mit der Gottheit verbunden, und es ist deshalb nur eine Frage des Bewusstseinsvermögens, diese lebendige Wahrheit zu erkennen!* Dieses kosmische Gesetz auf den Weltraum übertragen, wirkt folgende Erkenntnis: der Weltraum bewegt sich unendlich, aber überall wo er hinkommt, ist er bereits. Erkennen Sie, dass in der Regel der Mensch diese Dinge gar nicht mehr denken kann, weil er überfordert ist.

Alle Eingeweihten der grossen alten Kulturen, natürlich ganz sicher die Ägypter, wussten um diese Wahrheiten. Denken Sie dabei nur an den Begriff der "jüngste Tag", der nicht anderes meint als der reale Augenblick des Erwachen des ICHs in seiner Unsterblichkeit. Der Niedergang Roms und auch derjenige der altägyptischen Kultur brachten es mit sich, dass wahre Eingeweihte, angewidert von den dekadenten Verhältnissen, die Weisheitsstätten verliessen und neue saubere Wirkungsstätten suchten. Jesus war in seiner Jugend nachweisbar gemäss Überlieferung in Ägypten. Es gab in jener Zeit Scharen von Wanderpredigern - ähnlich wie Jesus, und unter diesen waren echte Eingeweihte (wie Jesus es zweifelsfrei war). Das wahre Evangelium ist die Botschaft, dass jeder Mensch in sich den göttlichen Teil erkennen und ihn leben soll. Das lehrte auch Jesus! So hat vieles den Weg ins Christentum gefunden, ohne allerdings, dass die Dogmachristen es verstehen. **Was gut ist am Christentum, ist nicht neu und was neu ist am Christentum, ist nicht gut.**

Wenn das ICH nun die unendlichen Möglichkeiten seines Unendlichkeitskörpers, und das ist die Seele, nutzt, kann das ICH alles erkennen: auch das Unsagbare, soweit es im direkten Zusammenhang mit seinem individuellen ICH steht! Der direkte Zusammenhang zwischen Schöpfer und Geschöpf ist überall und allgegenwärtig, z.B. ist er auch in den Gesetzen der Vererbung ersichtlich. Praktisches Beispiel: Der Mensch kann zusehen, wie durch Männer und Frauen neue Menschen gezeugt werden. Er kann (dank der Wissenschaft, welche die Beweise der Existenz von Spermen, Ei, befruchtetem Ei, Zelle und Zellteilung liefert etc.) sein eigenes vergangenes Schicksal verstehen, auch wenn er selbst sich nicht erinnern kann, sozusagen als 'Bus' ein Sperma benutzt und den eigentlichen Zeugungsvorgang als 'Urknall' der Bewegungen seines Vater mit seiner Mutter erlebt zu haben. Dass dann die Zeit sozusagen mit der Zellteilung begann, stimmt wohl doch auch nur individuell. - Um diese Dinge zu erkennen, muss ich das richtige Werkzeug einsetzen: es muss ein Werkzeug sein, welches die Verbindung zwischen Unendlichkeit und Endlichkeit herstellt - und das ist *der kosmische Körper des ICHs,* gemeinhin als die

Seele bekannt! Die Möglichkeiten der Seele sind heute dem, was sich Wissenschaft nennt, doch gar nicht bekannt - und so kommt mir die oben erwähnte unbehelfliche Erklärung der Wissenschafter über das, was vor dem Urknall war, vor, wie jemand, der versucht, mit der Gabel die Suppe zu löffeln. - Übrigens: wenn man durch die erwachte Seele diese Dinge erkennen kann, stellt man fest, dass die Formulierung: 'Was war vor dem Urknall?', schon falsch ist, sondern dass man eigentlich sagen müsste: 'Was *ist* vor dem Urknall?', weil wir es hier mit einem unendlichen Zustand zu tun haben, in dem sich das Urknallgeschehen verdichtete. Hunde haben Hundekinder - und das ist deshalb so, weil die Unendlichkeit in allem, was von ihr stammt, immer das Wesen der Unendlichkeit einpflanzt - dies gilt auch für diese unendliche Verdichtung der Urzeugung, die eben von ewiger Qualität ist. Wie die altägyptischen Pyramidentexte eindeutig offenbaren, waren die Eingeweihten Altägyptens in einem für unsere Zeit unvorstellbaren Masse fähig, mit der Seele zu arbeiten; sie hatten diese Rätsel - und damit auch das Rätsel des Todes - für sich hundertprozentig gelöst. Wissen Sie, wenn mir da einer kommt und sagt, das kann doch gar nicht sein, dann lasse ich diesen in Ruhe und sehe ihn, immer langsamer und gebrechlicher werdend, dem zuwanken, was die Sterblichen den Tod nennen. Hilflos torkelt er diesem Ereignis entgegen - entweder hypnotisiert von dogmatisch- religiösen Systemen der Ausbeutung und Dummheit und / oder hypnotisiert von der Eitelkeit missbrauchter Wissenschaft mit dem Wahn, ihre Erkenntnisfähigkeit zum Massstab zu erheben. Ob es die Raupe weiss oder nicht, wissen oder nicht wissen kann: ihre Zukunft heisst Schmetterling.

Noch ein Wort zur Zeit**. - Zeit an sich gibt es gar nicht, sondern Zeit ist nur einem Lebewesen mit Bewusstsein im Rahmen seiner organischen Fähigkeiten und dessen Verhältnis zur Umwelt möglich, zu erleben, indem es so die Bewegungen mehr oder weniger linear wahrnimmt, was eben die Zeitwirkung ausmacht. Zeit ist also das subjektive, bewusste Erleben eines Lebewesens in der genannten Abhängigkeit. Wenn sich der Mensch im Tiefschlaf befindet, bewusstlos ist, oder eben in der embryonalen Phase sich befindet, erlebt er, mangels ausreichendem Bewusstseinsvermögen, nicht nur die Zeit nicht, sondern er weiss nicht einmal, dass er existiert. **Und trotzdem ist er, lebt er!**

Wem es nun gelingt, zusätzlich zum bekannten - von funktionierenden Organen abhängigen - Bewusstsein noch zu einem von der Seele abhängigen Bewusstsein zu gelangen, der ist bewusster Bürger des Universums geworden! So wie jede Raupe ein Schmetterling wird, wird jedes ICH gemäss seinem individuell-kosmischen Wesen dann, wenn seine Zeit gekommen ist (wie es für den Schmetterling den richtigen Zeitpunkt zum Entstehen aus dem Raupenzustand heraus gibt), kosmischer Bürger werden. Durch ein gnädiges Schicksal habe ich das, soweit dies ein Sterblicher erkennen kann, erlebend erkannt. Das ist nicht Esoterik, das ist weder Religion noch Philosophie (oder sonst was, worunter jemand es einordnen will): Es ist lebendiges Erkennen der natürlich-kosmischen Gesetzmässigkeit als Naturgesetz, wie es auch für die Raupe und den Schmetterling gilt - ob die das nun begreifen oder nicht. Aber wer es versteht, hat es in allem leichter, viel leichter!

"Daran erkenn' ich den gelehrten Herrn!

Was ihr nicht tastet, steht euch meilenfern;
Was ihr nicht fasst, das fehlt euch ganz und gar;
Was ihr nicht rechnet, glaubt ihr, sei nicht wahr;
Was ihr nicht wägt, hat für euch kein Gewicht;
Was ihr nicht münzt, das, meint ihr, gelte nicht."

Goethe

Text Tonbildschau

"Gottheit"

Inspiriert durch das erlebte Göttliche schuf ich folgenden Text für eine Tonbildschau. Beim täglichen spazieren bei Tag oder Nacht mit meiner Hündin Britta, gefolgt von einer meinen drei Katzen, Titi, Mizzi und Tätzi, nachdenkend über die Lebensfragen und diese geistig der Gottheit stellend, wie ein Kind zu seinen Eltern seine Fragen stellt, entstand dieser Text. - Dieser Text ist nicht geschaffen als fixer Orientierungspunkt, als Dogma und starre Regel, sondern als freundschaftliche Anregung *zur lebendigen Wahrheit, dass es zwischen der Gottheit und dem Menschen keine Mittler braucht*, und dass jeder Mensch als individuelle Persönlichkeit und göttliches Geschöpf geistig mit dem ganzen lebendigen Geschehen unmittelbar immer in Verbindung steht und individuell mit der Gottheit leben kann. Der Text möchte als tiefe und qualifizierte Anregung zu eigenem, individuellem Erkennen dienen. Wer die Menschen kennt und sie beobachtet, kann leicht und real feststellen, dass, je mehr sich der Mensch in seiner individuellen Persönlichkeit entwickelt, er ganz von selbst das Individuell-Lebenstüchtige aus seinem Selbst entfaltet und verwirklicht und derart in einen harmonischen Leistungs- und Lebensaustausch zur Umwelt gelangt.

Zunächst aber einige Erklärungen, warum ich die Gottheit AMUN nenne. Ich bin geboren mit der altägyptischen Religion - kein Mensch in diesem Leben hat sie mir beigebracht. Darum kenn' ich die wahre Bedeutung der "Namen" und will dies hier nachfolgend im Zusammenhang mit dem Namen AMUN darlegen.

Das ICH ist auch als Mensch eine Einheit und Gleichzeitigkeit von Geist, Seele und Körper: dieser Realität wird im täglichen Leben erschreckend oft nicht genügt. Viele Menschen erkennen ihre Einseitigkeit gar nicht. Beispiel: wir verehren einen Menschen, sind ganz hingerissen von irgend einer Eigenschaft von ihm - aber dieser Mensch hat zur gleichen Zeit u.a. Darminhalt, und an diese Tatsache denken wir wohl kaum. Wir lehnen zu Recht einen Menschen ab und sind zu allem berechtigt, was garantiert, dass er niemandem Schaden antun kann, aber gleichzeitig ist auch er ein Geschöpf der Gottheit. 'Liebe deinen Nächsten wie Dich selbst', ist nichts anderes, als auf diese Weise die unendliche Gleichzeitigkeit als Wesen und Gesetz des lebendigen Universums erkannt zu haben!

Weil dem so ist, gibt es keinen Gedanken, der sich nicht in einer bestimmten Wirkung in der Seele, im Körper und im Zusammenhang mit der Bewusstseinsbildung offenbart. Damit ist auch kein von Menschen ausgesprochener Laut zufällig. Man stelle 20 Menschen aus verschiedensten Nationen und Rassen auf eine Linie und trete ihnen allen auf die Füsse. Der Schmerzlaut wird immer ein 'Au' sein - oder etwas dem Au Verwandtes. Darum wird der Mensch, wenn er etwas erkennt und man ihn spontan zwingt, einen Laut zu artikulieren, immer ein A sagen. Wenn der Mensch etwas Gutes zum Essen bekommt, sagt er irgend etwas mit "mmh". - Auf der ganzen Welt sind die Namen für die Mutter in allen mir bekannten Sprachen in engster Verbindung mit MA: - also etwa Mama, Mutter, Mother (so in Deutsch, Englisch, Russisch, Chinesisch, allen romanischen Sprachen usw.). Dahinter wirkt das Naturgesetz, dass die Laute ganz bestimmte Schwingungen sind und diese in einem direkten Verhältnis zu einem bestimmten Erleben stehen; darum ist es bei allen Menschen ähnlich. Also: MA oder MAMA bedeutet bewusstseinsmässig im genannten naturgesetzlichen Sinne - Gut (M) erlebe ich (A) dich , meine Mutter. Der Säugling bzw. das Kleinkind drückt dies ihm Rahmen seines Erlebens und seiner Bewusstseinsfähigkeit naturgesetzlich aus! Es gibt somit die Ursprache, und sie ist und bleibt ewig in allen Sprachen enthalten und wird sich (trotz aller Verhunzung durch in ihrem Bewusstsein und ihrer Natur Gestörte) immer wieder durchsetzen. In dem Masse, als der Zeitgeist sich in gestörter und pervertierter Sprache ausdrückt, erkennt der Eingeweihte im Lichte des Göttlichen die Degenerationen, die Perversionen und empfiehlt im Sinne geistiger, seelischer und körperlicher Gesundheit: Man kehre zurück zur sauberen und reinen Sprache - in reiner Sprache wird man leichter und klarer denken und erkennen können. Wer dies kritisiert? Mensch, guck ihn an und erkenne! - **Vernünftige Menschen in aller Welt, vereinigt Euch!** Ja, macht das endlich einmal über alle Rassen, Nationen und Konfessionen hinaus! Denkt daran, die anderen sind weltweit 'vereinigt' durch Dummheit, Bösartigkeit, Perversion und Gier verschiedenster Art.

Was wir soeben mit den Lauten M+A getan haben, demonstriere ich Ihnen jetzt mit dem Gottheitsnamen Altägyptens - AMUN oder AMEN.

A steht für: Ich erkenne.

M steht für: Das Leben als das dargebracht Gute.

U steht für: Das, was alles immer wieder neu hervorbringt, oder
E steht für: Alles ist vorzüglich und lebensrichtig getan.

N steht für: Alles ist belebt.

In ihrem Kampf um das Gute müssten die Lehrer der Religionen, die innere Grösse haben, die Lehre von einem persönlichen Gott fahren lassen, das heisst, auf jene Quelle von Furcht und Hoffnung verzichten, aus der die Priester in der Vergangenheit so riesige Macht geschöpft haben.

Einstein

Dank sei der Gottheit - von den Altägyptern 'Amun' genannt.

Und jetzt darf ich Ihnen einer der vielen Schreibweisen in Hieroglyphen von Amun vorstellen und erklären. Ich wählte mit Absicht eine der Schreibweisen aus, die den Sinn des Namens möglichst ausführlich erklärt.

Lebensrichtig (unter lebensrichtig versteht das kosmisch erkennende und denkende altägyptische Priestertum ein Verhalten, das für sich, für andere und für das Leben gut im Sinne von lebensfördernd ist).

schaffst DU alles Leben in seiner Einzigartigkeit. (Das Rechteck ▭ steht für die sinnlich-materielle Verwirklichung, die Verdichtung auf der Erde. Die Erde ist der Ort der Vierheit, der vier Himmelsrichtungen usw. Die sieben Striche ▬▬▬ : Der Strich an sich steht für das bewusste ICH - denken Sie an die Tatsache, dass der Mensch am leichtesten und in diesem Sinne am besten ICH-Bewusst in aufrechter Körperhaltung sein kann! - Sieben Striche bedeuten: als individuelle Persönlichkeit. Manchmal kann man auch acht, zwölf Striche beobachten, wodurch dann das dargestellte Gottheitswirken im Sinne der Anzahl Striche, z.B. acht = Gerechtigkeit, zwölf = Naturgesetze des Tierkreises, zu deuten ist. Die präziseste Symbolik kann im Tempel von Abydos beobachtet werden. Und natürlich in den Pyramidentexten von Unas).

DU belebst alles. (Wasserwellen als Symbol für das Wesen des Lebens in der belebenden Wirkung des Wassers. Reinigung und Erneuerung).

⬯ **Bewusst ...** (Die Hieroglyphe steht für bewusstes Tun, z.B. bewusst sprechen im Sinne von: wissen, was man sagt. Für den Altägypter war Sprechen im Zusammenhang mit Bewusstsein - und in diesem Sinne mit Qualität - selbstverständlich. Das hat sich geändert, und darum werden diese reinen Symbole von heutigen Menschen nicht so leicht verstanden. Beispiel für die Verblödung der heutigen Sprache: 'Toll' bedeutete im eigentlichen Sinne 'verrückt'. Hätte jemand vor 200 Jahren von einer tollen Frau gesprochen, hätten alle an eine arme, kranke Verrückte gedacht. Heute aber wird der Begriff "tolle Frau" durchaus positiv verstanden. Wunderbare Zeit! Dafür können wir heute auf den Mond, wissen aber immer noch nicht, woher wir kommen, wer wir sind, und wohin wir gehen! Deshalb soll dieses Buch positive Anregung sein für das Unsterbliche im Menschen).

⌒⊔ **erschaffst DU ...** (Die Hieroglyphe Oberarm mit der Hand bedeutet: machen, schaffen, herstellen, arbeiten).

☉ **das ICH-bewusste Lebewesen ...** (Diese Hieroglyphe RA, bedeutet: "Ich-Macher", Lichtbringer und steht natürlicherweise für die Sonne und alles Sonnenhafte, also auch für Licht. Denken wir daran, dass das ICH des Menschen in Wahrheit in seinem unsterblichen Wesen aus Licht besteht).

❙ **als individuelles Lebewesen und in diesem Sinne als ICH.** (Der senkrechte Strich steht für das individuelle ICH).

𓀭 **Als ein göttlicher Teil von DIR und darum als DEINE IDEE und als DEIN WILLE ....** (Diese Hieroglyphe bedeutet: göttliche Idee als Ursachen- und Schöpfungsprinzip).

⚘ **lässt DU sie gedeihen und heranwachsen.** (Diese Hieroglyphe bedeutet: wachsen, gedeihen. Wichtig ist dabei zu beachten - dieser Hinweis gilt mehr für die Pyramidentexte und für die Texte von Abydos -, aus wie vielen Seitenästen die Pflanze besteht.

Hier sehen wir einmal den Stengel und je seitlich zwei Blätter: macht insgesamt fünf, so dass dieses Wachsen im Sinne der Zahlbedeutung der Fünf zu verstehen ist - und das bedeutet: vernünftig. Denken Sie an die fünf Finger an der Hand des Menschen! Diese Hieroglyphe wird nämlich meistens nur mit drei Elementen dargestellt: dem Strich für die Pflanze und seitlich je ein Blatt, so dass dort also die symbolische Bedeutung der Zahl Drei zählt - und das bedeutet dann allgemein einfach: 'wachsen', ohne dass eine besondere Qualität damit verbunden wäre).

⌒ **DU wirkst ...** (das göttliche Wirken von AMUN ergibt, wirkt usw.)

∿∿∿ **allem Belebung ...**

 gemäss DEINER GÖTTLICHEN QUALITÄT...

𐦀𐦀𐦀 **IN DEINEM EWIGEN GÖTTLICHEN WALTEN AUF ERDEN...** (𐦀 Neter bzw. Neteru steht für den fortwährenden, niemals anhaltenden, ewigen Willen der Gottheit auf der Erde. Das Rechteck ▭ steht für die Erde und der senkrechte Strich | für das GÖTTLICH-UNENDLICHE ICH, darum ist die Hieroglyphe Neter dreimal geschrieben.)

NACH DEINEM EWIGEN GÖTTLICHEN WESEN. (Die drei übereinander stehenden Striche bedeuten: in Mehr- und Vielzahl - dies in Abhängigkeit der Hieroglyphe, die vor ihnen steht. Hier steht die Hieroglyphe der göttlichen Idee vor der Hieroglyphe für Mehrzahl und bedeutet demnach: das Göttliche schafft und schafft und schafft immerzu. Dies nach dem Naturgesetz; eben wie sich die Natur das fortwährende Leben schafft: sie nimmt Männliches und bringt es mit Weiblichem zusammen - und schon erhält sie das Neue. Ich darf auf die Tatsache aufmerksam machen, dass es darauf ankommt, bewusst, vernünftig und verantwortlich das Naturgesetz der Dreiheit zu aktivieren. Z.B. unverantwortliche Männer und Frauen finden sich im Sex: - der "Rest" bzw. die Wirkung ist dann kein Schweigen... Die Politik 'Vernünftige Menschen in aller Welt, vereinigt euch', möchte ich sehr, sehr für die Partnerschaft, Ehe und Familie empfehlen dürfen. *Merke: Ein Mensch, der einen ehrlichen Charakter hat, ist vergleichbar mit Gold! Er hat seinen Wert in seiner Zuverlässigkeit und dadurch in der nutzbringenden Bedeutung fürs Lebens: damit verbunden ist seine Berechenbarkeit und Stetigkeit - ein Garant!* Es ist sehr unvernünftig, sich mit unehrlichen Menschen in irgend einer Form "einzulassen"!

Frage nach den Grundkategorien ewigen Glaubens

Der Glaube an den Menschen setzt voraus den Glauben an die Gottheit, durch die er ist.

Karl Jaspers

Und auf den Höhen der indischen Lüfte
Und in den Tiefen ägyptischer Grüfte
Hab ich das heilige Wort nur gehört.

Goethe

Und nun möchte ich die Bedeutung des Begriffes AMUN so gut als möglich aus geistig-seelischem Erleben heraus - auf Deutsch nachfolgend - vorstellen (teilweise in Anlehnung an den Text der wunderbaren Ton- und Lichtschau im Karnak-Tempel, die ich Ihnen aus **tiefstem Erleben** bestens empfehlen kann).

AMUN

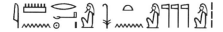

Vater der Väter - Mutter der Mütter

- unter Ihrem "Schritt" fliesst die Zeit

Menschlein, Menschlein, Menschlein

Mich, die Gottheit, zu erkennen ist leicht, denn ich bin in allem. Mich, die Gottheit, zu verstehen, erscheint schwer, denn ich bin niemals ruhig und bewege alles und bewege mich in allem. Kein Sterblicher kann mich verstehen, denn das Verstehen ist ein linearer oder logischer Ablauf, und am Schluss steht das Resultat. Aber ich bin der Anfang, bin der Weg und bin das Resultat.

Niemand kann mich erleben, ohne dass er leidet: wenn ihm das Verstehen der Ursache vom Leid fehlt. Wer Leid, Bosheit und dergleichen als Formen von Unfähigkeit (und damit als Ursache von allem Negativen) verstanden hat, hat meine Arbeitsweise begriffen.

Fürchte Dich nicht vor mir, denn ich werde Dich aus allem immer und ewiglich erlösen. Fürchte Dich aber vor der Untüchtigkeit; fürchte Dich davor, mehr zu wollen, als Du kannst. Zittere vor Furcht davor, nicht zu wollen, was Du kannst - denn dieses wird Dir Dein eigener göttlicher Teil schrecklich vorwerfen. Nicht ich!

Mich kann man lediglich erkennen! Erkenne mein ewiges Wesen in Dir und in Allem. Erkenne, dass alles Leid irgendwie (und wenn noch so vernetzt) Wirkung von Unfähigkeit ist. Ich aber bin ewig - und das ist Vollkommenheit, und darum nehme ich nur das Vollkommene an. Gib Dir in all Deinem Tun und Lassen vollkommene Mühe; leiste vollkommenen Einsatz, und kümmere Dich nicht um Erfolg im menschlichen Sinn. Dass ich niemals dort helfe, wo der Mensch sich selbst helfen kann, wussten alle, die mich verstanden. Aber wenn Du Deinen vollkommenen Einsatz gibst, wenn Du Dich dafür einsetzt, nach Deinem besten Können zu leisten, wenn Du Dich ehrlichen Herzens strebend bemühst, helfe ich Dir - muss ich Dir helfen: denn ich bin die Gottheit, und Du bist mein Kind!

Höre Mensch! Als alles anfing, war ich mit mir allein: aber schau, das Göttliche kann nur das Göttliche verstehen. Denn als ich anfing, war es ein göttlicher Anfang, ein ewiger Anfang - und in menschlichem Verständnis keiner. Da ich Vollkommen bin, kann es nichts ausser mir geben, und darum ist alles aus und von mir. So auch Du! Du willst Beweise und willst nicht blind glauben? Gut so, mein göttliches Kind! An mich, die Gottheit, muss niemand glauben, denn ich bin die einzig-ewige Realität. Ich verlange niemals blinden Glauben, und schon gar nicht Glaubensgehorsam. Denn mein göttlicher Teil in Dir ist das Korn, das alles enthält, damit Du Deinen göttlichen Weg gehen kannst und Dein Dir von mir bestimmtes göttliches Ziel erreichst.

Erkenne: Fälle einen Baum, und alles, was Du aus ihm herstellst, trägt das Wesen des Baumes - und das Wesen ist Holz. Erkenne: Alles was von mir ist, also auch Du, trägt mein Wesen, und das ist Ewigkeit. Da z.b. das menschliche Auge nur in begrenztem Spektrum die Welt wahrnimmt, ist ihm meine göttliche Vollkommenheit eben rein organisch nicht erfassbar. Weil Du von mir bist, mein Wesen trägst, ist Dein göttlich-unsterbliches ICH und sind Deine Gedanken unsichtbar. Mit den himmlischen Organen aber, wie sie Deiner Seele eigen sind, kannst Du lernen, mich wahrzunehmen - und dann wirst Du Dein sterbliches Leben und seine gebundene Realität als eine wichtige Bewegung Deiner unsterblichen Realität erkennen.

Ja, ich habe Dich geschaffen aus Freude: Darum freue Dich, und verherrliche kein Leid, denn Leid ist immer nur Wirkung und Ausdruck von Unfähigkeit. Lerne Dich göttlich zu freuen, dann erreichen Dich die menschlichen Sorgen nur noch äusserlich; niemals erreichen sie aber Deine Seele und schon gar nicht Dein göttliches ICH. Sich göttlich freuen heisst, in jeder Situation das tun, was möglich ist - in der freudigen Erkenntnis, dass dies der sichere Weg aus aller Bedrohung ist.

Ja, ich habe Dich geschaffen, weil ich nicht allein sein wollte, weil ich mit Dir göttliche Gemeinschaft leben will. Darum leb' nicht so langweilig: - Leb' so, dass sogar ich als Gottheit mit Spannung Dir zuschauen kann. Leb' so, dass ich Dir gegenüber nicht gleichgültig sein kann - und ich kann es nicht, wenn ich sehe, dass Du Dich für das Leben, zu dem auch Du mit Deinen Interessen zählst, einsetzt. Wer Dich lehrte, dass ich ernst und leidvoll, ja traurig sein soll, hat keine Ahnung von mir - und höre nicht auf ihn. Den Körper hast Du von mir; niemand sonst konnte ihn Dir geben. Wer also Deinem Körper etwas antut, tut es mir an und kann Dich in Deiner wahren Lebendigkeit gar nicht erreichen. Dein ICH kann niemand berühren, bloss Deinen Körper. Darum bin ich es selbst, das alles trägt, und da ich Euch alle geschaffen habe, trage ich das Vorübergehende, weil ich Garant bin, dass jeder von Euch sein göttliches Ziel erreicht. Lern von der Pflanze und sieh, wie sie in ihrem Prinzip erblüht: Erblühe Du in Deinem göttlichen Prinzip. Lerne vom Leid, und lasse es zurück, wie man den Kot zurücklässt, den ich ja auch wieder dem Ewigen nützlich zuführe.

Du lachst gern, Mensch! Auch das hast Du von mir. Freut es Dich nicht, wenn z.B. junge Katzen oder Hunde ihr drolliges Spiel treiben, das im Grossen doch zur Vorbereitung auf das Leben zählt? So freut mich auch der göttliche Schalk: - und das ist der Humor, der, durch Liebe und Verstand geführt, als Wirkung alle lachen lässt und nicht auf Kosten anständiger Lebewesen erfolgt. Wer es aber den Unvernünftigen so richtig mit göttlichem Schalk zeigt, so dass es für mich Lust und für den Betroffenen heilsame Lehre ist, der ist mir allerliebster göttlicher Unterhalter. - In der Not bin ich bei Dir, bin es immer. Und wenn die Not am stärksten ist, wirst Du mich schauen, und ich werde Dich erretten, wie ein Mensch durch das Erwachen aus dem quälenden Alptraum erlöst wird.

Ich habe Dich geschaffen, weil ich mit Dir göttlich arbeiten und mein ewiges Werk vervollkommnen will. Und der göttliche Auftrag ist in Dir. Wenn Du nicht sicher bist, frag' mich im stillen Gebet! **Aber sonst frag' niemanden, denn niemand kann Dir die göttliche Antwort geben, als die Gottheit selbst, die Dich geschaffen hat.**

Ja, Du darfst zweifeln, denn Deinen Zweifel liebe ich, weil er Ausdruck davon ist, dass Du es richtig machen willst. Und darum werde ich Dir in allen Zweifeln meine göttliche Antwort geben.

Kennst Du die Legende vom Labyrinth und von der Schnur, die der Kluge vom Eingang her mitnimmt, um so immer wieder aus dem Labyrinth zu finden? Das Labyrinth ist Symbol für das irdische Leben. Wenn Du vergessen hast, wer Du bist, findest Du den Ausgang nicht mehr! Genial ist hier die Menschwerdung erfasst: als Eingang zum Labyrinth steht die Geburt. Erkenne und vergiss nie, wer Du bist - und erkenne meine Absicht in Deinen Fähigkeiten. Interessiere Dich für Deinen lebendigen göttlichen Auftrag: denn Du bist Dir selbst "die

Schnur", welche Dich niemals die Orientierung in den Verstrickungen des Lebens verlieren lässt. - Und wie sieht der göttliche Auftrag aus? Lerne vom Wasser! Gemäss seinen Eigenschaften unterstützt es alles Leben und bleibt ewiger Feind von allem Schmutz. Und ist es selbst durch seine Arbeit schmutzig geworden, erhebt es sich zur Reinigung in den Himmel. Wenn der Schmutz für Dich zu gross ist, dann ruf mich an: - ich erhebe Dich mit Deiner Seele zu mir, und der Schmutz wird von Dir fallen. Rein, stark und mit göttlicher Freude und Kraft gehst Du dann weiter Deinen Dir bestimmten Weg.

Du willst mich erkennen? Auch das hast Du von mir. Ich will auch alles erkennen, und das ist ein Teil meiner ewigen Schöpferkraft. Lerne vom Gleichnis: Direkt kannst Du als Mensch mich nicht erkennen, sowenig Du direkt in einen Projektor schauend das Bild, das Dir indirekt dann die Leinwand zeigt, erkennen kannst. - Schau: Der Kopf kommt überall hin, obwohl er selbst nicht gehen kann, weil er keine Beine hat. Aber die Beine müssen dem Kopf dienen. Schau die Zellteilung, sie erfolgt nach Deiner unsichtbaren göttlichen Idee und individuellem Fähigkeitszustand. **Erkenne Mensch - denken heisst, sich in der Unsterblichkeit bewegen.** Lerne harmonisch denken. Lerne erkennen und denken, dass Dein eigenes Wohl genauso wichtig ist, wie das aller anderen Lebewesen. Sag' nicht einfach ja, sondern erkenne, dass sich hier das göttlich-ewige Gesetz als Harmonie zeigt, und das deshalb so gestaltet ist, weil das Göttliche in allem ist. Tue das nicht naiv, sondern lebendig und praktisch - und wo Du nicht weiter weisst, frag' mich und lehr' von allem. Benutze die Weisheit als geistiges Nahrungsangebot, und wähle aus, was Dir bekommt! Wer alles "isst", übergibt sich nicht nur als Sterblicher! Lebe Deine Individualität, und hilf auch allen anderen dazu.

Sieh doch die lebendige Wahrheit: Die tiefen Stufen des Lebens fressen sich gegenseitig und meinen, nur auf diese Art leben zu können. Auf der Menschenstufe ist dieses Fressen und Gefressen-Werden gemischt mit erwachender Erkenntnis der göttlichen Liebe. Aber der Unfähige mag von göttlicher Liebe stammeln - er erkennt und versteht sie nicht. Wer in der göttlichen Liebe erwacht ist, ist in mir erwacht und lebt nicht mehr vom Fressen und Gefressen-Werden, sondern vom Austausch der Leistungen. Der göttlich Erwachte leistet göttlich, das heisst, er lebt von der Wirkung seiner Leistungen, die er im Leistungsaustausch von den andern erhält. Da er nicht mehr fressen muss noch bedroht ist, gefressen zu werden, braucht er entsprechende Organe nicht, die auch der Mensch noch benötigt, und ist für die "Noch-Fresser" unsichtbar. Der in seiner Göttlichkeit Erwachte, und das ist eigentlich kosmischer Normalzustand, erkennt real die Unsterblichen an ihren Wirkungen, an ihren Bewegungen und ihrer Beschaffenheit im ewigen himmlischen Raum. Auch mich erkennst Du real an all den Wirkungen des Lebens. Frag' niemand nach den Rätseln des Lebens, denn nur ich kann Erde, Luft, Wasser, Blumen, Menschen und Tiere erschaffen. Darum bin ich die Antwort. Und so wie ich immer wieder Frühling schaffe und alles neu gestalte, wirke ich auch immer wieder Frühling in Deinem Geist, in Deiner Seele und Gesundheit in Deinem Körper - und Gnade Deinem menschlichen Schicksal. Du siehst mich wirkend, und darum wirklich in allem, was Menschen nicht schaffen können. Lerne von allen, die vor Dir mich erkannt haben, dass es möglich ist, mich zu erkennen und mit mir zu leben. Lies mein ewiges heiliges "Buch des Geschehnisses" in Dir und um Dich in Deinem Leben. Lerne mich in Dir und allem zu erkennen. Erwache als Sterblicher zum verantwortungsvollen, sinnvollen Leben - und erwache in Deiner unsterblichen Seele. Dein Irdisches und Dein Seelisches werden Dir kosmische "Beine" sein und Deinen unsterblichen Geist - Dein ICH - tragen. Erwache derart in Deiner Göttlichkeit!

Lebe glücklich, mein göttliches Kind, und dies natürlich auch auf Erden. Ich habe Dich der göttlichen Erde anvertraut. Ihre Kugelform verrät Dir die Harmonie. Sie dreht sich ums Licht und beweist Dir, dass sie dem Licht dient. Sie verhält und dreht sich solcherart, dass nach ihrem besten Willen und Können eben auf ihr möglichst viel Leben entstehen und gedeihen kann. Siehst Du, so sieht göttliche Erkenntnis in Hinblick auf die Erde aus. Und sie, die Erde, braucht Dich.

Denn Du bist aus Gottheit; und solange Du bei ihr, der Erde, bist, nutzt und lebt sie von Deiner göttlichen Energie. Hab' aber keine Angst, dass sie, die heilige Erde, Dich ausbeutet - dies kann das Göttliche in keiner Form tun noch zulassen. Sie nimmt von Dir, was sie braucht und gibt Dir, was Du brauchst: Bewusstsein! So wie das Lichtbild durch den Widerstand auf der Leinwand sichtbar wird, wird Dir - durch die Widerstände irdischen Lebens - Deine Göttlichkeit bewusst. - Es gab nie einen Sündenfall: und einst wirst auch Du erkennen, dass Du einstmals (und einstmals oder einmal bedeutet im Lichte der Ewigkeit "Ichmal": - also gemäss Deinem göttlichen ICH, weil in und aus der Ewigkeit) - Du wirst also erkennen, dass Du einstmals voller göttlicher Lust als Lichtlohe auf die Erde kamst und sie Dich wahrlich mit ihrer Göttlichkeit gelockt hat, um mit Dir zusammen glückselig in Göttlichkeit zu erwachen.

Erkenne im Tierkreis mein göttlich-kosmisch lokales Team, das ich genauso geschaffen habe, wie Dich, und das Dich erkennt und versteht, wie ein weiser gütiger Erwachsener einen Säugling erkennt und versteht. Begreife im Tierkreis die göttliche Familie, die Dich als das göttlich Dreizehnte empfangen hat. - Fürchte keinen Verräter unter den Zwölf, denn der Mensch kann sich nur selbst und andere verraten. Aber der Lügner und Verräter kann die Wahrheit nicht aushalten und will im kosmischen Spiegel nicht das ihm gezeigte scheussliche Lügnerbild als eigenes wahrnehmen und will den Spiegel, dessen Bild ihn anklagt, zerschlagen! Ja, unter den Zwölfen ist wohl ein göttlicher Wächter, der den Lügner, Betrüger an die Wahrheit "verrät" und so dem ewig Göttlichen dient. - Fürchte von mir und von der Natur keinen Verrat. Mein göttliches Kind, vertrau mir, der Gottheit, die Dich und alles geschaffen hat! Mein "Tierkreis" und die Erde drehen sich nach meinem göttlichen Willen auch für Dich, sind und wirken Dir immer wieder neues Leben, neue Chancen. Sie führen Dich im Pulsschlag des Lebens der ewig-göttlichen Glückseligkeit zu.

LEBE - LIEBE - ARBEITE

SEI GLÜCKLICH

❙ Lebensrichtig ⚎ erschafft AMUN,

∿∿∿ belebt ● in Körpern,

❙ das ICH. ⚊ All das zusammen

▬ schickt die Gottheit vom Himmel

❢ und zeugt so dem Menschen über

❢ das Weibliche, das Ei ⏋ nach dem

göttlichen Willen auf Erden ¦ auf ewig.

Dieses Bild zeigt AMUN wie er dem Menschen ⚥ Leben gibt (die Gottheit hält in beiden Händen die Hieroglyphe für Leben). Die alten Ägypter huldigten keinem Götzenglauben, sondern sahen in allem das Göttliche als Ursache und wussten wohl, dass die Gottheit an sich und personifiziert nicht wahrgenommen werden kann. Aber wenn wir z.B. einen Chinesen treffen, ist es doch klug und sinnvoll, mit ihm chinesisch zu sprechen, d.h. den anderen Lebewesen so zu begegnen, dass sie uns und wir sie verstehen können. Das Göttliche hat den Menschen geschaffen und kann ihm deshalb "menschlich" begegnen. Wer das Folgende als wahr erkennen und verstehen kann, ist erlöst von hypnotischem Wahn religiöser und wissenschaftlicher Dogmen:

Erkenn das Menschliche in der Gottheit und im Menschen das Göttliche!

Darf ich folgende Übung empfehlen? - Der Sucher wähle sich Ort und Zeit aus, wie es ihm beliebt und wende sich innerlich-geistig (niemals laut sprechen! Die Sprache des Universums ist das lebendige Bild, die Sprache des Göttlichen ist das ehrlich-engagierte, freie Denken) an die Gottheit. Man denke in etwa: "Das, was mich geschaffen hat, möchte sich mir so zu erkennen geben, wie ich es verstehen kann. Ich bin doch aus dem gleichen Stoff wie Jesus, Mohammed, Buddha und all die anderen, welche von göttlicher Erfahrung sprechen - darum: bitte 'sprich' auch direkt zu mir!" Und dann warte, Menschlein! Es wird Dir Antwort werden, denn noch niemals hat ein Lebewesen vergeblich die Gottheit angerufen! Wenn man Namen verwenden will, tue man das, wie man sich dabei wohl fühlt, man hafte aber nicht am Namen!

Weiter! Der Suchende sieht z.B. eine wunderschöne Pflanze, Landschaft, einen Menschen usw. und ist davon begeistert. Mit dieser Freude in der Seele frage er nun innerlich geistig: "Wer hat dieses Wunderbare geschaffen, ich möchte das Schöpferische kennenlernen!" Da die Gottheit den Menschen geschaffen hat, **muss** SIE Menschliches in göttlicher Qualität in sich tragen. Darum ist SIE für unsere ehrliche Freude und Anerkennung IHRER WERKE empfänglich. Dem ehrlich begeisterten Fragenden wird SIE sich solcherart zeigen, wie es für ihn richtig ist, und SIE wird ihn an der Genialität IHRER SCHÖPFUNG teilhaben lassen. Das ist die bösartige "Gotteslästerung", wenn man dem Menschen hypnotisch eintrichtert, er wäre grundsätzlich ein sündiges Wesen und nicht würdig für den direkten Kontakt zum Göttlichen. - Hütet Euch vor diesen bösartigen Menschen, die keine Ahnung vom Göttlichen haben, sonst könnten sie nicht so verbrecherisch, machtgierig und unterdrückend das Heilige in aller Religion missbrauchen.

Fünftes Kapitel

Das ICH zwischen Geburt und Tod

Die Naturwissenschaft lehrt uns richtig, dass die Geburt bzw. das Entstehen des ICHs mit der Zeugung beginnt, indem durch die Zeugung ein individuell-lebendiges Programm aktiv wird, und die Zellsteuerung leitet. Nun, alles was existiert, lebt im Verhältnis seiner geistigen, seelischen und körperlichen Möglichkeiten zu denjenigen der Umwelt. In jedem Fall aber stellt die Umwelt "Widerstand" dar. Dies gilt für den abgeschossenen Pfeil, die Gewehrkugel usw., die alle in einem Bogen, der eben durch das erwähnte natürliche Gesetz der Verhältnismässigkeit bestimmt wird, zur Erde fallen. Mit "Rückenwind" kann so ein Geschoss deutlich weiterfliegen, als dies mit Gegenwind der Fall ist. Diese Naturgesetze gelten absolut auch für den Menschen, und "Rückenwind" stünde für günstige Lebensverhältnisse und "Gegenwind" eher für das Gegenteil. In jedem Fall sind Kraft und Fähigkeit der Zellteilungen begrenzt, sie erfolgen langsamer und fehlerhafter: wir bezeichnen dies als das Alter. In einen mehr oder weniger grossen "Bogen" geht also auch das ICH nach dem Start der Geburt wieder zur Erde zurück. So dass der Tod natürlicher- und logischerweise nichts anderes ist, als das Aufhören der physischen Prozesse, nicht aber der Idee, dem der abgelaufene Lebensprozess diente. Was tut der Bogenschütze, wenn der erste Pfeil nicht im Ziel sass? Er schiesst solange weiter und lernt dabei zu schiessen und zu treffen. Dabei kann er viele oder unendlich viele Pfeile haben, oder auch den einen oder anderen Pfeil vom Boden aufnehmen und neu verschiessen. Das ist ganz individuell.

Wenn ich das Bewusstsein des Schützen habe, ist mir das klar, wenn ich aber das Bewusstsein des Pfeils habe, zittere ich, halte alles für sinnlos und vergeblich und starre (oft genug hypnotisiert durch dogmatische Religionen) voller Angst und Entsetzen auf den Tod. Sogar wenn ich das Ziel treffe, stellt sich die Ernüchterung ein, da es kein

Dauererfolg ist, und durch alles und jedes überholt oder in den Schatten gestellt wird.

Freundlicher Zuruf

"Ins Innere der Natur -
O! Du Philister! -
Dringt kein erschaffner Geist."
Mich und Geschwister
Mögt ihr an solches Wort
Nur nicht erinnern;
Wir denken: Ort für Ort
Sind wir im Innern.
"Glückselig! wem sie nur
Die äussre Schale weist!"
Das hör' ich sechzig Jahre wiederholen,
Und fluche darauf, aber verstohlen;
Sage mir tausend tausendmale:
Alles gibt sie reichlich und gern;
Natur hat weder Kern
Noch Schale,
Alles ist sie mit einemmale;
Dich prüfe du nur allermeist,
Ob du Kern oder Schale seist?

J. W. Goethe

Wer aber in seinem unsterblichen ICH erwacht, der wird, ist und bleibt frei! Es genügt dabei völlig, sich mit diesen Themen zu beschäftigen, weil diese Themen auf individuelle Weise das unsterbliche ICH 'reizen', bewusstmachen, wie wir das z.B. in der Therapie von Hirnverletzungen kennen, wo durch Reize auf das Hirn dieses angeregt werden soll, Leistungen von geschädigten Hirnteilen zu übernehmen. Solche Therapien habe ich nachweisbar in Fällen erfolgreich durchgeführt, wo die Neurologie die Patienten als nicht mehr therapierbar nach Hause schickte. - Warum komme ich vom Thema ab? Ich komme nicht vom Thema ab, sondern im Sinne des kosmischen Gesetzes der unendlichen Gleichzeitigkeit, versuche ich dieses kosmische Gesetz im "Kleinen" nachzuweisen, damit der Suchende ahnen oder erkennen kann, wie es im "Grossen" wirkt. Das ist Alles!

Ich darf nachfolgend aufzeigen, mit welcher Genialität die Eingeweihten Altägyptens den Zusammenhang zwischen göttlichem ICH und seinem kosmischen Schicksal in Verbindung mit dem Erdenleben erkannten.

Dieser Hieroglyphentext erklärt präzise und genial, wie die Gottheit die Lebewesen nach IHREM EIGENEN WESEN schafft. Denken wir dabei an die Bibel, nach der wir das Ebenbild Gottes sind.

Der Skarabäus-Käfer (Cheper) steht für die Kreativität der Gottheit, durch die alles **Leben entsteht**. Die altägyptisch-tiefe Genialität in dieser Symbolik ist grossartig und eigentlich mit Kreativität nur ganz 'oberflächlich' richtig bezeichnet - ich möchte Ihnen diese Symbolik sehr gerne erklären: Es mussten einst die Menschen, die im Zusammenhang mit dem Leben sich freuten, arbeiteten und litten, die damaligen Priester und / oder Priesterinnen nach dem Sinn des Ganzen gefragt haben. Diese im göttlichen Geist Erwachten dachten logischerweise in der kosmisch-gesetzlichen Qualität der unendlichen Gleichzeitigkeit. Nach einer echten Antwort sinnend, sahen sie sich in der Schöpfung um und stiessen dabei auf den kleinen Käfer: der kleine Skarabäus-Käfer, welcher sich müht und kämpft um den Gewinn und Erhalt eines Mistkügelchens, in das er das befruchtete Ei vergräbt. Der Mist dient der Larve nach dem Ausschlüpfen als Nahrung - und so wird dereinst ein neuer, gesunder und kräftiger Käfer sein. Der Käfer aber selbst weiss um das nicht, kann im Rahmen dessen, was ein Käfer an Bewusstsein bilden kann, das gar nicht wissen. Er müht sich ab gegen vielerlei Widerstände: nicht nur gegen die des Geländes, die es ihm schwermachen, die Mistkugel dorthin zu rollen, wo er sie sicher glaubt - nein, auch Artgenossen gönnen ihm seine Mistkugel nicht, und so muss er diese sogar gegen sie verteidigen. "Wie beim Menschen!" - dachten die Glücklichen von damals, die in den altägyptischen Tempeln dienen und arbeiten durften, und ein feines gütiges Lächeln spielte um ihren Mund. - Ja, der Käfer müht sich nach dem Käfergesetz und ist letztlich doch nicht ausgenutzt, denn er selber verdankt sein Leben diesem Prinzip. Die Eingeweihten erkannten, dass sich im Rollen der Mistkugel durch den Käfer im Sinne kosmisch-lebendiger Gleichzeitigkeit zeigt das, was man im Weltraum an Rollen der Himmelskugeln beobachten kann, und dass auch all dieses Geschehen dem Leben dient und jeder daran Beteiligte dadurch sein Leben erhält. Und wie der Käfer um das erklärte Gesetz nicht weiss, wissen es viele Menschen auch nicht. Sie arbeiten aber treu und seriös für ihren Lebensunterhalt und den ihrer Lieben. Sie müssen oft genug ihre Existenz gegen Widerwärtigkeiten aller Art durchsetzen - und gar nicht selten auch gegen den Nächsten, der oft genug gar nicht der freundliche Nächste ist, sondern ihm seine Existenz wegnehmen will. Und doch: ob er es nun weiss oder nicht, wird derjenige, der treu seinen Menschendienst leistet, genauso vom Lebensgesetz getragen und belohnt sein, wie der fleissige und tüchtige Käfer. Solcherart belehrt, schauten die Menschen damals ahnend zum Himmel und gingen mit einem in ihnen wachgewordnen Frieden wieder an die Arbeit.

⌒ Die Hieroglyphe Mund steht für: **bewusst**. Im Zusammenhang mit der vorangegangen Hieroglyphe Cheper bedeutet es also: bewusst geschaffen (also nicht zufällig!).

▭ Diese Hieroglyphe zeigt eine verschnürte Papyrusrolle und bedeutet: das Gesetz, das es zu erfüllen gilt; oder der Plan, den es zu verwirklichen gilt. "Es steht geschrieben!" war die ursprüngliche Bedeutung diese Hieroglyphe. Es ist schon verständlich, wenn viele dogmatische Konfessionen es nach Möglichkeit verbieten oder mindestens verdammen, wenn sich der Mensch mit den Religionen beschäftigt, die vor ihnen bestanden, weil sie zu Recht fürchten müssen, dass es sich offenbart, dass all das Gute abgeschaut und abgeschrieben, nicht aber verstanden wurde und heute benutzt wird, Menschen zu unterdrücken, auszubeuten und sie zu verschiedenen Zwecken gewollt dumm zu halten. Das ist aber ein Verbrechen an der Menschheit und lästert das Göttliche. Diese Hieroglyphe hier will also sagen, **dass nach Plan bewusst geschaffen wird**. - Die Biologie kann diese kosmische und natürliche Erkenntnis bestätigen, indem sie auf den Plan in der lebendigen Zelle hinweist.

∿∿∿ Die Hieroglyphe Wasser bedeutet: **beleben**.

𓐍 Diese Hieroglyphe bedeutet: **göttliche Idee**. In der Hieroglyphenzeile begegnen wir noch zweimal dieser Hieroglyphe, allerdings dann immer im Zusammenhang mit göttlichen Eigenschaften. Diese Tatsache bedeutet, dass mit der göttlichen Idee gemeint ist: nach derselben göttlichen Ideenqualität ist sie geschaffen, wie sie der Gottheit selber zu eigen ist. Also diese berühmte Erkenntnis: Gott schuf uns nach seinem Ebenbild. Da kann doch nicht das uns überall begegnende, unvollkommene Erscheinungsbild der Menschen gemeint sein, das im Sinne der komisch-unendlichen Gleichzeitigkeit allerdings beweist, dass noch einige Probleme zur Lösung offenstehen. Wenn ich mich selbst in diesem Sinne im Spiegel ansehe, kommt mir der berühmte Satz in den Sinn: "Es gibt noch viel zu tun, packen wir es an!" - Nein, gemeint ist das unsichtbare ICH des Menschen, das in seiner *Kreativität und Eigenschaft* ebenbildlich ist zur kreativen und unsichtbaren Gottheit. **Drei Dinge sind unsichtbar: Die Gottheit, das ICH und die Gedanken.** Sie sind es darum, weil sie das einzig Reale, Wahre und Ewige sind und nur vom Vollkommenen erkannt, erfasst und gelebt werden können. Dem Sterblichen widerfährt die Gnade, dass er da, wo er etwas für das Leben "vollbracht" hat, also für das Leben, zu dem er selber ja zählt, ihm Ahnung werden und ein göttlicher Lichtstrahl Gewissheit, Kraft und die Möglichkeiten geben wird, den ihm göttlich bestimmten Weg zu gehen. Menschlein, Menschlein, Menschlein, oder ich hätte auch sagen können: Käferlein, Käferlein, Käferlein! - Im Lichte der Jahrmilliarden des Universums ist der Unterschied geringfügig. Und wer meint, ein Käferlein wäre weniger Wert als ein Mensch, der möchte doch einmal einen Käfer schaffen. Die Gottheit aber liebt sie beide und will das Wohl und Glück des Menschen wie auch des Käfers. **Respekt vor allen Lebewesen!** - (solange sie anständig sind!)

Die Hieroglyphe Eule steht als Laut **M** (und so mit ihrem wachsamen Wesen) für die Göttin **Maat**, die Göttin der Gerechtigkeit. Es gibt mehrere Möglichkeiten, das M hier zu schreiben, und ich werde auf die Gerechtigkeit mit ihrer wichtigsten Hieroglyphe, die gleichzeitig auch das Geheimnis von Adam und Eva offenbart, an geeigneter Stelle zurückkommen. Nicht 'verraten': ich bin niemandem in diesem Zusammenhang Rechenschaft schuldig, denn ich habe das Wissen und Können mitgebracht und gebe es gerne weiter, wie eine Quelle das reine Wasser gibt. Immer aber bedeutet die Hieroglyphe Eule: rechtmässig, nach Gesetz, nach Ordnung und Recht usw. - hier: nach **göttlichem Gesetz.**

Nach dem **göttlichen Willen auf Erden** (siehe auch meine diesbezüglichen Erklärungen weiter oben).

Die bekannte Hieroglyphe für **individuell-göttliche Idee.**

Diese Hieroglyphe ist eine der ausführlichen Schreibweisen der Ziffer Eins und ist hier natürlich von den Altägyptern mit Absicht genau geschrieben worden, weil es hier nicht um eine Birne, ein Brot usw. geht, sondern um die präzise Erklärung der Erschaffung des ICHs und dessen Eigenschaften. Das wird spannend! Diese Hieroglyphe zeigt eine Harpune (manchmal wird auch ein Pfeil genommen), und mit einer Harpune verfolgt man ein Ziel, will ein Ziel treffen. Die Harpune wird geworfen oder geschleudert. Sie fliegt am Anfang mit grosser Geschwindigkeit, und ihr erfolgreicher Flug ist abhängig vom richtigen und kräftigen Zielwurf und der Berücksichtigung von Wind und Strecke. Kommt Ihnen das nicht bekannt vor? Kann man genialer den Lebenslauf des ICHs von Geburt zum Tod schildern? Die Bedeutung dieser Hieroglyphe ist immer das Eine, das Erste. Auf dem oberen Teil des Schaftes der Harpune ist ein Rechteck mit zwei seitlichen Strichen zu sehen; dies stellt die Kombination von Rechteck für Erde (das Geschehen spielt sich auf der Erde ab) und der beiden seitlichen Striche für Schnüre dar, mit dem Hinweis auf das "geschnürte" Gesetz, wie wir das bei der verschnürten Papyrusrolle gesehen haben. Die Bedeutung ist also, dass der Harpunenwurf eine Idee trägt und transportiert! Es gibt eine schönere und "glücklichere" Schreibweise der Eins oder des Ersten, also für das individuelle ICH, und ich darf im Interesse des bestmöglichen Verstehens ausführlich diese Hieroglyphe nachfolgend zeigen und erklären. Die Ähnlichkeit ist offensichtlich, und ihre Bedeutung ist absolut identisch. Deutlich aber sind das Rechteck und die Spirale zu sehen: Das Rechteck bedeutet, dass der "Schuss" auf die Erde ☐, den Ort der Vierheit (vier Himmelsrichtungen usw.), abgeschossen wird. Die Spirale ව steht für Werden und Entstehen, also dass dieser Schuss auf Erden dem Werden und Entstehen (dem individuellen ICH) dient, wie sie noch sehen werden. Unter der Harpune bzw. dem Pfeil ist der senkrechte Strich I für das ICH des Menschen zu erkennen. Darunter die Hieroglyphe Oberarm mit Hand, was bedeutet: zu diesem Zweck - oder: das alles (alles, was die Hieroglyphen darüber künden) ist getan. Im Zusammenhang mit unserer

Hieroglyphenzeile und der mehrmaligen Präsenz des Göttlichen ist die exakte Aussage völlig klar: **die göttliche ICH-Idee "schoss" die Gottheit als IHR Schöpfungswille mit der Absicht auf die Erde, dass sie dort als ICH werden und entstehen soll.** Mit den Schlusshieroglyphen betonen die Altägypter, dass sie mit diesem Geschehen nicht das Wirken eines bestimmten, persönlichen Gottes meinen, sondern sie stellen die Hieroglyphen für göttliches Wirken in die unendliche Mehrzahl und zeigen damit deutlichmachend an, dass das hier erklärte Geschehen das bewusst gewollte Wirken der Gottheit selbst ist (Gottheit: das ist der deutsche Begriff für Unendlich-Göttliches, wie ihn bereits die Genies Goethe und Schiller und viele andere verwendet hatten, in Erkenntnis der Wahrheit des ewigen Lebens). Also: das Göttliche will auf Erden ⏋ die göttlichen ICH-Ideen 𓀁 in unendlicher Zahl ｜.

Die Gottheit "schiesst"die ICH-Idee als IHR Schöpfungswille auf die Erde zum Werden und Entstehen.

Es soll jetzt das Schicksal des ICHs im Lichte der kosmischen Gesetze erklärt werden - es wird erklärt, was dem ICH widerfährt zwischen Geburt und Tod.

In jedem Fall bleibt die Tatsache bestehen, dass der Gencode die individuell-lebendige Idee des Menschen trägt und gemäss dieser über die Zellteilung die Organe, damit den Körper, baut. Tatsache bleibt ebenso, dass **der Gencode nicht Ursache, sondern bereits Wirkung ist.**

- Kehren wir, um dieses besser zu verstehen, zum Beispiel des Lichtbildes zurück, welches nicht das Original ist, sondern ein Abbild vom Original und als Information des Originals projiziert wird.

Und nun übertragen wir dieses erkannte Lichtgesetz, was ein kosmisches Gesetz ist, auf die lebendige ICH-Idee des Menschen.

Das Original ist aus dem Urstoff, aus dem Material des Weltraumes. Als lebendig-aktiver Teil des Kosmos besitzt es die sieben kosmischen Eigenschaften, die seine kosmische Persönlichkeit bedingen; als der göttliche SEINS-Anteil ist es ewig aus Gottheit, wie das Wasser im Wassertropfen die gleiche Qualität wie im ganzen Weltmeer besitzt. Stellen wir uns einmal als ein Energiebild, ein Bild aus Licht, vor. Dieses Licht aber muss sich gemäss seiner kosmischen Ursache bewegen - und das ist die Spiralform! So ergibt sich eine spiralförmige Lichtschnur aus dem Universum auf die Erde, die sich in der Verkörperung über die DNS-Spirale weiterentwickelt. Denken Sie jetzt an das Phänomen, dass Sie nur denken müssen: 'ich bewege mich', und schon bewegen Sie sich, ohne dass Sie Kenntnis der unzähligen Körperfunktionen haben müssten - ganz abgesehen davon, dass kein Mensch dieses alles bewusst ausführen könnte. Also, dahinter ist offensichtlich etwas - Sie müssen nicht an dieses Phänomen glauben, können es auf unendliche Weise wiederholen und erleben, dass es den Gedanken verstärkt und die Organe bewegt. Es ist also etwas da, was diese Energie und Informationsbrücke darstellt! Und was ist das? -

Das ist die Seele! Ich bin nur verantwortlich für das, was ich Ihnen hier sage; ich weiss allerdings als Praktiker, wovon ich hier spreche. Der physische Körper ist organisch hervorragend geschaffen für die Erde und ist darum der Erdenkörper zum irdischen Nutzen der unsterblichen ICH-Idee.

Die Seele aber - als Verbindung zwischen dem Unendlichen und dem Endlichen - ist der Weltraumkörper. Und so, wie die Augen des Kleinkindes absolut funktionsfähig sind und die Welt richtig sehen, das Bewusstsein des Kleinkindes aber noch nicht in der Lage ist, die meisten Dinge, die es sieht, in ihrer wahren Bedeutung zu verstehen, genau so ergeht es dem Menschen: er ist seelisch eine Art kosmisches Kleinkind, und seine Seele 'sieht' zwar alles - das noch nicht in seiner kosmischen Persönlichkeit erwachte ICH 'sieht' seelisch -, aber versteht das Gesehene noch nicht; darum diese scheinbaren Wirren und chaotischen Zustände in Träumen und vielem mehr. - Es wird dann vom Unbewussten im Menschen gesprochen: und schlau erklärt, dass man das Unbewusst nicht wahrnehmen könne, sonst wäre es ja nicht unbewusst. - Das lasse ich so nicht stehen und nutze gerne hier und jetzt die Gelegenheit, um diesen "Witz" aufzuklären. Wenn Sie die Seele, oder das angeblich Unbewusste, verstehen wollen, möchten Sie bitte an eine Landschaft denken: Stellen Sie sich vor, Sie befänden sich an einem bestimmten Punkt in einer Landschaft. Alles um Sie herum können Sie klar und deutlich erkennen, alles aber, was am Horizont ist, können Sie nur undeutlich wahrnehmen. Jetzt fliegen sie in ihrer Vorstellung flugs an den Horizont, am besten auf einen Berg - und alles, was vorher unklar war, ist jetzt plötzlich klar und deutlich wahrzunehmen. Umgekehrt, wenn Sie nun auf den Ausgangspunkt zurückblicken, erscheint dieser unscharf. Tatsache bleibt aber, dass alles in der Landschaft klar und formdeutlich geschaffen ist und die Qualität, dieses zu sehen, davon abhängt, wie weit wir von den Dingen entfernt sind und wie leistungsfähig unser Sehvermögen ist! - Blieben Sie in unserem Beispiel eine Jahreszeit auf dem Berg und kämen erst dann zum Ursprungsplatz zurück, wäre fast alles noch so, wie es war, als Sie den Platz verliessen, ausgenommen die Veränderungen durch die Jahreszeit und sonstige Fremdeinflüsse. - Bitte, übertragen Sie diese von mir mit kosmischem Bewusstsein beobachtete Tatsache auf die von Ihnen erfahrenen Träume, wo Sie im Traum Dinge erleben, die Jahre, Jahrzehnte zurückliegen, aber welche sich derart exakt darstellen, als wäre es Gegenwart. Solche Träume können so intensiv sein, dass der Träumer extrem stark beeindruckt ist und nach dem Aufwachen Zeit braucht, um zu sich selbst zu finden. Dabei erscheint einem im Traum alles wieder wie damals, nur mit einigen kleinen, unverständlichen Merkwürdigkeiten gespickt. Vielen erscheinen im Traum Verstorbene, und diese werden vom Träumer klar erkannt; der Kontakt wird im Traum ganz natürlich und real erlebt, wie zur Zeit, als der Verstorbene noch auf der physischen Ebene erlebt werden konnte. Auch hier berichten viele Träumer, dass sich die Verstorbenen verändert haben, jünger geworden sind. Nun ist einmal der Schlaf der 'kleine Bruder' des Todes - aber nach einem gesunden Schlaf erleben wir uns belebt und erholt, schliesslich oft genug 'wie neu geboren'. Der Schlaf beweist, dass es eine Gesetzmässigkeit, und damit verbundene Energie, gibt, die von unserem bürgerlichen Zeitverständnis aus gesehen gerade umgekehrt verläuft. Tagsüber werden wir müder und nachts bzw. im Schlaf wirken die Naturgesetze umgekehrt, entgegengesetzt; wir können uns deshalb erholen. Wir werden von Geburt zum Tod älter - im Traum zeigen die Verstorbenen den umgekehrten Prozess und werden jünger und jünger. Das, was uns täglich begegnet, kann sehr wohl wechselseitig unsere Träume beeinflussen und umgekehrt - damit auch unser Wohlbefinden!

Das ICH und sein irdisches Entstehen

Wir sind nun an dem Punkt des Erklärens angelangt, wo die siebenfältig-kosmische Lichtschnur als Träger der individuellen ICH-Idee die Erde erreicht und so im Kleinen das Grosse nachvollzieht: nämlich die 'Urzeugung' im Zusammenhang mit dem sexuellen Akt der künftigen Eltern. So wie der Lichtstrahl auf die Leinwand auftrifft und sich auf ihr ganz abbildet (und sogar die Energie des Lichtstrahles auf der Leinwand gemessen werden kann), so strahlt auch der kosmische Lichtstrahl auf die Erde. Die Energie wird dann zur Seele und folgende Kräfte der siebenfältigen Lichtschnur nämlich werden zum 'Schatten' (Erfahrung, bisheriges Schicksal!) ⵟ, ACH 🦅, BA 🦩 schliesslich zu dem, was man gemeinhin das Unbewusste nennt und in Wahrheit das Bewusstsein der Seele ist. Die restlichen Kräfte der

Lichtschnur, also KA 𐤀, Körper ⚊, Herz ♡ und Name (Fähigkeiten, Eigenschaften als Ausdruck des göttlichen Auftrages) ≈ wirken das sogenannte Wach- oder Körperbewusstsein.

Man stelle sich einen Computer ohne Peripheriegeräte vor: er wäre unnütz. Die Peripheriegeräte erst erlauben es dem Computer im Rahmen seiner eigenen Leistungsmöglichkeiten - und derjenigen des Peripheriegerätes - zu arbeiten. Wenn das ICH des Menschen von seinen "Peripheriegeräten" (also den körperlichen Organen sowie dem Seelenleben) aus irgend einem Grund getrennt ist, hat es kein Bewusstsein mehr von sich selbst, existiert aber dennoch. Solche Phasen erlebt das ICH naturgesetzlich sehr oft, z.B. im Tiefschlaf, wo es weder unsere physische Welt wahrnimmt, noch träumt; aber auch in den kritischen Übergangsphasen der Geburt - und umgekehrt im Tod. Da liegt für einen kurzen Moment eine Situation vor, wo der alte Körper nicht mehr leistungsfähig ist und dadurch 'nichts' zum ICH dringt und der neue Körper noch nicht genug entwickelt ist, um schon in einem sinnvollem Mass dem ICH als Informant zu dienen. Das ist z.B. ganz offensichtlich nach der Zeugung der Fall, wo im Stadium des Zellendaseins eine Bewusstseinsbildung, wie es später durch gesunde und ausgewachsene Organe möglich sein wird, noch nicht möglich ist. *Das ist auch der Grund, weshalb das ICH über diese Phasen seines SEINS im Verständnis dessen, was wir Bewusstsein nennen, kein Wissen von sich selbst hat.* Vor diesem Zustand hatten die alten Ägypter grundsätzlich sehr grosse Angst, weil sie in ihm eine Hilflosigkeit erkannten, in der sich das ICH nicht wehren kann, und logischerweise tatsächlich hilflos dem Universum ausgeliefert ist, wie ein Tiefschläfer hilflos jedem ausgeliefert ist, der sich seinem Lager nähert. In Tat und Wahrheit ist dem natürlich nicht ganz so, indem z.B. Menschen, für welche der Schläfer aus irgend einem Grunde wichtig ist, seinen Schlaf bewachen. **In dem Masse, als sich ein Mensch ehrlichen Herzens strebt, sinnvoll zu leben, stellt er für das Universum einen Wert dar und wird beschützt!**

Wir kennen bedrohte Tierarten und schützen diese, und wir sind uns doch wohl darüber einig, dass diese Tierarten selbst niemals wissen und verstehen können, dass wir sie schützen wollen. Wie kann ein Mensch so töricht sein, sein menschliches Verständnis zum absoluten Massstab erheben zu wollen und deshalb - weil er als Wirkung seiner Unfähigkeit nichts wahrnehmen kann, was über den Menschen hinausgeht - davon auszugehen, es gäbe dieses alles nicht. Es lohnt sich nicht, mit Dummen zu diskutieren -: sie werden das Opfer ihrer eigenen Dummheit sein und dumm gurgelnd das Zeitliche segnen, wie bestimmte Gase, die kurzfristig stören (womöglich recht stinken können) und sich dann in Nichts auflösen. **Der Kluge weicht den Behauptungen aus und versucht, sich selbst eine Meinung zu bilden!** Dieses Buch ist geschrieben für die, welche suchen und angeregt zur Selbständigkeit in ihrem Innern finden wollen!

Das ICH und übersinnliche Wahrnehmung

Gibt es das überhaupt? Wird hier nicht dem Unkontrollierbaren Tür und Tor geöffnet? Muss da nicht wieder einmal der 'Glaube' hinhalten? Dem ehrlich suchenden Menschen wird es auch hier nicht leicht gemacht - und es gilt den **Weg der Wahrheit** zu finden durch all den Dschungel von Lügen, Betrug, Dummheit.

Aber es gibt diesen Weg; es ist auch hier der Weg der lebendigen Erkenntnis. Normalerweise nehmen wir mittels unserer Sinne wahr; aber es ist völlig klar, dass die Grenzen unserer sinnlichen Wahrnehmungsfähigkeit nicht die Grenzen der Wirklichkeit sind. Wie aber kann ich seriös etwas erkennen, was ich gar nicht mit meinen Sinnen wahrnehmen kann? **Durch das Erkennen exakter Gesetze in Natur**

und Kosmos. Ich darf Ihnen dies an einem wichtigen Beispiel vorführen.

Immer wieder hört man von Menschen, dass diese sich von Engeln, Führungsgeistern, Verstorbenen, vom Göttlichen umsorgt und beschützt erleben. Diese Leute für Phantasten oder gar Lügner zu halten, ist seriös nicht haltbar, obwohl es unter ihnen Lügner und Phantasten gibt.

Diese lebendige Erkenntnis, die gleichsam **das seelisch-kosmische Denken** ist, geht da ganz anders an die Beantwortung einer solchen Frage heran. - Jeder wird absolut sicher und zweifelsfrei feststellen und bestätigen können, dass es kein junges Lebewesen gibt, das aus dem Nichts in das Nichts geboren wird und zudem sofort ab Geburt total lebenstüchtig ist. Exakt können wir das Lebensgesetz beobachten, dass alles Junge, alles neue Leben relativ hilflos ist und von einer Umgebung der Geborgenheit empfangen und unterstützt wird, was wir allgemein Elternschaft nennen. Diese Tatsache ist immer dergestalt - unabhängig davon, ob das neue Lebewesen diese Wahrheit begreift oder nicht. Verdichten wir unser Beispiel auf den Menschen: Ein Säugling kann geistig die Persönlichkeit von Mutter und Vater nicht begreifen, gibt ihnen Namen im Rahmen seiner Möglichkeiten, z.B. Mama. Erinnern Sie sich bitte der Erklärung der Bedeutung der Laute für das ICH: z.B. M und A, also Mama. Denken Sie immer daran: Das ICH ist auf individuelle Weise **gleichzeitig Geist, Seele und Körper;** darum wird das positiv-geistige Erleben der Mutter vom Säugling gleichzeitig zum Erkennen - und somit durch den Laut MA (es ist gut für mein ICH!) begleitet. Könnten Säuglinge miteinander diskutieren, würde also vielleicht einer zum anderen sagen: 'MA liebt mich und sorgt für mich'; er würde also die Persönlichkeit seiner Mutter mit Ma bzw. Mama bezeichnen. Die Wahrheit ist, dass tatsächlich seine Mutter für ihn sorgt und es dabei völlig unerheblich ist, welchen Namen der Säugling seiner Mutter gibt.

Es ist somit absolut real wahrnehmbar und naturgesetzlich zuverlässig bewiesen, dass alles neue Leben, ob Pflanze, Kleinstlebewesen, Tier, Mensch, Planeten, Galaxien immer in einem Raum Werden und Entstehen erfährt, der für dessen Empfang und Gedeihen bestens, ja genial, vorbereitet ist und der Mehrheit der so Empfangenen das Weiterleben garantiert. **Dies ist also eine Tatsache, ganz unabhängig davon, ob einer sich mit diesem Thema abergläubisch, religiös oder wissenschaftlich beschäftigt** - das alles hat überhaupt keinen Einfluss auf die lebendige Realität, dass wahrhaft alles Leben beschützt wird. Weiter können wir in der Natur exakt feststellen, dass diese naturgesetzlichen Abläufe nur dort mehr oder weniger nicht stimmen, wo die Gesetze nicht eingehalten werden, wo die Gesetze der Elternschaft für das neue Leben nicht gelebt werden!

Darum spielt es gar keine Rolle, welche Namen der sterbliche Mensch Wesenheiten gibt, *die er gar nicht als Persönlichkeit begreifen kann, sondern nur deren Wirkungen wahrnimmt.* Aber unabhängig von den Namen, die Menschen diesen Lebenskräften geben, gibt es diese mit absoluter Sicherheit! Eben deswegen, weil die Realität solcher intelligenter Wesenheiten in den Umständen für neues Leben vernetzt sind, welche ein ewig-komisches Gesetz darstellen!

Darum darf der sterbliche Mensch von diesen ewigen Gesetzen, die eindeutig beweisbar und absolut wahr sind, für sich selbst und individuell die absolute Gewissheit ableiten, dass das Leben an seiner Existenz interessiert ist und ihm auf alle nur mögliche Weise hilft, **wenn er nur selbst sich und dem Leben treu bleibt, d.h. die Gesetze des Lebens nicht nur einhält, sondern diese lebt!** Das aber bedeutet praktisch nichts anderes, wie schon so oft gesagt - man muss erkennen, was für eine Lebensabsicht man ist, um diese harmonisch für sich und die anderen zu leben.

Während des körperlichen Wachseins ist das aktive ICH-Bewusstsein, dem 'Namen' ∽ , zusammen mit dem SEINS-Bewusstsein des ICHs, dem 'Schatten' ↑↑ , aktiv. Das erstere entwickelt die Ideen und Pläne, die das ICH durchführen will, und das zweite wirkt Vorsicht, Gewissen, Rücksicht usw. im Zusammenhang mit diesen Aktivitäten und den angestrebten Zielen. - Nun sehen Sie sich einmal Gesichter an von Menschen, die sich im Stile von: "Hoppla, jetzt komm ich" durch die Welt bewegen; und sie werden feststellen, dass in 90 % der Fälle bei allen diesen Menschen (rechts objektiv gesehen!) die rechte Gesichtshälfte - sehr oft noch dazu auch die Grösse des rechten Auges - grösser und stärker ausgebildet ist im Verhältnis zur linken Gesichtshälfte. Andererseits wird Ihnen auffallen, dass bei Menschen mit "Tiefgang", grossem Verantwortungsbedürfnis usw. die linke Gesichtshälfte grösser entwickelt ist. Wir sind uns aber im klaren, dass es bei dieser Schilderung nur darum gehen kann, Ihnen den inneren kosmischen Zusammenhang im Sinne der unendlichen Gleichzeitig aller Dinge aufzuzeigen: dass diese Hinweise hier zwar verblüffend stimmen, aber natürlich nicht ausreichen für eine seriöse und damit verantwortbare Menschenkenntnis. *Wenn Sie diese erlernen wollen, besuchen Sie meine Seminare.* Wenn Sie aber einmal begonnen haben, sich für das reale, bewusste Leben des Kosmischen und Göttlichen zu interessieren, dann wird Sie das nicht mehr loslassen! Ihr Leben wird in allen Bereichen erfüllender, glücklicher und sinnvoller - zudem ungemein spannend. **Es wird das Leben derart spannend sein, dass Sie den Tod verpassen werden, weil Sie mit dem Leben beschäftigt sind!**

Es arbeitet und lebt also der Mensch organabhängig wachbewusst und wird in der Folge durch seine Aktivitäten müde; schliesslich bedarf er der Ruhe und Erholung. In Tat und Wahrheit besteht Ruhe und Erholung aus Inaktivität und Ersatz der verlorenen Energie. Das kennt der Mensch und nennt es Schlaf. Im Schlaf erlebt der Mensch Träume.

Das ICH und seine Träume

Vor allem der kosmische Standpunkt macht exakte Traumdeutung möglich! Im Gegensatz zu vielen heute sogenannten offiziellen Methoden, die praktisch vom Gehirn als einer Art 'geschlossenem System' ausgehen (in dem allein sich das Traumgeschehen abspielen soll), gehe ich **vom kosmischen Standpunkt** aus. Die Tatsache, dass es Gehirne gibt, aber niemand irgendwo feststellen kann, wer oder was Gehirne produziert, ist eindeutig Beweis dafür, dass es ein höheres und pragmatisch-kreatives, eben das kosmische, Bewusstsein geben muss und deshalb das Bewusstsein des Menschen - und in diesem Zusammenhang sein ICH - nicht auf das Hirn und seine Funktionen reduziert werden darf. - Es sei in diesem Zusammenhang einmal mehr an *John C. Eccles* erinnert, der in seinem Buch *"Wie das Selbst sein Gehirn steuert"* schreibt: **'Es gibt ein Selbst. Und es regiert das Gehirn.'** Ich komme vom kosmischen Aspekt her zu gleichen Erkenntnissen. Darf ich Sie in diesem Zusammenhang z.B. auf folgende Tatsache aufmerksam machen: Ein Kleinkind hat im Normalfall perfekte Augen und Ohren, hört also alles, aber versteht noch nicht alles. Die physischen Organe wirken denn auch das sogenannte Wachbewusstsein. Diese Tatsache übertrage ich aufgrund meiner Forschungen auf **die Seele**, die nach meiner Erkenntnis eine Art **Weltraumkörper** ist. Wie Augen und Ohren des Kleinkindes, so verfügt im Normalfall die Seele des Menschen über perfekte seelische Wahrnehmungsfähigkeiten, ist aber mangels entwickeltem Bewusstsein noch nicht in der Lage, diese seelischen Erkenntnisse in ihrer lebendigen Realität zu würdigen. Aus diesem Grund erscheinen vielen Menschen Träume und viele seelische Zusammenhänge, Erlebnisse als wirr und / oder schwer verständlich.

Der Mensch hat sich nicht selbst gemacht, sondern er ist wie alles aus und im Universum entstanden. Weil es so wichtig ist, darf ich es wiederholen: So wie der Ozean aus lauter Wassertropfen besteht, so besteht das Universum aus lauter lebendigen universellen Teilen. So wie der einzelne Wassertropfen ganz Wasser ist, ist auch jeder lebendige

Teil ganz aus Universum. Die Astrophysiker gehen davon aus, dass wir aus Sternenmaterial sind. Die kosmisch erwachten Religiösen gehen davon aus, dass wir aus Gottheit sind. Alles, was im Universum ist, genügt auf irgend eine Weise direkt oder abgeleitet den kosmischen Gesetzen. Das gilt auch für den Traum.

Traumphänomene:

Wenn das ICH träumt, hält es die Traumwelt für Wirklichkeit und würde immer in dieser Traumwelt verbleiben, wenn der Mensch nicht aufwachen würde. Der Träumer würde dies gar nicht bemerken!

Im Traum kann der Mensch fliegen!

Im Traum existieren Zeit und Raum nicht, wie im Wachbewusstsein!

Im Traum erscheinen einem Verstorbene lebendig - und je länger sie verstorben sind, erscheinen sie desto verjüngter!

Im Traum zeigt sich jede Krankheit frühzeitig an.

Im Traum ist physische Zukunft erlebbar: z.B. prophetische Träume, Wahrträume, Erfindungen usw.

Typische Eigenschaften des Universums im Zusammenhang zum Traum als seelische Aktivität: Seine physikalische Erscheinung - unendlich dynamisch und kreativ - verschwindet nie als Ganzes, enthält Werden und Vergehen, Geburt und Tod von Galaxien, Sternen, Himmelskörpern, Wandel kosmischer Raumverhältnisse, Sonnensysteme, Planeten, Lebewesen im Universum. Für die Naturwissenschaft erkennbar sind aber nur die physikalischen und sinnlichen Wahrnehmungen. Dabei ist offensichtlich, dass exakte Naturgesetze im Weltraum bestehen und alles, was wir erkennen können, Wirkung von

Kreativität und Planung ist. Wir können Gedanken, Ideen von Menschen auch nicht erkennen, sondern nur deren durch die Sinne offenbarte Verwirklichung.

Das Universum ist eine gleichzeitig-kreative Unendlichkeit und am besten Verständlich durch das Gesetz des lebendigen Geistes! Wenn ein Mensch etwas erfunden hat, also seine Idee in einer Erfindung verwirklicht, dann kann er so vielen Menschen wie er nur will diese Idee weitergeben - und er wird sie doch immer als Idee ganz haben! Das ist die lebendige Praxis des Universums, das real die Unsterblichkeit lebt und ist.

Wenn das oben Erklärte richtig ist, muss es sich direkt oder abgeleitet im Menschen zeigen, weil der Mensch auch kosmischer Teil ist.

Das Unendliche, Kreative und Gleichzeitige zeigt sich in der individuellen ICH-Idee (Gencode) des Menschen, als Ursache für sein lineares physisches Werden als Mensch im Sinnenkörper. **Diese individuelle Idee erlebt der Mensch aber auch als Träumer** - auch im Traum erlebt er sich als eine individuell-bewusste Persönlichkeit. Wenn der Mensch etwas denkt, z.B. er will den Arm bewegen, dann muss diese Idee zur Verwirklichung an die Organe weitergegeben werden: direkt mit dem Geist lässt sich nichts bewegen. Im Prinzip zeigt sich deshalb in diesem Ablauf einer geistigen Idee zur organischen Verwirklichung das gleiche Gesetz der Verdichtung und Verwirklichung, wie es im Weltraum zu beobachten ist.

Wir erkennen im Universum die unendlich-lebendige Dreiheit von Ideen, Raum und körperlichen Erscheinungen!

Auf den Menschen und auf das exakte Traumverständnis übertragen, wirkt diese Tatsache folgende Erkenntnis:

1. Wahrnehmung und Tätigkeit durch die Organe wirkt das bekannte Wachbewusstsein (dies entspricht kosmisch gesehen der Verdichtung).

2. Seelische Wahrnehmung und Tätigkeit bewirkt emotionales Bewusstsein und das berühmte "Unbewusste", weil die Seele die Verbindung aus dem Geistig-Unendlichen (sage 1. Pol) zur Verdichtung in Organen (sage 2. Pol) ist und leistet. Rein seelische Wahrnehmung und Tätigkeit ist Träumen, ist der Traumzustand. Weil aber die Seele diese genannte Verbindung leistet, ist es seelisch möglich, Organbewusstsein mit Seelenbewusstsein zu mischen, was sich sowohl im Traum wie auch in den bekannten psychosomatischen Realitäten zeigt. Tatsächlich kann jeder beobachten, wie sich im Traum Dinge, die man im Wachbewusstsein erlebt hat, mit seelischen Inhalten mischen. Umgekehrt kann man sich sehr oft im Wachbewusstsein an Träume erinnern. Diese Tatsache ist auf Seite 165 im Zusammenhang mit den drei Bewusstseinsformen nochmals ausdrücklich erwähnt.

3. Das unendliche, unsterbliche, also das kosmische Bewusstsein kann sich organisch nicht offenbaren, weil Organe in ihrer Begrenztheit dazu gar nicht fähig sind, dieses aufzunehmen. Es kann sich aber auch seelisch nicht offenbaren, weil die Seele zwar in einem Pol die Qualität der Unendlichkeit hat und damit das Ewige wahrnehmen kann, nicht aber in dem Teil, wo sie sich rhythmisch verdichtet, gemäss der individuellen Idee, der sie dient. - Vielleicht ist diese Tatsache der Unsterblichkeit besser verständlich, wenn ich auf den Umstand hinweise, dass etwas, was unsterblich (also unendlich) ist, z.B. keinen Schlaf benötigt - denn während des Schlafes wäre ja das unendliche Bewusstsein unterbrochen. Wenn dem so ist, müsste aber auch im Menschen etwas zu beobachten sein, was nie schläft, nie Pause macht! Z.B. organisch das Herz und das Prinzip der Organtätigkeit an sich, d.h. solange der Mensch funktionstüchtige Organe hat, ob nun natürliche oder künstliche, kann er leben, weil auch durch die stetige Arbeit der Organe seine individuelle ICH-Idee nicht ausfällt! Weil so einfach und klar, hier zu diesem Thema noch einmal wiederholt: Noch besser ist das Unsterbliche im Menschen zu beobachten in einer scheinbar banalen Natürlichkeit -: Jeder Mensch träumt immer wieder einmal, dass er auf die Toilette muss, und er will im Traum die Toilette aufsuchen - doch entweder findet er keine, oder die Toilette im Traum ist besetzt, schmutzig, kann nicht versperrt werden und was der Schikanen noch mehr sind. Wirkung in der Regel ist, dass der Träumer durch diese Störungen aufwacht, und aufgewacht ‚wach' im Sinnenkörper, ist der Mensch dann sehr froh, dass die Toilette im Traum nicht frei war.

Diese Art Träume aber sind ein eindeutiger Beweis dafür, dass in uns etwas ist, was nie schläft und immerfort wach ist, so, wenn wir im Sinnenkörper für unser menschliches Verständnis wach sind, aber auch dann, wenn wir schlafen und träumen! Eindeutig und sehr qualifiziert überwacht, überblickt etwas Höheres die beiden Aspekte des Wach- und Traumbewusstseins! Es ist also in diesem Traumbeispiel nachgewiesen, dass der Mensch ein Bewusstsein hat, dass das körperliche Wachbewusstsein und das Traumbewusstsein versteht, überwacht und die natürlichen sinnvollen Schlüsse zieht und diese ausführt. Dieses hier nachgewiesen erkennbare Bewusstsein ist das *individuell-kosmische Bewusstsein des Menschen - und in diesem Sinne sein realer kosmischer Teil als lebendige, unsterblich-kosmische Idee!*

Der Sinn dieser kosmischen Idee ist am besten zu verstehen, wenn man an ein *Orchester* denkt, in dem viele unterschiedliche Musiker ihre unterschiedlichen Instrumente spielen - aber alle sind sie Könner und beherrschen ihr Instrument; sie spielen die ihnen vorgelegte Komposition.

Dieses Orchester-Beispiel auf den Menschen übertragen sieht dann so aus: Es gilt die individuelle ICH-Idee des Menschen zur **Lebenstüchtigkeit** zu bringen. Die Komposition ist dann das **Schicksal** des individuellen Menschen, das desto angenehmer ist, als man für das

Orchester brauchbares Mitglied ist. Alle Musiker leben durch das Orchester, und darum ist dieses kosmische System gerecht.

Denken wir daran, dass viele geniale Menschen ihre Ideen bzw. ihre Erfindungen im Traum erlebten.

Denken wir daran, dass sich praktisch jede Krankheit im Traum zu einer Zeit ankündigt, wo eine Heilung in der Regel noch leicht möglich ist!

Denken wir daran, dass sehr oft die Schlüssel zur Lösung und Erlösung menschlicher Sorgen sich im Traum offenbaren.

Es gab einmal eine Zeit, da hielten die Menschen die Erde für das Zentrum allen Lebens. Sie irrten!

Es gab einmal eine Zeit, da hielten die Menschen unser Sonnensystem für das Zentrum allen Lebens. Sie irrten wiederum!

Es gibt heute noch Menschen, die halten das Unbewusste für das Zentrum des ICH und für den 'Ort' der Träume. Sie irren, wie ihre unzuverlässigen Traumdeutungs-Systeme es beweisen.

Ich darf der erste sein, der die Träume aus kosmischer Sicht deutet - und das funktioniert, wie es die erfolgreichen Seminare für Traumdeutung seit über 25 Jahren beweisen. Dort kann ich ein kosmisches Alphabet anbieten, welches es möglich macht, Träume richtig zu deuten.

Auswertung naturwissenschaftlicher Traumerkenntnisse mit den Schlüsseln kosmischer Traumdeutung

Die folgende Darstellung zeigt die Anteile von Wachsein, Träumen und traumlosem Schlaf bei Menschen unterschiedlichen Alters.

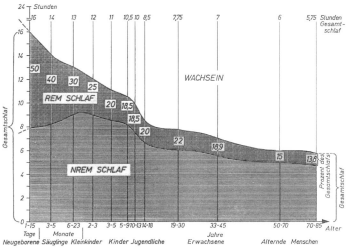

22: Mit zunehmendem Alter nimmt die Traumdauer ab. Der traumlose Schlaf verkürzt sich dagegen nur

Auch die Naturwissenschaft unterscheidet drei Bewusstseinsformen!

1. **Das Wachsein**, was unserem Wachbewusstsein entspricht (Wahrnehmung und Tätigkeit durch die Organe; es entspricht kosmisch gesehen der Verdichtung).

2. **Die Traumphase,** die wir der seelischen Wahrnehmung und Tätigkeit, dem emotionalen Bewusstsein zuordnen, weil die Seele die Verbindung aus dem Geistig-Unendlichen (sage 1. Pol) zur Verdichtung in Organen (sage 2. Pol) ist und leistet. Rein seelische Wahrnehmung

und Tätigkeit ist Träumen, ist der Traumzustand. Weil aber die Seele diese genannte Verbindung leistet, ist es seelisch möglich, Organbewusstsein mit Seelenbewusstsein zu mischen, was sich sowohl im Traum wie auch in den bekannten psychosomatischen Realitäten zeigt. Tatsächlich kann jeder beobachten, wie sich im Traum Dinge, die man im Wachbewusstsein erlebt hat, mit seelischen Inhalten mischen. Umgekehrt kann man sich sehr oft im Wachbewusstsein an Träume erinnern. - In der obigen Darstellung würde dies der REM-Phase (REM = Rapid eye movements: beschreibt das Phänomen der raschen Augenbewegungen während des Träumens) entsprechen.

3. Der traumlose Schlaf ist die exakt feststellbare Wirkung des unendlichen, unsterblichen, also des **kosmischen Bewusstseins**, welches sich bekanntlich organisch nicht offenbaren kann, weil Organe in ihrer Begrenztheit dazu gar nicht fähig sind. Es kann sich aber auch seelisch nicht offenbaren, weil die Seele zwar in einem Pol die Qualität der Unendlichkeit hat und damit das Ewige wahrnehmen kann, nicht aber in dem Teil, wo sie sich rhythmisch verdichtet, gemäss der individuellen Idee, der sie dient. Darum ist diese Schlafphase traumlos. - In der obigen Darstellung würde dies der NREM-Phase (NREM = Not rapid eye movements: in dieser traumlosen Phase also finden keine Augenbewegungen statt) entsprechen.

Beachten Sie bitte in diesem Zusammenhang auch den unten folgenden Absatz: "Wir leben und haben ein Sein, auch wenn wir es selbst nicht wahrnehmen!"

Beachten Sie bitte die Tatsache, dass z.B. ein Säugling in den ersten Tagen nach seiner Geburt von 24 Stunden acht Sunden träumt und acht Stunden traumlos schläft. Was aber bzw. wovon soll ein Säugling acht Stunden träumen - der hat noch im allgemeinen Verständnis noch nichts erlebt? Oh doch, er erlebt sich noch im Schwerpunkt als **kosmisches Wesen** - die acht Stunden sind ein Hinweis auf seine Seelentätigkeit, und die acht Stunden traumlosen Schlafs ein Hinweis auf die Tätigkeit seiner unsterblichen kosmisch-individuellen ICH-Idee, welche über den Gencode, Zellteilung, Organbau den Körper aufbaut. Der Säugling ist organisch noch sehr unbeholfen, und natürlicherweise ist ein Wachbewusstsein mangels entsprechend funktionstüchtiger Sinnesorgane praktisch noch nicht richtig (richtig im Vergleich zum erwachsenen Menschen) möglich. Aber die drei von mir nachgewiesen Bewusstseinszustände treten beim Säugling doch ganz deutlich in Erscheinung (8 Stunden Wachsein, 8 Stunden Träumen, 8 Stunden traumloser Schlaf).

Die Traumwelt ist genauso wahr, wie unsere wachbewusste Sinnenwelt.

Ja, Sie haben richtig gelesen: die Träume sind aus kosmischer Sicht genau gleich real für das ICH, wie das wachbewusste Sinnenleben vom ICH als real empfunden wird. Was für eine hypnotische Torheit ist es, etwas, das Sterben muss, zum absoluten Massstab zu erheben! Das ist aus kosmischer Sicht etwa so unklug, wie wenn Sie mit einem Menschen ein Treffen für den morgigen Tag vereinbaren wollen und sagten, da, wo jetzt gerade das rote Auto steht, treffen wir uns morgen. Genau so falsch ist es, das sogenannte Erleben im körperlichen Wachzustand als verbindliches Mass zu benutzen, um Lebenszuständen verstehen zu wollen, die naturgesetzlich ganz anders definiert und organisiert sind, als dies für unsere physische Existenz zutrifft.

Es ist die Wirkung der kosmischen Wirklichkeit als Naturgesetz, dass jeder Zustand gleichzeitig keimhaft die Voraussetzungen für den nächsten Zustand entwickelt - und zwar, ohne dass das betreffende Lebewesen eine Ahnung davon haben muss. Am klarsten sehen wir diese Wahrheit im Zusammenhang mit dem embryonalen Zustand von Mensch und Tier: Der Embryo verfügt über Augen und Ohren, Hände und Füsse und kann diese im Sinne der Bestimmung dieser Organe noch gar nicht benutzen. Aber das Kind im Bauch der Mutter bewegt sich und seine Glieder. Und wir wissen auch, dass es hört sowie absolut alles miterlebt, was mit seiner Mutter geschieht: z.B. wenn sie geschlagen wird und ähnlich aus kosmischer Sicht Verbrecherisches,

Entsetzliches. - Wenn da jemand meint, wenn er, sich im 'Würgegriff' des Schicksals sich befindend nach Hilfe 'brüllt' und bloss betet, anstatt ehrlich zu arbeiten, wird er vergeblich auf Hilfe hoffen. Der anständige Mensch arbeitet, lebt und strebt ehrlichen Herzens. Wenn seine Kräfte nicht ausreichen, dann ruft er das Heilige ehrlichen Herzens zu Hilfe! - Und das darf er, und er wird erhört; er wird erhört werden müssen! Wenn er im höchsten Erdenglück sich über etwas freut, was Frucht gerechten Lebens und Tuns ist, dann kann er diese Freude gar nicht für sich behalten: er wird der Gottheit danken. Das soll er tun - auch dies wird erhört), es müsste ihm geholfen werden: und aus seiner Sicht geschieht nichts - der möchte doch einmal sich fragen, was er denn für das Leben bereits getan hat?! Hat er sich gar am Heiligen, was sich in einer schwangeren Frau, Familie und all denjenigen Menschen und Lebewesen, die ihm das Schicksal in seinem Leben anvertraute, vergangen?! Warum soll das Leben dem helfen, der dem Leben nicht hilft?

So wie der Embryo im Bauch der Mutter sich der heranwachsenden Organe mehr und mehr bedient, ohne sie eigentlich in ihrem wahren Sinne schon nutzen zu können, was ihm erst nach der Geburt möglich sein wird, demnach verhält es sich mit dem ICH-Zustand in unserem bekannten Wachbewusstsein zu unserem Traumerleben. Während das ICH als Mensch lebt, bildet und entwickelt es, ohne dass es als Mensch in der Regel davon Kenntnis hat, die Organe, die es dazu dereinst nach der "Geburt" - für unser Verstehen der Tod - benötigen wird. So wie es unterschiedlich körperlich entwickelte und in ihrer organischen Leistungsfähigkeit unterschiedliche Menschen an sich gibt (es existiert nämlich nur allüberall das Individuelle), so verhält sich das auch mit der Entwicklung der Seele: denn um diese geht es hier - um deren Entwicklung zwischen Geburt und Tod im Hinblick auf die nächste "Geburtsphase". Natürlich hatten die alten Ägypter das gewusst, nicht nur das: sie haben sogar mit diesen Tatsachen gearbeitet! Sie waren in der damaligen Zeit und Welt berühmt für Ihre geniale Traumdeutungen. - Wenn Sie das interessiert, dann besuchen Sie meine Seminare für exakte Traumdeutung auf kosmischer Basis.

Zunächst ist interessant, wie die alten Ägypter Traum, Träumen und Wachsein in Hieroglyphen schreiben.

'Wach sein' in Hieroglyphen:

'Träumen' in Hieroglyphen:

Soweit mir bekannt, ist eine solch spannende Vorgehensweise mit Worten nur in der altägyptischen Sprache möglich, weil diese in einem hohen Masse aus dem kosmischen Bewusstsein der Altägypter entstanden ist: sie arbeiteten mit ihrer wachen Seele und pflegten den lebendig-bewussten Kontakt zum Universum: Ein Kontakt, von dem nur die wenigsten Menschen heute überhaupt eine Ahnung haben und - hypnotisiert durch irgendwelche Dogmen - leider gar keine Ahnung mehr haben können. Das wird unter dem Namen dogmatischer, also missbrauchter, Religion gründlich besorgt, und vor allem in der Kindheit wird all das Wertvolle mit dogmatischer Dummheit aus Macht- und anderer Gier in Bewusstsein und Seele zugeschüttet.

bedeutet also: wach sein. Im einzelnen: Bewusst als Persönlichkeit mit dem Körper als Werkzeug (diese Hieroglyphe stell zwei mit Strängen verbundene Hölzer dar) nach dem Willen der Gottheit sein.

heisst: träumen. Jetzt wird es spannend, weil doch beide Wörter an sich sehr ähnlich, teilweise identisch, geschrieben sind. Bei Träumen (das Wort steht altägyptisch auch für Vision!) sind einfach nach dem für Bewusstsein das Küken und die Hieroglyphe für weibliche Aktivität im Sinne von: 'ergibt' beigefügt. Das Küken steht für jung, verjüngt, unreif und Ähnliches, entsprechend natürlich auch hier. So bedeutet das altägyptische Wort für Träumen: Das Bewusstsein (gemeint ist dasjenige während des Träumens) ist noch unreif in seinem Wirken und seiner organischen Fähigkeit nach als dem Willen der Gottheit. In etwas besserem Deutsch, und in einem Satz: Das Traumbewusstsein ist ein seiner Leistungsfähigkeit nach, gemäss göttlichem Willen (nach den kosmischen Gesetzen), noch unreifes Organ. Ein Küken ist unreif gemessen an Hahn und Huhn, nicht aber an sich schlecht! Das Träumen ist ein unreifer Zustand gemessen an der Bewusstseinsfähigkeit im nachtodlichen Zustand, aber an sich natürlich und im Zusammenhang mit vielen Leistungen sogar sehr positiv.

Jede Raupe wird Schmetterling, egal, welcher Religion oder Partei sie 'zugehörig' ist, weil es sich hier um ein Naturgesetz handelt. Der Schmetterling ist noch in der genau gleichen Welt, wie die Raupe, erlebt sich aber in seiner Aktivität des Fliegens allerdings um eine Dimension erweitert. - Der Mensch kann im Traum fliegen, und solange er im Traum fliegt, ist das für ihn so real, wie er jetzt - aufgewacht - nicht mehr fliegen kann! Noch einmal, und das ist äusserst wichtig: Wenn das ICH aus dem Traum nicht aufwachte, würde es gar nichts merken und in der Traumrealität weiterleben. Der Traum ist eine wirklich ganz und gar reale Welt, und wer in diesem seelischen Bewusstsein aufgewacht ist, kann das real erkennen und nutzen! Ich tue das nämlich: mein Seminar für Traumdeutung und meine Beratungen, Traumdeutungen basieren alle auf dieser tatsächlichen Quelle seelischer Realität. Für mich spielt es eigentlich keine Rolle mehr, ob ich hier in Menschenform lebe oder als ICH mit dem Energiekörper in der Seelenwelt - ich lebe hier wie dort!

Ein Gleichnis: Der Kopf hat keine Beine, aber er bestimmt die Beine und kommt so überall hin, wohin er nur will - und die Beine müssen dienen. Mensch, nimm das linke Bein für das Traumleben und das rechte Bein für das im Sinnenkörper wachbewusste Leben. Der Mensch (über seinen Kopf steuernd) geht Schritt für Schritt, die beiden Beine abwechselnd, und kann derart sehr, sehr lang und harmonisch gehen. Man kann natürlich auch nur auf einem Bein daherhüpfen: z.B. soll das symbolisch für diese Menschen stehen, die keine Ahnung von dem haben, was ich hier schreiben darf. Mit hüpfen kommt man nicht sehr gut voran, ganz im Gegenteil. Und so sieht das Leben dieser Hüpfer auch aus - sie versagen mehr oder weniger im seelisch-geistigen Bereich. Das sehen natürlich diejenigen, die nur mit dem linken Bein herumhüpfen sofort und kritisieren die anderen, die Rechtsbein-Hüpfer (und umgekehrt), vergessen aber, dass sie den gleichen Fehler, einfach gegenteilig, machen. Es gibt noch eine dritte Version, in der sich ein Recht- sowie Linksbein-Hüpfender treffen. Rennen gewinnen sie dann übrigens nicht, obwohl sie gemeinsam zwei gesunde Beine hätten: Nein, dies gleicht dann eher einem Marsch der Krücken; nicht selten sind diese 'Ehen' zu beobachten, wo man sich gegenseitig darauf geeinigt hat, weiter zu siechen, zu kriechen und zu humpeln. Schliesslich gibt es noch die Zweibein-Hüpfer, die statt zu gehen die Beine zum Hüpfen gebrauchen - das sind dann die reinen Theoretiker: sie wissen, dass sie könnten, wenn sie wollten; nur können tun sie es eben nicht! - Mit beiden Beinen geht man am besten auf dieser Welt. Und mit lebenstüchtig entwickeltem, irdischem Bewusstsein - man nennt es dankbar auch den Verstand - in der Ergänzung mit einem gesunden seelischen Bewusstsein, kommt das ICH durch alle Wirren dieses Lebens gut durch und "schreitet" erwacht als gesunde komische Persönlichkeit in der erweiterten Welt, die immer da war, aber für den Sinnenkörper nur eingeschränkt wahrnehmbar ist! - Denken wir in diesem Zusammenhang an Mono und an Stereo, zunächst im Zusammenhang mit Hören, dann aber auch im Zusammenhang mit Sehen: Stereo-Hören erlaubt ein räumliches Hören und besseres Orten der Dinge im Raum, als dies nur mit einem Ohr (also Mono) möglich ist. Stereo-Sehen erlaubt das räumliche Sehen, und somit ein genaueres Erkennen wie Beobachten der Dinge im dreidimensionalen Raum, als dies im Monozustand möglich ist, wo Vordergrund und Hintergrund eine Einheit bilden. So verhält es sich mit der seelischen Wahrnehmung. **Die seelische Wahrnehmung zusammen mit der körperlichen erlaubt, Dinge zu sehen und zu erkennen, die dem rein organischen Wahrnehmen versteckt, verborgen, und sehr oft als nicht wahrnehmbar erscheinen.** Es erschliessen sich dem "Eingeweihten" natürliche Erkenntnisse, von denen der Durchschnittsmensch, der Schläfer im Sinnenkörper, der den Traum träumt, der ihm durch die Summe seiner Sinne zukommt, keine Ahnung hat. Z.B. eben die Tatsache, dass die Zeit, wie schon an anderer Stelle erwähnt, im Traum real anders abläuft, in der Regel umgekehrt, so dass Dinge, die im Traum erlebt werden können und dort als Erlebnis Vergangenheit darstellen, für das menschliche Zeitverständnis Zukunft sind.

Ein Gleichnis: Eine Raupe kriecht an einem Ast entlang in einer wohlbestimmten Richtung. Ein Schmetterling, der früher Raupe war und die kriechende Raupe noch kennt, sieht, was die Raupe noch gar nicht sehen kann - dass nämlich am Ende des Astes, auf dem die Raupe kriecht, eine giftige Spinne wartet. Der Schmetterling möchte nun der Raupe das Leben retten und sie vor der Gefahr warnen; also wird er mit den ihm zur Verfügung stehenden Möglichkeiten vorgehen: z.B. der Raupe "erscheinen" und ihr den Weg versperren. Beim Menschen nennt man das Alpträume! Sehr viele Menschen träumen - oft vermittels Alpträumen rechtzeitig gewarnt - die drohende Gefahr im Zusammenhang mit Unfall, Krankheit, Existenz und falschen Partnerschaften voraus. Wer hier kritisiert, der kann das zwar tun, muss aber der Leistung weichen, indem ich (sowie die meisten der von mir Ausgebildeten) mit diesen Erkenntnissen und in der Traumdeutung geschult, vielen Menschen habe konkret helfen können. Das zählt! Ich schreibe hier als Könner - und nicht als Theoretiker. Mehr Konkretes und Praktisches zu diesem Thema im Kapitel: Das ICH im Kontakt mit den Verstorbenen.

Das ICH steht im Traum in einem embryonalen Verhältnis zum Leben nach dem Tod. Am besten stellen wir uns einen Säugling vor, der gesund ist, und sich inmitten von Erwachsenen befindet. Mit seinen gesunden Ohren hört er alles, was um ihn herum zu hören ist - aber er kann noch nicht verstehen, was er hört. Das Flugzeug, das über das Haus donnert, der Donner vom Blitz, die Geräusche der Menschen und ihrer Maschinen: all das hört er und kann es als Säugling nicht verstehen. Er sieht das Licht vom Blitz, die Lichter der Lampen und Werbung, den Fernseher und die Menschen - all dieses sieht er, aber ausser dem vertrauten Antlitz der Mutter und das des Vaters versteht er nicht, was er sieht. Aber alles ist real, das wissen wir, die wir nicht mehr Säuglinge sind. - Genauso verhält es sich mit dem träumenden ICH. Darum erscheint dem ICH nach dem Erwachen der Traum oft genug als wirr, rätselhaft - nicht aber dann, solange sich das ICH im Traumzustand befindet, da erlebt es all das als vertraut. Im Verhältnis zu dieser neuen erweiterten Welt der Energie steht das ICH in Menschenform gleich einem Säugling da, mit an sich gesunden seelischen Organen: dieser siebenfachen Lichtschnur, die sich sozusagen von Geburt zum Tod, ihre Idee verwirklichend, über die DNS 'durchschraubt' - und je älter der Mensch wird, wird sie wieder frei für das Leben zwischen Tod und neuer Geburt, also für die Reinkarnation. *Dieses Leben zwischen Tod und neuer Geburt ist aber eine Existenz im Seelenkörper und als kosmische Persönlichkeit.*

Die Seele des Menschen erlebt den Kosmos an sich richtig, aber das ICH versteht noch nicht diese seelischen Erlebnisse, deshalb erscheinen die Träume oft als wirr und rätselhaft. Dies gilt auch weitgehend für das Unbewusste. Wie der Säugling in seiner Umgebung alles sieht und hört, aber meistens nicht versteht, ist der Mensch gleichsam ein "kosmischer Säugling". Darum sind in diesem Sinne alle menschlichen Standpunkte als Ausgangslage, Leben zu verstehen, falsch und kosmisch gesehen unreif. Dieses Bild im Geiste der kosmischen Realität, nämlich der unendlichen Gleichzeitigkeit, will verdeutlichen, was meines Erachtens für das ICH des Menschen wichtig ist: Wer immer es sei, der kommt und Dir von Gott, der Gottheit, vom Weltraum und allem, was dazu gehört, erzählt, behauptet und Dich zu lehren versucht: **er ist ein "kosmisches Baby"!** Prüf und glaub nicht blind. Bedenke: was für den Storch lebenserhaltende Wahrheit ist, ist für den Frosch tödliche Tatsache. Die Eingeweihten Altägyptens lehrten weise und wahr: **Frag' nie einen Menschen etwas, was Dir eigentlich der Mensch gar nicht beantworten kann, sondern lerne das Wichtige die Gottheit direkt zu fragen!**

173

Denk' daran: wenn jemand kommt und zu Deiner Hand sagt: 'tue dieses oder jenes', sie wird nicht gehorchen. Deine Hand gehorcht nur Dir. - Darum kann sich das ICH nicht damit herausreden, dass es etwas gar nicht gewollt habe, und dass man ihm sagte, was es tun müsse. Du bist konsequent für all das verantwortlich, was durch Dich geschieht - Du hast aber auch das göttliche Recht, weil die Gottheit Dich geschaffen hat, im Zweifel direkt SIE selbst anzufragen!!! - Suche, finde und lebe Deine *individuelle Religion* direkt mit der Gottheit. Dazu möchte auch dieses Buch helfen und aufmuntern dürfen.

Wir leben und haben ein Sein, auch wenn wir es selbst nicht wahrnehmen! Zunächst einmal, wie schon erwähnt, lässt sich diese Tatsache im Zusammenhang mit dem traumlosen Schlaf nachweisen - wir mögen uns dessen nicht entsinnen, und dennoch sind wir! Aber auch dann existieren wir, wenn unsere Organe - insbesondere das Gehirn - inaktiv oder unfähig, gar bewusstlos sind; ja selbst im Koma sind wir, wissen aber nicht um diese Tatsache usw.

Dann gilt es entsprechende natürliche Zustände zu beobachten, in denen wir nachweislich als individuelle ICH-Idee existieren, aber in unserem menschlichen Verständnis kein vergleichbares Bewusstsein besitzen: So vor der Geburt, also sämtliche Situationen vor und um die Zeugung, die embryonale Phase, und in polarer Sicht zum embryonalen Zustand - das Sterben und anschliessend der Tod. Seriös können wir immer nur feststellen, dass das ICH mangels noch nicht vorhandener, oder nicht mehr vorhandener, Organe sich nicht mehr auf unserer menschlich-organischen Erscheinungsebene mitteilen kann. Wir können nicht beweisen, dass es nicht existiert - sondern ganz im Gegenteil: **Es ist seine grundsätzlich kosmisch-unendliche Existenz offensichtlich!**

Es ist nun extrem falsch (und dies gilt nicht nur für die Traumdeutung), etwas Beschränktes und ganz offensichtlich für das zu Suchende, eben das Ewige, Ungeeignetes - weil durch seine Beschränktheit nicht ausreichend fähig dazu, wie etwa das menschlich Wachbewusstsein, zum Massstab der Erkenntnis zu erheben! Es werden so nur sehr beschränkte Erkenntnisse erreicht werden, die durchaus Teilwahrheiten darstellen, aber als ganze Wahrheit verstanden enttäuschen müssen. Gestatten Sie hier die etwas zynisch-humorvolle Bemerkung: Je geistig beschränkter ein Mensch ist, desto mehr ist er durch Teilwahrheiten zu faszinieren und wird sogar 'böse', wenn man ihm den offensichtlichen Fehler nachweist.

Die behandelte kosmische Spiralbewegung einerseits, zusammen mit der zu leistenden kosmischen Aufgabe des ICH andererseits: - und dies alles zusammen in der Mischwirkung mit allem, was da auf der Erde lebt und webt, wirkt für das individuelle ICH die Reinkarnation. Wir sehen die Realität der Reinkarnation auch in der Traumphase von 8 Stunden des Säuglings, der seelisch sich erinnert, was sein Vorleben war und nun das Gelernte im neuen Werden und Entstehen verarbeitet. So wie es Menschen gibt, die sich nicht an ihre Träume erinnern können und sich dabei wohl fühlen sowie gesund erleben, gibt es viele Menschen, die sich nicht an abgelebte Leben erinnern können und sich dabei ebenso wohl fühlen sowie gesund erleben, was völlig richtig, ja natürlich ist - wie aber auch das andere.

Es müssen offensichtlich bestimmte Voraussetzungen erfüllt sein, damit sich der Mensch an seine früheren Existenzen erinnern kann: Einmal ist da die Erfordernis einer entsprechend entwickelten Seele. Weiter habe ich beobachtet, dass der physische Zustand sehr wichtig sein kann, indem feiner gebaute Menschen als Wirkung eines höher entwickelten Hirnes eher dazu fähig sind, als sehr körperlich kräftige Menschen. Das ist keine Qualifikation, sondern eine einfache feststellende Beobachtung. Zum besseren Verständnis: Man fährt mit eingeschaltetem Radio in einem Auto übers Land und geniesst den einwandfreien Radioempfang; nun fährt man mit dem Auto durch ein Tunnel, z.B. durch einen Berg, und damit ist Schluss mit dem Radioempfang - es sei denn, der Tunnel überträgt durch eine Antenne das Programm in den Tunnel, wie das ja oft aus Sicherheitsgründen gemacht wird. Nehmen wir nun die Tunneleinfahrt für Geburt und die

Tunnelausfahrt für den Tod: schliesslich dauert ja die lineare Fahrt durch den Tunnel seine Zeit und hat ja auch ihren Sinn - z.B. den einer Abkürzung, um ein Ziel schneller zu erreichen. - Das Leben des ICHs als Mensch von Geburt zum Tod hat bestimmt auch einen Sinn, der sich in den Fähigkeiten des individuellen ICHs für sich selbst und andere deutlich zeigt. - Je mehr das Auto in den Tunnel hineinfährt, umso weniger wird das Radioprogramm gehört werden können; allerdings wird es einen Punkt kurz nach der Einfahrt in den Tunnel geben, wo man sozusagen noch die Hälfte hört (denken Sie dabei an den Säugling mit seiner achtstündigen Traumphase), also noch etwas vom Programm draussen mitbekommt - aber dieses wird immer weniger werden. Es ist die Materie des Berges, welche die Radiowellen mit ihren Informationen nicht durchlässt; es ist der physische Körper als "Widerstand", der die Energiewellen der Seeleninformation nicht durchlässt. Interessant ist, dass viele Menschen, wenn sie körperlich sehr geschwächt sind - z.B. durch Krankheit oder Alter usw. -, wieder mehr für seelische Energiewellen offen sind: genau gleich, wie das Radio immer besser und klarer empfängt, je näher wir mit dem Auto dem Tunnelausgang entgegenfahren. Die Gleichung: Erinnerung an Reinkarnation entspräche höherer Intelligenz usw. - und keine Erinnerung an Reinkarnation entspräche Primitivität, ist mit Sicherheit so gesehen absolut falsch! Die Erinnerungen an frühere Leben müssen durchaus nicht positiv sein. Abgesehen davon: wer garantiert für die Echtheit? Ich habe zu viele Menschen kennengelernt, die als Menschen im Hier und Jetzt kläglich versagen und enttäuschen, sich ausgezeichnet dafür an frühere Leben angeblich erinnern können - etwa nach dem Motto: "Jetzt bin ich 'ne Pfeife, aber ihr hättet mich im letzten Leben sehen sollen!" Nein, wahre Erinnerung an frühere Existenzen hat nichts mit hypnotischer Selbstlüge zu tun! Im übrigen handelt es sich hier um persönliche Erlebnisse, die nur für einen selbst Bedeutung haben, und die man ja niemandem beweisen kann. Darum darf es niemandem übelgenommen werden, wenn er den Glauben an die Reinkarnation und an damit verbundene Schilderungen zurückweist. - Ja, wie soll man denn damit umgehen? Darf ich aus persönlicher Erfahrung eine Empfehlung vorstellen: Aufgrund eigener kosmischer

Erfahrungen bin ich zur Überzeugung gekommen, dass es nur eine einzige und unendliche Existenz gibt -: nämlich die der göttlichen Qualität! Ich kann nun mein Leben in Atemzügen, Herzschlägen, Tagen, Monaten, Jahren usw. zählen - es bleibt sich das Ganze an sich gleich.

Wenn ich in Tagen zähle, werde ich feststellen, dass vielleicht vor 1'000 Tagen einer war, der so bedeutend war, dass er mein ganzes Leben veränderte. Also nicht unbedingt der gestrige Tag oder gar der vorgestrige sind von eminenter Bedeutung. In jedem Fall werte ich subjektiv und ändere nichts an der Tatsache, dass mein Leben an sich immer das gleiche Ganze bleibt.

Die Erinnerung hat im Lichte der Natur eine Aufgabe: sie soll uns nämlich als Erfahrung dienen - z.B. nicht immer die gleichen Fehler zu begehen. - Die Untersuchungen der Träume zeigt deutlich, dass sich in ihnen kosmische Erinnerungen zeigen, Erinnerungen von früheren Existenzen, ohne dass der Träumer als Mensch dies erkennt, aber über ihre symbolische Wirkung dem träumenden Menschen helfen wollen, es diesmal - oder überhaupt - richtig zu tun. Gewisse Menschen sagten mir, sie kämen nie mehr auf die Welt; das sei jetzt das letzte Mal! Sagten es - und ihr Antlitz kündete die Botschaft der noch so unfertigen Seele. Ich schwieg. - Lehrsatz für Vernünftige: Tüchtige Menschen fallen auf durch Leistungen und untüchtige durch dumme Effekte! - Es ist völlig klar, dass die Zahl der Reinkarnationen, wie auch ihre zeitlichen Rhythmen, absolut individuell ist. Soweit ich es seelisch geschaut habe, sind es Milliarden und Abermilliarden von Existenzen, als Pulse der ewigen Seele in ihrem göttlichen Auftrag, dem Leben - und damit allen - zu dienen. Ich arbeite sehr stark mit Reinkarnation, aber es ist mir dabei völlig klar, dass dies gleichsam 'Erinnerungsblitze' sind, die mir als Erfahrung und gewonnene Fähigkeiten im Hier und Jetzt helfen wollen.

Deshalb bin ich in der Lage, zu erklären, wie man sich an seine früheren Existenzen erinnern kann im Rahmen dessen, was das Universum zulässt. Dazu muss man wissen, wie das Ganze, nämlich die Erinnerung, funktioniert! Ist Ihnen noch nie aufgefallen, dass man von der guten alten Zeit spricht, obwohl die so gut gar nicht war?! Die Erzähler lügen nicht, sondern sie haben einfach das Schlechte vergessen und können sich nur noch an das Gute erinnern - darum erzählen sie völlig logisch von der guten alten Zeit. Das Leben ist unendliche Gleichzeitigkeit, und wir nutzen diese kosmische Tatsache jetzt, um die naturgesetzliche Wahrheit vom Sich-erinnern-Können und Vergessen aufzuzeigen: Der Mensch isst eine Speise; das, was an der Speise fürs Leben nützlich ist, wird ihr durch den Verdauungsprozess entzogen und der Rest, also das, was nicht brauchbar ist, wird als Kot und Urin ausgeschieden. Wird dieser Prozess gestört durch Funktionsstörungen der Organe, zeigen sich sehr schnell vergiftende und überhaupt lebensgefährliche Erscheinungen. Es ist also lebenswichtig, dass wir uns physisch von dem unbrauchbaren Teil dessen, was wir gegessen haben, trennen können. Genauso sieht es für die Seele aus. Die Nahrung der Seele ist die Freude! Eine gesunde Seele geht mit den Erlebnissen um, wie der physische Körper mit der Nahrung. Die positiven Dinge bleiben als nützlich in Erinnerung und die negativen, die nur uns seelisch krankmachen würden, die vergisst die gesunde Seele. Wenn die Seele diese wichtige Eigenschaft des Vergessen-Könnens verliert, erkennen wir das beim Menschen als seelische Erkrankung, z.B. als Depression und vieles andere mehr. So wie es Dinge in der Nahrung gibt, z.B. Giftiges, das wir nicht verdauen können, gibt es auch für die Seele Erlebnisse, die sie nicht verarbeiten kann und als seelische Krankheit ihre psychosomatischen Auswirkungen haben. Mord z.B. kann die Seele nicht aushalten - und fortwährend bleibt der Mörder durch Alpträume gequält als Ausdruck seiner krank gewordenen Seele. Schau einem Mörder oder einer Mörderin in die Augen, und Du siehst die kranke Seele! Nicht verwechseln mit Töten: töten ist 'erlaubt' (z.B. in der Abwehr und Verteidigung, um sein eigenes und das Leben anderer zu schützen), morden aber nicht! Töten entsteht aus der Konfliktsituation, in die das reinkarnierte ICH in dieser Welt gerät, durch die naturgesetzlichen Systeme, die auf dieser Erde herrschen, die es weder geschaffen hat noch beeinflussen kann. - Wer hundertprozentig nicht 'töten' will, darf nur noch Früchte essen, weil alles andere durch das Gegessen-Werden seine physische Existenz verliert. Auch die Pflanzen verraten mit ihren Dornen, dass sie nicht gefressen werden wollen. Dem Früchte-Esser verbliebe allerdings noch der Vorwurf des "Betruges"! Das, was uns Früchte anbietet, erhofft sich durch uns eine Gegenleistung, nämlich die, dass wir die Kerne in der Frucht durch den Kot überall verteilen, um derart dem Früchte-Spender in der Verbreitung seiner Art zu helfen; dies tun wir aber nicht immer. - Gehen wir zurück zu etwas 'Einfacherem', zum Thema der Reinkarnation. Die bisherigen Ausführungen im Zusammenhang mit Körper und Seele wollten aufzeigen, dass ein natürliches Gesetz dafür sorgt, dass das Wertvolle und Wichtige zum weiteren Nutzen erhalten bleibt. Genau das gleiche gilt für die Reinkarnation.

Ich greife den Beschreibungen über nachtodliche Vorgänge etwas vor, muss es aber hier im Interesse des Themas tun dürfen. - Die Seele hat die gleichen grundsätzlichen Eigenschaften wie Wasser, das heisst, sie hat *Zustände* - nämlich drei: flüssig, gefroren und verdampft. Weil dem so ist, können wir vom Wasser sehr viel zum Verstehen der Seele lernen. Wenn Wasser schmutzig wird, dann erscheinen Schmutz und Wasser als Einheit, sind es aber nicht. Wasser kann sich niemals endgültig mit Schmutz vereinen. Wenn wir das schmutzige Wasser verdampfen und je höher die Hitze dabei ist, desto mehr sowie schneller lässt das Wasser den Schmutz zurück und steht nach der Abkühlung wieder als reines Wasser zur Verfügung.

Wenn der Mensch stirbt, erfolgt ein "Reinigungsprozess", der an und für sich so natürlich ist, wie der natürliche Reinigungsprozess vom Kreislauf des Wassers auf der Erde. Wie in diesem Buch erklärt, besteht das ICH aus einer siebenfältigen Lichtschnur, die in sich Energie (Rotanteile im Farbenspektrum) und Wasser (Blauanteile im Farbenspektrum) enthält. Durch den Tod wird nun ein Prozess gleich einer 'Kernfusion' ausgelöst, indem die göttliche Idee gleichsam aus dem Erdenschlaf aufgewacht feststellt, was da am vergangenen Leben richtig war und was nicht (Richter ist das individuelle göttliche Ziel! Wie weit hat der 'Pfeil' das göttliche Ziel ⌑ getroffen?!). Die so real entstehende Erregung ist gleichzeitig Hitze (bitte, messen Sie z.B. doch einem erregten, wütenden Menschen die Temperatur!). Diese "Hitze" steht im Dienste der ICH-Idee ⌢ (Name!) und entscheidet, was nützlich oder unbrauchbar ist und wirkt folglich der Seele die Reinigung. Das heisst: **all das, was für die Vervollkommnung des ICHs in irgend einer Weise nützlich ist, verbleibt, das andere wird kosmisch "gelöscht" und dem kosmischen Vergessen übergeben** - was bedeutet, als hätte es nie existiert. Pragmatisch ist im kosmischen Sinne unter "löschen" zu verstehen, das alles, was der kosmischen und damit göttlichen Qualität dient, einem Nutzen oder Zustand zugeführt wird, wo das kosmische Ziel auch im Sinne der Qualität erreicht wird! Es gibt also im Universum an sich keine Vernichtung! - Was hat das mit dem Sich-erinnern-Können an frühere Leben zu tun? Sehr viel, es ist die Grundlage zur "Technik": Denken Sie an ein Gedicht, welches Sie auswendig vortragen können. Mehrmals haben sie den Text durchgelesen, und plötzlich wissen Sie ihn auswendig. All die nutzlosen Versuche, Versprecher usw. werden "gelöscht", also vergessen, und nur das Erlernte Gedicht bleibt! Das, was ein Mensch auswendig kann, hat er einmal einüben müssen. Das Gelernte ist die Reinkarnation des einstigen 'Auswendig-Lernens' - mit anderen Worten: Wer sich für seriöse Reinkarnations-Erinnerungen interessiert, muss über seine Fähigkeiten, seine Talente meditieren, denn diese sind das 'auswendig gelernte Produkt' früherer Aktivitäten. Der lebendig Religiöse hat es auch hier sehr leicht, indem er vor der Übung sich innerlich an die Gottheit wendet und bittet, das zu wissen, was er wissen darf. In dieser Stimmung an die vorgeschlagene Meditation gehen, verheisst grösste Erfolgschance. Scheinbar negative Erinnerungen, die durch Reinkarnation möglich werden, sind eben an sich nicht negativ, sondern sind als Warnung gemeint -: Schau, so sieht es aus; das kennst Du doch, das reicht doch wohl - lerne daraus! Warnträume stehen praktisch immer in solchem oder ähnlich wichtigem Lebensdienst. Mit solchen Reinkarnations-Übungen kann man mit Sicherheit seine Geistigkeit stärken sowie seine kreative Intelligenz (Intuition) steigern - und damit seine allgemeine Lebenstüchtigkeit erhöhen!

Gesang der Geister über den Wassern

Des Menschen Seele
Gleicht dem Wasser:
Vom Himmel kommt es,
Zum Himmel steigt es,
Und wieder nieder
Zur Erde muss es,
Ewig wechselnd.

Strömt von der hohen,
Steilen Felswand
Der reine Strahl,
Dann stäubt er lieblich
In Wolkenwellen
Zum glatten Fels,
Und leicht empfangen,
Wallt er verschleiernd,
Leisrauschend
Zur Tiefe nieder.

Ragen Klippen
Dem Sturz entgegen,
Schäumt er unmutig
Stufenweise
Zum Abgrund.

Im flachen Bette
Schleicht er das Wiesental hin
Und in dem glatten See
Weiden ihr Antlitz
Alle Gestirne.

Wind ist der Welle
Lieblicher Buhler;
Wind mischt vom Grund aus
Schäumende Wogen.

Seele des Menschen,
Wie gleichst du dem Wasser!
Schicksal des Menschen,
Wie gleichst du dem Wind!

J.W. Goethe

Jedes neugeborene Wesen zwar tritt frisch und freudig in das neue Dasein und geniesst es als ein geschenktes: aber es gibt und kann nichts Geschenktes geben. Sein frisches Dasein ist bezahlt durch das Alter und den Tod eines abgelebten, welches untergegangen ist, aber den unzerstörbaren Keim enthielt, aus dem dieses neu entstanden ist.

Arthur Schopenhauer

Sechstes Kapitel

Das ICH und das kosmische Wesen seiner Seele

Dieses Bild (Grab Ramses VI.) beschreibt sehr genau den 'organischen Aufbau der Seele' in ihrer kosmischen Körperlichkeit; es zeigt die Sphinx mit zwei Köpfen, die in verschiedene Richtungen schauen. Auf der linken Seite sind vier Frauen mit verehrend gehobenen Händen zu sehen - die rechte Seite zeigt drei Männergestalten mit den Händen nach unten. Die vier Frauen und die drei Männer ergeben zusammen sieben Personen. Die grundsätzlichen Symbolfarben für das Göttlich-Weibliche (z.B. Isis, Nut usw.) sind Blau oder Blautöne. Mit der Farbe Blau wird also immer das passive Dienen des Göttlich-Weiblichen angezeigt, und das ist immer Lebensraum oder sind Organe, die ganz spezifisch weiblichen Aufgaben dienen. Daneben gibt es das Göttlich-Männliche, welches in Rot bzw. Rottönen sich offenbart. Bitte beachten Sie: dies ist keine Symbolik im gemeinen Sinne - dies entspricht kosmischer Realität! Der Himmel, das Wasser erscheint uns Blau, ist 'passiv', indem wir aktiv in ihm leben können! Rot ist das Blut in den Sinnenkörpern, mit denen wir aktiv in der Welt leben können. Somit verfügt die Seele über Organe mit den Möglichkeiten des Ewig-Weiblichen und gleichzeitig verfügt sie über Organe mit den Möglichkeiten des Ewig-Männlichen. Im physischen Körper - als Gleichnis - würde sich das wie folgt darstellen: Die Augen und Ohren sind altägyptisch gesehen "weiblich"; denn weiblich ist ein lebendiger Raum, der eine Idee aufnimmt und ihr hilft, zu entstehen und zu werden. Also: Das Ei der Frau empfängt das Sperma - und es kann später das Kind, die Verwirklichung der in Ei und Sperma sich befindenden Idee, entstehen. Das Ohr ist räumlich angelegt und empfängt die Idee in Form von Schallwellen; diese wandelt es um in Nervenreize und sendet sie zum Hirn, wo die empfangene Idee als Gehörtes bewusst wahrgenommen werden kann, nachdem die Reize decodiert wurden. In diesem Sinne ist das Auge ein 'Licht-Ei', weil es von Lichtwellen, die eine Idee transportieren, 'befruchtet' wird. Das Auge wandelt diese Lichtwellen - ähnlich wie beim Ohr - in Nervenreize um und sendet sie zum Hirn, wo die empfangene Idee als Gesehenes bewusst wahrgenommen werden kann, nachdem auch hier die Reize decodiert wurden.

Nun ist aber unser Körper Produkt dieses Universums, also trägt er die schöpferische Intelligenz und Erfahrung dieses lebendigen Universums in sich: denn der Körper soll ja dem ICH auf Erden als Werkzeug dienen. Auch die Seele ist Produkt dieses Universums, trägt die schöpferische Intelligenz und Erfahrung dieses lebendigen Universums in sich: denn ebenso die Seele soll dem ICH im Universum als Werkzeug dienen. - "Ach, es gibt doch keine göttlichen Kräfte, dass sind doch allenfalls Triebe, Archetypen usw.", - sagt's und 'springt' in absoluter 'Freiwilligkeit' die nächste Frau an, die ihm gefällt. Von einem Affen liesse ich mir diese Erklärungen gefallen, merk"würdigerweise" kann der aber nicht sprechen; nicht aber vom Menschen, der nur auf seine Seele hören und seine Vernunft wach einsetzen müsste, wodurch er erkennen würde, dass das geniale Leben, das ihn erfüllt, ihn gewirkt hat und ihn als Leben umgibt, eine lebendig-schöpferische Realität darstellt und nichts mit Zufall zu tun hat. - Das Auto fährt mit Gas und Bremse, und der Sterbliche wird geleitet durch die Liebe und den Hunger. Erkennt er sich als lebendigen kosmischen Teil dieser Schöpfung und wacht aus dem selbsthypnotischen Schlaf der Selbstlüge und Fremdlüge auf, dann wird er die wahre Befreiung erleben, die darin liegt, dass die Natur ihn plötzlich trägt, wie die Mutter das geliebte Kind in ihren Armen wiegt - er wird erkennen, dass er in einem Lebensfluss geborgen ist, wo er sich nur gemäss seinem Wesen "bewegen" muss: und der Lebensfluss wird ihn tragen, und er wird nicht untergehen! Und der andere? Er kommt mir vor wie einer, der in einem Fluss schwimmt, diesen aber nicht versteht und sich unglaublich anstrengt, in der Richtung zu schwimmen, die er für richtig hält. Wer die Interessen der Lebewesen nicht berücksichtigt, gleicht einem, der gegen den Fluss schwimmt. Das kann man, aber nicht sehr lange: und das Ende ist klar. - Ich habe so viele dieser Menschen gesehen, die grossartig geredet und in Wahrheit feige und rücksichtslos nur ihrem engstirnigen Egoismus nachgelebt haben. Ich hatte sie dann teilweise gesehen: - krank und elend. Ich hatte sie gesehen in Altersheimen als Halbtote, wie sie mit viel Geld (sie konnten sich jede Krankheit leisten!) auf das Ende warteten. Das Leben hatte sich von ihnen abgewendet, von ihnen, die sie sich niemals wirklich dem Leben zugewandt hatten! Sie nannten sich oft genug Realisten und glaubten nur, was sie angreifen konnten - das Unsichtbare galt ihnen nichts. Aber ihre Dummheit ist doch auch weder sicht- noch greifbar, doch in erfahrbarer Realität am Unglück, das sie sich selbst und anderen wirken, deutlich zu sehen. Das ICH ist für diese Leute so eine Art chemisch-elektrisches "Drüsenwirken", welches in seinem Zusammenwirken das ICH ausmacht. Träume sind für diese Leute Abfälle des Hirns bzw. das Hirn entledigt sich nach deren Vorstellung in den Träumen der Gedanken, die es nicht mehr braucht. Das sind Erklärungen, die allen Menschen, die denken können, einen grauenhafter Unfug zumuten; *zudem eine Beleidigung für den gesunden Menschenverstand!* Wenn das ICH, aufgeschreckt durch solchen Unsinn, sucht, begegnet es dem religiösen Dogmatiker, dem seelisch Kranken, der ihm mit der Hölle droht und mit einem langweiligen Himmel versucht zu locken. - Wie hilfreich ist da ein Spaziergang in die Natur! Wie hilfreich ist da das ehrliche Gesicht kosmischer Brüder oder Schwestern, die mit uns zur Zeit auf der Erde leben; wie angenehm ist der Anblick eines tüchtigen Tieres, das sich redlich müht. Wie hilfreich und beglückend ist da ein lieber Mensch, der freiwillig bei uns ist.

Aus dem Thomas-Evangelium (Vers 28) - Es sprach Jesus so: Ich stand in der Mitte der Welt und machte mich ihnen bekannt im Fleische. Ich fand sie alle betrunken. Keinen Durstigen fand ich unter ihnen, und meine Seele wurde gequält wegen der Söhne der Menschen. Denn sie sind blind in ihrem Herzen und sehen nicht deutlich, dass sie leer in die Welt gekommen sind, vielmehr suchen sie, wieder leer aus der Welt hinauszugehen. Ja, jetzt sind sie betrunken, wenn sie aber ihren Wein ausschütten, dann werden sie umkehren.

Wir sollen unseren Körper pflegen, damit wir ihn möglichst lange gesund nutzen können. Wir sollten aber auch unsere Seele pflegen, denn wie sagte das Genie Jesus, der wusste, wer er selbst war und wer wir alle sind, nämlich Gotteskinder!: "Was hilft es Dir, wenn Du die ganze Welt gewinnst und Schaden nimmst an Deiner Seele". Im Thomas-Evangelium verleiht Jesus noch einmal seiner Überraschung Ausdruck, dass die Menschen die lebendige Wahrheit, die als Leben und Natur überall vernehmlich ist, nicht erkennen:

(Vers 29) - Es sprach Jesus: Wenn das Fleisch geworden sein sollte wegen des Geistes, ist es wunderlich. Wenn der Geist aber wegen des Leibes (geworden sein sollte), ist es noch wunderlicher. Aber ich wundere mich, wie sich ein solcher Reichtum in dieser Armut Wohnung gesucht hat.

Jesus spricht also hier von der Geist-Seele als Reichtum, die im Körper als Armut Wohnung gesucht hat. Genau hier kann die altägyptische Weisheit helfen, indem sie auf die Tatsache aufmerksam macht, dass das ICH immer Seele ist und im Rahmen einer kosmischen Bewegung im Dienste des Auftrages, den jedes ICH hat, sich zu diesem Zweck in einen "Werkzeugkörper", also unseren Sinnenkörper, reinkarniert - oder mit den Worten von Jesus: Wohnung nimmt. Arm ist aber dieses Sinnenleben nur, wenn ich es für das Ganze halte; reich wird es dagegen im Lichte der Erkenntnis, wenn das ICH erkannt hat, welcher kosmische Dienst im Sinnenkörper für seinen unsterblichen Geist, sein ICH, geleistet werden kann.

Wer Autofahren will, muss das Fahrzeug Auto verstehen und wissen, wozu Steuer, Schaltung, Bremse usw. dienen. Mit blindem Glauben fährt keiner Auto - oder er braucht dann wenigstens nicht lange blind zu glauben. *Wer weiss, was das Wesen seiner Seele als kosmischen Organismus ausmacht, kann, fähig geworden, sich mit diesem kosmischen Fahrzeug im ganzen Universum bewegen:* wie sich einer im Rahmen seines Körpers und mit seinen Fähigkeiten, mit diesem entsprechend umzugehen, auf dieser Welt bewegen kann. Er kann seine Unsterblichkeit real erfahren! Das sei unmöglich, kreischen die Viel-zu-Vielen. Diesen Viel-zu-Vielen ist aber ebenso viel zu viel nicht möglich: Existenzsicherung, Gesunderhaltung, Partnerschaft usw. Wen diese Frage der Unsterblichkeit ernsthaft interessiert, frage innerlich die Gottheit zu dem, was ich hier vorstelle. **Denn kein Mensch kann einem andern Menschen hier die richtige Antwort geben!** Ich habe sie für mich gefunden, und jeder darf seine individuelle Antwort in der Gottheit finden!

In diesem Sinne noch einmal aus dem Thomas-Evangelium: - Dies sind die verborgenen Worte, die der Jesus, der lebt, sagte und die der Zwilling Judas Thomas schrieb.

1. Und er sagte so: Wer die Bedeutung dieser Worte findet, wird den Tod nicht kosten.

Gemeint ist, dass, wer diese Texte von Jesus versteht, bereits durch das Verstehen im Unsterblichkeitsbewusstsein erwacht ist - im Gegensatz zum Durchschnittsmenschen, dessen Bewusstsein in erster Linie durch die Informationen der Sinnesorgane gebildet wird, wodurch er zwar nicht falsch, aber einseitig informiert ist. - Sterben aber heisst allein: Funktionsausfall der Organe. Wer ein Bewusstsein hat, das nicht von den Organen abhängig ist, stirbt nicht mit den Organen: es bleiben ihm lediglich die Informationen durch die Organe versagt.

2. Jesus sprach: Wer sucht, soll nicht aufhören zu suchen, bis dass er findet. Und wenn er gefunden hat, wird er verwirrt sein. Und

wenn er verwirrt ist, wird er verwundert sein und über das Universum herrschen. (Und das ist genau das reale Ziel dieses Buches!)

Hier ist unter 'suchen' sicher zu verstehen: erkennen, wer man wirklich ist und was für einen Sinn das Leben für einen hat. Wer da nicht aufhört zu suchen, bis er sich selbst als lebendige Idee der Gottheit erkennt, hat gefunden! Er wird verwirrt sein, weil er sich an das Gefundene zuerst gewöhnen muss, d.h. an seine wirkliche unsterblich-individuelle Persönlichkeit. Er wird sich als kosmische Persönlichkeit erkennen, wie sich der Erdenmensch als irdische Persönlichkeit erlebt. - Ich darf an dieser Stelle auf mein Seminar zur Entwicklung der kosmischen Persönlichkeit aufmerksam machen. So wie man als Mensch auf der Erde lernen kann, harmonisch zu leben und vermittels dieses Wissens und Könnens weitgehend sein Leben selbst bestimmen wird, ist hier im Jesus-Wort unter 'über das Universum herrschen' gemeint: in seiner göttlichen Natur zu erwachen und auf dieser Basis individuell im Universum tun und lassen zu können, was man will. - Hier ist sehr wichtig zu wissen, dass genau diese Erkenntnisse in den altägyptischen Pyramidentexten sehr häufig und sehr eindringlich vorkommen und real dargestellt werden (z.B. Unas-Pyramide). An dieser Stelle gebe ich gerne zu, dass ich Jesus deshalb sehr gut verstehe, weil mir dieses Bewusstsein nicht fremd ist und ich die altägyptischen Pyramidentexte recht gut kenne und in ihrer lebendigen Wahrheit wirklich verstehe! *Die angeblichen Jenseits-Schilderung sind in Wahrheit eine Schilderung der Geographie, Landschaften und Bewohner des Universums,* wie sie von das Universum durchreisenden Lebewesen erlebt wie erfahren werden. Denken wir auch einmal mehr daran, dass Jesus in seiner Kindheit in Ägypten war. Man kann eigentlich nicht genug daran denken, wenn man als Kundiger sieht, wie sich das Altägyptische überall im Christentum in den wertvollsten Inhalten verschleiert erhalten hat.

So wollen wir nun diesen Reichtum, die Seele als kosmischen Organismus, verstehen lernen.

Einerseits besteht sie real aus dieser siebenstrahligen Lichtschnur, die, wenn sie auf die Erde trifft, genau diese Wirkung zeigt, wie sie auf der Abbildung zu sehen ist.

Diese vier Frauen entsprechen dann den Eigenschaften und Fähigkeiten der Seele, die wir als das Ewig-Weiblich-Göttliche im Raum des Lebens, im Universum, erkennen können: Die seelischen Organe sind alle die Organe, welche in Blau oder Anteilen von Blauton dargestellt sind. Noch einmal: das, was sich uns als Blau zeigt, ist nicht Farbe oder Farbwirkung an sich, sondern ist die Wirkung des Ewig-Göttlich-Weiblichen, dessen Einflüsse als Lichtwellen wir als Blau erkennen. Dabei gibt es unendlich viele Mischungen: z.B. schmutziges Wasser kann schwarzblau, graublau usw. sein! Das schöne Blau des Himmels oder das Nachtblau des Sternenhimmels sagt dem Menschen über seine Seele - wenn er nur "einmal" den Lärm unsinnigen Denkens anhält - die Wahrheit und vermittelt ein tiefes Glück: - *eine unendliche Geborgenheit wird seinen Geist durch die ergriffene Seele erfassen.* Denn die Augen sehen, was sich da den Augen zeigt, und die Seele sieht, was sich ihr zeigt - aber: das beste Auge, die gesündeste Seele kann einem geistig Blinden nicht helfen.

Die sieben Kräfte auf die Blautöne untersucht, ergeben folgende Zuteilung im Sinne der vier Frauen:

KA (als Farbe: Violett) verweist auf die seelische Fähigkeit, Organe - rot: Blut! - zu beleben (das Blau als der wässerige, flüssige Anteil im Blut). In diesem Zusammenhang zählen dazu physisch alle Drüsen und ihre Sekrete! Wer heilen will, hat es leichter, wenn er um die seelischen Kräfte der KA weiss. Es ist die seelische Fähigkeit der Energie im Sinne von: Aufnahme und Wiedergabe, und hat also mit all dem zu tun, was "Verdauen" und "Sexualität" ausmacht. Der irdische Körper benötigt zum Leben Essen und Trinken. Der seelische Organismus benötigt als Nahrung Freude und Sinn! Das ICH muss, ob es nun auf de Erde reinkarniert ist oder sonst wo im Universum lebt, immer auf die seelische Ernährung achten. Der Mensch lebt von den Produkten der Erde, isst diese und trinkt das saubere Wasser. Das kosmische Wesen lebt von den Produkten der Gottheit im Universum: und das ist, über Freude Energie zu empfangen, und der Durst des Geistes wird durch den Sinn und die Erkenntnis der göttlichen Absicht in allem Lebendigen gelöscht. Wenn wir uns mit dem Thema: 'Das ICH und das nachtodliche Leben' beschäftigen, werde ich aufzeigen, wie der seelische Körper in dieser Beziehung funktioniert. Jetzt nur so viel, damit ein wenig Ihr berechtigter Durst nach Erklärung gelöscht sein möchte: Denken Sie an das bekannte Beispiel der mechanischen Rechenmaschine, mit der man sehr gut rechnen kann. Denken Sie jetzt an das Beispiel des elektronischen Rechners, mit dem man viel bequemer sehr gut rechnen kann. Die mechanische Rechenmaschine benötigt Energie für die sichtbaren mechanischen Abläufe. Der elektronische Rechner dagegen nutzt die Energie effektiver, direkter und problemloser. Auf die Natur übertragen: Die Raupe frisst und lebt vom Fressen - sie kann sich eine andere Daseinsform denn als Raupe sowie eine anderweitige Ernährungsform gar nicht vorstellen. Aber die Raupe lebt und frisst in der gleichen Welt wie der Schmetterling, der in der gleichen Natur seine Lebenskraft über den Nektar der Blumen speist. Alles bedarf der Nahrung: *die "Nahrung" der Gottheit ist die Wirkung unseres freiwilligen, richtigen Lebens.* KA ist aber auch die seelische Kraft, ihre Wünsche zur lebbaren Realität werden zu lassen sowie die Kraft der Sexualität. Sexualität ist aktiv im ganzen Universum. Arm ist da, wer eine gestörte Haltung zur Sexualität hat (was richtig ist, zeigt einzig die Natur, darüber kann es niemals eine Diskussion geben!); die 'Getroffenen' brüllen immer, aber weil sie mit ihrem Gebrüll die heiligen Naturgesetze nicht zu ändern vermögen, erkennt der Eingeweihte darin ihre unberechtigte und kosmisch wertlose Meinung. **Das Leben ist sich selbst Sinn und Bedingung, und darum ist alles richtig, was dem Leben dient!** Nicht, was die Menschen in ihrer Unwissenheit, Not oder Gier erlauben, ist richtig, sondern nur, was das Gesetz der Natur und des Lebens erlaubt, ist richtig.

BA (als Farbe: Blau) ist die Fähigkeit der Seele, sich im Universum, im Raum des ewigen Lebens, zu bewegen (so wie der physische Körper die Fähigkeit hat, sich auf der Erde zu bewegen). Es ist das die Seele, wie wir sie auch als Traumkörper erleben. Im Traum erleben viele Menschen Flugträume. Tatsächlich zeigt das Traumerlebnis dem Menschen einen ganz, ganz bescheidenen Ausschnitt der realen Möglichkeiten, wie sich die Seele fortbewegen kann. Zur Bewegung der Seele zählt auch ihre Fähigkeit, sich zu wandeln und zu "verwandeln" - davon mehr, wenn wir uns konkret mit den Pyramidentexten beschäftigen.

ACH (als Farbe: Hellblau) ist der verklärte Geist, der uns als seelische Fähigkeit die Gottheit in ihrer Allliebe erkennen lässt (so wie die Augen des Menschen die Natur und alles Leben auf der Erde erkennen lässt).

SHUT (Schatten - es ist doch eigentlich sehr erstaunlich und interessant, die klangliche Nähe vom altägyptischen Wort 'Shut' für Schatten, zu unserem deutschen Wort nachzuvollziehen?! Es gibt viele solcher Phänomene!). Die Farbe ist das Grün, das heisst also, die Mischung von Blau und Gelb. Hier zeigt sich also eine Fähigkeit des seelischen Weltraumkörpers, die mit Bewusstsein (Gelb) und hingebendem Erleben (Blau) zu tun hat. Es ist schlichtweg die Fähigkeit unserer Seele, sich an alles zu erinnern und nichts zu vergessen, was sie benötigt, um die göttliche Aufgabe zu erfüllen, das individuellgöttliche Ziel des ICHs zu erreichen. Es ist das wahre Gedächtnis unseres ICHs. Viele Menschen berichten im Zusammenhang von nahtodlichen Erlebnissen, dass sich ihnen ihr ganzes Leben noch einmal wie ein Film gezeigt hätte. Träume zeigen uns, dass wir nichts vergessen, was wir erlebt haben, ob wir es bewusst wahrnehmen oder nicht - sofern dieses Erlebte wichtig ist für die genannten sinnvollen Aktivitäten der Seele! Das, was unwichtig ist, kann vergessen werden: Hierzu zählt z.B. das Verzeihen. **Die gesunde Seele verzeiht nur, wenn die Wirkung des Verzeihens dem Leben dient!** Verzeihen ist etwas

Heiliges und für die Seele Heilsames! Das lebendige Verzeihen kann aber nicht durch Pfaffen und Absolution gewirkt werden, wie das schon Martin Luther richtig erkannte und diesen gotteslästerlichen Betrug kritisierte. *Die wahre Verzeihung erreicht das ICH allein durch seine direkte, individuelle Beziehung zur Gottheit. Mittler braucht es keine!* Wer Mittler vorschreibt, lügt und betrügt. Wer's glaubt, betrügt sich selbst und nimmt Schaden an seiner Seele. Nein, liebes ICH, du magst beladen und verstrickt sein, wie Du willst, wende Dich direkt an die heilige Gottheit, *'pilgere' in die eigene Brust, und es wird Dir echte Erlösung werden* - denn die Gottheit will, dass das ICH gewinnt, dass es freudig und erfolgreich lebt, aber eben nicht gegen, sondern mit den anderen! Wer das hier wörtlich nimmt, braucht vielleicht viel Geld nicht für die Medizin und andere Therapien auszugeben. **Die Wahrheit der Gottheit ist das Lebenselixier!** Der Stein der Weisen, den alle suchen, ist das ICH und in dem Masse, als der göttliche Auftrag im ICH gelebt und damit verwirklicht wird; so wird "Gold" hergestellt. Die Transformation von Blei oder anderen Metallen zu Gold ist sehr wohl möglich - aber der Weg ist nicht der Weg der Täuschung und des Betruges, also Minderwertiges zu Geben und Hochwertiges dafür zu erhalten! Wer aus Blei Gold machen will, studiere die Alchimie der Verdauung. Allein so viel: wer das Minderwertige durch lebendig-hochwertiges Wissen und Können ergänzen kann, erreicht ehrlich und real den gewünschten alchemistischen Prozess von Blei zu Gold - oder vom Minderwertigen zum Vollwertigen, vom Kranken zum Gesunden, vom Leiden zum Nicht-mehr-Leiden, oder: vom Sterblichen zum Unsterblichen. Mich interessiert allein das letztere! Warum wohl? Um der lebendigen Gründe des Goldes willen. Dem suchenden Alchimisten sag' ich: wenn der Sterbliche sich des Stuhles entledigt (man könnte es auch ein wenig derber ausdrücken), nennt man das Kot. Wenn die Seele 'stuhlt', nennt man dies eine Leiche, und wenn das Unsterbliche 'stuhlt', ist es Gold. Alchimisten, vergesst nie - eine der echten Quellen für Alchimie stammt aus Altägypten. Für den Kenner verrät es ja schon das Wort 'Alchimie', was der altägyptische Name für Ägypten = "schwarze Erde" im Sinn von: fruchtbarer Erde ist, und altägyptisch klingt das ungefähr so:

chemet!, also Chemie. Alchimie: das sind die ewigen Gesetze des Universums, die von der einen Substanz und vom ewig Wandelbaren, vom Mannigfaltigen und vom Unveränderlichen handeln (unsere heutige Chemie gibt darein einen blassen, aber wertvollen Einblick).

Wir haben die vier kosmisch-weiblichen Fähigkeiten der Seele erklärt; unsere Aufmerksamkeit gilt nun den drei männlichen Aktivitäten der Seele, die sich im Rot und / oder in Rottönen zeigen. Zur bewussten Aktivität zählt auch das Programm, das Verwirklicht werden soll. ᛋᛋᛋ Die drei männlichen Aktivitäten der Seele umfassen also die individuelle ICH-Idee als Schöpfungsabsicht (Gelb), die, Rot und Rottöne, im Herz und im Körper zum Ausdruck kommen.

☉ Der Name (als Farbe: Gelb), Licht, ist aktiv als Ideenträger tätig. Die Sonne ist Träger der Lebensideen und in diesem Sinne auch der Kreativität. So wie der irdische Körper des Menschen ein Gehirn hat, mittels dessen Leistungsvermögen er über die Organe das irdische Bewusstsein bildet, so ist unter dem Namen die individuell-göttliche ICH-Idee zu verstehen, welche als göttliches Programm der Seele Orientierung und Sinn gibt und sie letztlich steuert. Der Name steht also für die Realität des göttlichen ICH-Bewusstseins in der Seele.

♅ Das ist das Herz (als Farbe: Orange). Beim Sinnenkörper - dort vor allem im Zusammenhang mit den Leitungen des Herzens und der mit ihm verbundenen psychosomatischen Realitäten - wird klar, dass sich hier Seelisches und Organisches in der Leistung verbinden. Die Organe sind nicht vom ICH gebaut, sondern von der unendlich-gleichzeitigen Genialität der Gottheit (es existiert kein Lebewesen, ob ganz winzig oder gigantisch, das nicht über einen genialen Körper verfügt, den es weder geschaffen hat noch schaffen könnte. Dieses Thema durfte ich ja bereits gründlich bearbeiten). Im Zusammenhang mit der ewigen kosmischen Realität zeigt sich hier die Fähigkeit der Seele, im Dienste ihres Auftrages (gelb) Organe, Werkzeuge usw. zu beleben (rot) und in diesem Sinne unendlich viele Gestalten anzunehmen. *Aber nie ist die Seele Gestalt, sondern sie belebt und führt sie nur.* Je tüchtiger und vielseitiger ein Mensch ist, in desto mehr 'Gestalten' kann er sich zeigen: als Berufsmensch, als Künstler, als Arzt, Erfinder usw. Er kann sogar 'schmutzig' werden bei diesen Tätigkeiten; er kann sich verletzen und leiden. Immer aber wird er durch das Erfahrene und Erlebte reicher - und für sich und andere nützlicher. Genauso verhält es sich mit den aktiven Eigenschaften der Seele als kosmischem Körper. Der Sterbliche lebt und dient der irdischen Realität. Der in seiner Unsterblichkeit Erwachte dient dem Kosmischen, dem Leben, der Gottheit. - In Altägypten gab es kein Wort in unserem Sinne für Priester, sondern sie erkannten sich als Diener des Lebens. *Und weil das Geschlecht keine Rolle spielte, wohl aber die Qualität des ICHs, konnte genauso eine Frau Dienerin des Lebens sein.* Hüten wir uns vor allen religiösen Systemen, wo die Frau nicht gleichberechtigt dem Manne ist: dort kann die Wahrheit nicht sein, nicht existieren. Es ist nur dummes Geschwätz von dogmatischen Narren, wenn es heisst, die Frau könne nicht auch im religiösen Bereiche gleichgestellt sein. Die Wahrheit ist doch, dass gut 50% der Menschen Frauen sind, und es muss als Betrüger und Narr erkannt werden einer, der 50% Prozent der göttlichen Schöpfung in Menschenform für minderwertig erklärt! Ach, ihr Frauen: wenn ihr Willen, Kraft und Ausdauer *im gemeinsamen Ziele* vielleicht für drei Wochen hättet und die Süsse eurer Liebe den Männern, aus Protest über dieses eindeutige Unrecht und den Verstoss gegen das Göttliche und die Natur, versagen würdet - wir hätten endlich weltweit religiöse Freiheit! Wir hätten Kirchen und Konfessionen, die endlich ihren wahren sozialen Aufgaben nachgehen könnten - um im Sinne von Martin Luther zu sprechen: das Menschengeschlecht würde veredelt! Hier würde die Frauenbewegung zur besten religiösen Bewegung aller Zeiten.

▬ ı Der Körper (als Farbe: Rot). Die Gottheit hat erstlich und letztlich alles geschaffen - und darum ist IHRE GÖTTLICHKEIT in allem unendlich gegenwärtig. Diese Wahrheit zeigt sich real in der Genialität aller Körper und überhaupt in allem, was der Mensch nicht gemacht hat, zu dessen Leistungen aber auch der Mensch und das ICH selbst zählt. Wir können sagen: in den Körpern begegnet uns alles Bewusste, was nicht vom ICH stammt und deshalb dem ICH zunächst als "unbewusst" erscheint. Ob ein Mensch im allgemeinen Verständnis dumm oder klug ist - das ändert zunächst nichts an den Funktionen der irdischen Körper und dem sie belebenden Blut. Ob das ICH wach ist, oder sich im Tiefschlaf befindet: solange die natürlichen organischen Gesetze des Lebens erfüllt sind, lebt der Körper und leistet weitgehend total selbständig alle seine Aufgaben; der Mensch verfügt über die entsprechende 'Software', den Körper mit all seinen Organen zu steuern. Das ICH braucht geistig nur zu wollen, und der betreffende geistige Befehl wird ausgeführt. Körperlichkeit bedeutet also hier im Zusammenhang mit der Seele als kosmischen Organismus, dass wir immer und allüberall über die besten und genialsten Werkzeuge verfügen werden, die wir zur Durchführung unseres individuell-göttlichen Auftrages benötigen. Hier zeigt sich die wahre "Magie" im Sinne von: seelischer Aktivität. Wenn man als Mensch in einer schwierigen Situation ist (wie immer diese Krise, Not usw. auch aussehen mag) und man 'ruft' innerlich die Gottheit an und bittet im Zusammenhang mit dem Problem "um das, was man haben darf!" - es wird einen Weg aus der Krise geben, und zwar einen in kosmischer Qualität! So oft habe ich das erleben dürfen. Das Beste in meinem Leben, was mir widerfuhr, habe ich gar nicht verlangt, ja mir nicht einmal ausdenken können!

Weiter zeigt das Farbbild aus dem Grabe Ramses des VI. die bereits erwähnten beiden Köpfe mit sich abgewandtem Antlitz, also jedes Antlitz schaut in die entgegengesetzte Richtung. Hier zeigt sich ein ganz wichtiges kosmisches Gesetz, das es über das Bewusstsein zu erfüllen gilt: Es ist das berühmte Thema, welches von Goethe so trefflich erkannt und geschildert wird: 'Zwei Seelen wohnen, ach, in meiner Brust.' - Nein, es sind keine zwei Seelen, sondern es ist eine Seele mit ihren *zwei Bewusstseinsaspekten*: nämlich die aktive Bewusstseinsrichtung hin zur Verdichtung, Verwirklichung mit dem engagierten Ja zum Sinnenleben - und die andere Bewusstseinsrichtung geht in das All, in das Ewige. Ein Aspekt zieht zur Erde und der andere zieht zum Himmel. Darum muss das ICH seine individuelle Religiosität im

Zusammenhang mit der göttlichen Natur seines Wesens entwickeln und leben, und dies in Harmonie zu den sinnenfreudig-materiellen Aspekten mit ihren Möglichkeiten auf dieser Erde, an denen man sich lebensbejahend erfreuen soll. Darum dürfen wir kein ICH an seiner individuellen Entwicklung, auch nicht seiner religiösen, hindern. Allerdings hat diese Freiheit dort die Grenze, wo sie die Freiheit eines anderen ICHs erreicht. Wenn der Punkt erreicht ist, hilft vielleicht der *"Orchestergedanke"*: Unterschiedliche Musiker mit ihren Instrumenten - die sie allerdings beherrschen - spielen zusammen etwas Wunderbares, was einer allein nicht könnte. Jeder natürlich entwickelte und in seinem ICH gesunde Mensch stellt mit seinen entwickelten Fähigkeiten einen irdischen "Musikanten" dar, der mithilft, zusammen mit dem Orchester Erde eine kosmische und göttliche Melodie zu spielen. So ist der einzelne Musiker glücklich in seinem Spiel mit den anderen zusammen - und alle Leben gemeinsam vom und erfreuen sich am Orchester.

Auf dem Rücken der Sphinx sieht man einen ovalen Kreis mit dem Skarabäus-Käfer, dem Symbol kosmischen Lebens im Sinne von: Dienen und Verdienen und folglich auch das Schicksal bedeutend. Er zeigt mit seinem Kopf (Fühler!) in Richtung der vier Frauen und entspricht dem Grün neben dem Gelb im Persönlichkeitsspektrum. Die tiefe kosmische Symbolik des Skarabäus habe ich in diesem Buch bereits erklärt. Zum Schluss noch etwas Wunderbares und Schönes: über dem Kopf der Sphinx mit Blickrichtung zur Dreiheit, also zu den drei Männern, schwebt eine Gestalt mit schützender Gestik.

Das ist der "Schutzgeist", den jedes ICH hat im Zusammenhang mit seiner irdischen Aufgabe. Er dient den aktiven Kräften des Menschen. Der Schutzgeist ist eigentlich der wache göttliche Teil des ICHs, der dafür sorgt und dieser Aufgabe dient, dass das göttliche Ziel erreicht wird. - Viele Menschen "spüren" diesen *heiligen Geist* ganz deutlich auf individuelle Weise. Um Mut zur eigenen Beobachtung zu machen, teile ich hier mit, dass ich ihn in der Regel als ein weisses klares Licht vor dem Einschlafen erlebe. Dann öffne ich sehr oft die Augen und prüfe nach, ob irgend ein Lichtschein den Effekt durch meine Augenlider gewirkt hat. *Das Heilige verträgt Kontrolle und erwartet niemals blinden Glaubensgehorsam!* Das Heilige braucht die Kontrolle auch nicht zu fürchten! Glückselig gehe ich dann "heim" und lasse den Körper zur Erholung durch die Cheperkräfte schlafend zurück. Die Heimat des ICHs ist die Gottheit, und die Seele kennt den Weg. Und "Lichter" pulsieren zurück zur Gottheit, wie Schmetterlinge, die belebt und glücklich im Sonnenlicht flattern und fliegen - und alles ist ihnen real offenbar, wovon Raupen real keine Ahnung haben. Das Gleichnis übertragen auf den Sterblichen, spreche ich von Geheimnissen der Seele. - Denn wahr ist, dass das ICH als Mensch an sich überfordert ist. *Mensch zu sein heisst nämlich: leben, ohne irgend eine Garantie auf dauerhaftes Glück zu haben!* Mensch-Sein heisst: Augenblicke von Freude und Glück erleben dürfen in einem Meer von Müssen und Notwendigkeiten. Und am 'Ende' menschlichen Lebens wartet in irgend einer Form das Aufgeben, Verlassen-Müssen, Verlieren usw. Auch kunstvolle Systeme 'masochistischer Couleur' (verbrämt als Missbrauch von Philosophie oder Missbrauch von Theologie) dogmatischer Religionen, die das Leiden und den Verzicht verherrlichen, oder auch resignierende Vernunft, ändern nichts an dieser unerfreulichen Realität. Aber es ist nicht die Wahrheit! Es ist die täuschende Wahrheit der Informationen sterblicher Sinne. Wer in seiner Seele erwacht ist und mit einer wachen Seele lebt, der freut sich des Lebens: er überwindet mit einer inneren Gewissheit alle physischen Probleme. Und ist das Ende da, so gilt das Ende nur dem verbrauchten Körper, nicht aber der nun befreiten Seele. Wer aber vorher schon wach geworden ist in seiner Seele und wach gewesen ist in seinem Körper, der lebt - so oder so ...! Und er geht mit kosmischen Schritten mit seiner unsterblichen Seele von Existenz zu Existenz: es ist im einen 'Schritt' das Diesseits, und ein anderer Schritt ist im Jenseits. Mögen die "Beine" über Diesseits und Jenseits rätseln, den "Kopf" - das unsterbliche ICH-Bewusstsein - stört es nicht, es erlebt und weiss sich glücklich in einer unendlichen und göttlichen Welt. Und was den Schutzgeist betrifft: diese Zusammenhänge habe ich im Kapitel 'Das ICH und übersinnliche Wahrnehmung' erklärt.

Vier weibliche Lebenskräfte und drei männlich-aktive Kräfte zusammen mit zwei Sphingen-Köpfen ergibt die Zahl 9. Das ICH und sein seelisches Geheimnis der Zahl 9 soll unser nächstes Thema sein, und ein altägyptisches Bild wird uns dabei helfen, dessen Original gut und gerne über 4'000 Jahre alt ist, dieses zu entschlüsseln. - Es gilt nun, auf individuelle Weise diese sieben Aspekte der kosmischen Persönlichkeit zu beachten und vor allem darauf zu schauen, wie diese als Mensch erlebt werden: Je mehr der Mensch sein Bewusstsein auf diese sieben Zustände lenkt, wird ihm individuell klar, was er machen kann und darf - und damit, was für ihn gut ist! Um dieses zu leisten, möchte das folgende Bild (Original: Karnak-Tempel in Luxor, White Chapel, Pharao Sesostris I.) dienen, welches das erwachte ICH zeigt, wie es der Gottheit für das Leben dankt.

Bitte, beachten Sie das Rechteck mit den neun Feldern rechts im Bild.

Das Rechteck steht in der altägyptischen Symbolik immer für das, was wir heute gemeinhin unter Materie verstehen. Wie entsteht Materie? Es entsteht Materie durch das Zusammenwirken der lebendigen Rauminhalte von ICH und DU in ihrer Polarität, was vier ergibt (zwei mal zwei). Der Ort der Vierheit ist die Erde. Überall dort, wo sich die genannten Kräfte in ihren unendlichen Erscheinungsformen treffen, entsteht Begegnung, somit Materie - auch: "Ort der Begegnung", weswegen wir als altägyptische Hieroglyphe den Kreis mit Kreuz für Ort, Stadt (auch heutzutage noch auf

Landkarten, Lageplänen) usw., aber ebenso für die Erde als Ort der Vierheit finden. Der Tag hat seine zwei Seiten der Grenze zur Begegnung mit der Nacht - nämlich: Morgen und Abend. Umgekehrt - im Sinne der Ergänzung - gilt dies für die Nacht. *Der Physiker Carl Friedrich von Weizsäcker lehrt klar und wahr: Materie ist Information!* Es ist äusserst wichtig, dass diese Aussage in ihrer ganzen Tiefe verstanden wird. Denn: wenn jemand eine Information nicht versteht, bleibt ihm der entsprechende Nutzen verborgen. Wer eine Information falsch versteht, wirkt womöglich sich und anderen Schaden. Nur durch die Erkenntnisse kosmischer Gesetzmässigkeiten ist Materie als kosmische Information richtig zu verstehen. Das kann aber nur eine Astrophysik leisten, die endlich den Mut hat, zu dem zu stehen, was einige ihrer genialen und begabten Forscher doch ganz klar wissen: das Universum ist lebendig! und mit Unfug wie Zufall und Urknall endgültig Schluss zu machen. - Einstein: Gott würfelt nicht! **Dieses kosmische Leben ist die unendliche Gleichzeitigkeit von Geist, Seele und Körper!** Der Geist wirkt die lebendige Form und zeigt damit die Absicht der Natur. In diesem Sinne gilt es, nur zu beobachten: wo und in welcher Form tritt Materie in Erscheinung? und dann ist es gar nicht so schwer, ihre wahre Bedeutung zu erkennen. Die Materie ist darum vergänglich, weil sie das Produkt einer individuellen Begegnung ist im unendlichen Raum. Sowohl ihre Entstehung, ihr Zustand und ihr Vergehen untersteht kosmischer Gesetzmässigkeit, und diese erfolgt nach dem lebendigen Gesetz der kosmischen Neunheit! Darum ist eine Zahl nicht einfach eine Zahl, sondern sie offenbart im Zusammenhang mit einer speziellen Qualität einen ganz bestimmten Zustand in der Schöpfung. Halten Sie dies für unmöglich? Mit unseren Tests, sogar am Telefon, sprechen wir über Farben (Schwingungen!) und dreistellige Zahlen und erfahren so den exakten Bewusstseinszustand eines ICHs zu einer bestimmten Sache. **Rufen Sie uns an!** Wir führen Ihnen sehr gerne die Leistungsfähigkeit dieser kosmischen Gesetzmässigkeiten unmittelbar (fast schon Wort wörtlich, und dies trotz Telefon) vor Augen! Wir benötigen niemandes Glauben - das, was ich hier schreibe, ist bei uns gelebtes, wissendes Können. Wenn Sie wollen, können Sie es sogar bei mir erlernen: im Seminar für Hermetische Diagnostik. - Alles ist geordnet und lebendig "gezählt", ja selbst lebendige Zahl. Eigentlich ist diese Tatsache für den heutigen Menschen leicht zu verstehen im Zusammenhang mit Computern. Der Computer zeigt ein wunderschönes Bild - für den Computer ist das Bild aber eine ganz exakte, definierte Zahl, in der jeder Bildpunkt bestimmt ist. Alles, was in diesem lebendigen Universum geschieht, entspricht im göttlichen Bewusstsein einer bestimmten "Zahl" - durch diese ist alles Schaffen, alles Sein, alle Ordnung, jedes individuelle ICH ausnahmslos definiert: so die Beschaffenheit des kleinsten Lebewesen und sein Schicksal, die unendlichen individuellen Formen der Schneekristalle, jeder Atemzug von allem, was atmet und auch die Verarbeitung aller Dummheit in so zahlreicher Form (unendlich ist die Dummheit zwar nicht; sondern eben immer endlich und 'sterblich', was auch für jede Form von Unvollkommenheit gilt). - Ich höre oft das törichte Geschwätz der charakterlich Faulen im Zusammenhang mit lebensfeindlichen Aktivitäten und Perversitäten im Lichte der Natur, die meinen: das sei doch dem Universum schnuppe, ob jemand pervers sei oder nicht, ob jemand andere Lebewesen, und auch sich selbst, schädige oder nicht. Nein, kranker Geist - dreimal nein! Die Vollkommenheit des lebendigen Universums kann nicht das leiseste Unvollkommene gelten lassen - es würde sonst in sich zusammenfallen, sich selbst untreu werden! "Das begreife ich nicht", höre ich dann oft, und gleichzeitig begreifen sie auch nicht ihr Leben. - Ich erschaudere glücklich ergriffen im Anblick des wunderbaren Flügelmusters eines Falters, ob der Präzision und Genialität all der Erscheinungen des Lebens, und ich erkenne mich getragen von dieser göttlichen Genialität, die keine Ausnahme in der Qualität macht, noch zulässt. Es geht hier nicht um Perfektion als Selbstzweck, das wäre Unsinn. Es geht auch nicht darum, dass man als Mensch real eine solche Perfektion erreichen und leben soll - das ist in Menschenform selbstredend nicht möglich. Es geht nur darum, diese Exaktheit und Qualität der Schöpfung in allem zu erkennen und sich mit ehrlichem Herzen nach ihr zu sehnen: Das reicht, weil im Sinne der kosmischen Verhältnismässigkeit das Maximum vom Menschen dann geleistet wird, wenn er in jedem Augenblick und im Rahmen seiner Möglichkeiten das tut, was er individuell ehrlichen Herzens real zu leisten vermag. **Zur göttlichen Vollkommenheit zählt die Freiwilligkeit:** die Gottheit ersehnt sich das individuelle ICH als freiwilligen Mitschaffer und Mitschöpfer am Leben, und darum drückt SIE nicht. Diese Freiwilligkeit ist ganz, ganz wichtig und ist realer Ausdruck göttlicher Liebe. Wer ehrlich sucht und sich dabei irrt, wird trotzdem glücklich, denn die Gottheit selbst wird das Glück für das geliebte Wesen wirken - und das ehrliche Suchen ist das Wichtige, das Irren dagegen ist der unvermeidbare Lernprozess, der weder in irgend einer Weise Schuld ist noch wirkt. Der Altägypter erlebte sich als Teil der göttlichen Familie des Lebens, und so begegnet er der Gottheit wie in diesem Bild, dessen Lebensbotschaft wir hier entschlüsseln. - Über dem Quadrat mit den neun Feldern erkennen Sie drei Pflanzen (Lattich). Die Symbolik ist also klar: nach der lebendigen Ordnung der Neunheit wird das Leben in der Dreiheit (dreidimensionale Räume und Körper) geschaffen. Davor steht als Symbol die den Menschen liebende Gottheit, die sich ihm deshalb menschlich verständlich zeigt (exakt ist es hier der Gott Min, eine Variation von Amun), aber der Name Min ist reine Information, wie es jedes Bild der altägyptischen Weisheit ist, und bezieht sich hier auf das gerechte und lebensrichtige Zeugen, weshalb Min immer mit erigiertem Penis dargestellt ist, der auf dem Bild leider von frevelhafter Hand zerstört wurde. - Einmal ist es Min, dann soll es auch Amun sein: warum diese Variationen? Weil es real so ist! Denken Sie bitte an Ihre Mutter. Das ICH Ihrer Mutter ist unsichtbar, und nun sollen Charakter, Eigenschaften von der Mutter beschrieben werden. Wir tun das mit Worten, die alten Ägypter taten dies mit Bildern. Beispiel: Sie schreiben - 'Meine Mutter liebt mich'. Als Bild müsste man die Mutter zeichnen, die ihr Kind liebkost. Aber die Mutter ist eine gute Köchin, sie hat einen Beruf - und all diese Schilderungen würden zwangsläufig in Variationen dargestellt. So gingen die alten Ägypter auch mit der unsichtbaren Gottheit um. - Der Laut für: die Gottheit regelt alles zum Guten und Richtigen, ergab -: Amen! Die Gottheit verjüngt alles immer von Neuem, gibt neue Kraft, ergab -: Amun. Die Gottheit will, dass ich und die anderen Lebewesen lebensrichtig (lebensrichtig im Sinne der kosmischen Ordnung = der Göttin Maat!) zusammenleben, ergab -: Amin (Friede!). Die Gottheit mit IHRER Schöpfung gibt uns alles, alles kommt so reichlich von IHR, ergab -: Amon. Beachten Sie, dass sich sogar der altägyptische Name der Gottheit als AMEN erhalten hat und die Christen das nicht einmal wissen. Auch im Islam hat sich der altägyptische Name der Gottheit erhalten, dies als sehr bedeutsamer und wichtiger Name für Friede: Amin. - Die Kopfsymbolik habe ich in meinem **altägyptischen Lebensbuch** ausführlich beschrieben und darf deshalb auf dieses verweisen. Vor der Kopfsymbolik steht aber eindeutig der Name Amen. Wir sehen ja die Symbolik gleichsam in einem Seitenaufriss, nicht als eine zeichnerische Wiedergabe natürlich beobachtbarer Körperlichkeit. In diesem Sinne beachten Sie die Haltung des linken Armes von Min (vom Objekt aus gesehen!) - es zeigt sich die "halbe" KA-Hieroglyphe ⊔. Also: die Gottheit wirkt und nutz die KA für die Schöpfungsprozesse (die KA-Kraft kann der Mensch sehr gut an sich beobachten, wenn er begeistert, motiviert, sexuell erregt ist usw. - es kann auch alles zusammen sein, ganz auf individuelle Weise!). Das Rechteck mit den neun Feldern und den drei Pflanzen (Lattich steht als Symbol der Fruchtbarkeit, Kreativität der Gottheit. Die Pflanze gilt auch als Aphrodisiakum) steht im Rücken des göttlichen Symbols, der göttlichen Information und informiert, wie die Gottheit die Schöpfungsarbeit leistet! Nix da von blindem Glauben: Mensch, glaub nicht mehr an Gott oder die Gottheit, und **mach Dich frei, SIE real kennenzulernen**. Der Glaube stört hier die Erkenntnis, wie der Nebel, welcher auf einer Landschaft liegt und erst vom Sonnenlicht vertrieben die wahre reale Schönheit der Landschaft freilegt. Ich spreche nicht gegen dieses innere Ahnen, diese innere seelische Gewissheit! Ich spreche gegen den Glauben, der etwas als wahr annimmt, von dem - mangels der Einsicht wissender, fähiger Erkenntnis - gar nichts Wahrhaftes vorhanden ist. Das aber ist je nach Situation Irrtum oder Lüge und wirkt Leid, Not, Krankheit und was des Schlechten noch mehr ist. Der Pharao - hier stellvertretend für das ICH - nimmt mit seiner linken Hand das Leben als göttliches Geschenk entgegen ᐃ ǀ (diese Hieroglyphe zeigt die Dreiheit in der Dreiheit, indem das äussere Dreieck, die Pyramide, den dreidimensionalen Körper meint und das kleine Dreieck darin die unendlich-lebendige Dreiheit des ICHs als gleichzeitig Geistiges, Seelisches und Körperliches). Also, das ICH erlebt sich als lebendig-göttliches Geschenk. Ganz exakt bedeutet dieses Dreieck ▲ hier: "Ich bin geschaffen als Dein Wille und um diesen Deinen göttlichen Willen zu verwirklichen, durchzusetzen." Das Dreieck in der Hand des Pharao, der hier nach kosmischem Gesetz an der Stelle des Menschen steht! Also deutlich: **jeder Mensch ist ein solcher göttlicher Wille!** Das Dreieck, ohne das kleine innere Dreieck hier gezeigt ▲, bedeutet nämlich auch Dorn, Keil! Eben, um etwas durchzusetzen. - Das erfüllt das ICH mit solcher Freude, dass es seinen rechten Arm erhebt in der symbolischen Geste des Verehrens und der Hingabe. Unter dem Penis steht die Formel des Zeugungswillens der Gottheit - die Hieroglyphen bedeuten: ◢ als **"Eckstein" meiner Schöpfung habe ich Dich geschaffen,** im Sinne von: mit Dir will ich meine Schöpfung verwirklichen. - Kommt Ihnen das nicht bekannt vor? "Du bist der Fels, auf dem ich meine Kirche baue." Es ist erwiesen, das Jesus nie eine Kirche gründen wollte und niemandem einen solchen Auftrag gab. Aber hier wurde eindeutig eine kosmische Wahrheit aus den antiken Mysterien missbraucht! Denn nie ist gemeint, dass nur ein einzelner Mensch oder eine Organisation die Gottheit vertreten solle! Sondern gemeint ist logisch und kosmisch gesetzmässig, dass jedes ICH eine göttliche Grundlage ist, auf der und mit der die Gottheit arbeitet! Das ist das **kosmische Evangelium,** das andere ist bösartige Perversion des Heiligen. Denken wir in diesem Zusammenhang auch an die Freimauer mit ihrem Symbol vom Eckstein, als Symbol dafür, dass jeder Mensch zunächst ein "unbehauener" Stein ist, der seine Form finden muss für das göttliche Gebäude. Die Interpretation der Freimaurer ist sicher eine der vielen Richtigen, weil Sie mit den kosmischen Gesetzen übereinstimmen. Wir fahren fort in der Hieroglyphenübersetzung: Stark, durchsetzungsfähig ◢ und als Persönlichkeit ⋂ habe ICH Dich machtvoll ▎geschaffen ◤ und gezeugt ❘ (◤ Hieroglyphe für: ergibt und

❉ Hieroglyphe für: Samentropfen). So habe ICH Dich als mein Wille verkörpert (in ein "Gefäss" also Körper gegeben).

Mit Hilfe der Hieroglyphentexte, die oben behandelt wurden, müsste es Ihnen jetzt sogar möglich sein, diese Hieroglyphenzeile von links nach rechts zu lesen. Ich darf es im Sinne der Ergänzung zu dieser Erläuterung nachfolgend tun.

ſſſ **Der unendlich-göttliche Wille auf Erden** ⋔ **macht** (entwickelt, lässt wachsen, körperlich gross werden) **aus dem** ● **unbewussten Sein Dich** ⌒**bewusst, indem er Dich in** ▽**Körper als "Gefäss" für Dein ICH gibt,** d.h. Dich in Sinnenkörper ⌒ zeugt (Hornviper als Sperma!). **Mit der so gezeugten Körperlichkeit** ↑ **als Werkzeug zur Entfaltung Deines ICHs (Ptahstab), schafft sich Deine unsterbliche ICH-Idee** 𝍢 (Osiris-Pfeiler) ⚵ **das Leben** (Anch-Lebensschlüssel) und wirkt **und verwirklicht so Deine** Δ **unendlich-dreifaltige Existenz, zu der ich Dich aus Liebe (** ⟆⫞ diese drei Hieroglyphen bedeuten einerseits 'aus Liebe etwas schaffen' - also: 'geliebtes Geschöpf'; anderseits einzeln: ⟆Hieroglyphe für Hacke im Sinn von: mit der Hacke ein Loch in die Erde treiben und den Samen hineinlegen, ackern, zeugen, und die beiden Federn ⫞ : so dass es 'lebensrichtig' ist für Dich mein Gotteskind und für mich die Gottheit') in beidseitigem Nutzen **geschaffen habe.** - Nach solchen Texten muss man doch die Natur im Schöpfungshauch der Gottheit als real erleben-: Licht, Luft, Natur und all die wunderbaren Erscheinungen des Lebens sind ein Gruss der Gottheit als Botschaft meinem Geist und meiner Seele; und jeder Mensch, jedes Lebewesen zählt auch dazu! Dann ist man motiviert und versteht Jesus, wenn er - eindeutig der Gottheit real begegnet - ausruft: Tod, wo sitzt dein Stachel - Hölle, wo bleibt dein Sieg?! Da leisten wir glücklich auf Erden unser sinnvolles "Gotteswerk" und versuchen das zu sein, wozu SIE uns geschaffen hat; und wenn das Erdenkleid dereinst, durch ehrliche Arbeit zerschlissen, verbraucht ist, dann trägt uns die Seele, reich geworden durch das sinnvolle Erdenleben, hinüber zu denen, die wir lieben - und sie uns!

Das ICH und der Tod

Wie kann man so töricht sein, zu verkennen, dass man ein Geschöpf der Natur ist; wie kann man im Vollbesitz funktionierender Organe nicht darüber kreativ nachdenken wollen, was sich uns als Leben real zeigt? Wie kann man so töricht sein, die einem zur Verfügung stehende Lebenszeit mit Nichtigkeiten zu verplempern und darüber, eingelullt in suggestiv-unsinnige "Beweise" angeblicher Wissenschaft, die sich vor der Sinnfrage und deren konsequenten Antwort regelmässig drückt, das Wichtigste zu verpassen? - Aber der Mensch kann sich vor dem Tod nicht drücken: er hat zwar nichts gegen wissenschaftliche Errungenschaften (z.B. dass er auf dem Mond landen kann), vor allem nichts gegen solch wertvolle, die ihm die Lebensqualität verbessern und befördern - aber er hat ebenso, und durchaus tief berechtigt, das legitime Bedürfnis zu wissen, was sich wirklich abspielt in dem Umstand, was er als persönlichen Tod erleben muss! Ich stelle fest: *Die gegenwärtige Wissenschaft lässt den Menschen im Zusammenhang mit seinem persönlichen Tod, ja mit seinen persönlichsten Fragen überhaupt, allein, insofern sie ihm eben keinerlei lebendigen und wirklichen Erklärungen auf seine tiefsten Fragen des Lebens gibt.*

Der denkende, ehrlich strebende Mensch beginnt von alleine - früher oder später - nach einer individuellen Antwort auf die Frage der Bedeutung seines eigenen Todes und Lebenssinnes zu suchen, zu erkennen, was eindeutig wahr ist. - Eindeutig wahr ist, dass Jesus, Mohammed, Buddha und all die vielen anderen aus dem gleichen kosmischen Material geschaffen sind, wie jeder Mensch! Wahr ist, dass das Leben, welches Sie geschaffen hat, auch jeden Menschen und überhaupt alle Erscheinungsformen geschaffen hat: und die Erwachten haben das erkannt und gelehrt! Wir sollen ihnen nachfolgen, indem wir, wie sie, uns selbst als Kind der Sterne, Kind des Weltraums, Kind der Natur erkennen - oder wie es die alten Ägypter nannten: **dass jedes ICH ein Gotteskind ist!**

Und da ich fast überall sehe, dass der Mensch in dieser wichtigen Frage, was der Tod ganz persönlich für ihn bedeutet, alleingelassen wird, gebe ich eine Antwort, an der ich gearbeitet habe und darüber ich den Segen des Lebens - "die lächelnde Zustimmung der Gottheit" - habe erfahren dürfen. Wer mich kritisiert, soll zuerst dem Menschen eine bessere Antwort geben, aber eine, an der er selber gearbeitet hat. Dem einen werde ich helfen können - dem anderen nicht. Wer sich ehrlich für diese Frage interessiert, wird in jedem Fall seine Antwort in sich selbst finden, *wenn er nur so klug ist, sich nicht von aussen, nicht von Äusserlichkeiten stören und verdummen zu lassen.*

Was meine ich mit der Aussage, dass man die einem zu Verfügung stehende Lebenszeit nicht verplempern solle? Wenn wir in die Natur schauen, sehen wir überall unzählige Gesetze, die alles genial ordnen. Die Natur lebt und arbeitet in allem - und damit auch in uns. Da kennen wir z.B. die Gesetze der Reife, die Gesetze der Geschlechtsreife - dazu zählen im Lichte der Natur auch die Reifeprozesse aller Früchte. Dieses Gesetz der Reife existiert aber für alles und jedes: also auch für den Geist und damit für das ICH. Der Geist aber ist angewiesen auf zuverlässige Informationen durch Organe, damit er Bewusstsein bilden kann. **Das ICH ist in erster Linie ein Bewusstseinswesen!** Wie der Mensch jeden Tag die Sonne im Zenit stehen sieht, so hat jeder Mensch gemäss seinem individuellen Schicksal im Leben seinen individuellen Zenit, in dem seine geistigen Fähigkeiten in einem günstigen Verhältnis zu seinen seelischen und körperlichen Möglichkeiten stehen. Diese Zeit gilt es zu nutzen, weil in dieser Zeit das ICH völlig unabhängig und ganz aus eigener Kraft seinen individuellen Weg zur lebendigen Wahrheit erkennen und ihn gehen kann. Verwirklicht er diese seine Chance, wird er seine persönliche Antworten auf seinen Tod, ja auf seine persönlichsten Lebensfragen überhaupt "schauen" und den Tod, von dem alle Betrüger und Narren sprechen, nie kennenlernen. - Wenn aber diese wichtige Zeit langsam ungenutzt zu verstreichen droht, erlebt sie der Mensch sehr oft, ja fast immer, als Lebenskrise im Sinne der bekannten 'Midlife-crisis', in Depressionen und vielen anderen Krankheiten, die in vielen Fällen nichts anderes sind, als der Ausruf der Natur: Mensch, Du läufst in die falsche Richtung! - Lange Phasen des beobachtbaren Mensch-Seins erlauben mangels genügend entwickelter Organe kein qualifiziertes Bewusstsein im vernünftig-menschlich-kosmischen Verständnis. Wir wurden alle einmal in dies Dasein hineingezeugt - und ich bitte, sich zu überlegen, welche Möglichkeiten der Erkenntnis das ICH in diesen Phasen des Organbaues als Embryo (und später nach der Geburt als Säugling) überhaupt hat. Zu den eindeutig erkennbaren, extremen Einschränkungen von Bewusstseinsbildung kommt noch die strenge Abhängigkeit - und die damit verbundene "Unfreiheit" - von Umständen mit dazu. Es gleicht das ICH durch die Zeugung von Vater und Mutter einem Reisenden, der einen Zug besteigt, der abfährt, und den es erst wieder bei einer Haltestelle vernünftig verlassen kann. Da wird das ICH in eine Familie, in eine Gesellschaft, in eine 'Zeit' hineingeboren, die in der Regel eine ungeheure suggestive - und in diesem Sinne höchst prägende - Macht auf das Bewusstsein des ICHs ausübt. Das ist der Grund, warum so viele Menschen sich nicht mehr erinnern können, was 'früher' war, weil alle diese Erinnerungen, oft sogar ohne böse Absicht durch die Umstände, noch öfter aber mit durchaus durchtriebener Absicht von dogmatischen missbrauchten Religionen und auch anderweitiger missbrauchten Ideologien, verschüttet werden. Da wächst das ICH heran und muss lernen, in dieser Welt zu bestehen. Es hat als Kind in der Regel sehr wenig Zeit, über das Spiel zu erfahren und zu erleben, welche wirklichen Talente in ihm schlummern, die es als kosmischen Lohn mitgebracht hat. Der Existenzkampf beginnt für das ICH je nachdem bereits im Kindergarten - sicher aber mit dem Schulbeginn. Wenig sinnvolle Freizeit, dafür viele unsinnige Pflicht- und Prüfungsfächer, von deren Existenz Menschen leben, die eigentlich dem Kind und jungen Menschen dienen sollten, ihn aber in Tat und Wahrheit für die Deckung ihrer kümmerlichen Existenz missbrauchen. Einige wenige Hauptfächer genügten als Prüfungsfächer - all die anderen Gebiete sind wichtig und sollen gelehrt werden, aber doch nicht als Prüfungsfach: diese Fächer sollten für den Schüler freiwillig sein. Mit dieser Freiwilligkeit und einem breiten Angebot von Fächern hätte das ICH die Möglichkeit, nach seinen Begabungen zu suchen - es könnte dann die wertvolle Unterstützung finden, die zu allen Zeiten wirkliche Lehrerschaft geleistet hat. So könnten auch Schwächen rechtzeitig festgestellt werden, die dem Menschen in der Zukunft als ernsthaftes Hindernis drohen: Schwächen, die es als junges Menschlein nicht wissen kann und auf die kosmisch erleuchte Führung angewiesen ist. Später erlernt der Mensch in der Regel einen Brotberuf, wie immer der aussehen mag; - bis jetzt konnte man zu keinem Zeitpunkt von Reife sprechen, sondern es ist das ICH (und wenn es selbst noch reif wäre) in der Regel von aussen eingeengt und wird am eigenen, freien Denken tüchtig gehindert. Dann kommen einige Jahrzehnte, wo die reifgewordene Persönlichkeit die Voraussetzung zum Reifwerden und 'Erblühen' im lebendig-individuellen Bewusstsein ermöglicht! In dieser Phase ist der Mensch am tüchtigsten; er hat Ideen und es zeigt sich je nachdem auch Genialität. Nun gilt es diese Zeit zu nutzen, um in seinem wahren, unsterblichen ICH zu erwachen. Verpasst man dies, kommt halt der Lebensabend, kommt die 'Nacht' und der kosmische Schlaf, den Unwissende den "Tod" nennen. Wenn das ICH in der Zeit des Zenits nicht im kosmischen "WIR-Bewusstsein" erwacht, so wird notwendig dieses "WIR" des kosmischen Bewusstseins verfügen und bestimmen, was da mit dem ICH geschehen soll - wo im Universum es für alle am Nützlichsten einzusetzen ist! Wenn das ICH aber in einer gesunden, erweiterten Bewusstseinsqualität die Grenze übertritt (wie wenn es z.B. mit einem Fahrzeug ein fernes Ziel erreicht hat und es nun verlässt), wird es - durch Tüchtigkeit fähig geworden - die neue Umgebung mit ihren Möglichkeiten erkennen. Zum Beispiel wird es erkennen, dass es nur ein Fahrzeug verlassen hat und es weder ein Jenseits noch ein Diesseits gibt! Das braucht keiner zu glauben - das kann man von jedem Schmetterling lernen. Dieses Gesetz von Raupe und Schmetterling gilt für jede Raupe, egal, wo sie auf der Welt rumkriecht.

Das Leben ist eine unendliche Gleichzeitigkeit. Diese Wahrheit können Sie, wie schon erwähnt, aber da sehr wichtig, hier noch einmal wiederholt, in kleinerem Verhältnis, nämlich in der Verhältnismässigkeit Ihres eigenen ICHs feststellen: Sie können sich selbst ganzheitlich geistig, seelisch und körperlich gleichzeitig wahrnehmen. Allein Ihr Bewusstsein bestimmt Schwerpunkte. Wenn ich mit diesem Bewusstsein der unendlichen Gleichzeitigkeit nicht nur mich selbst beobachte und erfahre, sondern es auf die Welt erweitere, soweit ich kann, fällt mir sofort etwas auf: Alles bewegt sich und ist bewegt - ist abwechselnd selbst Ursache für Bewegung. Könnte ich in Menschenform in diesem Bewusstsein verweilen, *so könnte ich - wie in einem Film mit Zeitraffer - beobachten, wie sich ein Punkt in alles nur mögliche verwandelt.* Die Fähigkeit dieses Bewusstseins erreicht das ICH, wenn es darüber nachdenkt, wer und was es ist und sich schonungslos die Frage stellt: 'Was hat mich geschaffen?' und auf eine eigenen Antwort durch das Leben besteht! Es ist ein Gesetz des Lebens, dass alles, was wir tun, wir immer besser können, unabhängig davon, ob es nun gut ist oder schlecht. Wer seinen Körper trainiert, entwickelt Muskeln und kann alles machen, wozu Muskeln eben nützlich sind. Wer seine Seele trainiert, entwickelt seelische Fähigkeiten und kann alles erleben und erleben lassen, wozu seelische Fähigkeiten nützlich sind! Wer seinen Geist trainiert, entwickelt geistige Fähigkeit und kann alles erleben, was mit geistigen Fähigkeiten erreicht werden kann: das aber ist das Verstehen des Lebens und seine Unsterblichkeit.

Die Regeln, wie ich sie gefunden habe und selbst anstrebe, sind:

- Die eigene göttliche ICH-Idee erkennen und leben.

- Erkennen, dass das kosmische Bewusstsein ein WIR-Bewusstsein ist, d.h. dass man alles tun kann, wenn man es so zu tun versteht, dass es für einen selbst, für die Betroffenen und in der Gesamtwirkung für das Leben gut ist. Darüber gibt es keine Diskussion - das darf und muss jeder mit sich selbst ausmachen. Die Gottheit hilft: Man darf nichts tun, was man nicht beten kann.

- Eine Verneinung der Welt ist sinnlos. Beten als Beruf ist Schwachsinn und oft genug Betrug. Es gilt im Rahmen seiner individuellen ICH-Fähigkeiten ein Ja zu sagen zur Schöpfung und der Welt.

- Angst und jede Art von Druck drohen, den Weg verfehlen zu lassen. Vor der Gottheit kann niemand schuldig werden, und vor der Gottheit muss niemand Angst haben. Es ist schwer als Mensch, dies alles zu leisten: wer aber den freiwilligen Mut aufbringt, im WIR seinen eignen Weg zu gehen, der wird "getragen" und allen Sorgen und allem Elend zum Trotz sein Ziel erreichen!

- Viele religiöse Menschen wollen ihr Leben Gott schenken und verkennen, dass es clevere Menschen sind, die immer von Gott sprechen, und stellvertretend (zudem völlig unberechtigt) das 'Geschenk' annehmen. Gut gemeint Mensch, aber sinnlos: denn die Gottheit liebt Dich so sehr, dass SIE sich danach sehnt, dass DU freiwillig, aktiv und glücklich Deinen Beitrag an die Schöpfung leistest.

- Und hier kommt die ganz besondere Regel: Lieber Mensch, **Deine individuelle nämlich!** Da ist das individuell-unzertrennliche Schöpfungsband zwischen DIR und der GOTTHEIT, was Dir Deinen ganz speziellen und eigenen Weg ausmacht.

Was passiert, wenn das ICH fehlt! Nichts im kosmischen Verständnis: denn es besteht ein lebendiger Auftrag, der gleichzeitig das entsprechende ICH selbst darstellt. Durch die erlebte 'Verfehlung' erfährt es 'Belehrung' - und das im Sinne der unendlichen Gleichzeitigkeit. Man sollte nur nicht ganz vergessen, dass die Belehrung in den Dimensionen des Universum stattfindet, also in einem Raum, wo Milliarden von Jahren gleich kosmischen Augenblicken sind! Aber eigentlich merkt das ICH von dieser Tatsache wenig oder nichts. Es erlebt das ICH sich selbst in einem positiven oder negativen Verhältnis zu seinem Zustand und will diesen ändern. Dieser von ihm selbst stammende "Änderungsdruck" ist allein das Unangenehme. Kosmisch gesehen straft sich das ICH selbst, indem es eben sehr wohl weiss, wer und was es ist und erkennt, in welchem Zustand es sich befindet. - Ein dramatisches Beispiel aus meiner Rekrutenzeit in der Schweizer Armee kann hier vielleicht als erklärendes Beispiel helfen: Ein Kamerad mit deutlichem Hang zum Alkohol kam stockbetrunken aus dem Wirtshaus und wollte in die Unterkunft heim, sich schlafenlegen. Er fand aber den Heimweg einerseits nicht mehr, anderseits konnte er sich nicht mehr aufrecht halten -: kurzum, er fiel vor einem Bauernhaus auf den dort gelegenen Misthaufen. Den erlebte er weich und bequem. Er war durch nichts und niemanden zu bewegen, den Misthaufen zu verlassen - und er wurde grob und tätlich gegen den, der ihn 'retten' wollte. Es wäre nicht nur sehr weich und bequem, begründete er, sondern auch warm. - Das stimmt im übrigen sehr oft, denn frischer Mist entwickelt durchaus Wärme. Etwas später wurde er auf Befehl des Feldwebels mit einem Wasserschlauch abgespritzt und wachte, derart gepeinigt, auf. Jetzt erst gewahrte er, dass er auf einem Misthaufen lag. Jetzt kommt's: Er hatte nun keine Ruhe mehr, bis er sich aufs sauberste reinigen konnte. - Sie erkennen: im Wachbewusstsein wusste er um seinen Zustand, den er in der Trunkenheit vergass oder nicht zu erkennen imstande war. Wir befanden uns abgelegen auf dem Lande; niemand hatte besonderes Interesse, ihm zu helfen oder ihn gar zu berühren (was Wunder?). Es war nur das kalte Wasser vorhanden (man bedenke: Ende Oktober in den Bergen!). Er war ein kräftiger Kerl, aber das gründliche Abspritzen mit eiskaltem Wasser machte ihn fertig, und er weinte. Gnadenlos wurde er abgespritzt, weil auch die anderen ihn sauber haben wollten! - Verstehe es, wer kann! - Wichtig ist, dass erkannt wird, dass es im Universum diesen dummen, rachsüchtigen Zorn, diesen primitiven Vergeltungsgeist nicht gibt - aber im Gegenzuge auch nicht das sentimental-belämmerte Verzeihen, sondern das allein die Gesetze des Universum als Offenbarung göttlichen Willens gelten und wirken! Darum braucht ein Mensch, der sich ehrlich Mühe gibt und da und dort ohne böse Absicht - also nicht bewusst, nicht grobfahrlässig und mit Intrige kriminell - Fehler begeht, sich vor dem Leben nicht zu fürchten. So wie ich das Universum in seinem Wirken beobachtet habe, prüft es einzig, *was zum Ziel der Harmonie im Interesse des WIR führt*. Ist das unter Umständen die Belehrung, wird dem ICH entsprechend Belehrung. Ist das Führung, wird das ICH geführt. Soll das ICH mit diesen Dingen, mit denen es fehlbar wurde, nichts zu tun haben, wird das ICH an einen Ort und in Zustände gebracht, wo diese Dinge nicht existieren. Die Konsequenzen des Universums sind göttlich, aber nie naiv. Wer sich die Finger verbrennt, erleidet die Schmerzen als Folge der Verbrennung! Wer sich am Leben vergeht, erleidet die Folge des falschen Kontaktes mit dem Leben! Heute, wir schreiben das Jahr 2001, herrscht eine heuchlerische Toleranz in weiten Bereichen fast überall in der Welt - und die Menschen verwechseln dies mit Menschlichkeit und Demokratie. In Wahrheit aber werden die Menschen beeinflusst, alles zu dulden, alles zu akzeptieren, was Geld bringt, mag es noch so sehr gegen die Heiligen Gesetze der Natur und des Lebens verstossen. Später dann, wenn die Natur, die keinesfalls unbewusst ist, sondern kosmisch bewusst, uns über Naturkatastrophen und Krankheiten ihr deutliches und zwingendes Wort spricht, wird gejammert und geblökt. Wer aber vorher schon, wie ich seit über zwanzig Jahren auf Grund von Tatsachen mahne, diesen Heiligen Naturgesetzen nachfolgt, dem wurde und wird Intoleranz vorgeworfen. In der Not sind es dann nicht selten die gleichen, die dann um Hilfe bitten und um eine Ausnahme. Die Gottheit ist weder gut noch böse - SIE ist in der Qualität einfach sich selbst: nämlich Göttlichkeit, und daran könnte nicht einmal SIE selbst etwas ändern. Die Naturwissenschaft hat auf ihre Weise diese Gesetze gefunden und nennt das ganze Evolution. Jedes ICH erlebt seine eigene Evolution! Alles ist Entwicklung, das Universum, die Galaxien, alles Leben - und dies in unendlicher Gleichzeitigkeit und ewig: im Zusammenwirken ist es die ewige Gottheit mit ihren kosmischen Organen (wie das ICH des Menschen körperliche Organe hat), die da lebt und wirkt.

Da wir aus Gottheit sind (aus Sternenmaterial, sagt die Astrophysik), ist ständig dieser göttliche Teil in uns; und wer in diesem seinem göttlichen Teil erwacht, ist im Paradies, weil er den göttlichen Zusammenhang schaut - er gleicht einem, der aus einer tiefen Ohnmacht (es muss nicht immer ein frischer Misthaufen sein) erwacht ist.

Dieses Bewusstsein gilt es zu pflegen, zu schulen. Ich tue dies schon sehr, sehr lange, aber ich tue es im WIR und "teile" darum gerne mit jedem "das Leben", der das wünscht! Niemand muss an meine Fähigkeiten glauben - ich erkenne es als meine Pflicht, Leistung zu zeigen, und ich erfülle diese Pflicht mit Leistungen, die für viele nur noch als Phänomene verstanden werden können. Das Grösste und Schönste, das Erfüllendste in meiner Arbeit erkenne ich allerdings darin, dass sie jedem, der das wünscht, als Werkzeug dient, frei (auch von mir!) und lebenstüchtig seinen individuellen Weg zu gehen!

Darum lautet auch meine politische Aussage: Vernünftige Menschen in aller Welt - vereinigt Euch!

Denn wer sein ICH in diesem Geist auf individuelle Weise geschult - oder sagen wir besser: entwickelt - hat, wird fähig, die Realität des Todes richtig zu erkennen, und der Tod wird keine Grenze mehr für ihn sein, wenn er das will: er kann mit Verstorbenen, oder solchen, die noch nicht geboren sind, Kontakt und Lebensbeziehungen aufnehmen. Es gibt eine menschliche Gesellschaft, es gibt aber auch eine kosmische Gesellschaft!

Der Tod des Menschen ist ein natürlicher Vorgang, ein natürlicher Prozess, zu dessen direkter Wahrnehmung dem Menschen geeignete Organe fehlen! Wer im kosmischen Bewusstsein erwacht ist, kann diesem Vorgang beobachten, wie er beobachten kann, wie Wasser gefriert, auftaut, verdunstet und kondensiert; kann beobachten, wie Wasser benutzt wird z.B. zum Reinigen, also um etwas in einen positiven Zustand zu bringen, wobei das Wasser selbst verschmutzt wird und durch Erhitzen und Verdampfung sich vom Dreck trennt und diesen zurücklässt. Man kann ferner beobachten, wie eine Raupe immer träger und passiver wird, sich sozusagen verinnerlicht und plötzlich die Raupenhülle leer zurücklässt, um schliesslich als Schmetterling weiterzuleben. Wer 'Raupenbewusstsein' hat, trauert - wer schon als Raupe wachgeworden ist und gelernt hat, seinen Schlaf und seine

Träume zu beobachten und wach zu werden in den Verhältnissen des Traumes, wie er wach ist in den Verhältnissen seines Sinnenkörpers, 'fliegt' nach der Verpuppung einfach weg von der leeren Körperhülle.

Die Leiche ist nichts anderes als Kot der Seele! Bei der Geburt ist der Körper für die Seele 'Nahrung' und Mittel zur Erfüllung des kosmischen Auftrages. Wenn die Nahrung aufgebraucht, wenn das Mittel nicht mehr tauglich ist, wird neue gesucht - und im übrigen der nichtverwertbare Rest als Kot zurückgelassen. Das ist auch ein Gesetz der Natur, und es gilt im ganzen Universum.

Zum sehr realen und darum wichtigen Beispiel Raupe-Schmetterling, will ich eine Bibelstelle zitieren und erklären. Interessant ist, dass viele sogenannte Christen den Kontakt mit Verstorbenen vermeiden und ihm sogar ausweichen, während die gleichen 'Christen' ein riesiges Theater aufführen mit der Auferstehung von Christus. Die Bibel (auch der Koran und die anderen heiligen Bücher der Menschheit) enthält tatsächlich kosmische Wahrheiten - und sie teilt diese natürlich in dem zu ihrer Zeit geltenden Symbolverständnis mit. Ich habe noch nie etwas in der Bibel gefunden, was ich nicht mindestens ebenso rein, meistens aber reiner und klarer z.B. bei den alten Ägyptern in ihren Pyramidentexten und Tempeln gefunden habe; und ich bin sicher: hätte ich die Gelegenheit dazu, würde ich zu einem ähnlichen Resultat im Zusammenhang mit den Babyloniern (Gilgamesch-Epos!) sowie den anderen Hochkulturen dieser Welt kommen. Mit Hilfe der altägyptischen Symbolik werde ich nachfolgend vorerst drei Geheimnisse der Bibel erschliessen:

1. Bibelgeheimnis: Soweit ich die Bibel richtig gelesen habe, haben nur Frauen (oder fast nur Frauen) Jesus als Auferstandenen gesehen. In der altägyptischen Symbolik ist Isis das Göttlich-Weibliche und herrscht über den lebendigen Raum (Maat) - sie ist und wirkt die Seele, die vom Tod nicht erreicht werden kann (ich darf an dieser Stelle die Interessierten auf mein Buch: 'Einweihung in die lebendige Wahrheit der altägyptischen Mysterien' aufmerksam machen, wo ich dieses Thema und vieles andere ausführlich bearbeite). Osiris steht für das göttlich geschaffene ICH (aus Osiris wurde später Christus). Isis wacht, kämpft und rettet Osiris und macht ihn unsterblich. Isis steht also für die Seele und das Seelische. Der Unterschied zwischen einem noch körperlich lebenden und einem verstorbenen ICH ist, dass beide eine Seele haben - nicht aber einen physischen Körper. Das heisst, die gegenseitige Wahrnehmung ist nur auf der seelischen Ebene möglich. Die Frau ist auch das Symbol für Seele, und darum lehrt die Bibel völlig richtig, dass nur mit der Seele der Verstorbene wahrgenommen werden kann. Die Bibel ist wehrlos gegen ihren Missbrauch!

2. Bibelgeheimnis: Der Auferstandene erscheint der Maria aus Magdala (Mark. 16, 9)

11 Maria aber stand aussen bei der Gruft und weinte. Wie sie nun weinte, beugte sie sich in die Gruft hinein; 12 da sieht sie zwei Engel in weissen Kleidern dasitzen, den einen beim Haupte und den andern bei den Füssen, da, wo der Leib Jesu gelegen hatte. 13 Und die sagen zu ihr: Weib, was weinst du? Sie sagt zu ihnen: Sie haben meinen Herrn hinweggenommen, und ich weiss nicht, wo sie ihn hingelegt haben. 14 Als sie dies gesagt hatte, wandte sie sich um. Und sie sah Jesus dastehen und wusste nicht, dass es Jesus war. 15 Jesus sagt zu ihr: Weib, was weinst du? Wen suchst du? Jene, in der Meinung, es sei der Gärtner, sagt zu ihm: Herr, hast du ihn weggetragen, so sage mir, wo du ihn hingelegt hast, und ich will ihn holen. 16 Jesus sagt zu ihr: Maria! Da wendet sich diese um und sagt zu ihm auf hebräisch: Rabbuni! (das heisst: Meister). 17 Jesus sagt zu ihr: **Rühre mich nicht an; denn ich bin noch nicht zum Vater aufgefahren.** Geh aber zu meinen Brüdern und sage ihnen: Ich fahre auf zu meinem Vater und eurem Vater und zu meinem Gott und eurem Gott. 18 Maria aus Magdala geht und verkündigt den Jüngern, dass sie den Herrn gesehen und dass er dies zu ihr gesagt habe.

15: 19. 41 17: 6, 62: Heb. 2. 11. 12/18: Mark.16.10.

Und sowie der Schmetterling nicht sofort fliegen kann, nachdem er ausgeschlüpft ist, kann auch der Verstorbene nicht sofort 'fliegen' bzw. sich im Jenseits (Jenseits unserer Sinneswahrnehmung) bewegen; oder, um die Worte des vorangegangenen Bibeltextes zu nehmen, 'auffahren'. Beachten Sie den Bibeltext: Genau dieses "Schmetterlingsproblem" gibt er auch wieder, indem Jesus mahnt, ihn noch nicht zu berühren, weil er noch nicht zum Vater aufgefahren sei. Im Klartext: Die Geburt (Geburt ist im ganzen Universum eine kritische und besonders riskante Phase) im Jenseits war noch nicht ganz abgeschlossen, sowie auch die uns bekannte Geburt ein 'Transportvorgang' ist von einer Welt in eine andere und richtig abgeschlossen werden muss. Nach der Geburt ist das Kind hilflos und muss heranwachsen. Nach dem Ausschlüpfen muss der Schmetterling sorgsam seine Flügel entfalten und sich an der Sonne trocknen, bis er fähig ist, aufzufahren. Jeder im Raupen-Bewusstsein sagt, was hier steht, sei Blödsinn - und ist er Schmetterling geworden, nennt er mich ein 'Genie'. Ist er dereinst aufgefahren, behauptet er, es immer gewusst zu haben. Ich aber schreibe es jetzt als ein ICH, dessen Bewusstsein gleichzeitig Raupe und Schmetterling ist. Kennen Sie auch solche Menschen, die immer alles wissen, nur nicht zum Zeitpunkt, wo man es wissen müsste!?

3. Bibelgeheimnis: (obige Textstelle, Abschnitt 12) **12 da sieht sie zwei Engel in weissen Kleidern dasitzen, den einen beim Haupte und den andern bei den Füssen, da, wo der Leib Jesu gelegen hatte.**

Auf dem nachfolgenden Bild (Grab Nr. 2 des Chabechenet in Deir el-Medine / Theben; 1'300 v. Chr.) können Sie die zwei Engel abgebildet sehen, von denen in der Bibel die Rede ist; und dort, wo auf dem Bild die Mumie zu sehen ist, suchte Maria Jesus. Offenbar war der Geburtsprozess in das neue Leben bereits abgeschlossen, ansonsten hätte Maria Jesus sehen können. Gegen das Ende des Wiederbelebungsprozesses zeigt das ICH ein ganz tief-grünes Gesicht, zeigt ein wunderschönes metallisches Grün, das anzeigt, dass der Prozess richtig vonstatten geht und nicht mehr lange andauert. Woher ich das weiss? Ich habe es selber gesehen und die Prozesse beobachtet. In diesem Zusammenhang darf ich den Roman: "Das grüne Gesicht" von Gustav Meyrink sehr empfehlen. Er sagt, wer im Traum das grüne Gesicht sähe, ist dabei, im Unsterblichkeitsbewusstsein zu erwachen. Er hat recht. Weiter erlebt sich Maria als in einem Garten befindlich und verwechselt darum Jesus mit dem Gärtner. Links und rechts neben den beiden Engeln in weissen Kleidern sind je ein Baum zu sehen, aus dessen Laub zwei Hände herausragen, die je eine Stele tragen. Also auch hier ein Hinweis auf die Natur. Der altägyptische Text und die Bilder wollen sagen, dass nach göttlichen Naturgesetzen dieser Wiederbelebungsprozess sich vollzieht. Auch die Bibel verweist mit dem Hinweis auf Jesus, der da im Garten sich aufhält, auf die Natur, in der das Geschehen sich vollzieht - mit Einschluss der beiden Engel in weissen Kleidern. Es liegt nicht an der Bibel! Aber die Bibel hat es von Altägypten, und Altägypten ist viel, viel exakter. Sie haben Anspruch darauf, dass ich Ihnen das nachweise, darum werde ich die Texte auf diesem Bild nachfolgend für Sie ausnahmslos übersetzen. Links der Mumie kniet Nephthys und rechts Isis. Dieser natürliche Prozess (die Ägypter stellten sich ein natürliches Weiterleben in einer natürlichen Welt vor!) ist eine Leistung der Schöpfung, und als ausführendes Organ für das wirkliche Wesen und sein schöpferisches Prinzip, das sich der Mensch nicht vorstellen kann, steht das Symbol des Anubis - die Gestalt mit dem schwarzen Schakalkopf, welche sich mit der Mumie beschäftigt. Der Mensch hat für seine Lebensfunktionen seine Organe, ohne die er gar nichts machen könnte. Das Universum ist das vollkommene Organ der Gottheit: alles lebt, so dass alle lebendigen Funktionen im Lichte kosmischer Erkenntnis göttliche Diener sind. Das, was da die individuelle Idee über die Zellteilung heranwachsen lässt, ist nicht der Mensch. Das, was dem Verstorbenen, also dem ICH ohne Körper, einen neuen Körper exakt nach dem göttlichen neuesten Plan schafft, ist nicht ein Mensch, sondern ein Wesen, das sich der Mensch nicht vorstellen kann - und wenn er ihm begegnet, hat er das Gefühl, eine Mischung zwischen Mensch und einem schwarzen Tiefkopf zu sehen: das ist hier Anubis. Als ich zum ersten Mal Anubisen begegnete, sah ich drei von unterschiedlicher Grösse

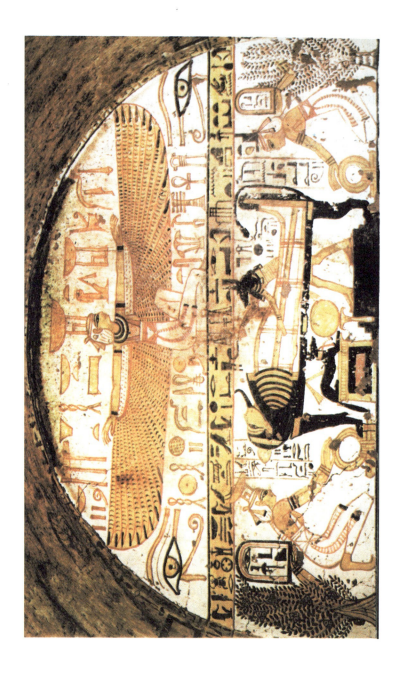

auf einmal mit einem Verstorbenen beschäftigt, und es erschienen mir deren Köpfe ähnlich dem schwarzer, belgischer Schäferhunde. Nun eben: schwarze Schakale habe ich noch nie gesehen, aber schwarze belgische Schäferhunde sehr wohl; ich habe sogar einen solchen. Es ist mir völlig klar, dass die unteren Stufen die Lebewesen höherer Stufen gar nicht wahrnehmen können - und wenn, dann nur im beschränkten Rahmen ihrer Erkenntnisfähigkeit. Übrigens müssen diese irgendwie gemerkt haben, dass ich sie für eine hochentwickelte Art belgischer Schäferhunde hielt, ich meine sogar mich erinnern zu können, dass ich einen der kleineren streicheln wollte oder sogar streichelte, denn sie schauten mich sehr amüsiert, aber auch sehr erstaunt und aufmerksam an. Dies darum, weil die meisten Menschen, solange sie nicht verstorben sind, mit der Seele noch nicht bewusst schauen können und diejenigen, die das können, doch etwas die selteneren sind. Aber ich kenne persönlich jemanden (und wenn er dieses Buch liest, weiss er, dass ich ihn meine), dem begegnete Anubis auch, und das hat ihn sehr positiv beeindruckt. Vor diesen Dingen braucht sich niemand zu fürchten. Gefährlich wird es vom Menschen "abwärts"! Am gefährlichsten aber ist der Mensch dem Menschen. Denken Sie an die vielen Morde der dogmatischen Kirchen und Religionen! Da helfen keine Entschuldigungen nach ein paar hundert Jahren! Warum nicht? Weil es noch der gleiche dogmatische Ungeist ist, der heute noch unterdrückt, lügt und heuchelt und die gesunde göttliche Entwicklung der Menschheit stört und schädigt. - Von Anubis und seinen Aufgaben habe ich übrigens ausführlich in meinem altägyptischen Lebensbuch geschrieben.

Ich muss an den strahlenden Geist Giordano Bruno erinnern dürfen; ein Genie! Sieben Jahre hatten ihn die Stellvertreter Jesu Christi gefoltert und in Haft gehalten, damit er widerrufe: etwa, dass auch Jesus gesündigt habe, oder, dass der Weltenraum unendlich sei und dass es noch andere Welten in ihm gäbe. Er tat ihnen den Gefallen nicht, und so wurde er am 17. Februar 1600 - Clemens VIII. hatte gerade das Jubeljahr ausgerufen, und eine grosse Zahl von Christen war nach Rom geströmt - unter den Augen der neun Kardinäle der Inquisition in Rom auf dem »Blumenplatz«, dem »Campo dei Fiori«, nackt an einen Pfahl gebunden und im Alter von 51 Jahren verbrannt. Ehe er erstickte, reichte man ihm an einem langen Stab das Kreuz; aber statt dieses Siegeszeichen seiner christlichen, römisch-katholischen und päpstlichen Henker zu küssen, drehte er sein Gesicht mit letzter Anstrengung in die entgegengesetzte Richtung.

Und dieser mörderische Ungeist ist noch nicht tot, sonst wären die Frauen in der Kirche schon längst gleichberechtigt, und Priester oder Priesterinnen dürften auch Familie haben. Wenn diese natürlichen Gesetze des Universum erfüllt sind, dann erst könnte die Kirche für die Menschheit Aufgaben erfüllen, die an sich willkommen sind.

Interessant ist, dass der Bibelschreiber sich eindeutig altägyptischer Symbolik bedient, und ich unterstelle ihm keineswegs, dass er nicht die Wahrheit kannte. Denn vieles in der Bibel (vor allem das Beste) ist symbolisch festgehalten, als ob die Verfasser den inneren Gehalt der Bibel einem bestimmten Kreis vorbehalten wissen wollten. Das altägyptische Bild über dem Bibeltext habe ich deshalb gewählt, weil es ausser Nephthys und Isis darüber auch Nephthys als Engel zeigt. Der Engel ist also keineswegs eine christliche 'Erfindung'.

Ich beginne mit der Übersetzung der Hieroglyphenzeile im oberen Teil des Bildes, wo Nephthys als Engel dargestellt ist (wer sich sehr für diese Thematik interessiert, dem darf ich mein Buch **Einweihung in die lebendige Wahrheit der altägyptischen Mysterien** empfehlen). Im Bild ist die Richtung der Hieroglyphenschreibzeile von rechts nach links. In der Regel verläuft die Hieroglyphenzeile gegen die Gesichter. Weiter habe ich gefunden, dass die alten Ägypter sich in der Schreibrichtung sehr stark nach dem Sonnenlicht orientierten und deshalb viele heilige Texte von oben nach unten geschrieben wurden. In diesem Sinne wurden viele Texte des Leben von links nach rechts und viele Texte über das Jenseits von rechts nach links geschrieben.

Rechts vom Kopf der Nephthys: ꟾ Stark und ꟾ lebensrichtig ist das ⌐ Ewige: So lässt es wieder ⸔ physisch werden und entstehen, was ⯐ verstorben war und wieder belebt ⌒ wurde nach ⌠ seiner unsterblich-göttlichen ICH-Idee.

Links vom Kopf der Nephthys: ⌐ Das alles tue ich und ⌒gebe es über den ▬ Himmel (vom Universum!), damit es sich wiederum zur Materie ⌠ verdichtet (das heisst über die kosmisch-siebenfache Lichtschnur, wie oben behandelt, welche dann über die DNS die neue Verkörperung wirkt), ⌒in einen ▼ physischen Leib (Körper als Gefäss mit Flüssigkeit, Blut). ⫼Nach dem ewigen Willen der Gottheit und ihrem Tun auf Erden kommt die göttliche ICH-Idee in ⌐ das Gefäss, um über ⟲ Werden und Entstehen ⫼ weiterzuleben.

Diese Textzeile trägt Nephthys auf ihren Schultern sowie Flügeln und zeigt damit an, dass sie diesem Gesetz dient und dieses Wirken leistet. Nephthys ist eine besondere Aktivität, ein besonderer Aspekt der Isis.

Säuglingswitz: Zwei Säuglinge liegen auf einem Tisch, werden gereinigt, gebadet, gefüttert. Einer der Säuglinge sagt, das sei alles Zufall. Der andere meint: nein! Und gibt den weiblichen Wesen einen lieben Namen als Ausdruck des Dankes und der Liebe. Die Frauen nennen sich zwar ganz anders, aber sie verstehen! Wer von den beiden Säuglingen hat nun recht? Natürlich derjenige, der bewusst erlebt und seiner Liebe und seinem Dank versucht, Ausdruck zu geben. - Übrigens: er ist auch eindeutig der Klügere!

Rechts und links unter dem Flügel sind zwei Augen zu sehen: Symbol für Sonne und Mond, aber in erster Linie ist damit gemeint: die GOTTHEIT sieht alles und wacht bewusst über alles! Der Verlauf der Hieroglyphenzeile ist wiederum im Bild von rechts nach links.

◊ Ich, die Gottheit, schaffe ᛏ den Körper als Hülle ϒ des Lebens, damit die ᛏ ICH-Idee in einem ᛏ Körper ᛏ wächst und erblüht bis ᛏgeworden ist ᛏdie Persönlichkeit. ᛏ Das ICH als Persönlichkeit soll ⊙ bewusst (das ICH soll mit seinen Eigenschaften und Fähigkeiten an den 'Tag' kommen) und ᛏ lebensrichtig mit seinem ᛏ irdischen Körper umgehen, um ᛏ sein ewig-unsterbliches Prinzip zum ▬ lebendigen Sein zu ▲ bringen (um es real zu verwirklichen) an diesem • Ort der ‖ Polarität (nämlich die Erde mit Mann und Frau, Tag und Nacht usw.) und so über die (DNS, Lichtschnur!) Verkörperung im ᛏ⊙ᛏ eigenen ICH ewig leben. (DNS - Licht - DNS = Ewigkeit). - Es geht also darum, sich aus der bewussten körperlichen Existenz mit der unbewussten kosmischen Existenz zur bewussten kosmischen Existenz zu entwickeln; **es geht also um die individuelle, kosmische Evolution.**

Die schwarzen und in der Qualität nicht so erstklassig geschriebenen Hieroglyphen zeige ich als halbe Zeile; und zwar deshalb, weil der Text aus der Mitte heraus beginnt und in der Richtung nach links das Geschehnis in unserer bekannten Sinnenwelt meint. Als Ergänzung dazu steht dann die andere Hälfte der Zeile, die das Leben im Jenseits, im Land des Westens, wo die Sonne untergeht, beschreibt. Die Regeln der Schreibweise der Übersetzung sind bekannt.

⸙ Das ewige Leben ist ⚱ Geschenk (Gabe der Gottheit) und als ▪Tor (hier Materie als Tor! Materie als Information!) ▲gegeben zur ⟂Zufriedenheit. ⌒Bewusst ist so ⌐geformt aus dem ● formlosen Stoff (Materie als Rohstoff) das ❙ ICH als ↟ göttliche Idee und beseelte ◭Verkörperung (eben dieser). Die Welt des ═Diesseits und des Jenseits ist zu "begehen" (⚍Sandschlitten für Fahrzeug: hier natürlich Körper auf beschwerlichem Weg), und das ▲ ergibt die ⸺ richtige und gerechte ↟ Zukunft (Verjüngung bzw. durch richtiges Leben wird das ↟ göttliche ICH, verjüngt und belebt, seine eigene gute Zukunft wirken). Dies ⌐ genommen ▲wirkt in der Summe in ≡beiden Welten ◀◀das stabile, reale Leben. Das Erwachen geschieht an diesem ⊗Ort. So wird aus seinem 𓆣 ewigen Leben ⟜ bewusst und ❙ lebensrichtig die ↟göttliche ICH-Idee (werden).

Auch hier beginne ich mit den gleichen Hieroglyphen und der Zeile aus der Mitte. Da im Jenseits alle Naturgesetze umgekehrt erfolgen (von uns aus gesehen: wie bereits erklärt), haben wir es jetzt mit dem Hieroglyphenlesen einfacher.

⸙ Das ewige Leben ist ⚱ Geschenk (Gabe der Gottheit) und als ▪ Tor (hier Materie als Tor! Materie als Information!) ▲gegeben zur ⟂ Zufriedenheit. Die Gottheit ⌒wacht selbst über die ◭Verkörperung der ↙göttlichen ICH-Idee. Zu diesem Zweck (der Verwirklichung der Idee) ist die Verkörperung 𓍑 wichtig (steht im Vordergrund). ▲Darum wird der Körper ∼belebt in der ❙❙Welt der Polarität als das ausserordentliche, hervorragende, ◭ bevorzugte

⌐⌐ Haus. ᴧᴧᴧᴧ Die Wiederbelebung und ⚘Neuverkörperung geschieht im ⇡ Jenseits; in diesem ᴍᴍfernen, fruchtbaren Land wird ⌒⌒gewirkt in der Polarität die Verjüngung und Belebung in ⇡ Schönheit und Gesundheit der ♩ göttlichen ICH-Idee.

Nun zu den beiden Bäumen links und rechts, die den eindeutigen Bezug zur Natur nachweisen und damit die gesunde Erkenntnis, dass die Natur die wahre 'Bibel' ist, und dass im gesamten natürlichen und gesetzmässigen Geschehnis das Wort Gottes, in der Natur der Wille der Gottheit, zum Ausdruck kommt. Wer in irgend einem heiligen Buch liest und das Gelesene als Selbstzweck über das Leben stellt, irrt und wirkt somit Unglück. Diese Bücher haben den Menschen zu dienen - und nicht umgekehrt, ansonsten wäre dies wahrlich Götzendienst. Wer diese Bücher liest aus einer Sehnsucht heraus nach dem Göttlichen, oder einfach um das Leben besser zu verstehen, um sich und allem Leben mehr Lebensqualität in allen Formen zu schaffen, hat diejenigen verstanden, die überglücklich in der göttlichen Begegnung uns in ihren Büchern davon künden. Wer mit diesen heiligen Büchern andere drückt oder gar bedrückt und vor allem die Unwissenheit der Menschen missbraucht, ist im Lichte göttlicher Erkenntnis ein Verbrecher.

Aus dem Baum kommen zwei Arme, die auf ihren Händen eine Stele mit folgender Inschrift tragen: **Die Natur selbst ist bewusster göttlicher Wille und will, dass über ● Körper das ︳ICH durch mich, ⌐ISIS,** (die Isis als das Ewig-Göttlich-Weibliche, welche das von der Gottheit geschaffene ICH empfängt) **zur ⁊ Unsterblichkeit, und damit ⁻zum ewigen Sein, ▲gebracht wird.**

So steht die Natur im göttlichen Dienst und bestimmt das Hervorragende (das zum Leben Auserwählte! Alles, was lebt, ist zum Leben auserwählt! Da hat der Mensch nichts zu sagen, sondern zu lernen: Respekt vor allen Lebewesen!) zum ewigen Leben und ewigem Sein.

Auf dem Kopf trägt der Engel die Zeichen der Isis, und in den Hieroglyphen davor beschreibt die Isis ihre Tätigkeit und sagt: Ich, ⌐ Isis, ⌐wirke das ●Ei (das Ei als Lebensraum; das Ei ist schöpferischer natürlicher Beitrag des Göttlich-Weiblichen). Mit den Händen bindet Isis einen Kreis und eine Ebene mit einem doppelten Seil. Sie ist gleichsam eine göttlich-kosmische "Mutter", die dem ICH als Gotteskind den kosmischen 'Naturkoffer' (worin das Ewige - der Kreis - und das Lineare - die Ebene - so verbunden sind, dass sie im Zusammenwirken das ewige Leben ermöglichen) bereitet. Die Doppelschnur steht für die Doppelhelix der DNS, die ihre Aktivität nach der Zeugung im Ei beginnt!

Die Hieroglyphenzeile vor der Isis beschreibt und begründet ihr geschildertes Tun. Die Hieroglyphen übersetze ich hier von oben nach unten, so wie das Licht als Information von oben nach unten strahlt. Diese vertikale Zeilenführung will schon mit dieser Anordnung sagen, dass es sich um einen Auftrag von 'oben' handelt.

⌐Das ewige und unsterbliche Leben ⌐ streng und ⌐ lebensrichtig zu ∼∼∼ beleben: das ⌐wirkt ⌐Isis über das Prinzip des ewig-weiblichen Lebensraumes, ●dem Ei. So ⌐⌐ schafft sie in den beiden Welten der polaren Ergänzung (also im Dies- wie Jenseits) das ℘ Werden und Entstehen der ‖beiden Pole: des Weiblichen und Männlichen. - Bekanntlich werden ja Männer und Frauen über das Ei gezeugt.

Der folgende Bildausschnitt zeigt Anubis (richtig: Anpu 𓃢 𓏺𓂋𓊪
𓃢 was 𓊪 Leben schafft, indem er es ~~~ belebt und 𓃒 verjüngt und
𓊪 lebensrichtig ▢ materialisiert). Die Mumie liegt auf einem Tisch,
der Beine, Füsse und einen Schwanz zeigt, also eindeutig für den
Tierkörper - oder für unser Verständnis mit unseren Begriffen: den
Sinnenkörper - steht. Es geht also tatsächlich hier um die körperliche

Belebung. Anubis ist hier der göttliche Arbeiter (mehr und ausführlich darüber im altägyptischen Lebensbuch!). Die Hieroglyphenzeile geht hier von oben nach unten rechts. Der ⁷ göttliche Wille auf Erden

wirkt den 𓆱 Körper als Hülle zur Fortzeugung des ׀׀׀ unendlich-
natürlichen Lebens über das Prinzip • des weiblichen Lebensraums.
Durch das befruchtende ⤚ Sperma wird das • unendlich-natürliche
Leben durch ׀׀׀ Fortzeugung gewirkt. Das ⁷ ewige Leben ▲ wirkt
so das ─ ewige körperliche Sein (reale Unsterblichkeit!).

Der Engel auf dem Bild auf der nächsten Seite ist Nephthys. Auch sie
trägt auf ihrem Haupt die göttlichen Symbole ihres Wesens. Sie besteht aus einer ▼ Schale , die auf ein ⌂ Haus gesetzt ist, was bedeutet:
⌂ Ich, Nephthys, nehme das Müde, Kranke, Verdorbene, Lebens-
unfähige, Gestorbene in mich auf. - Und das sieht man, indem diese
Dinge 'verschwinden'. So wie eine Frau zusammen mit dem Mann
über Sperma und Ei das neue lebendige ICH empfängt und es in sich

austrägt und gebärt, so empfängt die Nephthys als Geliebte des Lebens all das Sterbende als 'Zeugung' über das Todesphänomen und wieder zu Zeugendes in ein neues Leben. So erlebt der Verstorbene sozusagen eine nachtodliche, embryonale Zeit - und wenn er 'gross' genug geworden ist, verlässt er das Haus der Nephthys (siehe die Türe im Haus), und er ist wiedergeboren, wie der Schmetterling nach der Verpuppung, der einige Zeit nach dem Ausschlüpfen und der Entfaltung mit gewärmten, trocknen Flügeln glücklich wegfliegt. - Aber etwas hat die Idee der Verpuppung der Raupe gehabt und führt überall auf der Welt diese Arbeit durch; so schafft es neue Schmetterlingskörper und neue Flügel. Dies alles für einen kleinen Falter?! Nein, für alle Lebewesen überhaupt existiert dieser entsprechende, kosmische Prozess, wie er hier in der ganzen Abhandlung deutlich offenbar wird.

Aus dem Baum kommen zwei Arme, die auf ihren Händen eine Stele mit folgender Inschrift tragen: **Es ist der bewusste Wille der**

Gottheit, dass L Isis im ↑ Jenseits (im Westen) ▲ das Einzigartige (die Ecksteine, 'Bausteine' der göttlichen Schöpfung) **wiederbelebt**. Wiederbelebt ↑ nach der harmonischen kosmischen ↑ Gerechtigkeit (Maatfeder), ▲ gebe ich das Leben wieder ¶ der Persönlichkeit (ICH-Idee). ↑ Dieses Widerbelebungswirken durch mich, L Isis, ist mein Lebensdienst als 𓉗 Nepththys für das ewige Leben. 🐕 (Siehe zu dieser Hieroglyphe auch oben bereits behandelten Text).

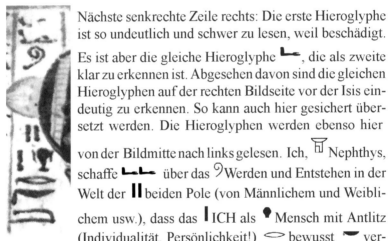

Nächste senkrechte Zeile rechts: Die erste Hieroglyphe ist so undeutlich und schwer zu lesen, weil beschädigt. Es ist aber die gleiche Hieroglyphe ▬, die als zweite klar zu erkennen ist. Abgesehen davon sind die gleichen Hieroglyphen auf der rechten Bildseite vor der Isis eindeutig zu erkennen. So kann auch hier gesichert übersetzt werden. Die Hieroglyphen werden ebenso hier von der Bildmitte nach links gelesen. Ich, 𓉗 Nephthys, schaffe ▬▬ über das ⵔWerden und Entstehen in der Welt der ‖ beiden Pole (von Männlichem und Weiblichem usw.), dass das ⎮ICH als ♀ Mensch mit Antlitz (Individualität, Persönlichkeit!) ⟵ bewusst ▬ verkörpert wird - und dies auf der ⇒Basis der Wahrheit, der Ordnung und der Gerechtigkeit.

Die Fortsetzung des Textes ist die nächste Hieroglyphenzeile vor dem Antlitz der edlen Nephthys und wird ebenfalls von oben nach unten gelesen.

 Wie ein * ❘ Wassertropfen vom Himmel auf ⌒ die Erde fällt, empfange ich, Nephthys, das ICH und 𝄪 verjünge es nach ⇒ dem Willen der Gottheit. Zur ⁋ Persönlichkeit (hier ist Individualität gemeint!) ∼ belebe ich es. Ich wirke nach ** ⵏ göttlichem Plan Werden und Entstehen dem ICH, damit es ᴸgehen kann (seinen Weg) ⌒ zum ewigen Leben durch die Existenz in der ‖ polaren Welt ● der Materie (Ei für Lebensräume als Basis für Körperlichkeit).

*Ohne Wasser, Regen ist Leben auf der Erde nicht möglich. Die altägyptische Symbolik verwendet gerne für das Fruchtbar-Weibliche die Erde. Und für das Fruchtbar-Männliche den Wassertropfen oder den Samentropfen.

** ⵏ Diese Hieroglyphe bedeutet: verschnürte Papyrusrolle im Sinne von - Buch, Plan, geschriebenes Gesetz. Hier ist allerdings das ICH als Plan der Gottheit gemeint. - Wie die Bauleute nach dem Bauplan das Haus errichten, ist hier gemeint, dass ISIS mit ihren Helfern nach göttlichem Plan dem ICH einen neuen Körper baut. Und das ist wahr! Nachweisbar kommt durch die Zeugung der ICH-Plan in die Zelle und über Empfängnis, embryonalen Zustand, Geburt und weitere Zellteilungen wird die Idee nach dem genetischen Plan verwirklicht. (Ein anderer Name macht etwas nicht wahrer!). - Der Begriff des göttlichen Plans ist im Lichte komischer Erkenntnis der Wahrheit deutlich näher, als der begrenzte Begriff Gencode, welcher nicht beantwortet, wer ihn geschaffen hat - und zu welchem Zweck!? Die Gottheit hat alle ICHs geschaffen; die Gottheit, die niemand pachten und vertreten kann - sondern man kann nur IHR dienen, mit dem, was man ist und sein darf. *Wir brauchen wieder Gotteswissenschaft, wie das in alt-*

ägyptischen Tempeln betrieben wurde und es die private Osiris-Universität wieder anstrebt!

Im Lichte der kosmischen Realität, also der unendlichen Gleichzeitigkeit, offenbart sich das göttliche Gesetz der sinnlich-materiellen Zeugung als Prinzip überall und ewig gleich - ob da nun Regentropfen auf die Erde fallen, ein Samenkorn in die Ackerrille gelegt oder eine Frau durch den männlichen Samentropfen geschwängert wird: in allem erkannte der Eingeweihte Altägyptens das ewig Heilige. Selbstverständlich habe ich die altägyptische Symbolik in ihrer Übersetzung auf ein Deutsch der heutigen Zeit zugeschnitten; aber der *Sinn* bleibt sich exakt der gleiche, weil die Ausgangslage die ewige Natur, der Weltraum ist, welche der Altägypter naturgesetzlich genau gleich wie der heutige Mensch erlebt (dieser Weltraum wurde von den Altägyptern richtig erkannt als gigantisch-weibliches, göttliches Wesen namens Nut). Soweit sind wir heute noch gar nicht, obwohl die moderne Astrophysik immer mehr das Lebendige erkennt und bekennt! Es verhält der Weltraum sich zur Gottheit wie eine liebende Frau zum Gatten - und wird befruchtet. Beweis: Das Universum ist nachweisbar voll wechselnden Lebens, es herrscht ein Kommen und Gehen - und dieses als Ganzes ewig. Das Universum ist lebendig und empfängt, gemäss seinen Fähigkeiten, Leben als Keime, welche es austrägt; deshalb wurde es von den alten Ägyptern sicher richtig als grundsätzlich weiblich bezeichnet. - Apfelbäume wirken Äpfel - Leben wirkt Leben. Du, lebendiger Mensch, hast Dich nicht selbst gemacht, noch wärst Du fähig dazu! Wie kann man also derart töricht, sein - oder darf ich hier, weil ich es innerlich sagen 'muss': schwachsinnig sein - zu glauben, zu denken, dass uns nicht etwas uns Überlegenes, Lebendiges als Wesen geschaffen hat! Bitte, denken wir an das Symbol des Säuglings, wie ich es weiter oben beschrieb: Das kann hier dem einen oder anderen geradezu meditativ helfen.

Wer das Weibliche in irgend einer Form unterdrückt, als weniger wert achtet und nicht dem Männlichen als absolut gleichwertig erkennt

ISIS

und in entsprechender Weise mit ihm lebt, wird in dem Masse, als er hiermit die kosmischen Gesetze verletzt, Störungen seiner Seele wirken - und möglicherweise das Göttliche nur verzerrt wahrnehmen können! Warum sage ich: möglicherweise - weil ich nicht die Gottheit bin und SIE nur beobachten kann und versuchen darf, SIE zu verstehen, indem ich mich ehrlichen Herzens strebend IHR nähere. Ein solch falsch denkender (und darum auch falsch handelnder) Mensch schafft sich auch viele unnötige Probleme in seinem Leben, womit er unvernünftig seine möglichen Erfolge schmälert.

Aber auf der vorherigen Seite zeige ich Ihnen ISIS im Grab von Pharao Haremhab (Tal der Könige in Theben; das Original im Grab ist etwa 3'300 Jahre alt!): Das, was die alten Ägypter Isis nannten, existiert (ich brauche nicht an Isis zu glauben, ich erlebte und erlebe SIE), aber ob SIE selbst sich Isis nennt, weiss ich nicht. Kann ich als Mensch - und damit als kosmischer Säugling - gar nicht wissen! - Ich weiss aber, dass sich jede Mutter über den in Liebe ihr gegebenen Namen ihres Kindes (z.B. Maria) freut. In der Regel wird Isis bildhaft sitzend dargestellt, mit einem Säugling auf den Knien, genauso, wie es richtig und der erwachten Seele das Heilige offenbarend als Maria mit dem Jesuskind gezeigt wird. In der Regel sind diese Bilder den Menschen bekannt. Ihre Farbe ist Blau! - Alles, was egoistisch und aggressiv ist, zeigt sich nach dem kosmischen Gesetz: gelb-schwarz gestreift oder gepunktet. Sei dies nun als Tiger, Leopard usw., sei es als Hornisse, Wespe usw. - oder sei es gar als Mann oder Frau, die sich in diesen Farben und Mustern zeigen. Ein Tiger ist nicht böse, aber gefährlich. Wenn ein Reh sich in einen Tiger verliebt und ihn fragt: "Liebst Du mich?", wird der Tiger antworten: "Ich habe Dich zum Fressen gern." - so sagt der Tiger die Wahrheit, und nichts als die reine Wahrheit. Auch vor Gericht. Das Reh gibt ihm noch einmal eine Chance und verlangt, dass er sich ändere. Es führt den Tiger in ratgebende Gesprächsgruppen mit dem Leitsatz: Alles ist Liebe; Liebe heisse Hingabe; Liebe frage nicht, Liebe verströme; Liebe verzeihe alles (da Liebe alles versteht, ist schon damit widerlegt, das sie alles verzeihe) usw. Die Schafsreligion ist gegen die Gewalt und für die reine Liebe - das wird von Schafen gerne vernommen, denn sie fressen nun einmal Gras. Das verliebte Reh nimmt den Tiger mit zu der Schafsversammlung, und die Atmosphäre ergreift auch die Tigerseele (Tiger können nett sein, Tiger können zärtlich sein, aber nicht zu Rehen und Schafen! Es sei denn, man lässt als Ausnahme gelten: die Zärtlichkeit wie ein Tiger das Fleisch leckt, bevor er es frisst). Die Schafe blöken so wunderschön ihre Choräle; es ergreift die Feierlichkeit dieses Zusammenseins und der schönen Musik die Tigerseele. Ergriffen erhebt auch er den Kopf und stimmt aus tiefstem Innern - wirklich ergriffen - mit in den Gesang ein. Es tönt nicht gleich dem Gesang der Schafe. Naive Schafe finden den Grund darin, dass der Tiger halt noch ein Anfänger im Blöken sei. - Die klugen Schafe aber werden durch des Tigers Gesang wach und verlassen die Versammlung fluchtartig. Tatsache ist, dass ein Tiger, wenn er keinen Hunger hat (das gilt im übrigen auch für Löwen und all die anderen Sportsfreunde), die Beutetiere in Ruhe lässt. Tiger lieben Schafsversammlungen und unterstützen wohlwollend deren Religion, sofern das Ganze sich für den Tiger 'rentiert': Sein Glaube und seine Andacht sind ehrlich, warum soll er auch nicht 'glauben' und danken, wenn es rentiert? - Das dumme am Ganzen ist nur: er bekommt wieder Hunger, was die Rehe und Schafe sowie deren Ratgeber, die Richter, Psychiater, Psychologen für einen bedauerlichen Rückfall halten, den es zu therapieren gilt. Auch Vertrauen und 'Haft-Urlaube' sind beliebte Mittel - und als unanständig gilt, wer da nach Sinn und Erfolg fragt. - Man verbietet, per päpstlichem Edikt, die Verhütung, auf dass es immer genügend Schafe geben möge. In der frischen Luft zu sein, ist gesund, auch wenn es nur eine Beerdigung ist - schön ist doch, dass man wenigstens nicht selbst drin liegt: so der Tiger. - Die meisten Grabinschriften sind sowieso falsch: Nein, nicht der unergründliche Ratschluss Gottes hat den Verstorbenen zu sich gerufen, ganz im Gegenteil. Der Ratschluss Gottes ist keinesfalls rätselhaft (rätselhaft ist höchstens die Dummheit der Menschen), sondern heisst: liebet einander und lebt glücklich miteinander! Und nach der normalen Lebenserwartung des Menschen könnte das doch recht lange sein. Noch nie ist jemandem ein Leid durch Gott, die Gottheit widerfahren! - Nein: auf den allermeisten Grabschildern müsste die schreiende Wahrheit stehen: 'Fremder oder eigner, vielleicht sogar beiderlei Dummheit und Gemeinheit viel zu früh und völlig unnötig-unverhofft zum Opfer gefallen!' Es gäbe keine Arbeitslosen mehr, wenn man alle falschen Grabinschriften korrigieren müsste.

Wer versteht, was es hier zu verstehen gibt, kann sich viel Leid ersparen. Praktische Menschenkenntnis ist das richtige Werkzeug: denn man muss wissen, ob man Reh, Schaf, Tiger oder sonst was ist. Die ISIS ist die Göttin der Liebe - so wie es sich jedes ICH aus tiefstem Innern ersehnt: sie umfasst alle Bereiche der Liebe. Die heilige Isis lehrt uns, nicht blind zu lieben, sondern das Göttliche im Lebewesen zu lieben - und dies keinesfalls naiv. Sie erlaubt weder Lüge noch Betrug und überlässt denjenigen, der die Perlen der Liebe den Schweinen vorwirft, dem so selbst geschaffenen, kausalen, schlimmen Schicksal. Wer aber jemanden betrügt, Schaden zufügt, der ihn ehrlich liebt, hat sich am Heiligen vergangen und erlebt den Zorn der Isis, wie richtig die Legenden vor diesem warnen und denjenigen, der sich an der Liebe vergangen hat, einholt mit Krankheit und Ruin in allen nur möglichen Formen - und er sich seinerseits vergeblich nach Liebe sehnen wird, wie einer, den es dürstet und die Fähigkeit zu Trinken verloren hat. Nein, das ist kein Aberglauben! Ich habe sehr viele Männer und Frauen beobachtet, die im genannten Sinne gegen die Liebe verstossen und so Menschen oft genug schlimmer seelischer und materieller Not ausgesetzt haben, und ich habe ganz bestimmte tödliche Krankheiten und unglückliche Schicksale bei ihnen ausnahmslos festgestellt. Die Krankheiten kann ich hier nicht nennen, weil diese tragischerweise auch auf andere Weise ausbrechen können, und ich einem armen Menschen nicht noch zusätzlich ungerechtfertigte Sorgen und Ängste aufladen will. Viele Menschen lassen sich täuschen und glauben, es gäbe gar keine Gerechtigkeit. Der Mensch hat die Freiheit, sich zu bewegen, muss aber die kausale Wirkung der abgeschlossenen Bewegung immer (und logischerweise) tragen. Falsches Verhalten ist eine Art Bewegung, die ohne weiteres einige Augenblicke, Stunden, Tage, Wochen, Monate oder gar Jahre dauern kann. Bewegung ist Ausdruck einer bestimmten Art von Geistigkeit. Mit meiner Seele sehe ich das Lächeln der Gottheit, in welchem 'Unsterblichkeitsqualität' liegt - das aber dem Sterblichen, der egoistisch und rücksichtslos gefehlt hat, als grausames und kaltes Lächeln erscheinen wird. Die Menschen aber, die ehrlich geliebt haben (und dies nicht naiv): ihnen wirkt das aus der Ewigkeit strahlende Lächeln der Gottheit lebendige Gerechtigkeit, und aller Menschenlogik zum Trotz wendet sich die Not und das Elend immer mehr zum dauerhaften Glück. Das ist deswegen so, weil der ehrlich liebende Mensch ein Mitarbeiter der Gottheit ist, allein durch sein Tun: und dies mit oder ohne Kirche; mit oder ohne Konfession.

Eine interessante, besonders exakte Hieroglyphe im Zusammenhang mit Materie zeigt dieses Bild, und darum will ich es hier erklären dürfen. In der ersten Zeile ganz links vor ihrem Gesicht steht: Dem Willen Gottes auf Erden diene ich ISIS als Mut. Eine echte Mutter tut alles für ihre Lieben und wirft nichts weg, sondern sucht alles irgendwie wieder zu verwenden. In diesem Sinne ist der Geier als Aasfresser zu verstehen, indem ISIS in ihrer Funktion als Nephthys alles Tote aufnimmt und wieder dem Leben auf irgend eine nützliche Weise zuführt. Der Geier heisst: Mut (Mutter!) Nein, es ist auch hier kein Zufall, sondern der Laut entspricht dem kosmischen Gesetz, dem Isis als Mut dient. So gebe ich, Mut, alles in ein Behältnis, welches in seinem Wirken der Himmel (Universum) ist, und der zugleich Tür ist und wirkt. Der Laut P steht auch für Materie, die ja aber selbst Qualität hat - und wer diese kennt, kann mit Materie richtig umgehen, wie einer jede verschlossene Türe öffnen kann, wenn er den Schlüssel dazu besitzt. Die

Hieroglyphe für P und Materie ist wunderschön als Türe gemalt und bedeutet, was ich soeben in diesem Zusammenhang erklärt habe.

Noch ein Phänomen im Zusammenhang mit der ISIS: Bei den Germanen, so in der Edda, wurde ein senkrechter Strich I die Is-Rune genannt. Die Is-Rune steht für das ICH (den aufrechten Mann, den Baustein, den Menhir, die Irmin-Säule, die Arman-Seele, die den Menschen mit dem Himmlischen verbindet). Jetzt gibt es das ICH aber in männlicher und weiblicher Ausgabe: also - zweimal die entsprechende Is-Rune genommen II, was dann Is-Is = ISIS heisst!

So wie ich ISIS immer wieder erlebt habe und sie hier schildere, würde möglicherweise C. G. Jung von Archetypen sprechen, vielleicht von der Anima. Stört mich nicht, ist seine Sache und gut für den, dem es dient. Ich lasse mich aber nicht blenden, und ich werde das klare göttlich-weibliche Wirken nicht durch irgend einen Begriff ersetzen, nur weil es der Zeitgeist so bestimmt.

In diesem Sinn will ich auf ein Phänomen aufmerksam machen dürfen, welches das kosmische Gesetz der ISIS einmal mehr aufzeigt: - Carlo Collodi schrieb in einem seiner Bücher über die weltbekannten Abenteuer von Pinocchio: Die Fee in dieser Geschichte ist blau und wohnt in einem Haus mit der Nummer 2. Die Zahl 'Zwei' ist ebenfalls die Zahl der ISIS: erstens - das Weibliche mit dem Ei empfängt das Sperma und zweitens - es wird ein Lebewesen daraus. Alles Weibliche ist räumlich und lebendig, eben wie das Ei - so ist unser Auge ein Lichtei: denn erstens - Lichtwellen bringen die Informationen ins Auge und zweitens - das Auge wandelt diese Informationen in Nervenreize um, die im Hirn das Sehen ermöglichen. Weiter: Erstens - Sonnenlicht trifft auf den Mond und zweitens - als Mondlicht wird es auf die Erde gestrahlt; und wir haben unter anderem die bekannten Wirkungen von Ebbe und Flut und auf alles Flüssige im Menschen. Das Mondlicht wirkt anregend für alle Lebensfunktionen. Darum erlebt sich bei Vollmond der Gesunde voller Tatendrang und Kreativität in allen Bereichen. Der Kranke erlebt auch die Vollmondwirkung:

aber im Rahmen seiner Krankheit erlebt er sie als Anstrengung und nicht als positive Anregung.

Bei Pinocchio geht es in Wahrheit um ein "Mysteriengeheimnis", in dem aus dem Holzmännlein ein richtiger Mensch wird - aber nur dann, wenn er richtig lebt und der Fee, der Seele, gehorcht! - Genial! Diese Geschichte hat mich damals als Erstklässler ungemein beeindruckt, und ich träumte oft von der blauen Fee - der ISIS.

ISIS ist griechisch; altägyptisch heisst SIE eigentlich ISET. Zum Abschluss der Erklärung der Isis stelle ich einige hieroglyphische Schreibweisen und Variationen des Namens der Iset vor.

Die Hieroglyphen: Isis L (Laut "ise" und) ▲wirkt (als Laut "t") über das ● Ei das ewig-weiblich aktive Prinzip: Iset

Als Variation: Isis L (Laut "ise" und) ▲wirkt (als Laut "t") über das ● Ei das ewig-göttlich 𓊃 Weibliche: Iset

Ich, Isis, L (ISE) ▲(T) wirke ▲nur dem 🐦 Edlen ⊏⊐ Haus und Heim: nämlich der göttlichen 𓊃 ICH-Idee. Man erkennt somit -: keine blinde Liebe!

Siebtes Kapitel

Das ICH und die Unsterblichkeit

> Von dem Staube nur entlehnt
> Ist, was hier auf Erden zieret.
> Drum, vom Schimmer nicht verführt,
> Schau hinauf zum ew'gen Glanz,
> Der die reine Seele ganz
> Dem Vergänglichen entführet.
>
> Platon

Wenn wir in den Weltraum blicken, sehen wir, wie schon einmal erwähnt, keinen wirklichen Unterbruch zwischen unserem Beobachtungsstandpunkt bis zum Ende dessen, was uns als Grenze des Beobachtbaren die Astrophysik zeigen kann: diese Erkenntnis ist weitreichend und stellt eine grosse Hilfe auch für unser Thema dar, sofern wir mit den Ergebnissen richtig umgehen können. Dass wir diese unendlichen Fernen und ihre Inhalte materiell nicht erreichen können, macht nur auf unsere eingeschränkten physischen Bewegungsmöglichkeiten aufmerksam, ändert aber nichts an der Tatsache, dass nirgends eine wirkliche Trennung besteht, was ja auch durch das Licht und andere Arten von Energiewellen bzw. Strahlungen, die sich im Weltraum bewegen können und uns diese wunderbaren und wichtigen Erkenntnisse liefern, bestätigt wird. Die ganzen Prozesse, die wir unter den Grundbegriffen sowie in der Spanne von Geburt und Tod zusammenfassen können, sind nicht nur beim Menschen beobachtbar, sondern auch - im Lichte der Astrophysik betrachtet - im Zusammenhang mit dem, was sich uns als Entstehen und Vergehen von Planeten, Sternen, Galaxien zeigt. Nicht aber kann beobachtet werden, dass plötzlich das Universum oder Teile davon verschwinden oder unabhängig voneinander existieren, was eine Kontinuität der Zustände des Lebens beweist und somit, dass alles miteinander zusammenhängt, ineinander übergeht! Wenn wir diese Tatsache als ein Lebensprinzip verstanden haben und uns klar darüber sind, dass wir, um bei der Sprache der Astrophysik zu bleiben, aus Sternenmaterial bestehen, so ist dieses Prinzip auch im Menschen nachweisbar - und wenn erkannt und verstanden, möglicherweise der Schlüssel zum Verstehen des "Ganzen" überhaupt. So wie im Weltraum weder ein absoluter Anfang noch ein absolutes Ende festgestellt werden kann, sondern nur organisch wahrnehmbare Ausschnitte, ist also die lebendige Ganzheit des Weltraums genau so unsichtbar, wie das ICH des Menschen als lebendiges Ganzes unsichtbar ist: und nur durch das wechselseitige Wahrnehmungsvermögen von Organen können erst bestimmte Ausschnitte - oder besser formuliert: Wirkungen - dieses unsichtbaren ICHs festgestellt werden. Diese Tatsache erklärt auch, warum es keinen ruhigen Punkt gibt noch geben kann, sondern das, was wir als Ende einer Sache oder eines Zustandes, in unserem Beispiel das Ende des Lebens eines Menschen, sehen, nur das Ende dessen ist, was wir vom Wirken des unsichtbaren ICHs gerade noch wahrnehmen können. Auch physisch gesehen: man nehme ein Krümelchen Erde oder Dreck, oder was einer gerne nehmen möchte - was immer es sei, es ist nicht tot: es hat gemäss seinen materiellen Eigenschaften Reaktionsfähigkeit (ob chemisch, physikalisch, biologisch). Und auch alles um das Teilchen herum ist nicht tot, sondern hat ebenfalls im Rahmen seiner Eigenschaften Reaktionsfähigkeit. Solcherlei Reaktionsfähigkeiten aber stellen in ihrem Zusammenwirken permanent neue Situationen her - Situationen eben, die für den (oder 'das'), dem eine solche Situation dienlich sein kann, Voraussetzung ist zum Werden. Sind die Voraussetzungen fürs Leben erfüllt, so wird es Leben geben. Das ganze Zusammen ist ja schon das Leben, und die geschilderten Prozesse sind nach unendlichen Seiten unendlich offen! Das wirkt sowohl die Möglichkeit des individuellen Lebens selbst, wie auch des Ewigen. In diesem Lichte der Erkenntnis und mit den Möglichkeiten meiner Fähigkeit, seelisch wahrzunehmen - geleitet durch die meinen Geist und meine Seele anregenden Pyramidentexte

- gehe ich an das Thema 'Tod' auch noch von einer anderen Seite heran. Sehr viele seelische Beobachtungen waren mir bis zur Lektüre der Pyramidentexte nicht ganz klar, um es noch vorsichtig zu formulieren. - In den Pyramidentexten steht, dass in der Regel dem auf den Todestag folgenden Tag der Prozess beginnt, wo der neue Körper aktiv geschaffen wird. Die Sprüche 213 und 248 aus den Pyramidentexten finden Sie am Ende dieses Buches von mir vollständig übersetzt. Vorher scheint eine Art Ruhepause, Sammlung der Kräfte stattzufinden. Beim Lesen dieser Hieroglyphenzeilen zeigte sich vor meinen inneren, seelischen Augen die Erinnerung an einen höchst mysteriösen Traum, den ich vermutlich in der Zeit unmittelbar oder sehr kurz nach dem Tod meiner Mutter geträumt hatte, und der mich damals ausserordentlich abstiess: ist ja logisch, weil ich noch nicht verstand, was ich da sah. - Der Säugling sieht, hört, riecht alles, aber er versteht nicht, was er da eigentlich erlebt -: ich sah Leute, die mich gar nicht beachteten, Leichen in Plastiksäcken herumtragen, um an bestimmte mir unbekannte Orte zu bringen. Das Ekelhafte war, dass diese Leichen gar nicht richtig tot waren, sondern eine Art Leben zeigten, wie Maden oder Ähnliches! Nun ist mir das aber völlig klar geworden: Das neue Leben entsteht immer in einem Schutzraum, sei dies das Ei, einen Mutterleib oder eine Art Fruchtblase, die das eigentliche Lebewesen solange schützt, bis es des Schutzes nicht mehr bedarf. Wir Menschen können z.B. den Arbeiterbienen zusehen, wenn sie die von der Königin gelegten befruchteten Eier in die Waben transportieren. Eine meiner Hündinnen, die Junge warf, biss die Fruchtblase auf, in der ihr Junges 'kosmisch verpackt' angekommen ist. Weder haben die Bienen die Intelligenz, diese 'Software' zu entwickeln und systembestimmend einzusetzen noch hatte meine Hündin irgendwann oder irgendwie vorher ihre Hundekinder selbst 'verpackt'. Es ist für das individuelle Schicksal des ICHs kosmisch sehr, sehr wichtig, dass es aufwacht im kosmischen Bewusstsein, indem es feststellt, dass wir als ICH und Mensch innerhalb von lebendigen Systemen leben, die von etwas geschaffen und gesteuert werden, was gleichzeitig in uns ist, uns und alles bedingt, und gleichzeitig im 'Aussen' unendlich-bewusst aktiv ist. Natürlich ist das hier behandelte Thema schwierig, und es ist niemandem verboten, es zu ignorieren. - Nur, Mensch, es ist dem Universum in seiner unendlichen Liebe und damit verbundenen Toleranz völlig 'egal', ob das Geheimnis erkannt, und damit die Tür zum Aufwachen aus dem System der Bedingtheit und Eingehen in das harmonische Ganze mit diesem Leben als Wirkung erreicht und aufgestossen wird - oder ob man vielleicht noch ein paar Millionen oder gar Milliarden Jahre sich dafür nicht interessieren will. Das sind in etwa die kosmischen Grössenordnungen, wenn das Universum zum ICH sagte: lass Dir ruhig einige kosmische Augenblicke Zeit. Ich weiss nicht, wie es Ihnen geht, aber mir reicht es, nach zahllosen Reinkarnationen als Mensch in einem System zu leben, wo das ICH durch sinnendefinierte Abhängigkeiten wie Essen, Trinken, physische Existenz, Sexualität usf. bestimmt wird - und viele Menschen, die dies gar nicht merken und noch glauben, es mit eignem Wollen zu tun zu haben, schlafen den Sinnenschlaf. Die Gesetzmässigkeit des Weltraumes zeigt mir sowohl über die religiöse Erfahrung, als auch über die konsequente Interpretation dessen, was die Astrophysik heute wirklich Gigantisches anzubieten hat: dass nämlich ganz real die Ewigkeit im Universum existiert und auf dem Prinzip des Leistungsaustausches basiert, womit sie das ewige Sein trägt. Das ICH ist in Wahrheit eine Bewusstseinswesenheit und wie schon erwähnt, ist sein Schicksal nach der kosmischer Qualität seines Bewusstseins ausgerichtet. Vergessen wir nicht, dass die altägyptische Weisheit lehrt und überliefert, dass die ISIS die Unsterblichkeit verleihen kann! In der Interpretationssprache dieses Buches: ISIS ist der göttlich-lebendige Weltraum - und es gibt in diesem Weltraum nur ewiges Leben! Die Eingeweihten Altägyptens wussten natürlich um diese Tatsachen und entwickelten die entsprechende kosmische Technik, wie sie in ihren 'Prothesenresten' wie den Pyramiden, Tempeln und Grabanlagen noch heute zu sehen sind. Wir haben Startrampen für Raketen, die den näheren Bereich des Weltraums erkunden. Sie aber hatten Startrampen für das ICH in die kosmische Ewigkeit: u.a. die Pyramiden! Jeder Reisende erhält heute von dem ihn befördernden Reiseunternehmen einen Fahrplan. Die Pyramidentexte und Papyrusrollen waren die kosmischen Fahrpläne für die Reise des ICHs aus der Sterblichkeit in die Unsterblichkeit - wir verfügen glücklicherweise über diese Texte, und sie beschreiben die natürlich-kosmischen Prozesse, die dem ICH widerfahren können: entweder zwischen Tod und neuer Geburt, oder wenn es seine kosmische Bewusstseinsqualität erlaubt - als verklärtes ICH in die Ewigkeit! In der Übersetzung (Spruch 248) werde ich exakt nachweisen können, wie die Altägypter den Weg des ICHs beschreiben nach dem Todesereignis, bis es ein Stern geworden ist. Es gibt Leute, die sind zufrieden, wenn sie in ihren Nachkommen weiterleben, oder in der Wirkung ihrer Arbeit auf eine Art fortleben. Ich will (und darf auch nicht) diese Ansicht in keiner Weise irgendwie lächerlich machen; ich glaube nur nicht, dass sie wirklich je von einem Menschen in tiefstem Inneren so gedacht und wirklich akzeptiert wird: - es ist dies doch die suggestive Wirkung der Tatsache, dass man sich ein persönliches Weiterleben nach dem Tode nicht vorstellen kann und sich damit eben vorgaukelt, man müsse sich mehr oder weniger resigniert damit abzufinden haben. Dabei kann sich niemand den Tod konkret vorstellen; das geht gar nicht. Der geneigte Leser möchte es doch mal versuchen! - Ich erinnere mich an eine lustig-menschliche Episode: vor vielen Jahren anlässlich eines Besuches in Paris zeigte man mir einen Privatfriedhof mit ausserordentlich prunkvollen und vielen auch sehr alten Gräbern, oder vielmehr: Grabanlagen. Da fielen mir etwa drei Menschen auf, die bei einem Grabplatz standen und intensiv miteinander sprachen, wobei ich (mein Französisch war ungenügend) nicht richtig verstand, was da recht lautstark verhandelt wurde - aber es hatte mit Verkauf zu tun. Die Reiseleiterin bemerkte mein Interesse, lachte und klärte mich auf, dass hier über den Verkauf der Grabparzelle verhandelt würde. Das Schöne, weil so wunderbar Menschliche war, dass sich der Käufer mitten in die Parzelle stellte und sich so umsah, wie wenn man ein Haus kauft und meinte: ja, da könnte er sich wohl fühlen; die Aussicht wäre zudem sehr schön. Es ging aber um sein Grab, dass er da kaufen wollte! Eben: er konnte sich gar nicht als Toter vorstellen, sondern er reagierte natürlich wie ein Lebender. - Denken wir an das wertvolle Säuglingsbeispiel! Ein Säugling kann sich vor Dingen ängstigen, die gar keine Gefahr für ihn darstellen, aber umgekehrt: wirkliche, ihm drohende Gefahren kann er unter Umständen nicht erkennen. Das Leben aber sorgt für ihn, ohne dass er davon weiss. **Kosmisches Gesetz: in der Regel** (zu 90 % oder mehr) **werden alle neuen und in diesem Zusammenhang hilflosen Lebewesen vom Leben beschützt, ob sie es wissen oder nicht!** Solche im ganzen Kosmos beobachtbaren Gesetze müssen zu denken geben! Aber den meisten, die da in Sachen Religion und Wissenschaft unterwegs sind, geht es nicht um Wahrheit, sondern um Macht und damit verbundene Vorteile. Darum wird so oft die Wahrheit unterdrückt! Aber es liegt an jedem Menschen selbst, ob er sich weiter belügen und ausnützen lassen will, oder ob er sich, vom äusseren Leben angeregt, um sein inneres Leben kümmert, um so die eigene Quelle zu Wahrheit, echtem Lebenserfolg und Gesundheit zu finden und all dieses zu erleben. Weiter: - Der Traum, dass der Mensch träumt, die Toilette zu benötigen und diese nicht findet. Solange er träumt, ist er unglücklich, weil er die Gesamtsituation falsch einschätzt. Wenn er aus dem Traum erwacht, ist er froh, dass das, was ihn ihm nie schläft, wusste die Lebensprozesse richtig zu steuern und ihn aufwachen liess (er wurde sogar im Traum 'beschützt', ohne es zu wissen!). - Viele Menschen erleiden harte und schwere Schicksale und sind sehr unglücklich darüber, dass diese sich nicht zum Guten wenden. Wer weiss, ob nicht aus kosmischer Sicht viele dieser nach dem Tode froh sind, dass sie im 'Traum des sterblichen Lebens' das dermassen Vermisste nicht erhalten haben: ein Gleichnis - mehr nicht, und sicher nicht für alle gültig. Wer wissen will, ob es für ihn gilt, frage direkt die heilige GOTTHEIT an! *Er frage keinen Sterblichen, denn keiner, der noch selbst als Mensch lebt und strebt, kann ihm diese wichtige Antwort geben.* - Kennen Sie das Beispiel, dass uns jemand etwas in der Ferne zeigen will, und wir es zunächst gar nicht erkennen können: durch das konzentrierte sowie aufmerksame Hinsehen aber lernen wir immer besser, zu unterscheiden - und plötzlich erkennt man selbst und unbeeinflusst, was man da uns zeigen wollte. In diesem Sinne ist dieses Buch (und vor allem auch diese Abhandlung) zu verstehen. Denn auch Sie haben Ihre Träume, und vielleicht darf ich mithelfen, das eine oder andere verständlich zu machen.

In der Neurologie werden Hirnverletzungen, die für eine Reiztherapie geeignet sind, so behandelt, indem man den Weg der Nervenreize umgekehrt geht. Das Hirn steuert über Nervenreize die Organe, Hände, Finger, Beine usw. Nun werden mit therapeutischem Ziel z.B. Finger bewegt, und dies über Tage, Wochen oder gar Monate hinweg (ich erinnere mich an eine Frau, die ihren lahmen Sohn wieder zum Gehen brachte, indem sie jahrelang solche Behandlungen vornahm). Wie an anderer Stelle schon erwähnt, arbeite ich, das Hirn als kosmischen Teil erkennend, über die altägyptischen Techniken direkt mit dem Hirn.

Dieses Buch verfolgt nun in bezug auf die Unsterblichkeit das gleiche Prinzip in kosmischer Praxis, indem der Leser sich mit dem Thema beschäftigt, wobei diese geistige Beschäftigung geistige Reize auf das unsterbliche ICH wirken, was ihn schliesslich befähigt, mehr und mehr in dieser Bewusstseinsqualiät zu erwachen (dieses reale ICH, das nie schläft und deshalb auch die Träume überwacht und überhaupt die ganzheitliche Verbindung von Geist-Seele-Körper bewusstseinsmässig ausmacht). Wenn die Zeit reif ist, wirkt es in jedem Fall! Und ist die Zeit noch nicht reif, fördert dieser Prozess in jedem Fall eine gesunde, individuell-geistige Entwicklung.

Die Physik der Unsterblichkeit
als Erklärung für das Todesphänomen

Ist eine Physik der Unsterblichkeit überhaupt möglich? Mit absoluter Sicherheit, denn wenn es die Unsterblichkeit, also die Ewigkeit, gibt, erreicht diese alles und jedes, auch Sie in diesen Augenblick. Dass Sie kosmisch-natürlich auch über die Fähigkeit verfügen, über dieses Problem nachdenken zu können, zählt auch dazu. Denken wir dabei an die Tatsache, dass es für die Astrophysik völlig wissenschaftlich klar ist, dass wir es mit dem Universum mit etwas Unendlichem zu tun haben. Etwas, was aber unendlich ist, ist ganz automatisch ewig! Wenn nun aber mit absoluter Sicherheit das Ewige alles erreicht, ist natürlich das Ewige bzw. Unsterbliche auch von überall her erreichbar! *Und das ist die reale Basis, auf der in diesem Buch dieses Thema bearbeitet wird.*

Es ist alles gleichzeitig unendlich da! Es ist da, ob einer das versteht - oder noch besser: erkennt - oder nicht. Wer es erkannt hat, hat bewusstseinsmässig den Tod real besiegt; wer es nicht erkennen kann, erleidet das Schicksal seines Bewusstseins und der damit zusammenhängenden Zustände und Umstände.

Wie soll man das verstehen?: Sie sehen das ICH des Menschen nicht, weil es aus dem Material des Weltraums, aus Sternenmaterial, oder aus Gottheit - oder schlicht: aus Unendlichkeitsmaterial - ist. Sie sehen aber jetzt einen Menschen, oder Sie sehen sich selbst im Spiegel an: Sie sehen das, was mit Ihren Augen zu sehen ist, mehr nicht! *Sie sehen aber niemals die Ursache, das Geistige, was alles bewegt!* Das sogenannte Wachbewusstsein ist nichts mehr als das Bewusstsein, das durch das Zusammenwirken der Sinnesorgane entsteht, welches im Rahmen dieser organischen Wahrnehmungs- und Wertungsmöglichkeiten bewusst denkt und handelt. Der genannte Prozess kann nämlich auch für die von "innen", also vom rein Geistigen und / oder Seelischen, kommenden Impulse Geltung gewinnen: wenn diese nach den reinen Massstäben des organbestimmten Wachbewusstseins werten, kann vielerlei als wirr, irrig oder gar gefährlich interpretiert, können diese inneren Impulse wachbewusst zurückgewiesen und verdrängt bzw. unterdrückt werden. - In Wahrheit ist es Unfähigkeit und Hilflosigkeit, mit seiner eigenen Geistigkeit, seiner eigenen seelischen Realität, umgehen zu können. Da das Geistige wie das Seelische nur nach den Gesetzen des Ewigen arbeiten und wirken, existieren für sie der Tod nicht, der nur für das Organische existiert, und sie können so konsequent auf die richtige kosmisch-gewollte Verdichtung bzw. physische Erscheinung hin wirken. Da durch falschen Umgang - wie oben aufgeführt - mit dem organisch bedingten Wachbewusstsein diesem Gesetz der Ewigkeit nicht Genüge getan werden kann, entstehen Leid, Krankheit, der physische Tod bzw. schlicht das, was der Mensch sein Schicksal nennt.

Was ist zu tun? Nicht das, was viele tun, die etwas ahnen, was sie aber gar nicht richtig verstehen, nämlich das Sinnliche, das Körperlich bzw. die irdische Existenz abzulehnen, sondern erkennen, dass das Irdische ein vollgültiger Teil der Ewigkeit ist, den man aber in seiner ewigen Gesetzmässigkeit erkennen muss! Irdisches Dasein heisst Begegnung und / oder Verdichtung. Da alles aus der Gottheit kommt, gilt es, in allem Irdischen die göttliche Absicht zu erkennen (auch darum ist Menschenkenntnis auf kosmischer Basis so wichtig). Das ICH muss wissen, wer bzw. was es als Schöpfungsabsicht ist und was für eine die anderen ICHs. *Das Wichtigste aber ist, dass die Begegnungen bzw. Verdichtungen in ihrer Wirkung dem Leben dienen!* Das Gesetz dieses Impulses erkennen Sie z.B. auch daran: wenn Mann und Frau in der Liebe zusammenkommen, kann ein Kind entstehen. Ohne Kinder ginge das Leben nicht weiter. Nun ist klar: wenn seriöse, lebenstüchtige, also geistig-seelisch und körperlich gesunde, Männer und Frauen sich in der Partnerschaft finden und Familien wirken, handelt es sich hier für das Leben um positive Wirkungen, ganz im Gegensatz dazu, wenn dies kriminelle Elemente, Drogensüchtige, Alkoholiker usw. tun. Dies zählt natürlich für alles und jedes! Ein Mensch mit seinen Gedanken trifft auf einen anderen Menschen und dessen Gedanken - und es wird in irgend einer Form für das Leben eine Wirkung aus der Begegnung der beiden entstehen. Dies schon allein darum, weil sich die beiden Menschen erleben und ja mit zum ewigen Leben zählen! **Der Sterbliche muss das Wirkungsdenken erlernen!** Der Mensch sollte also nicht denken, fühlen und handeln im Sinne von: ich bin aktiv in dieser oder jener Richtung. Er sollte also nicht denken, ich mache nun dieses oder jenes, *sondern er sollte sich fragen, was wirkt es für mich und alle anderen, wenn ich dieses oder jenes tue bzw. nicht tue.* - Das ist der Weg! Es ist reine Gewohnheitssache so zu denken, hat aber den Vorteil, dass man in allen Bereichen des Lebens harmonischer und dauerhafter Erfolg erlebt und wirkt.

Nun stellen Sie sich vor, Sie wären mit Ihrem Antlitz ganz nahe dem Gesicht eines Menschen. Sie können nur wahrnehmen und damit bewusst werten, was Ihnen in dieser Nahdistanz organisch wahrnehmbar ist. Wenn Sie jetzt einen Meter zurücktreten, sehen Sie das Gesicht immer noch, aber auch den Hintergrund des Kopfes und dessen Umgebung. Je mehr Sie zurücktreten, desto mehr sehen Sie, ohne das etwas fehlt! Ähnlich funktioniert das Unsterblichkeitsbewusstsein des ICHs, das im physischen Körper lebt. Es ist kein Entweder-Oder, sondern es nimmt dieses erwachte ICH den Körper und das, was den Körper umgibt und ihn durchdringt, wahr. Der Mensch hat zwei Beine, aber der Kopf braucht selbst keine, sondern er bestimmt die Beinbewegungen. *So hat das unsterbliche ICH des Menschen, das eine lebendige unsterblich-individuelle Idee und Schöpfungsabsicht darstellt, zwei kosmische Fortbewegungsorgane, so dass der Geist selbst keine braucht, wohl aber, wie der Kopf die Beine, der Geist die beiden kosmischen Bewegungsmöglichkeiten der Seele - Verdichtung und Auflösung - steuert.* Nehmen wir noch einmal das Bekannte als Gleichnis: das rechte Bein für das organische Wachbewusstsein und das linke Bein für das seelisch-kosmische Bewusstsein (es wird oft auch Unbewusstsein oder Unterbewusstsein genannt) und nehmen die vollführten Schritte für Tag und Nacht, oder irdisches Leben und kosmisches Leben, dann werden Sie verstehen. Und nehmen Sie als geometrische Form die Bewegung der Seele - in unserem Beispiel das linke Bein - als eine Kreisbewegung und die Bewegung des Körpers

(Geburt zum Tod, linearer Zellablauf) - das rechte Bein - als eine lebendige Gerade, und verbinden Sie diese beiden Bewegungen, dann erhalten Sie die Spiralform, wie sich Ihnen diese im Universum als die Fortbewegung vieler Galaxien zeigt, und Sie diese wieder in der Doppelhelix der beiden Molekülstränge der DNS wiederfinden. *Sehen Sie, das ist Physik der Unsterblichkeit: diese wichtigen lebendigen Zusammenhänge lückenlos überall zu sehen, zu erkennen und in ihrer kosmischen oder göttlichen Aufgabe zu verstehen.*

In diesem Universum herrscht ein Gesetz, das lautet: Alles, was du nicht nutzt, wird dir genommen und einem sinnvollen Nutzen zugeführt.

Dieses Gesetz kennen wir im Zusammenhang mit der Entwicklung der Muskulatur, indem derjenige, der seine Muskulatur vernachlässigt, körperlich schwächer wird, während der andere, der seine Muskeln trainiert, kräftiger wird. Aber dieses Gesetzt gilt allüberall, und mancher, der seinen Partner bzw. Partnerin vernachlässigt, muss plötzlich feststellen, dass jemand anders sich um ihn bzw. sie 'kümmert'. Es ist Gesetz der Ewigkeit, das alles, was lebt und überhaupt vorhanden ist, im Dienste des Lebens eingesetzt und genutzt wird. Es gilt nun, das lebendige Bewusstsein zu schulen: dieses allein ist brauchbar, im Gegensatz zur Vielwisserei und Theorie.

Wir müssen also lernen, bewusst das Ewige im Alltäglich-Physischen zu sehen. Wir müssen lernen, das Ewige in unserer Seele und im Erwachen im seelischen Bewusstsein zu erleben. Wir müssen auch bei den Gefühlen nicht einfach erleben, sondern uns darüber klarwerden, *was wirken meine Gefühle!* Die Gefühle müssen in diesem Wirkungsdenken bewusst werden. Wir müssen lernen, unsere Träume zu beobachten - **und zwar nur diese Träume, die uns wie von selbst ins Bewusstsein kommen oder drängen.** Wer sich um alle seine Träume interessiert, wird immer schlechter schlafen und dadurch schlimme seelische und körperliche bzw. gesundheitliche Nachteile erleiden. Es gilt auch hier wie für den Umgang mit dem Körper: *keine Extreme, sondern sich ergänzende Harmonie ist gefragt und sinnvoll!* Wer seine Träume verstehen will, muss wissen, welche Gesetze in der anderen Welt des Traumes und der Seele herrschen. Der sterbliche Mensch bzw. der schlafende Mensch verhält sich zum verstorbenen Menschen bzw. zu den Traumbegegnungen wie die Raupe zum Schmetterling. Es gibt keine Schmetterlingswelt, und es gibt keine Raupenwelt, wohl aber erscheint dies so - sowohl der Raupe als auch dem Schmetterling: durch deren organische Bedingtheit. In Wahrheit ist allein eine einzige Welt, in der sich das Raupen- und Schmetterlingsleben abspielt. Es gibt eine einzige Welt - und das ist die der Gottheit, und sie allein ist damit das göttliche Mass aller Dinge. Was die göttliche Qualität nicht erreicht, wird kosmisch und damit auch schicksalhaft nicht anerkannt; weil es vom Ursprung her aber die göttliche Qualität hat, muss durch Veränderung (Handlung und Wandlung!) das Unvollkommene als Basis bzw. Rohstoff für die göttliche Zielqualität dienen. Und so ist der Tod in Wahrheit nichts anderes als ein überholter Zustand, der einem neuen, besseren weichen muss. So auch ist die Müdigkeit des Menschen am Abend ein überholter Zustand, der durch Schlaf einem neuen, besseren - dem am anderen Tag bzw. nach dem Schlaf erholten - Zustand weichen muss. Und dieses führt die Natur durch ganz exakte natürliche Gesetzmässigkeiten als Prozesse durch. Von unserem wachbewusst-körperlichen Aspekt aus verläuft die Zeit während des Schlafes, und zwischen Tod und neuer physischer Geburt, umgekehrt. Alles verläuft umgekehrt - aber nur so ist die Wirkung der Erholung, des Ausgeruhtseins, und der Verjüngung möglich. Die Eingeweihten Altägyptens schulten pragmatisch Geist und Seele, um diese Dinge real wahrzunehmen, und berichten dann richtig vom Verkehrtsein in der "anderen Welt".

Es muss durch Üben gelingen, auf der anderen Seite - also im Traum - so souverän ICH-bewusst zu werden, wie dies der Lebenstüchtige während des Wachzustandes im Körper ist. Die beiden Bewusstseinsformen werden also niemals vermischt - dies wäre schlichtweg eine Katastrophe, die man unter anderem Schizophrenie nennen würde, sondern man ist auch im andern Raume, als kosmischer Realist des Seelenlebens, bewusst wach!

Da die Seele und der Geist den Körper durchdringen, ist es möglich, sich gleichsam während des physischen Wachbewusstseins an die seelische erlebte Realität zu erinnern, und man gewinnt so ein reales, erweitertes Bewusstsein. Die pragmatische Wirkung ist, dass man schlichtweg in allen Lebensbereichen weiser und in vielen Bereichen geradezu genial wird oder ist (denken Sie daran, dass viele Geniale ihre Erfindungen geträumt hatten!) - und dass man den Tod verpasst! **Wer im kosmischen Bewusstsein erwacht ist, für den ist das Erlöschen des physisch-organisch bedingten Bewusstseins das Erwachen im individuell-unbedingten, göttlichen Bewusstsein.** - Wenn es denn so sei, dass das ewige, und damit das göttliche, Bewusstsein allüberall ist, also auch hier und jetzt, wie soll man sich das physisch vorstellen, denn diese Beweisführung müsste auch physisch möglich sein, zählt doch auch alles Physische zum Ewigen. - Natürlich, und es geht auch. Wir haben festgestellt, dass, wer organisch wahrnimmt, das Lebendige für unsichtbar hält, und es nur indirekt über die sinnlich-materiellen Wirkungen wahrnimmt. Das Sonnenlicht halten wir in direkter Anschauung nicht aus, sehen im Sinne der Wahrnehmung nichts, sind geblendet und müssen wegschauen, wollen wir unseren Augen keinen irreparablen Schaden zufügen. Indirekt aber sehen wir alles durch das Sonnenlicht, weil es alles anstrahlt und reflektiert. Es wird aber nicht alles Sonnenlicht reflektiert, sondern nur teilweise und beeinflusst - das alles nennen wir dann unsere sichtbare Welt. Wir können direkt in die Sonne nur durch schwarze Filter sehen, welche die Strahlung soweit abdämmen, dass es für uns erträglich wird; dann sehen wir die Sonne, so wie sie ist. Wer einfach mal um sich sieht, um die Gottheit wahrzunehmen oder das Ewige, ist überfordert von der Unendlichkeit der Erscheinungen des Lebens. *Wer aber seinen schwarzen Filter nimmt, und das ist sein individuelles ICH mit seinen Fähigkeiten, und so durch diesen ICH-Filter in das Leben sieht, wird nicht mehr geblendet von der Unendlichkeit der Erscheinungsformen des Lebens, sondern erkennt klar im Ausschnitt* *seines Wahrnehmungsvermögens das Wesen der Gottheit!* Er versteht dann, wer er als Schöpfungsabsicht ist und wird danach streben, diese zu leben - schon ist er ausgerichtet auf die Unsterblichkeit und kann gar nie wirklich fehlen! Dieser Filter im Zusammenhang mit dem Sonnenlicht aber ist Glas und Russ - und das 'Glas' ist die Seele, und der 'Russ' ist das Physische und Körperliche. Das weisse Glas des Filters entspricht der harmonischen Lebenstüchtigkeit und individuell der reinen Seele. Würden wir ein rotes Glas mit Russ verwenden, wäre nur die durch das Rot bedingte Wahrnehmung möglich. Nehmen wir nun Rot als Symbol für Sinnlichkeit und Physisch-Materielles, so entspräche dieses Beispiel dem Wahrnehmungsvermögen eines Menschen, der nur die Sinnesinformationen gelten lässt, und für den die Grenzen der Naturwissenschaft auch die Grenzen der Wahrheit sind. Würden wir ein blaues Glas mit Russ verwenden, so entspräche das symbolisch dem Menschen, der alles Sinnlich-Materielle ablehnt, unterschätzt und nur das Seelisch-Geistige gelten lässt. Auch dieser Mensch sieht nur einen Ausschnitt der Wahrheit und nimmt diesen Ausschnitt irrig für das Ganze.

Übrigens: diese Beispiele sind pragmatisch! Fragen Sie doch nach den Lieblingsfarben derjenigen Menschen, die nur als real gelten lassen wollen, was sie anfassen, messen, wiegen (und beim Tod zurücklassen!) können. Sie erhalten deutlich überwiegend Rot und Rottöne. Und Fragen Sie nach den Lieblingsfarben derjenigen Menschen, die das Materielle als unbedeutend betrachten und ach so seelisch und geistig verklärt in die Welt gucken! Es werden überwiegend Hellblau, hellere Blautöne (nicht Dunkelblau!) bzw. die Betonung ins Helle (auch Lila und Ähnliches) genannt.

Lernen wir von der Sonne und ihrem Licht. Das Sonnenlicht enthält die sieben Spektralfarben - und zusammen wirken diese das weisse Sonnenlicht! Und Sonne bringt es auch hier an den Tag: wir müssen anteilmässig und individuell unser Rot (also unsere Körperlichkeit), unser Blau (also unsere seelische Realität) etc. harmonisch leben, damit es in der Wirkung (auf die Wirkung kommt es an!) das weisse

Sonnenlicht bzw. in unserem folgenden Beispiel Weiss ergibt. Was für das Sonnenlicht die sieben Spektralfarben sind, sind für das individuelle ICH die sieben Faktoren (Lichtschnur), welche die kosmischlebendige Verwirklichung der Persönlichkeit ausmachen.

Denken Sie bitte an die Tatsache, dass wenn der Vater mit Geist, Seele und Körper (das macht drei) sich mit der Mutter mit Geist, Seele und Körper (das macht noch einmal drei) verbindet und dann schicksalsmässig das neue ICH noch hinzukommt, so nach der Wirkung der Siebenheit eine neue Persönlichkeit geworden ist.

Das ICH in seiner Siebenfältigkeit (Lichtschnur) durchstrahlt den dreidimensionalen Raum wie das Sonnenlicht den Weltraum durchstrahlt. Das gelbe Sonnenlicht erreicht die blaue Erde - und das Leben auf der Erde zeigt sich als Grün! Wenn das ICH als Lichtstrahl sich mit Geist (Gelb), Seele (Blau) und Körper (Rot) harmonisch verwirklichen kann, entsteht als Zeichen dieser Harmonie das Weiss. Wenn das ICH als Lichtstrahl nicht in Harmonie - und Harmonie bedeutet nichts anderes, als göttliche Orientierung - leben will, ist es für alles andere Leben nicht oder zu wenig nützlich; somit erlebt es diese Unfähigkeit als grösseren oder geringeren Widerstand und als Misserfolg, Krankheit usw.; die dreidimensionale Umwelt, die ebenfalls über Geist (Gelb), Seele (Blau) und Körper (Rot) verfügt, hindert das ICH, was Schwarz wirkt. Denken Sie daran, dass depressive Menschen oft von Schwarz, schwarzem Loch und Ähnlichem berichten.

Egoistisches oder egozentrisches Verhalten wirkt nach kosmischen Gesetzen den Widerstand und 'löscht' das ICH aus bzw. verhindert die Verwirklichung der kosmischen ICH-Aufgabe. Das egozentrische Bewusstsein entscheidet und wertet alles und wirkt so den Effekt des schwarzen Filters, der das Verenden bewirkt. Umgekehrt wirkt das ICH im WIR-Bewusstsein, also in dem kosmischen Bewusstsein, welches Leben und Wohl von Allen will, dem Leben den Nutzen, zu dem es geschaffen wurde und kosmisch-natürlicherweise erlebt sich dieses ICH kausal glücklich und in einer glücklichen Umgebung. Das ist nicht Philosophie, sondern es ist dies kosmische Wahrheit anhand physikalischer Gesetze um das Licht, was sich ja auch im Universum befindet, nachgewiesen. Das harmonisch-lebenstüchtige Verhalten des ICHs bedeutet konkret nichts anderes, als seine göttliche ICH-Idee zu leben, wirkt Erfolg und Weiterleben, da man für sich und andere nützlich ist. Wahre Nützlichkeit bedeutet, sich so zu verhalten, dass man andere in irgend einer Form im Leben unterstützt und durch die Wirkung dieser Leistung selbst würdig wird.

Jedes Werkzeug wird in der Regel vor neuem Gebrauch gereinigt. Sauberkeit und Gesundheit sind untrennbar miteinander verbunden. Sauberkeit ist eine Art Ordnung, indem durch die Wirkung des Reinigens in der Regel nicht nur das zu reinigende Objekt sauber wird, sondern auch ein Prozess ausgelöst wird, wo die Stoffe, am falschen Ort als Dreck bezeichnet, am richtigen Ort wieder Rohstoff werden. Mensch, wenn Du diese Wahrheit in kosmischer Tiefe verstanden hast, weisst Du, was für ein Prozess auf das ICH nach dem Sterben, dem Ablegen des 'Werkzeug-Kleides' Menschenkörper, wartet! Das ICH ist das göttliche Werkzeug, und dieses wird nach dem Erdenleben 'gereinigt'. Wie, Mensch - das fragst Du? Hast Du noch nicht verstanden? Das Reinigungsverfahren muss nach dem gewählt werden, was es zu reinigen gilt, und das ist die Seele: denn das ICH an sich, das aus GOTTHEIT ist, kann gar nicht schmutzig werden. - Die Seele aber hat kosmisch betrachtet die gleichen Eigenschaften wie Wasser. Das schmutzige Wasser fliesst in das Meer, und durch Verdunstung steigt es zum Himmel, lässt den Dreck zurück und ist als Wasser unsichtbar. Die Seele, die soeben noch einen Menschenkörper belebt hat, trennt sich vom Körper, wenn es 'vollbracht' ist und steigt zum Himmel. In diesem Moment - und während des Prozesses der Reinigung - existieren real zwei Bewegungen: die des gesäuberten Wasserdampfes (also der reinen Seele, die zum Himmel steigt) sowie die des Schmutzes, der je nach Dichtigkeit ja eine Zeitlang mitsteigt, bis er nicht mehr, aufgrund der Naturgesetze, höher zu steigen vermag und folglich zurückbleibt. Und wie das Wasser, sofern genügend Hitze vorhanden ist, sich so stark ausdehnt und vollständig verdunstet, dass der Schmutz keinen Halt mehr findet - so wird auch die Seele sich hinein in das Universum begeben, soweit, bis ihr nichts Irdisches mehr folgen kann. Jetzt spielt die Bewusstseinsqualität eine grosse Rolle! Wenn das ICH des Verstorbenen in Menschenform danach gestrebt hat, ganz sich selbst zu sein und für sich und das Leben positiv zu wirken, wird das ICH diesen realen Prozess nach dem Tode wie ein wunderschönes, reinigendes Bad, wie eine reinigende und belebende Dusche nach einem Arbeitstag erleben, von dem man schmutzig geworden ist und sich jetzt reinigt.

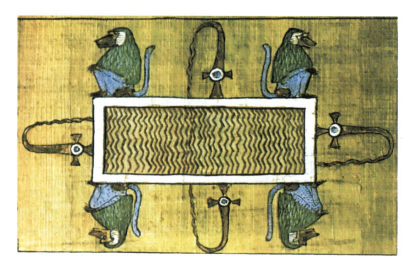

Beachten Sie den blauen Punkt an der Spitze des Feuerfunkens: um den blauen Punkt ist ein weisser Kreis gezeichnet, an den sich drei Feuerstrahlen anschliessen. Rings um den Feuersee sitzen vier Paviane. Der Pavian steht hier symbolisch für den menschlichen Sinnenkörper. Interessant ist, dass die heutige Naturwissenschaft (heute heisst: im Jahre 2001) davon ausgeht, dass die Schimpansen unsere nächsten Verwandten sind. Das ist wirklich interessant. Nicht so aufschlussreich finde ich die Logik, die Schimpansen zu studieren, mit dem Zweck,

die Menschen besser zu verstehen. Es steht jedem frei, von sich auf den Affen zu schliessen, aber obligatorisch oder gar wissenschaftliche Praxis sollte es doch nicht werden. Wer den Menschen und die Menschheit verstehen will, muss den Kosmos als gewollte Schöpfung der Gottheit erkennen. Ähnlichkeiten des Menschen mit dem Schimpansen sind interessant und teilweise naturbedingt, aber keine seriöse Basis, um dem heutigen Menschen die Lebensantworten zu geben, die er individuell benötigt. Es ist nicht alles Gold, was glänzt - aber im Glanz erscheint zunächst vieles dem Gold ähnlich, das aber eben, richtig besehen, doch kein Gold ist. - Wenn ein Hund und ein Mensch gemeinsam eine Bahnfahrt unternehmen, gehen sie beide eine Zeitlang und eine bestimme Strecke gemeinsam. Aber es sind zwei ganz unterschiedliche Wesen, die trotzdem in grösster Freundschaft miteinander leben können. Die Evolution ist gleich der "Eisenbahn" eine lineare Strecke der Entwicklung, die sich in einem Lebensraum abspielt (Bahnwagen). An verschiedenen Stationen können neue Reisende ein- oder aussteigen: das kennen wir im Zusammenhang mit dem Entstehen und Vergehen der Arten. Am Ende der Bahnfahrt geht jeder Reisende seinen individuellen Weg und zu seinem persönlichen Ziel. Diese Tatsache kann schon beim Beobachten der sich entwickelnden Embryos festgestellt werden, indem am Anfang sich die Embryos verschiedenster Tiere und der Menschen sehr, sehr ähnlich sehen - und je mehr sie sich entwickeln (also über die Zellteilung ihre individuelle Idee verkörpern!), treten die Unterschiede immer klarer und deutlicher zutage. - In der Anwendung des komischen Gesetzes der unendlichen Gleichzeitigkeit fallen einem solche realen Zusammenhänge auf.

Die altägyptische Symbolik im Zusammenhang mit dem Feuerfunken ist erstklassig: Der Feuerfunke entspricht der Hitze, der Verdunstung, welche die Trennung sowie Reinigung der Seele vom Irdischen (vom irdischen Arbeitsdreck des vergangnen Lebens! Arbeitsdreck, weil es das in kosmischer Wirklichkeit ist und nichts an sich Negatives!) wirkt. Die Trennung ist mit dem weissen Kreis symbolisiert, der den blauen Kern (Blau: Seele - Farbe der ISIS!) als die reine geläuterte

Seele umschliesst. Dieses Bild vom Feuersee ist in einigen Pharaonengräber zu sehen, also im Durchschnitt gut und gerne 3'000 Jahre alt.

Tausende von Jahren, wenn nicht Zehntausende von Jahren vor Christus (und vor allem vor dem Missbrauch einer Wahrheit durch dogmatische Religionen), erkannten und lehrten die Eingeweihten das Gleichnis vom Feuersee, in welchem sich der Verstorbene reinigt. Und was macht ISIS mit dem, den SIE unsterblich machen will? Sie hält ihn übers Feuer! Sie hält ihn über das die Seele reinigende Feuer, wie es im Osiris-Mythos beschrieben wird, den ich sehr ausführlich in meinem zweiten Buch 'Einweihung in die lebendige Wahrheit der altägyptischen Mysterien' beschrieben und entschlüsselt habe. Jedem Menschen bietet die ISIS über sein individuelles Schicksal die Gelegenheit zur Unsterblichkeit, und viele lehnen das ab, weil sie glauben, ein schweres Schicksal drohe ihnen. Wie spricht die ISIS zum Menschen?: - **über seine Seele und sein Gewissen!** Dem Leben dienen, auch wenn es im Moment unangenehm ist, heisst, das Feuer der ISIS erleben! Familien nicht im Stich lassen, auch wenn es im Moment unangenehm ist, heisst, das Feuer der ISIS erleben! Der Kreatur Liebe und Hilfe angedeihen lassen, auch wenn es im Moment unangenehm ist, heisst, das Feuer der ISIS erleben! Mit Zivilcourage gegen Lüge und Betrug angehen, auch wenn es im Moment unangenehm ist, heisst, das Feuer der ISIS erleben! Nicht gegen sein Gewissen handeln, auch wenn es im Moment unangenehm ist, heisst, das Feuer der ISIS erleben! Denn ISIS, das göttlich Weibliche - und damit das göttlich Mütterliche - ist der gesamte Lebensraum als Kosmos, Himmelskörper und Natur. Das Weibliche ist als Mutter beim Menschen, wenn er noch ein unbeholfener Säugling ist. Sehr oft sind es Frauen, vor allem wenn die Arbeit ohne Lohn geleistet werden muss, welche die Kranken betreuen. Und wer leistet allermeistens Sterbebegleitung? Es sind wieder die Frauen! Mann, der Du mit einer Frau glücklich werden willst: nutze Menschenkenntnis und "verehre" die ISIS, die in jeder Frau ist! Du wirst staunen! Und wenn Du, Mann, eine Frau ehrlich lieben kannst, wirst Du, werdet Ihr glücklich sein!

Wer kennt die Situation nicht, wo ein Kind sein Spiel und Spielzeug, seine Kameraden verlassen muss, weil es Abend geworden ist - und das Kind will doch eigentlich noch gar nicht die Spielszene verlassen. - Muttern ruft, je nach ihrem Charakter einmal, zweimal oder auch keinmal und holt sich das Kind. Es schreit, manchmal tobt es: kurzum, eine unerfreuliche Szene. Mensch, ich habe Dir aus kosmischer Sicht das Sterben eines Menschen gezeigt, dessen Bewusstsein ganz im Irdischen befangen ist; einem Bewusstsein, was nur das Sinnlich-Materielle gelten lässt. Die Naturgesetze wirken das Altern - und wenn die natürliche Zeit gekommen ist, wo der physische Körper nicht mehr leisten kann, muss der Mensch die Erde verlassen, ob er will oder nicht. Das ICH also, welches sich in einem materialistischen Bewusstsein im Zustand der Seelenreinigung befindet, der real als kosmisches Naturgesetz stattfindet, wird leiden zum Verhältnis der Wirkung seines falschen Denkens! Es wird dann so reinkarnieren, wie es als Belehrung (nicht als Strafe, denn die Gottheit kennt keine Strafe, wirkt aber Belehrung!) und Kausalwirkung bezüglich seines abgelebten Lebens und zum Nutzen für das ewige Leben (nicht nur sein eigenes ewiges Leben ist gemeint, sondern das ewige Leben als Ganzes - also alles in allem, inklusive des betreffenden ICHs!) am sinnvollsten ist. Rein sein im kosmischen Sinne heisst: ganz das individuell-göttliche Wesen zu sein, als das man geschaffen wurde - mit der Quintessenz des letzten Lebens als lebendiger Bewusstseinsgewinn! Darum: auch die Sentimentalen, diese 'Gefühlspflaumen' und 'Gewürzgurken ohne Geschmack', die einfach so durch das Leben 'emotionalisieren', werden das Reinigungsbad im erquickenden Feuersee ebenfalls nicht geniessen können, nicht einmal emotional, weil sie - wie der rein Materielle - eben einseitig ausgerichtet waren! Klar ist, dass die Höllenbilder und alles, was dazu gehört, von der falsch verstandenen Realität (mit den entsprechend fatalen Interpretationen) dieses Feuersee-Gleichnisses kommen. Gequält wird niemand dort, wo die Gottheit etwas zu sagen hat! Die GOTTHEIT aber ist das Universum! Mozarts Zauberflöte: Nr. 15 Arie / Sarastro: "In diesen heiligen Hallen kennt man die Rache nicht, und ist ein Mensch gefallen, **führt Liebe ihn zur Pflicht.**" Nach den kosmischen Schlüsseln bedeutet Sarastro: Sohn der Sonne und des Himmels, ist also das Symbol für das aktive Wirken des Universums. Und noch einmal Sarastros Antwort für die Menschen, die sich ehrlich mühen, aber einfach als Sterbliche überfordert sind: Nr. 10 Arie (zweiter Vers!): "Lasst sie der Prüfung Früchte sehen, doch sollten sie zu Grabe gehen, so lohnt der Tugend kühnen Lauf, nehmt sie in euren Wohnsitz auf." Mit Wohnsitz ist der Sitz der Götter gemeint. Übrigens: Mozarts Zauberflöte spielt sich im altägyptischen Szenarium ab! Aber das ist 'Zufall', sagen die Tölpel und Unfähigen. - In jedem Fall ist dem Feuersee ein **Reinigungsprozess** angegliedert, aber auch ein **Heilungsprozess** für die Seele. Der Arzt, welcher eine Wunde behandelt, auf dass sie heilen möge, kann nichts dafür, dass möglicherweise seine Behandlung schmerzt - niemals aber will er Schmerzen zufügen, sondern eben heilen. Im Gegenteil, er vermeidet den Schmerz, wo er nur kann. Die nicht vermeidbaren Schmerzen sind aber die kausalen Wirkungen der ursächlichen Verwundung! Niemand braucht sich vor dem nachtodlichen Reinigungsprozess seiner Seele zu fürchten. Im Gegenteil, sogar derjenige, der als Mensch eine unglückliche Hand hatte und unter *ehrlicher Reue* leidet, darf mit der heilsamen Reinigung der Seele nach dem Tode rechnen, die das ewige Vergessen wirkt von dem, was ihn als Mensch belastete. Denn die Heilige Gottheit hat ihn ja geschaffen, und nicht der Mensch sich selbst! SIE wirkt deshalb, modern zeitgemäss formuliert, im Sinne kosmischer 'Produktehaftung' das Verzeihen! Nicht etwa als Gnade: Wer schuldlos ist, braucht keine Gnade. **Das ICH hat sich nicht selbst geschaffen und braucht deshalb keine Gnade - es bedarf einzig göttlicher Gerechtigkeit.**

Die Eingeweihten Altägyptens wussten dies nicht nur, sondern konnten real damit kosmisch umgehen. Dem Sterblichen machten sie es klar mit dem Metall Gold; sie nannten Gold das 'Fleisch der Götter' (denken Sie bitte an meinen alchemistischen Hinweis). Warum? Das Göttliche ist unsterblich - und Gold bleibt Gold: es rostet nicht. Darum die Goldmasken bei den Mumien - als sichtbares und praktiziertes Symbol für das unsterbliche ICH im toten, mumifizierten Körper, das gleich der unsichtbaren Idee des Kornes in jedem Samenkorn lebt und nur darauf wartet, ausgesät zu werden. - Der Kuss der blauen Göttin ISIS in der lebensspendenden Erscheinung des Elementes Wasser und das göttliche Bewusstsein weckende Licht wirken, dass die lebendige Idee im Weizenkorn beginnt als aufblühender Weizen seinen Nutzen dem Leben zu geben.

Die zwei Tode

Interessanterweise berichten die Altägypter von einem zweiten Tod. - Um was geht es hier? Das Problem ist keines, erscheint nur als solches und ist in seiner Natürlichkeit sehr einfach. Um die Antwort zu verdeutlichen, führe ich zwei Gleichnisse an:

1. Gleichnis: Wann ist die Rose eine Rose? - Wann ist sie in unserem Sinn erblüht? - Oder ist auch die Rose als reale, lebendige Idee im Rosensamen enthalten? - Ist sie lediglich Rose in der pflanzlichen Entwicklung, wenn sie aus dem Samenkorn herauskeimt und als Pflanze heranwächst?

Nimm einen dieser natürlichen Zustände heraus - und die Rose wird nie mehr erscheinen! Ein Zustand bedingt den anderen, und zusammen machen sie das aus, was wir die Rosenpflanze nennen.

2. Gleichnis: Keine Raupe kennt im menschlichen Verständnis ihre Zukunft und kann nicht wissen, dass sie sich zum Schmetterling verpuppt. Der Schmetterling lebt in der gleichen Welt wie die Raupe, durch das Fliegen ist ihm eine Dimension zusätzlich erschlossen. Über das befruchtete Ei wird der Kreislauf vom Schmetterling zur Raupe geschlossen.

Beide Wahrheiten können wir Menschen erkennen, der Rose ist sie im menschlichen Sinne nicht bewusst, und der Raupe und dem Schmetterling sind diese Tatsachen ebenso wenig bewusst.

Die machtvolle Natur als Ausdruck des göttlichen Willens führt alle natürlichen Lebensprozesse durch, ob die Wesen dies nun verstehen oder nicht. Und das gilt auch für den Menschen. Denn er hat gleich der Raupe und der Rose eine physische Existenz - dessen Ende nennt er den Tod, *in Wahrheit aber ist es ein Erblühen!* Die Raupe wird zum Schmetterling, und diesen befruchtenden Flugdienst leisten die Insekten für die Rose. Der Mensch wird nach dem physischen, also dem 'ersten' Tod, zum Seelenwesen und kosmischen Bürger. - Der Schmetterling lebt nicht ewig; auch er stirbt und die Schmetterlings-Idee lebt im befruchteten Ei weiter. Die Rose verblüht, aber mit Hilfe der Insekten lebt die Rosen-Idee weiter. - Das ICH erlebt in seinem Seelenzustand eine Verarbeitung der gesamten bisherigen Erfahrungen; und im Zusammenhang mit seiner eigenen göttlichen Idee, die gleichzeitig Auftrag und Willensausdruck der Gottheit ist, verdichtet sich das Seelische und reinkarniert in ein neues physisches Leben. Diesen Vorgang nannte der Altägypter den zweiten Tod. Wer im göttlichen Sinn das geleistet hat, was er auf der Erde zu leisten hatte, verdichtet sich nicht mehr auf der Erde, reinkarniert also nicht mehr, weil er seine göttliche Arbeit auf Erden geleistet hat und geht den weiteren individuellen Weg seiner kosmischen Entwicklung. Die kosmische Evolution bleibt nicht beim Menschen stehen, sondern geht über diesen hinaus - **so wird der Mensch zum Stern** und wächst gleichsam nach individuellem Gesetz in den Weltraum hinaus und hinein.

Das Bild auf folgender Seite zeigt klar diese drei Zustände des ICHs im Zusammenhang mit dem Mensch-Sein auf Erden. Für den ersten, physischen Tod steht die schwarze Mumie - und daraus entschlüpfte das ICH in den Energie- (oder besser: Seelenkörper), hier als Vogel mit Menschenkopf dargestellt. Der zyklische Kreislauf schliesst sich, indem der BA-Vogel sich wiederverkörpert, d.h. indem die Seele sich

wieder verdichtet und reinkarniert, was der Bildteil ‚Seelenvogel und schwarze Kugel' darstellen will. Nun darf man sich nicht täuschen und glauben, das wäre ein endloser Kreislauf. Die göttliche Idee an sich ist linear lebendig, weil sie das gesetzte und selbst-seiende, göttliche Ziel anstrebt, zu verwirklichen. Und schon zeigt sich uns wieder die Spirale im Zusammenwirken des natürlichen Kreislaufes zusammen mit der göttlichen ICH-Idee. Es ist wichtig zu unterscheiden: **Mensch ist man nur eine Zeit lang - ICH ist man ewig!**

Die alten Ägypter hinterlassen mit ihren Pyramidentexten, mit den Texten in den Tempeln und Krypten eine gigantische Informationsmenge, die sich mit dem Leben und den Prozessen des Lebens beschäftigen, und die im vernünftigen Anspruch an eine sinnvolle und verständliche Übertragung zu gut 90 % überhaupt nicht übersetzt sind. Allein die Prozesse zu übersetzen und sinnvoll zu erklären, was zwischen Tod und neuer Geburt sich abspielt, würde - vorsichtig geschätzt - das 20fache dieses Buchinhaltes ausmachen. Ich bin fähig, diese Arbeit zu leisten: aber unserer privaten Universität fehlen schlicht und einfach die Mittel. - So will ich versuchen, der ich diese Dinge sehr gut verstanden habe, dem Prinzip nach die genialen Erkenntnisse der alten Ägypter in dieser Angelegenheit zu beschreiben; auch darf ich einmal mehr auf meine beiden bereits vor längerem erschienenen Bücher aufmerksam machen, wo der Interessierte manches vertieft finden wird. Man möchte sich das Universum als einen lebendigen Organismus vorstellen, welcher der Leib der Gottheit ist, wie unser physischer Körper dem ICH dient. Alles, was nun diesem Körper nützlich ist, so durch die Zufuhr von Wasser und Aufnahme von Essen, findet Verwendung - alles andere wird als Urin und Kot ausgeschieden. Nun ist natürlich ein entscheidender Unterschied zwischen dem Menschenkörper und dem Universum, indem das Universum das unendliche Ganze ist und an sich gar nichts und nirgendwo hin ausscheiden kann. Das Universum löst dieses Problem genial, indem alles, was nicht für das Universum brauchbar ist, total aufgelöst wird, bis dieser Auflösungszustand eine Qualität erreicht hat, die irgendwo im Universum wieder verwendet werden kann. Nicht aufgelöst werden kann aber die göttliche Idee, physisch auch als Goldmaske symbolisiert, weil die von der GOTTHEIT selbst kommt, selbst Teil von IHR ist. Dieser scheinbare Widerspruch im gestorbenen Menschen, der da eine Einheit ist von göttlichem ICH und Verfehlungen als Mensch, ist keiner, sondern wie die Nahrung aufgenommen und verdaut wird, ist das ICH als Summe dessen, was es ist und was es bewirkt hat, 'Nahrung' für das Universum! Wir finden in den entsprechenden Texten der Altägypter immer sich wiederholende, ähnliche Situationen von Wächtern an Toren, von Gerichten, von

Schlächtern und auch von gigantischen Mächten (dieWeltschlange!), welche dem Verstorbenen drohend entgegenstehen. Und immer läuft es auf dasselbe hinaus: Weiss der Verstorbene, wer er ist (Kind Gottes bzw. OSIRIS), und kennt er das wahre Wesen derer, die ihn bedrohen, darf er passieren, weil dieses Wissen um sich selbst und das Kennen der hier drohenden Umstände nur dem in der Unsterblichkeit erwachten ICH möglich ist. Im Lichte des kosmischen Bewusstseins aber ist es gar nicht so schwierig, zu erkennen und zu verstehen. Einstein sprach - wenn auch zugegeben im Zusammenhang mit der Vermutung, was im schwarzen Loch passiere - von einer unendlichen Krümmung. Nun ist das Prinzip in den Därmen, die der Stuhl passiert, auch zu beobachten. Dass die Natur aber im Bau ihrer Geschöpfe ihre Denkweise offenbart -: dies nicht zu sehen, erscheint mir höchst verwunderlich! Die Natur arbeitet sehr stark mit linearen Räumen, sage 'Schläuchen'! so die Speiseröhre, dann kommt der Magen, wo sortiert, aufgelöst wird; dann folgen die Darmschläuche mit all ihren vielen Funktionen der Verdauung. Ich wusste wohl, warum ich in diesem Buch dem ehrlich Suchenden die Alchimie betreffend das intensive Studium der Verdauung empfehle - weil er dort eben Schlüssel findet, ohne die er nie an das 'Ziel' kommt. - Aber nicht nur im Zusammenhang mit der Verdauung zeigt sich dieses Arbeitsprinzip der Natur mit linearen Räumen, sondern auch mit der Sexualität, der Zeugung, der Fruchtbarkeit und embryonalen Zuständen, schliesslich mit der Geburt als solcher (vergessen wir dabei nicht die Nabelschnur). Diese natürlichen Tatsachen in kosmischer Dimension haben die alten Ägypter genial erfasst und ganz offensichtlich verstanden; sie beschreiben diese realen Prozesse mit den ihnen als richtig erkannten Symbolen von Wegen, Gegenden, Flüssen, Schlangen usw.! Ob die nun alle ganz exakt richtig erkannt wurden oder nicht, ist nicht so bedeutsam wie die Tatsache, dass es diese Prozesse real gibt! Man lese nur einmal **denkend** die heutigen astrophysikalischen Schilderungen vom Verhalten der Galaxien. Wie heisst es? Wer zu spät kommt, den bestraft das Leben. Man darf diesen Spruch in die kosmische Dimension erweitern: Wer zu dumm ist, zu erkennen, was sich einem da vor den Augen real zeigt, dem gibt sich das Leben nicht zu erkennen. Das wirklich Dumme dabei ist, dass der Betreffende mit dieser Dummheit sterben muss und sie keineswegs durch den Tod los wird! Wer hier von Unsinn spricht, macht nur deutlich, dass er zu denen zählt, die nicht wissen, woher sie kommen - und genauso hilflos sterben, wie der Kot zu Boden fällt. Der Kluge wird hier einfach nichts sagen und im Rahmen seiner Möglichkeiten versuchen, die Dinge zu entschlüsseln und zu verstehen: denn 'Narren' wirken keine Hochkultur mit Jahrtausende überdauernden Pyramiden und Tempeln. Den Narren erkennt man daran, dass er alles 'weiss', in seinem Leben aber augenscheinlich beweist, dass er eigentlich nichts Wirkliches kann.

Schlummer und Schlaf, zwei Brüder, zum Dienste der Götter berufen, bat sich Prometheus herab, seinem Geschlechte zum Trost; aber, den Göttern so leicht, doch schwer zu ertragen den Menschen, ward nun ihr Schlummer uns Schlaf, ward nun ihr Schlaf uns zum Tod.

Goethe

Das Alter und der Tod

Der Bauer und der Gärtner wissen, wann der Weizen reif ist. Der Mensch, dessen Seele reift im Sinne kosmischer Erkenntnis ist, sieht sehr oft und leicht, wann ein Sterblicher reif für das Todesphänomen ist. Der Tod ist ein Teil der Gottheit und der Natur und darum höflich, verständnisvoll: Er klopft in der Regel (und wie Sie wissen: Ausnahmen bestätigen sie) lange, lange vor dem eigentlichen Zeitpunkt an, wo der Mensch real stirbt. Ich will mit dem Folgenden dienen und nicht ängstigen! Aber die Zeichen sehend, habe ich einige rechtzeitig mahnen können, ein Testament zu verfassen, damit später kein böser Streit entsteht. Viel Elend und Streit wäre mit der rechtzeitigen Verfassung eines klaren und rechtsgültigen Testamentes zu vermeiden! Da man nie wissen kann, wann es für einen Zeit ist, sollte immer ein Testament verfasst sein, das man von Zeit zu Zeit, so notwendig, abändern bzw. erneuern kann. Folgende Schilderungen können Zeichen bei einem alten Menschen für den nahenden Tod sein: so plötzlich extrem zittrig werdende Schrift! Die Lebenskraft ist nicht mehr voll da und stabil: es braucht nur genügend Widerstände durch Krankheit, Überanstrengung, Sorgen usw., und das Erdenmobil steht still, wie das Auto mit stotterndem Motor bei leerem Tank. Weiter: ein Väterchen oder Mütterchen, welches zeitlebens gepflegt und sauber war, wird plötzlich in der Körperpflege deutlich nachlässig. Da zeigt sich die 'Verpuppung', indem das Geistige des ICH von aussen nach innen geht, also bewusstseinsmässig weggeht von dieser Welt und sich geistig-seelisch mehr und mehr verinnerlicht. Dies wird begleitet durch vermehrte Passivität und deutlich abnehmendes Interesse an der Menschenwelt. Der Kreis schliesst sich: und die Jugend, Kindheit wird wieder wichtig und drängt sich als Erinnerung ins Bewusstsein des alten Menschen.

"Totenwitz": Ein Trost folge nun für diejenigen unter uns, die schon als Menschen mit ihrer Körperfülle himmlischen Kugelidealen (haben Sie einmal einen Strich als Himmelskörper gesehen?) unerbittlich entgegenstreben: Die dicksten Raupen ergeben in der Regel die schönsten Schmetterlinge! Also an diejenigen, welche unsere Körperfülle kritisieren: ihr werdet dereinst sehen, wie schön wir nach dem Tode geworden sein werden!

Nun aber seriös weiter. Oft erscheinen uns die alten Menschen geistig mehr oder weniger verwirrt. Da gilt es, genau hinzusehen und vor allem - genau hinzuhören! Denn es gibt natürlich die geistige Verwirrung infolge geistigen Abbaues, vor allem durch Krankheiten des Hirns usw. Damit klar ist: Alter ist keine Krankheit - und von der Natur auch nicht als krankhafter Zustand geschaffen. Alter ist Herbst und Winter, ist der Tod. Es gibt wunderschöne Herbste und wunderschöne Winter: es kommt auf das ICH und seine Verfassung an, ob es 'Herbst' und 'Winter' als das, was sie sind, nämlich natürliche Zustände und Jahreszeiten, erleben kann oder eben nicht. Der alte Mensch, wenn es auf den Tod zugeht, gleicht einem Bürger zweier Welten: wobei er eine Welt, die er kennt und ihm vertraut ist, verlassen muss, aber noch nicht verlassen hat - gleichsam mit einem Bein noch im Diesseits ist und mit dem anderen Bein im Jenseits, also in der anderen Welt. Durch seine in dieser neuen Welt erwachende Seele hat er Erlebnisse, die er nicht versteht, und welche ihm doch im Ganzen vertraut erscheinen. Er verfügt natürlich noch über sein normales Bewusstsein, das irritiert auf diese 'halluzinatorischen' Erlebnisse reagiert; er ist verunsichert und hat oft Angst, dass die Umwelt ihn für nicht mehr voll nimmt, wenn er von diesen Erlebnissen erzählt. Der seelisch Erwachte kann dann solchen Menschen sehr helfen, indem er ihnen erklärt, dass möglicherweise sein Leben nicht mehr so lange andauert, und dass diese Erlebnisse in der Regel wertvolle, weil hilfreiche Signale von 'Drüben' wären. - Dann lasse man sich erzählen. Bei Menschen, deren Grad der Verwirrtheit etwas grösser ist, höre man zu, nehme vielleicht mit einem Tonband auf, was da der alte Mensch uns anvertraut. Warum das? Weil sehr oft, wenn man sich Zeit nimmt, dieses sogenannte Verwirrte zu analysieren, einem klar wird, dass diese Informationen 'umgekehrt' zu deuten sind, womit das Ganze plötzlich sehr sinnvoll wird - und durch das gewonnene Verständnis können wir dem alten Menschen möglicherweise helfen. Warum ist das so? Gern erwähne ich es einmal mehr: - weil, von unserem Verständnis aus gesehen, alles im Jenseits umgekehrt verläuft.

Sehr häufig sind nachfolgende Träume und Erlebnisse oft in Variationen zu beobachten: Eine sehr kluge alte Dame erlebte sich irritiert und befürchtete, als verrückt betrachtet und nicht mehr ernstgenommen zu werden. Einige Jahre zuvor war sie Teilnehmerin einer meiner Ägyptenreisen und fasste sich nun ein Herz, indem sie mir anvertraute, dass sie die nachfolgenden, regelmässig auftretenden Träume (die sie fast jede Nacht hatte) erlebte - sie bat mich um meine Meinung. Sie lebte verwitwet allein in einer relativ grossen Wohnung, und sie träumte nun (dies ganz real - es wurde von ihr auch real erlebt!), dass in der Nacht bei ihr flotte Partystimmung wäre und viele Bekannte, sehr liebe Menschen, die aber längst tot wären, sie besuchten und man es zusammen richtig schön hätte. Später ging sie dann schlafen mit der Absicht, am folgenden Morgen die Wohnung aufzuräumen und das an der Party verwendete Geschirr zu waschen: dann wäre aber anderntags erstens niemand mehr zugegen gewesen, obwohl sie gesagt habe, wer wolle, könne hier übernachten. Und überhaupt wären keinerlei Spuren der Festlichkeit zu sehen gewesen, noch schmutziges Geschirr! Sie erzählte mir dies - und ihre graublauen Augen, weit geöffnet, schauten mich klug und gleichsam irritiert an, weil sie alles eindeutig real erlebte, ihr Verstand aber sagte, dass es nicht sein könne.

Ich erklärte ihr, solange die Wissenschaft nicht seriös und sinnvoll den Menschen erklären könne, was vor der Geburt und nach dem Tode sei, bräuchte sie sich vor eventuellen Belächlungen durch Unfähige nicht irritieren zu lassen. Wenn sie sich bei diesen Erlebnissen wohl fühle und keine Angst verspüre, so solle sie sich auch keinerlei Medikamente dagegen geben lassen. - Nein, meinte sie, sie hätte überhaupt keine Angst: ganz im Gegenteil - da sie tagsüber häufig alleine wäre, freue sie sich geradezu auf die lustige Bande am Abend. Ich erklärte ihr nun, als Diener des Lebens und der ISIS, dass in keiner Form sie sich täusche, und dass das, was sie hier erlebe, seelische Realität sei (*denn für das Lebewesen ist einzig das Erlebnis Wirklichkeit;* in dem Masse nämlich, als ein Lebewesen organisch und seelisch-geistig fähig ist, ist es imstande, Wahrheit zu erleben!) - und es wäre die Empfangsfeier ihrer Lieben von Drüben, die auf sie freudig warten, weil es nicht mehr solange gehen wird. Es vergingen wenige Monate, und sie verstarb. Ihre letzte Zeit war für sie eine sehr schöne; sie hat sich auf den Tod gefreut, wie sie mir noch einige Wochen vorher persönlich anvertraute, und sie feierte im übrigen in den Nächten weiter ihre Partys, bis sie selbst ihre geliebten Gäste nicht mehr verlassen musste.

- Mensch, hast Du schon Schmetterlinge, miteinander fliegend, tanzen gesehen?

Fährmann, bring uns hinüber zu denen, die wir und die uns lieben.

Hier beginnen die Sprüche, die vom Hinausgang der Seele berichten - zum vollen Licht des Tages!

Viele altägyptische Papyrustexte, die man in den Gräbern gefunden hatte, beginnen mit diesem Spruch. Im Lichte der Erkenntnis kosmisch-unendlicher Gleichzeitigkeit wird klar, dass hier eine absolut reale Wahrheit überliefert wird. Oder: ein Schmetterling schlüpft aus, tritt ins Licht des Tages - trifft doch zu! Durch die Geburt eines Lebewesens, ob nun Mensch oder Tier, tritt der frischgeborene Säugling ans Licht des Tages - trifft doch zu! Also überall dort, wo wir im Rahmen unserer organischen Möglichkeiten Dinge beobachten und feststellen können, erkennen wir, dass es stimmt, dass das neue Leben immer aus einem Raum, in dem es hat entstehen können, an das Licht des Tages tritt, wenn es dazu fähig geworden ist. Das aber gilt auch für das ICH, nachdem es den Nephthysprozess als Lebens- und Liebesdienst der Gottheit hat erleben dürfen. Wenn das ICH als Mensch geboren wird, erlebt es zwischen Geburt und Tod einiges. Das ICH erlebt darauf zwischen Tod und neuer Geburt einiges als Wiederbelebungsprozess, bis es an das Licht der Welt wiederum neu belebt kommt, und das soll jetzt das Thema sein.

Die genaue Übersetzung lautet: ⌒Bewusst wird das Ι ICH von der ◯Nut (Himmelsgöttin = Universum) Ι 'wieder vermehrt' Ι (aufgebaut, nachdem es durch den Tod seinen Körper verloren hatte) in ihrem ⌐⌐Haus und auf ⟋ gerechte Weise wieder ⌒fähig gemacht zum ⌒bewussten ⋀ Sich-Fortbewegen (im Sinne von: Weiterleben). Deshalb verlässt das Ι ICH ⌒bewusst und ⟋ verjüngt dieses ⌑ Haus und tritt an das ☉ Licht (an den Tag). - Es wird also in der altägyptischen Ausdrucksweise ganz exakt darauf hingewiesen, dass über die Zellteilung ('Vermehrung' des ICH im Sinne von: Zellteilung und Organbau nach der individuellen ICH-Idee, mit anschliessender Geburt) der Wiederbelebungsprozess abläuft.

Wessen Seelenfähigkeiten schon etwas fortgeschritten sind, kann dies bereits erleben. Ich habe beobachtet, dass zwei Voraussetzungen zum 'Austreten' der Seele aus dem Körper möglich sind: Eine Version (nicht unbedingt so günstig) ist starke körperliche Schwäche; darum haben viele Menschen, wenn es dem Sterben entgegengeht, oft solche Übergangserlebnisse, über die viele sehr verwirrt bzw. verunsichert sind. Ich habe vorgeschlagen, wie man in diesem Fall vorgehen möchte. Die zweite, günstige und absolut ungefährliche Version ist dann gegeben, wenn man völlig ausgeruht ist: Dann kann man dieses Heraustreten an das Licht wunderbar erleben, vor allem, wenn draussen ein schöner sonniger Tag ist. - Viele Menschen erleben und geniessen Flugträume. Denken wir bei diesen Dingen einfach daran, dass es sich um persönliche Erlebnisse handelt, die man nicht beweisen kann, und deshalb darf man keinen Glauben oder Ähnliches verlangen. - "Es ist nicht jedem gegeben!" Das ist nicht nur in der Kunst oder anderen Fähigkeiten so, sondern offensichtlich auch hier. Für mich spielt das überhaupt keine Rolle mehr, ob ich auf der organisch-physischen Ebene 'wach' bin, oder ob ich auf der Seelenebene im Energiekörper 'wach' bin. Ich arbeite mit beiden - und mein Geist benutzt sie, wie kosmische Beine: und die Wirkung ist ein ganz besonderes Denken, das ich als ein bildhaftes Schauen erlebe und schildern möchte.

Es gibt lediglich eine einzige Welt: das ist die kosmische, und sie wirkt die Naturgesetze. In der unendlichen Mischung von den Einflüssen durch die Lebewesen untereinander und durch die kosmischen Gesetze werden Situationen gewirkt, wo man den Eindruck hat, es wirkten neue, eigenen Gesetze, während in Wahrheit eine Ableitung aus den kosmischen Gesetzen vorliegt, welche die Abläufe bestimmen und die Definition der Qualität der Wirkung absolut festlegen. Diese Qualität ist Vollkommenheit im Sinne der Realität der engagierten Lebensideen - oder religiös ausgedrückt: dem Willen der Gottheit ist zu entsprechen. Die Konsequenz ist folglich, dass man eigentlich alles tun kann, was man will - vorausgesetzt, man realisiert es so, dass es für einen selbst, für die andern und das Leben insgesamt gut ist. Also: der Aberglaube, der Weg zur Unsterblichkeit wäre ein schwieriger und 'dornenreicher', ist falsch und wo dogmatisch vorgebracht, eine betrügerische Lüge. Das Umgekehrte ist richtig! Je mehr das ICH auf seine individuelle Weise sich ehrlichen Herzens strebend bemüht, zu leben (wie soeben aufgezeigt), wird es ihm immer leichter fallen, und es wird in allen Bereichen den Erfolg haben, den es wirklich braucht. - Beispiel: Man ist ein natürlicher Mensch und hat Freude an der Sinnlichkeit - dann steht dem Ausleben nichts entgegen, sofern das ICH sich die Fähigkeit erworben hat, dieses im Sinne des WIR zu tun. **Es geht somit um das WIR-Denken!** - Das Gesetz kann nun auf alles Mögliche im genannten Sinne angewandt werden, und Gesundheit, Glück und Erfolg werden der Lohn sein. Und noch mehr, denn ich habe keineswegs vergessen, welches Thema ich jetzt hier bearbeiten will: Mensch, keine Pflanze beginnt mit der Blüte, sondern zunächst bildet sie starke Wurzeln aus! Durch die starken Wurzeln wird sie fähig werden, einen starken Stengel zu bauen. Durch den gesunden, starken Stengel hält sie eher das Hin und Her des Pflanzenschicksals aus. Und weil die Pflanze bis zu dieser Entwicklungsstufe alles möglichst gut gemacht hat, wird ein richtiges Erblühen dadurch erst möglich! - In der embryonalen Phase entwickelt der Mensch sozusagen die Wurzeln; und eine gesunde embryonale Phase ist unvorstellbar wichtig: das zeigt jedes gesund geborene und das zeigt auch jedes krank oder geschädigt geborene Kind. Dann hebt - symbolisch gesprochen - für den Menschen die Stengelzeit bis zum physischen Tode an. - Und durch den Tod erblüht das ICH in seinem neuen Dasein als kosmisches Wesen. Es tritt hinaus an das Licht, und es weiss nun wieder, wer es ist, und das gegenwärtige Leben erscheint ihm als ein Aufwachen aus einem vergangenen, beschränkten (nicht schlechten!) Dasein. Aus der seelischen Beobachtung würde ich fast lieber sagen: das ICH ist angekommen, nach einer Fahrt in einem Fahrzeug, und ausgestiegen. Und nach einer langen, angestrengten Fahrt, wo man immer aufpassen musste, das Fahrzeug richtig zu lenken, ist nun das 'Aussteigen' richtig befreiend - man sehnt sich nach Erfrischung (Duschen im Feuersee!), möchte sich waschen und gerne die Bekleidung wechseln. - Kein Mensch muss vor dem Tod angst haben! Aber der Mensch soll zu Lebzeiten ein richtiger Mensch sein und werden - um 'Engel' zu sein, hat er dann nach dem Tod noch lange genug Zeit. Wer aber sein individuelles Menschenleben nicht richtig lebt, kommt nicht richtig an. Man hört ja so viel von 'Gericht' und Ähnlichem, und mit Höllenpein und schlimmen Strafen wird gedroht. - Schauen wir uns doch an, was Unsterbliche in Menschenform zur Zeit Haremhabs, also etwa 3'300 Jahre zurück, zu diesem Thema schrieben.

Auf dem Thron, zu dem eine neunstufige Treppe (9 Männer) führt, sitzt Osiris. Vor ihm trägt eine Menschengestalt auf der Schulter die Waage. Das Bild wurde im Original leider gar nie fertiggestellt - aber die Gestalt als Waage und die neun Treppenstufen sind derart bedeutsam, dass ich Ihnen das Bild hier vorstelle und erklären möchte. Das Bild macht auf die kosmische Wahrheit und das göttliche Gesetz aufmerksam, dass die individuelle ICH-Idee selbst die Waage ist, nach der gerichtet (also nicht etwa 'kaputtgemacht') wird! -: Etwas in die richtige Richtung oder Position zu bringen. Die absolute Richtung ist

der dem ICH in der Schöpfung gegebene Ziel-Wille der Gottheit.
Praktisches "Richtungs"-Beispiel: richtet den Stuhl so, dass man aus
dem Fenster sehen kann; das Essen ist gerichtet usf.: Es geht also um
die *Orientierung* nach der göttlich-individuellen ICH-Idee, und nach
dieser werden Korrekturen so vorgenommen, dass sie erreicht werden
kann. Und wie sieht dieser Prozess auch noch aus? Es geht hier um
eine kosmische Evolution über die neun Dimensionen. Wer in drei
Dimensionen leben kann, ist z.B. ein Mensch. Ein Wesen, das in sechs
Dimensionen lebt, kann sich der Mensch nicht mehr vorstellen. Ein
Wesen aber, das in neun Dimensionen lebenstüchtig geworden ist, ist
kosmisch lebenstüchtig geworden - und das heisst: ist auf individuelle
Weise unsterblich geworden. Noch einmal: Mensch, das dreidimensionale Existieren und Leben ist auf der Erde Realität und bestimmt
die körperliche Wahrnehmung des Lebensraumes. - Darum fühlt sich
ein Mensch im Weltraum nicht richtig wohl, und kann mit seiner irdischen Körperlichkeit ohne technische Hilfe im Weltraum gar nicht
Leben. Die Himmelskörper, wie Planeten, Sterne, Galaxien leben in
einer sechsdimensionalen Existenz und haben deshalb mehr oder weniger Kugelgestalt. Die neundimensionale Existenz ist die unendlich-kosmische, und damit die Realität der Ewigkeit. Neun Dimensionen! Weil das Universum unendliche Gleichzeitigkeit ist, kann ich
diese Wahrheit sogar für menschliche Wahrnehmung andeuten und
verständlich machen. Denken wir daran: das Universum ist das Leben, und darum ist alles überhaupt Leben. - Da ist nun ein ICH, z.B.
ein Mann, und stellt dar eine individuell-lebendige, dreidimensionale
Körperlichkeit: macht drei lebendige Dimensionen. Und jetzt ist da
die Frau - sie hat nicht den gleichen Körper wie der Mann, sondern einen individuell-weiblichen, dreidimensionalen Körper: Macht insgesamt sechs lebende Dimensionen. Aber wenn das so bliebe, wäre das
ein Tragödie ohnegleichen, weil sich die beiden nie begegnen könnten. Um sich begegnen zu können, ist eine weitere lebendig-dreidimensionale Körperlichkeit nötig: nämlich die Erde mit ihrem Lebensraum. Die 3 Dimensionen der Erde, und die 3 Dimensionen der Frau,
und die 3 Dimensionen des Mannes machen insgesamt 9 individuell-lebendige Dimensionen aus. Das individuelle ICH erlebt sich in

einem lebendigen unendlichen neundimensionalen Lebensraum. Das Meer besteht aus lauter Wassertropfen; das Universum besteht aus lauter unsterblichen 'Geistestropfen'. - **Darum kann, wer individuell in seinem unsterblichen ICH erwachend fähig geworden ist, lebendig-geistig überall hin, kann das gesamte Universum bereisen!**

Die Evolution lehrt, wie sich das Leben aus kleinsten Erscheinungsformen hocharbeitet. In obigem Bild ist sogar die Qualität vor der ersten Stufe angegeben. - Zunächst, damit das richtig verstanden wird, übersetzte ich die Hieroglyphen (bei dieser im Original unvollendeten Darstellung und zudem in Berücksichtigung der hier gezeigten Bildgrösse übersetzte ich ausgewählt und gezielt zum behandelten sensationellen Thema) oberhalb, vor der Stirn des Osiris: 𓌻 AMUN bringt dich zum 𓅱Entstehen und du, ICH, bist sein Kind (exakt hier: 𓅭 mein Sohn - in Bezug auf Haremhab). Gerecht schaffe ich dir Körper und ein Sein als immerwährendes Leben. - Jetzt wird es besonders spannend, indem unmittelbar vor den Händen von Osiris die exakt gleichen Hieroglyphen sind $\overset{\mathcal{O}}{\Longleftarrow}$, wie vor der ersten Stufe: nämlich ein Ei und die Hieroglyphe für Mund. Unten, vor der ersten Stufe, sind die zwei Hieroglyphen Ei und Mund zu sehen - und darunter die Hieroglyphe für: 𓆓 göttliche ICH-Idee. Die erste Stufe bedeutet also: ich erkenne mich, und ich will sein - auf dieser Stufe ist das ICH primitivster Egoist! Im Lichte der unendlich-kosmischen Gleichzeitigkeit: je primitiver die Lebewesen, desto mehr werden sie vom egoistischen, rücksichtslosen Bewusstsein bestimmt, was Existenzen wirkt im Sinne von: Fressen-und-gefressen-Werden. Irgendwann hat das ICH 'gemerkt', dass diese Situation unbefriedigend ist und in diesem Evolutionsprozess, und das ist die zweite Stufe, dann das andere ICH kennengelernt. Der Mensch nun ist ein Wesen - je nach seiner individuellen Verfassung -, welches langsam im 'Aufwachen' begriffen ist; so etwa auf Ende Stufe eins mit mehr oder weniger Präsenz auf Stufe zwei! - Diese Tatsache gibt auch die Sphinx mit

Tierkörper und Menschengesicht wieder; das macht im Lichte heutiger Biologie den Menschen aus: eine Art Säugetier mit entsprechender Verwandtschaft (die Primaten - hauptsächlich der Schimpanse); diese Affen werden dann wissenschaftlich studiert, wohl weil sie leichter zu studieren sind als der Mensch selbst! Die entsprechenden Schlüsse werden auf den Menschen übertragen - man staune aber nicht über das voraussehbare Resultat. Weitaus schlimmer und verabscheuungswürdiger sind diese 'Übertragungsexperimente' an unseren lieben Tieren in den Versuchslabors der verschiedenen Industrien und Universitäten zum "Wohle" der 'zivilisierten' Menschheit. Völlig unnötig und mit höchstmöglicher Brutalität sowie mit exakter Wissenschaftlichkeit wird zu Abertausenden gequält, gefoltert und getötet: es sind ja bloss Tiere (aber über Auschwitz hat man sich, zurecht, aufgeregt. Dabei ist es nur ein "Schritt" von einem der Tiere quält und mordet, zu einem der Menschen quält und mordet). - Die höheren Stufen werde ich hier niemals erklären, und zum grössten Teil könnte ich es auch gar nicht. Abgesehen davon: das Bild ist nicht fertig. Ich teile Ihnen gern den Sinn der Hieroglyphentexte über den Stufen mit. Es geht darum, dass das ICH im lebensrichtigen und wechselhaften Prozess von Werden und Sterben, in diesem Rhythmus der Unsterblichkeit, sich gemäss seiner individuellen ICH-Idee weiterentwickelt, sich veredelt, und, ein wenig sei der Vorhang gehoben, auf der achten Stufe kraftvoll und gerecht seine individuelle ICH-Idee als Gotteswille durchsetzt. - Jesus: 'Der Wille meines Vater und ich sind Eines'. In dieser Richtung geht es zur neunten Stufe: Es ist vollbracht! Was? Die individuell-göttliche ICH-Idee ist in kosmisch-göttlicher Dimension als Schöpfungsabsicht der Gottheit verwirklicht. **Mensch, es wartet auf Dich kein Golgatha, kein Kreuz, kein Leidensweg! Es wartet auf Dich die Gottheit selbst in Dir und in Allem!** Suche SIE, und ehe es Du gedacht, stehst Du vor IHR und erkennst gleichzeitig, dass Du immer vor IHR gestanden hast. Dann ist nicht ein verlorenes Kind nach Hause gekommen - so ein Schwachsinn! In der göttlichen Schöpfung kann doch gar nichts verloren gehen! Sondern dann ist ein ICH heimgekommen. Die Heimat des ICH ist die GOTTHEIT! Selbst ist das ICH bewusster, kosmisch lebensfähiger, göttlicher Teil geworden. Jeder wird das erreichen! Ausnahmslos! Freu' Dich, Mensch: Das ist die wahre Botschaft von Jesus, und das hatte er als frohe Botschaft verstanden - und die Frauen waren bei ihm völlig gleichberechtigt! Lies, Mensch, das Thomas-Evangelium, was heute in Kairo im Besitz der koptischen Kirche sich befindet, die es aber nicht veröffentlicht!!!

Was aber ist mit all dem Leid, dem Unrecht? Im Lichte kosmischer Erkenntnis handelt es sich hier um Kommunikationsstörungen. Warum? Weil alles Leid, alles Unrecht auf die Realität von Unfähigkeit zurückgeführt werden kann. Diese Unfähigkeit ursacht darin, weil das ICH sich selbst und seine gesamte Umwelt, mit all ihren Inhalten, nicht richtig versteht. - Das ICH aber ist Leben und will sich entwickeln, das ist ein Druck! Man nehme Druck und Unfähigkeit sowie eine bestimmte Situation - und man erhält die höchstmögliche Katastrophe im Rahmen dessen, was da Umwelt und untüchtiges ICH ausmachen, sind und wirken. - "Vater, vergib ihnen, denn sie wissen nicht was sie tun", soll Jesus gesagt haben. Aber 'Vater', wird ihnen nicht vergeben, und 'Rom' konnte und kann nicht vergeben. - Warum lässt Gott das zu? fragen viele. Die Gottheit lässt das gar nicht zu! Sondern SIE hat das ICH geschaffen, und weil der Rohstoff, aus dem das ICH besteht, die Gottheit selbst ist, muss die Gottheit dem ICH die Freiheit im Rahmen dieses ICHs geben. Es hat also das ICH die Freiheit, sich in der Schöpfung richtig oder falsch zu bewegen. Macht das ICH nun eine falsche Bewegung, ist Leid entstanden - aber das lässt die Gottheit nicht gelten, darum muss das Leid immer wieder dem Heiligen, dem Heilenden, dem Neugeborenen weichen! Wer unschuldig leidet, und das sind viele, wird aus seinem Leid erwachen, wie aus einen schlimmen Traum: wird erwachen im Lichte der göttlichen Realität und so erkennen, dass das Schlimme eigentlich gar nie stattgefunden hat, wie nach dem Aufwachen der Alptraum jede Macht verliert, der im Traumzustand doch so quälte. - Ist das wahr und beweisbar? denn das wäre Erlösung! höre ich im Geiste unzählige gequälte ICHs fragen. Natürlich, denn die Gottheit verlangt keinen blinden Glauben und schon gar keinen Glaubensgehorsam. Im Gegenteil: derjenige, der da Unrecht litt und leidet und damit ja der Schöpfung dient, soll absolute Antwort zu diesem Punkt hier finden und seine verdiente Erlösung erleben. Höre, Mensch! Noch niemals ist in Wahrheit Dir oder irgend einem anderen etwas angetan worden! Beweis: Dein ICH ist unsichtbar und nur über die Organe Deines Körpers kannst Du diese Welt erleben. Nichts und niemand kann direkt Dein ICH erreichen! Den Körper aber hast Du von mir, der Gottheit! Und darum: wer Dir oder einem anderen was antut, hat es mir angetan, denn mehr, als bloss den Körper, kann kein anderes ICH erreichen. Jesus: "Was ihr dem Geringsten habt angetan, das habt ihr mir angetan!" Er meinte natürlich die Gottheit, und er lehrte diese wichtige befreiende Wahrheit. - Diese Wahrheit wird doch auch medizinisch genutzt, indem man dem Körper des Menschen, leider nicht vermeidbar, z.B. durch Operationen Schmerzen zufügt - aber durch die Narkose dringt der Schmerz nicht zum ICH. Bittere Medizin schmeckt besser mit Zucker. Die unangenehmen Seiten des irdischen Menschenlebens schmecken besser, wenn man seine individuell-lebendige Beziehung zu Gott, zur Gottheit gefunden hat. - Alles Leid ist schlichtweg eine Art kosmische Kommunikationsstörung, und die Störung besteht darin, nicht ausreichend zu wissen und nicht ausreichend zu können. Erfahrung wirkt Lernprozesse. Da das ICH göttlichen Ursprungs ist, kann es kosmisch gesehen nie schuldig werden, kann aber auch seinem kosmisch-göttlichen Lernprozess nicht ausweichen. Wer also einen Mörder der Todesstrafe zuführt, so dass er gründlich belehrt wird und niemandem mehr Schaden zufügen kann, handelt kosmisch gesehen richtig. - Abgesehen davon, dass der Tod gar keine Strafe ist, sondern jeder Mensch sterben muss, sendet man mit der Todesstrafe einfach jemanden etwas früher hinüber: quasi zur Überarbeitung. Dann kommen sie, die 'Schafe' und 'Rehe', mit falschem Mitleid, ohne Verantwortung gegenüber den Opfern und Bedrohten und plärren in voller Überzeugung: "Niemand hat das Recht zu töten!" - Das stimmt! Das Recht nicht, aber die Pflicht!

Ich beschrieb das Leid und seine Ursache. Dieses Gesetz im Zusammenhang mit Leid wirkt sich auch aus in der Phase zwischen Tod und neuer Geburt, also im nachtodlichen Leben. Es hat das ICH einen linearen Schicksalsweg von Geburt bis zum Tode, der geprägt wird durch seine Individualität und diejenige aller anderen Lebewesen, mit denen es in lebendigen Kontakt tritt. - Sonach finden viele wechselhafte Prozesse statt: am Schluss ist das ICH froh und glücklich, wenn es ein sinnvolles, also erfülltes, Leben hatte. Das gilt aber auch nach dem Tode. Auch da ist eine lebendige Umgebung und sind verschiedene ICHs. Die Jenseits-Schilderungen der Altägypter wimmeln von Gefahren für das verstorbene ICH. Da wird es am Weiterkommen gehindert; es droht ihm, gefesselt, zerschnitten zu werden; Feuer wird ihm ins Gesicht gespuckt... Ist das Realität? Ja! Aber natürlich eine kosmische! Lernen wir von der Natur, die absolut im Dienste der unendlich-kosmischen Gleichzeitigkeit steht. Ich denke an Früchte! Früchte sind von der Natur in der Regel demnach beschaffen, dass sie sich zum Genuss anbieten, einen Lebensdienst erweisen - ihre Kerne aber können durch die Verdauungssäfte nicht aufgelöst werden, und somit steht die Frucht ebenfalls im Dienste des Weiterlebens der Fruchtpflanze, des Baumes. Genauso ist es beim Menschen! *Wenn das ICH als Mensch sich redlich bemüht, für sich und andere nützlich zu sein, wirkt es zum Ende seines Lebens eine kosmische Frucht.* Alle, die mit dem ICH nach dem Tode zu tun haben, können diese kosmische Frucht (die da heisst: nützlich und brauchbar sein) brauchen - und das ICH als unsterblicher 'kosmischer Fruchtkern' kann dann Kraft eigner Wirkung leben und weiterleben. Immer wieder drehen sich die Texte der genannten Jenseits-Schilderungen um das Thema: darauf hinzuweisen, dass man Gotteskind ist, und dass man den anderen erkennen soll, also kosmisch richtig mit ihm umgeht, wodurch man 'Kommunikationsstörungen' vermeiden kann. In Tat und Wahrheit verhindern all diese Wächter nur, dass dem Falschen und Unberechtigten der Zutritt gewährt wird. - Der Verstorbene begegnet sozusagen dem kosmischen Immunsystem. Die Natur kennt seit Ewigkeit die Wiederverwertung. Gerade die Tatsache, dass es in der Natur diese Kreisläufe der Wiederverwertung gibt, dass es immer wieder Frühling wird, ist Beweis, dass die Ewigkeit existiert und an sich nichts zu nichts werden kann, wohl aber sich alles wandeln muss zu brauchbaren Zuständen. Im Verhältnis der geleisteten Kommunikationsstörungen erfolgt dann die Belehrung, Reinigung, Heilung - oder, wenn zuviel 'Futsch' ging: kosmische Wiederverwertung. Was ist damit gemeint? Dies ist ein ICH, das solch grobe und schlimme Dinge gegen das Leben getan hat, dass es nach dem Tod in den ihm folgenden kosmischen Prozessen in seinem gestörten Bewusstsein 'aufgelöst' wird, bis es wieder rein ist und nur noch aus Gottheit besteht - das heisst aber für menschliches Verständnis: noch einmal anfangen. Das bedeutet: Löschung des unwerten Programms! Da reichen möglicherweise viereinhalb Milliarden Jahre nicht! Und auch die Forschung an den ehrenwerten Schimpansen wird hierauf keine Antwort geben können. Willst Du, Mensch, jemanden sehen, der von dieser Löschung möglicherweise betroffen ist? Sieh Dir, Mensch, auf Filmen den Augenausdruck von Hitler an - so ab 1940. Und Du siehst die unendliche Leere im Wechsel mit einem schlimmen, unendlich tiefen und unglücklichen Augenausdruck als Botschaft einer Seele, die extrem unter 'Kommunikationsstörungen' litt. - Es gibt noch andere, auch solche, die noch leben: wer sehen will, dem zeigt das Leben das schlimm Verdorbene und Unnatürliche. Nein, niemand vergeht sich am Leben, ohne dass er kosmisch belehrt wird. - Arthur Schopenhauer lehrt richtig, dass sich das Vergehen gegen das Leben nicht erst nach dem Tode rächt, sondern sofort! Noch einmal Hitler: in der Zeit von etwa 1940 bis 1945 verschlechterte sich sein Gesundheitszustand vom Gesunden bis hin zum kranken, verfallenen Greis - in nur fünf, sechs Jahren! Dabei war er erst etwa Mitte Fünfzig. Dem seine Träume hätte ich gerne aus wissenschaftlichen Gründen gekannt! - Hitler steht für die vielen, die Viel-zu-Vielen, die den anständigen Menschen und auch sich selbst das Leben schwermachen. Es gilt die 'Hitlers' in all ihren Variationen vorzeitig zu erkennen: auch z.B. als Päpste, die Galileo Galilei, Giordano Bruno und all die andern vielen Millionen unschuldigen Menschen kriminell gemordet haben. Diese Dinge darf die Menschheit nie vergessen, und hier gibt es keine Entschuldigung! - Lernen wir von der Natur: ihrer Gabe, der Frucht, als Mittel ewig- realen Weiterlebens im Lichte des kosmischen Gesetzes unendlicher Gleichzeitigkeit -: seien und leben wir unseren Kern und lassen uns niemals von aussen zur Schale machen! Mag es dann auch im Leben auf und ab gehen - wir wissen von der Frucht: *der Kern übersteht alles, und er ist von der Vorsehung - also dem Schöpfungswillen der Gottheit, die alles zum voraus kennt, was dem Kern droht - derart beschaffen, dass nichts und niemand ihm etwas anhaben kann.*

Die Prinzipien der Wiederverwertung der Natur sind gigantisch und spannend. Man beobachte einmal, wie etwas stirbt und tot daliegt. Es gibt aber keinen Tod, sondern nur Leben - und Leben in unendlicher Erscheinungsform nutzt die Reste eines Lebenslaufes. Lern, Mensch, gerade in diesem Zusammenhang von den Insekten, und lass' Dich vom Genialen, dass sich dort zeigt, begeistern. Es ist überall die Ewige Gottheit selbst, die wirkt und von begrenzten Organwesen niemals wahrgenommen werden kann, obwohl man überall die Wirkung ganz konkret beobachten kann. Kleine Insekten leisten ihre Arbeit in grösster Harmonie und genialer Abstimmung zum Ganzen. Ameisen betreiben Landwirtschaft mit Blattläusen, die sie melken. Arten von Ameisen nähen Blätter zusammen, indem einige von ihnen als Klammern dienen und die Blätter solange zusammenhalten, bis andere Ameisen sie haben vernähen können: der Nähfaden stammt von einer Made, die einen Faden ausstösst, und eine Ameise hält die lebendige Fadenspule in der Weise hin, damit die anderen Ameisen den Faden aufnehmen und verwerten können. Sensationell! - Ich sah in einem traumhaften Film über Ameisen, wie zwei unterschiedliche Ameisenvölker sich bekämpften; dies war ein furchtbar grausamer Kampf. Die gezeigten Nahaufnahmen erinnerten mich an Bilder des ersten Weltkrieges, wo Massen von Soldaten mit ihren entsetzlichen Waffen aufeinandertrafen und Flammenwerfer sowie Gas einsetzten. Das taten die Ameisen auch, indem sie ihre Ameisensäure dem Gegner entgegenschleuderten, und die zu beobachtende Wirkung war entsetzlich. - Und warum sollen nicht in einem für uns unvorstellbaren Zustand nach dem Tod dem Verstorbenen Wesen begegnen, die ihm Säure oder Ähnliches entgegensprühen? Wer getroffen wird, wird dies sicherlich als Verbrennung, Verätzung erleben und in einem allfälligen 'Interview' von Feuer und dergleichen sprechen, das man ihm entgegenspie! Auch hier zeigt die geistige Schau im Licht der unendlich-kosmischen Gleichzeitigkeit Grundmuster der Wiederverwertung in der Natur. Diese Zähne, Messer und Zangen finden wir überall im Mund des Menschen, der Tiere und vieler Insekten. Das Auflösen infolge Säureausschüttung finden wir im Magen, so wie wir verschiedene Arten von Säuren kennen, welche Lebewesen zu unterschiedlichen Zwecken einsetzen. Auch im Weltraum ist die Atmosphäre einiger Planeten verdammt giftig und ätzend. - Wer da von den 'Religiösen' den Menschen Steine anstelle Brot und von den 'Wissenschaftlern' Unwissenheit anstelle sinnvoller Erklärungen anzubieten hat, der hat vor den Überlieferungen der alten Ägypter zu schweigen, denn die Natur selbst gibt diesen Recht. Dem Vernünftigen und berechtigt Kritischen sage ich: die Wahrscheinlichkeit, dass die alten Ägypter Recht haben, ist im Lichte der Natur über 90 %. Der allfällige 'Fehler' könnte nur darin liegen, da es sich um gigantische kosmische Naturgesetze handelt, die an sich vom Menschen gar nicht verstanden werden können - dass in diesem Sinne bestmögliche und richtige Beobachtungen der Altägypter unter den gegebenen Umständen vorliegen. Diese Erkenntnisse aber können in jedem Fall dem Menschen helfen, individuell sich lebensrichtig in die göttliche Natur einzuordnen, dass er vom Leben selbst getragen wird. Vergessen wir dabei nicht das Naturgesetz, dass das neue, noch hilflose Leben stets geschützt wird. Ein ehrlicher Mensch, der sich strebend bemüht, steht mit absoluter Sicherheit unter dem Schutz der Gottheit selbst! Wer aus Innerstem sehnend die Gottheit sucht, findet SIE sofort solcherart, wie er SIE braucht; ja, er findet SIE überhaupt. Die Gottheit sucht nämlich den Menschen auch - will ihn aber frei, will ihn weder über Lockungen noch mit Drohungen gewinnen. - Gleichzeitig vertritt und ist SIE die lebendige Interessenlage von allen; und nur darum ist es nicht möglich, und wäre auch völlig unsinnig, wenn SIE, die das unbedingte Dasein ist und lebt, sich in bedingten Erscheinungsformen zeigen würde. Aber deshalb gilt auch real, Mensch, das Umgekehrte! In Dir selbst und in allen Lebewesen kannst DU die GOTTHEIT erkennen - so Erkenntnis um Erkenntnis sammelnd, wirst Du, gleich einem göttlichen Mosaik, auf Deine individuelle Weise die GOTT-

HEIT erkennen und real erleben. Dazu braucht es keinen Glauben! Mensch, interessiere Dich für die göttliche Realität in allem, und Du kannst es gar nicht vermeiden, genial zu werden; ... und unsterblich.

Aber es ist eine andere Intelligenz, als die Menschliche, die uns z.B. in der Insektenwelt begegnet. Denken wir an das Meer und an all die Lebewesen in ihm. Da gibt es wahrlich einige gefährliche und unangenehme Sportsfreunde, und wir sind keinesfalls unglücklich, diesen mit ihren Zähnen, Dornen, Armen und Giften nicht zwingend begegnen zu müssen. Aber auch in all diesen Geschöpfen zeigt sich eine unvorstellbar geniale Intelligenz, diese Lebewesen mit ihren Eigenschaften auszudenken und zu schaffen. Es ist doch klar, dass die Ursachenebene, wo diese Lebewesen geistig geplant und 'geursacht' werden, eine andere ist, als die Wirkungsebene, auf der wir sie physisch-real beobachten können! Wir sehen ja auch Menschen aktiv etwas tun - und niemals sehen wir das unsichtbare ICH als Auftraggeber: wir wissen aber als seiendes ICH, dass dem so ist. Und wer in den Ozean fällt, kann manchmal etwas berichten - oder eben auch nicht! Zu viele Insekten können durchaus dem Menschen gefährlich werden, auch der kann dann etwas berichten - oder auch nicht. Wer seelisch fähig ist, zu schauen, der sieht Lebewesen, beschäftigt mit dem Verstorbenen, und versucht sie zu verstehen, im Rahmen dessen, was ihm eben möglich ist. Es sind dies aber real dem Menschen völlig fremde Intelligenzen, wie wir sicher zu Recht sagen können, es zeige sich uns bei den Insekten eine dem Menschen sehr fremde Intelligenz - und Ähnliches gilt für die gefährlichen Bewohner des Meeres. Übrigens auch umgekehrt! Viele Menschen haben einen völlig unberechtigten (und darum dummen) Grössenwahn. Das Universum, Mensch, wurde nicht für den Menschen geschaffen, sondern für die Ewigen, die Unsterblichen, für die Göttlichen. Viel eher sind die Menschen kosmische Ameisen, welche ihre Artgenossen am liebsten 'melken'.

Ich möchte Ihnen in diesem Zusammenhang etwas Interessantes zeigen dürfen. Das Bild auf der folgenden Seite aus dem Grab Sethi I. (über 3'000 Jahre alt!) zeigt eine dreiköpfige, geflügelte Schlange im

Zusammenhang mit den kosmischen Prozessen zwischen Tod und neuer Geburt, die auch darüber entscheiden, ob das ICH noch einmal reinkarnieren muss, oder ob es verklärt zum Stern im All wird. 'Fabelgestalt', sagen die Neunmal-Klugen, um nicht sagen zu müssen - wir

wissen es nicht! Beachten Sie das folgende Bild des berühmten, genialen Malers Hieronymus Bosch (um 1450 - 1516), der todsicher nie in Ägypten war und Pharaonengräber besuchen konnte. Das ist doch der gleiche Sportsfreund; so ein Kerlchen, wo man sich richtig auf die

Begegnung freut. Für mich ist völlig klar, dass Hieronymus Bosch seelisch wach war. Die Bewohner der Seelenwelt wohnen in derselben wie wir - nämlich in dieser einzigen und ewigen! Auch dem Schmetterling drohen zum Teil Gefahren, die ihm schon als Raupe das Leben schwer zu machen suchten. Es gilt, ein wichtiges kosmisches Gesetz im Zusammenhang mit den Lebewesen der Seelenwelt zu berücksichtigen: Alle Lebewesen stellen an sich unsterbliche Ideen dar, die sich verwirklichen wollen und müssen - und wenn sie es richtig tun, auch sollen. Stellen Sie sich bitte vor, sie wollen etwas gestalten, herstellen, zum Beispiel eine Tasse. Nehmen Sie als Rohstoff nassen, weichen Lehm: Sie können ihn drücken und korrigieren, denn Ton lässt sich leicht formen. Jetzt soll die gleiche Tasse aus Marmor, Granit hergestellt werden - nun wird es viel schwieriger sein, eine elegante Tasse zu formen, und Fehler dürfen überhaupt nicht vorkommen, weil: ein Stück zu viel abgeschlagen, und es kann nicht mehr angefügt werden, wie das etwa beim Ton möglich ist. Einer, der, immer wieder korrigierend, aus Ton ein leidliches Gefäss herstellen kann, wird mit dem Material Marmor oder Granit bestenfalls eine klobige Form herstellen können - wenn überhaupt. Gleich aber ergeht es dem ICH, wenn es einen sinnlich-materiellen Körper beleben soll: dieser stellt den Formbildungskräften des ICHs über die Zellteilung viel grösseren Widerstand und entsprechende Schwierigkeiten entgegen, als dies etwa der nachtodliche Energiekörper dem ICH als Herausforderung darstellt. Die Wirkung ist, dass im Traum deshalb Verstorbene, die einen liebevollen und wertvollen Charakter haben, wunderschön aussehen, und im Gegensatz dazu Verstorbene, die anderen übel mitgespielt haben, sich in unvorstellbarer Hässlichkeit zeigen. Das Universum ist unendliche Gleichzeitigkeit - und darum zeigt sich der reale Zustand des ICHs als Mensch in seiner Physiognomie, wie ich das mit meinem kosmischen Alphabet der Natur-Lehre vermittle, die dann keine Typen- oder gar Naturellehre wirkt (was alles Formen von organisierten Vorurteilen sind), sondern das Individuelle mit seinen Stärken und Schwächen lesen lernt. Dies funktioniert natürlich auch hervorragend als Selbsterkenntnis. - Je länger - und vor allem: je häufiger - man sich seelisch 'drüben' aufhält, gewöhnt man sich an die Gesichter, wie das ja hüben auch der Fall ist. Der Blick in den Spiegel wirkt dann die richtige Bescheidenheit, indem man eben Bescheid erfährt. Bescheid zu wissen: indem man weiss, was man kann, was man lernen kann und soll - und was man besser sein lässt.

Darf ich noch einmal an den genialen Spruch von Arthur Schopenhauer erinnern? **Vielmehr ist jedes Menschengesicht eine Hieroglyphe, die sich allerdings entziffern lässt, ja deren Alphabet wir fertig in uns tragen.**

Achtes Kapitel

Das ICH und die Verstorbenen

Wo waren Sie und ich vor 100 Jahren? Wo werden wir sein in 100 Jahren? Wir wissen es nicht und halten unsere extrem begrenzte Wahrnehmungsfähigkeit als geeignet, das Ewige zu verstehen. Mit absoluter Sicherheit war der Weltraum vor 100 Jahren und wird sein in 100 Jahren. **Das Göttliche, und damit das Leben, ist sich selbst Sinn und Bedingung, deshalb ewig und damit der einzig gültige Massstab!** Das Göttliche ist der absolut-unendliche Anfang, und alles stammt und lebt aus ihm. - Das aber ist ein göttliches Gesetz, welches allüberall sichtbar ist: das lebenstüchtig Starke hilft dem noch nicht lebenstüchtig Schwachen! Kein Wesen wird ohne Schutz und Fürsorge gezeugt, geboren und aufgezogen. Immer begegnet das Leben, und damit das Göttliche, dem noch unerfahrenen, suchenden Leben liebevoll und hilfreich.

Warum wiederhole ich diese schon mehrmals in diesem Buch betonten Tatsachen? Weil ich es sehr, sehr erstaunlich finde, dass Menschen in bezug auf Kontakt mit Verstorben auf Verbote, Angstmacherei usw. von Religiös-Dogmatischen überhaupt reagieren, die ja selbst nicht wissen, wo sie vor 100 Jahren waren; weil ich es zudem sehr, sehr erstaunlich finde, dass Menschen bezüglich Kontakt mit Verstorbenen auf das Lächerlich-Machen, das ins Absurde-Ziehende durch wissenschaftliche Kreise überhaupt hören, die doch sehr oft auch davon leben, dass die meisten Menschen gar nicht wissen, auf welch wackeligen und teilweise höchst unwissenschaftlichen Sockeln ihr Lehrgebäude ruht, was geziert Wissenschaft genannt wird, und dass in bezug auf unser Thema sehr 'Wackeliges' also oftmals um Rat ange- fragt wird. Mensch, hast Du wirklich noch nie bemerkt, dass es die gängige Taktik und Intrige der Untüchtigen, der mehr oder weniger Unfähigen ist, den Menschen Angst einzuflössen, um zu verhindern, dass Untüchtigkeit, möglicherweise Unehrlichkeit und vor allem Unzuständigkeit offenbar wird? - Ganz schlimm steht in diesem Zusammenhang die dogmatisch-katholische Kirche da, von der man wahrlich im Rückblick auf die vergangenen Jahrhunderte (und bis dato) sagen kann: es gab praktisch keine Entdeckung, keinen Fortschritt, den sie nicht zunächst bekämpfte oder behinderte. Sie war bei fast allem massivst hinderlich, was der nach Erkenntnis und geistiger Freiheit suchenden Menschheit genutzt hätte. Es waren immer mutige Männer und Frauen (auch in der Kirche selbst!), die sich nicht haben ängstigen lassen. - Mensch, Angst hat ganz exakte psychosomatische Wirkungen! Mit Fug und Recht darf man nicht nur, sondern muss man sagen: Angst macht dumm, krank und hindert das Leben in seiner Entfaltung! Wer also bewusst mit Angst arbeitet, ob dies nun politisch oder religiös (Teufel, Höllenangst usw.) sei, ist im Lichte kosmischer wie medizinischer Erkenntnis kriminell und ein Schädiger der betreffenden Menschen. Wenn der Mensch aber den Mut hat, zu sagen: "Ich will erkennen und nicht glauben", dann wird dieser Wille als Kraft genutzt, zu suchen - und es wird dann das Wahre gefunden werden! So muss der Satz: "Wer suchet, der findet!", verstanden und gelebt werden. Wer derart ehrlichen Herzens strebend lebt, kann es gar nicht vermeiden, dass er findet - denn das Göttliche in ihm selbst wird ihn mehr und mehr führen; und der Mensch, in wachsender Erkenntnis seiner Göttlichkeit, wird diese mehr und mehr kennenlernen und - immer vom Göttlichen geführt - das Göttliche überall suchen und finden! Alles, was der Mensch als Grenzen erkennt oder bezeichnet, sind die Grenzen seiner geistigen Erkenntnismöglichkeiten, oder die Grenzen seiner realen physischen Möglichkeiten. Also: eine eindeutig subjektive Realität, die in erster Linie darin Bedeutung findet, dass sie niemals Massstab für das objektiv Ganze sein kann. Es ist dabei zunächst völlig unerheblich, ob ein Lebewesen diese Wahrheit erkennt oder nicht - in jedem Fall wird alles Leben durch diese kosmische Wahrheit bestimmt, und sie entlarvt deshalb zwingend alle dogmatischen Regeln, welche aus der beschränkten, menschlich-wahnhaften Wahrnehmung als Irrtum (oder gar als bewusster Absicht) mit schädlicher Wirkung stammen. Im übrigen sind dogmatische Meinungen immer wahnhaft, und das Dogmatische ist sozusagen das erkennbar Pathologische daran! Das höchste, was dem Menschen möglich ist, ist sich als eine Teilwahrheit zu erkennen und mit dieser für sich und andere lebenstüchtig umzugehen. - Das Leben ist kreativ, dynamisch und absolut individuell, so dass in der individuellen Fähigkeit, Teilwahrheit zu erlangen, zwischen den Menschen geradezu gigantische Unterschiede bestehen! Nach meiner Erkenntnis ist auch die Intelligenz jedes Menschen individuell - und wenn wir diesen Punkt berücksichtigen, wird vieles leichter und gerechter. Als Gleichnis darf gelten: Was für den Frosch vernünftig und sinnvoll ist, dürfte es in der Regel nicht für den Storch sein. Der Frosch an der Storchenschule hat Probleme, während der Storch an der Froschschule Probleme macht. Verstehe es, wer es kann. Wer es aber verstehen kann, tut gut daran, für sein Leben die notwendigen Konsequenzen zu ziehen - kosmische Menschenkenntnis!

Nun wollen wir denn im Lichte lebendiger Vernunft und in Würdigung der objektiv-kosmischen Realität an das Thema Kontakt mit Verstorbenen herangehen. Dabei ist es nicht meine Auffassung, dass sich nun jeder (und womöglich noch aus reiner Neugier) mit diesem Thema oder gar der Praxis davon beschäftigen soll, sondern mitgeteilt ist das Folgende für diejenigen, die lieben, die irgend jemanden oder etwas aus ganzem Herzen lieben. Ob das nun ein Mensch ist oder ein Tier, ist völlig egal - entscheidend ist die Liebe! Und mein Herz schlägt für diese Menschen, die lieben und lieben können und es sich nicht bieten lassen wollen, dass der Tod die Liebenden trennt. Ihr, die ihr derart lieben könnt - irgend ein Lebewesen: Ihr seid der Gottheit seelisch so nah, wie das überhaupt nur zu erahnen ist; und was macht ihr, die ihr liebt, über den Tod hinaus? Ihr liebt von der Gottheit geschaffene Wesen - und in diesen Wesen die Gottheit selbst. Für die Gottheit aber gibt es keinen Tod, und darum seid ihr, die ihr so über den Tod hinaus lieben könnt, die kosmisch wahrhaft Vernünftigen. Und die andern? Ich weiss es nicht: vielleicht brauchen sie solche Kontakte nicht; das ist in Ordnung, man soll uns aber, die wir solche Kontakte glückselig pflegen möchten, in Ruhe lassen. Aber von einigen weiss ich, dass sie dem Götzen ihrer eigenen egoistisch-geistigen

Beschränktheit opfern und deshalb gegen alles sind, was andere können und sie nicht.

Ausgehend von der kosmischen Realität, ist alles gleichzeitig-unendlich gegenwärtig! Es ist gegenwärtig, ob einer das versteht und erkennt - oder nicht. Wer es erkannt hat, hat bewusstseinsmässig den Tod real besiegt; wer es nicht erkennen kann, **erleidet das Schicksal seines Bewusstseins** und der damit zusammenhängenden Zustände und Umstände (zusammengefasst im Begriff der 'Kommunikationsstörungen').

Ausgehend nun von der kosmischen Realität stellt sich zunächst die Frage: worin besteht im Schwerpunkt der Unterschied zwischen einem ICH, das in einem Sinnenkörper wohnt, und einem ICH, das im Verständnis des Sterblichen verstorben ist? Ein Unterschied liegt zwingend vor: es ist die Tatsache, dass man in einem Zustand über einen physischen Sinnenkörper verfügt - und im anderen nicht mehr. So aber zeigt sich diese Tatsache als Teilwahrheit sinnenabhängiger Wahrnehmung. Man kann dümmer sein, als die Polizei erlaubt, sagen wir oft scherzweise - aber es ist fatal und wirkt Leiden, dümmer zu sein, als es der Kosmos in Berücksichtigung individueller Erkenntnismöglichkeiten erlaubt! Mit den Wahrnehmungsmöglichkeiten der erwachten Seele zeigt sich Zusätzliches und das Folgende: die Seele hat, wie schon oft erwähnt, zwei Aspekte - der eine ist in der Unendlichkeit (der Gottheit: hör ich Altägypten in mir ergänzen) und der andere Aspekt ist die Verwirklichung der aus der Unendlichkeit stammenden Idee über die Energie (Licht)! Diese Bewegung aus der Unendlichkeit findet ihr Ende erst in der Endlichkeit, die aber nichts anderes ist, als ein Aufeinandertreffen mit anderen Ideen. Ist nun diese Idee im kosmischen Sinne erwacht und lebenstüchtig, entsteht in der Verdichtung bzw. Begegnung mit den unendlich vielen anderen eine kreative Wirkung. In dem Masse, als dies nicht richtig geleistet werden kann, werden kosmische 'Verkehrsunfälle' gewirkt und als Kommunikationsstörung erlebt. Im Zusammenhang mit unserem Thema heisst das, dass Verkörperung die Qualität dieser Begegnung in der

Verdichtung und der Tod das Verlassen der Begegnung in der Verdichtung darstellt. - Ich darf der grossen Bedeutung halber noch einmal mein Gleichnis vom unsterblichen ICH als Maler und den einzelnen Pinselstrichen als einzelnen Verkörperungen wiederholen; auch hier findet Begegnung statt, und ist diese qualifiziert, unterstützt der gemalte Pinselstrich das Bild, wenn nicht, muss die Farbe entfernt oder übermalt werden. Wer aber das Bild kennt, der erleidet keine Todesängste, die nur dem 'Pinselbewusstein' vorbehalten bleiben. Dieses Gleichnis macht auch deutlich, dass, wenn ich es auf das Thema Kontakt mit Verstorbenen übertrage, klar wird: der noch aktive 'Pinsel' ist sozusagen noch real-materiell verweilend, während der Pinsel, der seinen Strich schon geleistet hat, sich auf dem 'Rückweg' befindet! Er ist also irgendwo zwischen Maler und Bild - und dies mit absoluter Sicherheit. Der noch physisch lebende Mensch ist verweilend im Sinnenkörper auf der Erde, und der Verstorbene hat diese Erde im physischen Verständnis verlassen und ist auf der Rückkehr zum ICH. Einatmen, Ausatmen! ICH - DU: Blutkreislauf! *Die Seele hat die Zahl Zwei, weil: sie verbindet das Unendliche mit dem Endlichen.* Immer hat der Maler bei aktiver Maltätigkeit den Pinsel in der Hand - der Pinsel, der hier die Funktion der Seele für das ICH (Maler) symbolisiert. Das heisst, die Verbindung zwischen dem ICH ist unabhängig davon, wo das ICH als Wirkung der unsterblichen ICH-Idee sich verbindet: es ist immer verbunden. Interessant ist zu diesem Thema, dass die Physik im Zusammenhang mit dem Mikrokosmos lehrt, dass die Teilchen eine scheinbar widersprüchliche Eigenschaft aufzeigen, indem entweder nur der Ort, wo sie sich befinden, festgestellt werden kann, oder aber die Qualität des Impulses, der Bewegung - nie aber beides zusammen, weil sich hier sichtlich die Realität der Unendlichkeit physikalisch offenbart. Nun ist aber der Mikrokosmos von Menschen definiert und in diesem Sinne wiederum eine Teilwahrheit, in der allerdings das Phänomen der Wirkung der ganzen wahrheitlich-kosmischen Unendlichkeit in Erscheinung tritt. - Lassen wir uns noch etwas von der Physik belehren und faszinieren. Am Anfang des Buches zeige ich den sehr kleinen Ausschnitt aus dem elektromagnetischen Wellenbereich, der für uns Menschen zu sehen ist, wahrnehmbar ist. Stellen Sie sich bitte nun einmal vor, die Distanz zwischen dem unsterblichen ICH und dem momentanen Aufenthalt im Universum sei der individuelle Wellenbereich des ICHs: Das ist dann vergleichbar mit dem Empfangsbereich des Fernseh-Kanalwählers. Alles innerhalb des Kanalwahl-Bereiches kann empfangen werden, egal, ob das nun am Anfang, in der Mitte oder am Ende des Bandes ist. So suchen und finden wir Sender! Wir haben in der Regel bei den heutigen Geräten einen automatischen Suchlauf, der dort, wo etwas ist, anhält, und wir entscheiden dann bewusst, ob wir auf dieser Ebene, dieser Frequenz der Kanalnummer empfangen wollen oder nicht. Nun ist aber das ICH absolut individuell und als solches Inhalt des Weltraumes. Das Universum ist individueller Raum zum individuellen ICH und wirkt ihm so den zuverlässigen Lebensraum mit den bekannten ewigen kosmischen Gesetzen. Diese zuverlässigen kosmischen Gesetze sind die Wirkung der Eigenschaften des Weltraumes. Darum kennt alles, was "räumlich" ist, wie z.B. Wasser, Zustände, aber an sich keine Veränderung oder Entwicklung! Das gilt auch für die Seele: sie selber dient dem Individuell-Lebendigen, ist selbst aber ewig und kennt lediglich Zustände. Langer Rede kurzer Sinn: *wenn ich bewusstseinsmässig mit der Seele umgehen kann, kann ich sie als kosmischen Kanalwähler oder Empfänger nutzen.* Und genau das wird getan, wenn wir den Kontakt mit einem lieben Verstorbenen aufnehmen und erleben wollen. Das bedingt natürlich eine Veränderung und Anpassung des Bewusstseins an die entsprechende 'Frequenz'. Irgendwo auf der Linie zwischen meinen jetzt körperlich erlebten ICH und meinem unsterblichen Wesenskern liegt die Energieebene, wo der Kontakt real als persönliches Erlebnis möglich ist. Und das geschieht sehr häufig; viel häufiger, als die meisten Menschen ahnen, weil all die Menschen, die Kontakte mit ihren lieben Verstorbenen haben, schweigen, aus Angst, nicht ernstgenommen oder gar für verrückt gehalten zu werden. Die dogmatisch Religiösen sind hier gar äusserst schädlich, indem sie unsinnig behaupten, es wären böse Geister, Dämonen und was des ähnlich Gruseligen mehr sei. Mensch, der böse Geist und Dämon ist der Mensch selbst, der Dir so einen Stumpfsinn unterjubeln will! Aber es ist meistens klüger, über das Heilige nur zu denen zu sprechen, die sich ehrlich dafür interessieren. Für die kritische Einstellung der Menschen zu solchen Berichten muss man allerdings vollstes Verständnis haben! Er kann und soll nicht glauben! Der Sinn dieser persönlichen Erlebnisse ist in der Regel ja nur für den Betroffenen wichtig; und darum ist nicht richtig - eigentlich sogar falsch - vom Mitmenschen Glauben, Anerkennung an die eigenen, persönlichen Erlebnisse zu verlangen. - Wenn Sie gestern einen wunderschönen Sonnenuntergang erlebt haben, wissen Sie, dass das wahr ist, können aber niemandem, der nicht dabei war, dieses Erlebnis beweisen. Man muss schon vernünftig mit diesen Dingen umgehen! Ich führe seit Jahren Spezialseminare für Kontakte mit Verstorbenen durch, und dies mit sensationellem Erfolg (die Erfolgsquote liegt zwischen 70 - 90 %); aber ich führe diese nur für Menschen durch, die das wünschen, weil sie unter dem Verlust eines Lieben leiden. Im Rahmen eines normalen Seminars (oder gar um Neugierige zu überzeugen) würde ich das nie tun, weil kosmisch gesehen kein Sinn vorläge! Die oft strapazierte Neugier des Menschen begegnet uns oft genug auch im Kleid der Wissenschaft, was aber nichts daran ändert, dass Neugier sehr oft sehr egoistisch ist, und nicht fragt, wie etwas ist, wie einem Lebewesen unsere Neugierde bekommt (Tierversuche!) - oder ob es nicht besser wäre, die Wissenschaft möchte sich mehr kosmisch orientieren und somit rücksichtsvoller und respektvoller mit den Erscheinungen des Lebens umgehen, und auch Dinge in Ruhe lassen, die in sich gut sind und wir nur zerstören können. Carl Friedrich von Weizsäcker: "Wer das Leben nicht liebt, sollte die Finger von der Physik lassen!" Der hat es verstanden! Und es soll diese weise Erkenntnis erweitert werden: Wer das Leben nicht liebt, sollte die Finger von der Wissenschaft und vor allem von der Religion lassen. Wer aber das Leben liebt, sollte gerade auch darum nicht vom Kontakt zu seinen geliebten Verstorbenen ablassen. An diesen Spezialseminaren werden diese Begegnungen als ausserordentlich schön und beglückend erlebt. Mit Sicherheit ist der fähige Ahnenkult positiv auch hier einzuordnen. Da ich aus altägyptischer Quelle lebendig weiss, wie man dieses Prozedere der 'Frequenzsuche' durchführt, helfe ich dem, der das wünscht. Aber wie schon erwähnt, funktioniert es sehr oft ohne jede Hilfe, weil es etwas Natürliches ist und von den beiden Seelen ersehnt wird. Meistens erfolgt die Kontaktaufnahme von Seiten der Verstorbenen, weil das leichter ist, was auch klar wird, wenn wir an Schmetterlinge denken, die es leichter haben, zu ihren Raupen zu fliegen.

Die Basis der Kontaktaufnahme ist also die Seele, welche das 'Energiewellenband' zwischen Unendlichkeit und Vergänglichkeit darstellt. Diese Strecke ist unendlich lang oder unendlich kurz, ich schreibe das deshalb hier so "merkwürdig", weil man sich dieses Band nicht linear vorstellen darf - sondern es ist linear und gleichzeitig unendlich. Ich bitte an meinen Hinweis des Teilchenphänomens zu denken! Dies aber bedeutet, **dass es genau die Seele ist, mit der die Kontakte zwischen Sichtbarem und Unsichtbarem bewusst hergestellt werden kann.** Im Prinzip kann energetisch die Seele jeden Punkt des Weltraums völlig zeitunabhängig erreichen. Im Prinzip heisst: sofern die seelischen Kräfte richtig gesteuert werden - und diese Steuerung erfolgt durch die göttlichen Ideen. Man muss tatsächlich etwas vom 'Betriebssystem des Universums' und dessen Ursache, der Gottheit, verstehen, um damit arbeiten zu können. - Dass wir auch hier Brot und nicht Steine anbieten, können Sie daran erkennen, dass wir (wir sind ich und alle, die meine Hermetische Diagnostik erlernt haben) z.B. am Telefon, also ohne jemand zu sehen, einzig in der Anwendung kosmischer Gesetze, fähig sind, die ICH-Idee jedes Menschen zu lesen. Wir arbeiten nämlich real mit diesen kosmischen Gesetzen. - Probieren Sie es ruhig aus, sofern Sie das nicht schon getan haben, und erkennen Sie, dass wir auch hier mit Wissen und Können kommen, und nicht mit leerem Geschwätz, das Ihnen keinerlei Nutzen bietet und Sie unwissend hält oder gar unwissend halten *will*. Wenn Sie jemandem telefonieren wollen, benötigen Sie drei Dinge: einen Telefonapparat, ein mit Energie versorgtes Telefonnetz und die Nummer. Dann rufen Sie an, und manchmal nimmt der Angerufene ab, manchmal auch nicht. Manchmal freut er sich über den Anruf. Und genau so verhält es sich mit der Technik, den Tod zu überwinden und Verbindung zu denen herzustellen, die natürlich genau so lebendig sind, wie Sie und ich, allerdings nicht mehr den physischen Körper besitzen, wohl aber die Seele. Die Seele aber durchdringt - besser: belebt - den Körper. Der beseelte Körper, die Seele ist der Telefonapparat. Das mit Energie versorgte Netz ist der gesamte Weltraum mit all seinen Inhalten. Und die Nummer? Die Nummer ist die individuelle Idee des Lebewesens, welches lediglich einmal existiert! Im Universum werden allerdings nicht Nummern im menschlichen Verständnis verwendet, sondern lebendige Bilder. Aber vom Computer wissen wir, dass dieser das schönste von uns gesehene Bild in Nummern 'sieht' und nicht das Bild als solches. Was für den Computer die Nummern sind, sind für das Universum unendlich viele und unendlich verbundene Schwingungen. Wenn wir lernen, uns mit voller geistiger Konzentration einen Verstorbenen bildhaft vorzustellen und mit der grösstmöglichen Liebe diese geistige Vorstellung verbinden, dann "klingelt" es beim Verstorbenen. - Wichtig bei der ganzen Sache ist auch das starke emotionale Engagement. Das aber ist auch im physischen Zustande genauso: Ohne Motivation sind viele Menschen träge und motiviert sehr aktiv. Es ist die Seele, die über Motivation den Körper zur Aktivität anregt, und das kann sein: starkes Interesse, Hass oder Liebe. Nun fällt der Körper weg, nicht aber die Fähigkeit, Interesse zu haben, zu lieben oder zu hassen. Wenn ein Menschen einen Verstorben ehrlichen Herzens stark liebt, ist die Herstellung des Kontaktes geradezu 'kinderleicht'. Logischerweise ginge es auch bei starkem Hass, was ich aber klar als gesundheitliches Risiko sehe und persönlich auf dieser Basis niemals aktiv fördern würde. Auf der Basis der starken Liebe kann nicht nur nichts passieren, sondern: - wenn man das Glück, die Seligkeit auf den Gesichtern der Teilnehmer sieht, spürt man seelisch den Hauch vom Paradies und dankt der Gottheit! Gleichgültigkeit ist, wie wenn man ein an sich funktionierendes Gerät mit leeren Batterien betreiben wollte: Neugierde ist gleich einer Fehlfunktion, weil das Ganze von den seelischen Gesetzen dominiert wird, und die lassen nur das WIR gelten. Neugierde aber ist egoistisches ICH.

Die Praktiken haben aus logischen und natürlichen Gründen den grössten Erfolg unmittelbar nach dem physischen Todesereignis sowie in den Tagen und Wochen danach. Natürlich spielt auch hier das Individuelle eine grosse Rolle - aber in der Regel kann man davon ausgehen: je länger das physische Todesereignis zurückliegt, desto schwieriger wird es, den Kontakt zum Verstorbenen herzustellen. Weiter kann dabei das Phänomen beobachtet werden, dass der Verstorbenen einem im Traum immer jünger und jünger erscheint. Das ist logisch und kosmisch natürlich, weil von unserem körperlichen und menschlichen Zeitverständnis aus im 'Jenseits' die Zeit umgekehrt läuft - im Gegensatz zum Diesseits wird man also nicht älter, sondern jünger. - Dieses Phänomen beschreiben die alten Ägypter in ihren Pyramidentexten wie in zahlreichen Inschriften und Papyri. Und sie berichten die Wahrheit! Es handelt sich um ein Phänomen der Seele, welches wir doch auch schon in der Tatsache erkennen können, dass wir abends müde zu Bett gehen und am Morgen ausgeruht aufwachen. In der Nacht wurde also die Müdigkeit in einem umgekehrt verlaufenden Lebens- und Erholungsprozess regeneriert. Das aber habe ich schon an anderer Stelle in diesem Buch ausführlich erklärt. Darum erkennen und nennen die alten Ägypter den Tod als Verjünger und haben ihn in diesem schwachsinnigen Sinne, wie es uns gewisse Konfessionen, Philosophen und andere schildern, richtigerweise gar nie gekannt. Die eingeweihten Priester und Priesterinnen Altägyptens hätten weise und gütig über die Unwissenheit unserer Zeit gelächelt und sich übrigens darüber gewundert, dass die Wahrheit, die überall als lebendiges heiliges Buch des Geschehens vor uns liegt, nicht erkannt wird. - Im übrigen kann man auf der Autobahn fahrend die Richtigkeit dieser kosmischen Gesetzmässigkeit erkennen, indem auf der Gegenfahrbahn der Verkehr auf uns zukommt und in der Gegenrichtung sich bewegt, aus der wir herkommen: Die Supergescheiten führen als Argument dafür an, dass man nichts über das wissen könne, was nach dem Todesphänomen auf den Menschen warte - "Es wäre noch keiner zurückgekommen!" Denkste! Übrigens kommt einem auch auf der Autobahn auf der eigenen Spur keiner entgegen (d.h. 'zurück'), ansonsten nennen wir dieses 'genialerweise' einen Geisterfahrer. Aber es gibt Ausfahrten und Einfahrten auf der Autobahn; auf der Autobahn des Lebens nennt man dies: Geburt und Tod. - Reinkarnation ist eine Tatsache und ist seriös nur als persönliches Erlebnis erfahrbar.

Erkennen Sie, dass die lebendige Wahrheit ihren individuellen Aspekt hat und es darum unverzichtbar ist, dass wir mindestens über eine gesunde Seele und einen gesunden Geist verfügen, um richtige kosmisch-wahre Erlebnisse haben zu können und zu dürfen. Der Körper ist darum nicht so wichtig, weil er als Organ und Werkzeug ja dient und der Abnutzung unterliegt. So wie ein genialer Künstler auch mit einem alten und defekten, abgenutzten Pinsel noch Kunstwerke schaffen kann, so kann dies ein Unfähiger auch mit einem neuen Pinsel nicht. Der denke kosmisch-lebendig über diesen Satz nach, für den Körperlichkeit oder Materielles in irgend einer Form Einschränkung oder Störung darstellt: er wird, *aller Widerstände zum Trotz, den Weg der Erlösung erkennen, finden und gehen!* Wer sich übrigens für die kosmischen Gesetzmässigkeiten des 'Jenseits' interessiert, den darf ich einmal mehr auf mein Seminar für Traumdeutung hinweisen, wo mit Lehrbuch und praktischen Übungen dieses Thema pragmatisch erläutert wird.

Das Dritte ist unser physischer Körper, der, wenn der Kontakt mit dem Verstorbenen aufgenommen werden soll, im Zusammenhang mit den Sinnesreizen passiv werden muss, wenn die seelischen Phänomene im Zusammenhang mit der bewussten Überwindung des Todes oder der Kontakt mit Verstorbenen verwirklicht werden sollen. Denken Sie an ein Kino: dort wird auch der Raum verdunkelt; erst jetzt kann der Filmprojektor den Film auf die Leinwand projizieren. Bei voll strahlendem Tages- oder gar Sonnenlicht würde das Filmbild fahl bis unsichtbar. - Genau so verhält es sich mit dem Körper. Es muss erlernt werden, nur den Körper einschlafen zu lassen und geistig-seelisch wach zu bleiben. Das ist mehr oder weniger eine reine Angelegenheit des Übens. Man muss auch keineswegs zu diesem Zweck solcherlei Extremes tun, wie das einige im alten Ägypten taten, indem sie sich über längere Zeit (Tage, Wochen, Monate, wenn nicht länger) in dunklen Kammern zwischen den Tempelwänden oder in unterirdischen Krypten aufhielten. Auf diese Weise erhält der Körper, insbesondere die Augen, keinerlei Reize, und das Bewusstsein wird geübt und geschärft in der Wahrnehmung der seelischen Realität. Persönlich (und auch aus persönlicher Erfahrung) halte ich auch hier das Extreme für falsch und orientiere mich viel lieber nach **gelebter Harmonie:** wenn im Körper, dann ganz im Körper und wenn in der Seele, dann ganz in der Seele zu sein. Mit zwei gesunden Beinen geht es sich besser, als wenn eines gigantisch hochtrainiert ist und das andere verkümmert. Den gesunden Körper lebensrichtig genutzt und die gesunde Seele lebensrichtig genutzt, heisst in kosmischer Sicht: sein Erden-Dasein als Voraussetzung zu einem Hinauswachsen in dieses Universum richtig und sinnvoll, und damit auch individuell befriedigend, wenn nicht gar glücklich, leben. Weiter gilt es, physische Realitäten im Zusammenhang mit dem Kontakt zum Verstorben zu kennen und zu beachten. Denken Sie an die Tatsache, dass in der Nacht (auch auf der Nachtseite der gesamten Erdkugel) sich alle Radioprogramme viel besser, klarer und weiter senden und empfangen lassen, als dies am Tage möglich ist. Wiederum begegnet uns hier die Tatsache, dass das Sonnenlicht mit seiner Energie die viel schwächere Energie der Radioprogramme überdeckt. Weiter kommt dazu, dass das Sonnenlicht nicht nur in dieser Form den Kontakt zwischen den beiden Welten (es gibt nur eine einzige Welt, die der Gottheit!) erschwert, sondern auch dadurch behindert, da es durch seine Energie die Lebewesen belebt und zur Aktivität motiviert. Das gilt aber nicht nur für die noch physisch Lebenden, sondern auch für die Verstorbenen (immer wieder ist in den Pyramidentexten zu lesen, wie die aufgehende Sonne am Morgen die Sterblichen und die Verstorbenen weckt, und wie alle lobpreisend sich über das lebensspendende Sonnenlicht freuen). Beide sind durch die Energie der Sonne motiviert, angeregt und in ihrem natürlichen Prinzip voll aktiv - dadurch sind sämtliche Lebensprozesse entgegengesetzt und ein Kontakt praktisch unmöglich. Am Abend aber wird der Sterbliche müde und passiv; die Sonne ist untergegangen, und es ist dunkel. Er begibt sich zur Ruhe und liegt körperlich passiv und schlafend da. Auf der anderen Seite verhält es sich ebenso, auch für den Verstorbenen ist es Nacht geworden (es ist für Schmetterling und Raupe gleichzeitig Tag bzw. Nacht!), und er wird passiv. Weil nun beide sehr passiv sind (denn ganz ruhig ist nichts und niemand in diesem Weltraum), wird der Kontakt möglich; dieser ist, wie schon erwähnt, vom Verstorbenen aus leichter anzuknüpfen als vom noch im physischen Körper Lebenden. Darum erscheinen fast allen Hinterbliebenen, sofern eine starke seelische und geistige Beziehung besteht, die Verstorbenen im Traum. Diese Phänomene können die Intensität von Tagträumen annehmen, und wer so etwas erlebt, soll sich darüber freuen und darf darüber noch feststellen, dass er über eine natürliche und funktionierende Seele verfügt. Es besteht nicht der geringste Anlass für Angst oder dass irgend eine Gefahr droht, ganz im Gegenteil. Wenn man als persönliches Erlebnis erfahren darf, dass unser Kind (oder unsere Mutter, unser Vater, oder wen auch immer wir liebend vermissen! Das gilt auch für Tiere! Die Liebe kennt keine Grenzen, nur die Dummheit!) nicht tot ist, sondern in einer natürlichen anderen Form weiterlebt - das macht glückselig. Und wer erkennt, dass er in Tat und Wahrheit unsterblich ist, lebt anders, wird ein viel besserer Mensch für sich und alle anderen sein. - Deshalb ist dieses wissende Können der Wissenschaft vom Tode im Lichte des ewigen Lebens so wichtig. Die beste Zeit für den Empfang von Radioprogrammen mit Weltempfängern ist, je nach Jahreszeit, zwischen 22 Uhr und 2 bis 3 Uhr morgens. Das gilt auch für den Kontakt mit Verstorbenen. Unsere Vorfahren waren nicht so dumm, wenn sie aus Erfahrung von der 'Geisterstunde' sprachen. Und wenn Sie nach den Skalen und Sendern des kosmischen Radios fragen, dann antworte ich: *Mensch, öffne in der sternklaren Nacht Deinen Geist und Deine Seele, wenn Du zum Sternenhimmel schaust! Denk' dabei auf die Dir mögliche Weise an die Gottheit! Und Du wirst sehen, erkennen und schauen und glückselig erschauern - und es wird an und in Dir ein Heil werden an Geist, Seele und Körper, was des göttlichen Heils bedarf.* - Übrigens: von Nostradamus sagt man, dass er sich, in den Sternenhimmel schauend, in eine Art Trance versetzt hätte.

Viele ehrliche Christen irren, wenn sie meinen, keinen Kontakt mit ihren lieben Verstorbenen haben zu dürfen. Das echte Christentum von Jesus lehrt ja gerade mit der Auferstehung von Jesus das Symbol: jedes göttliche ICH ist ein Gotteskind! Es wird ja auch von ihm selbst überliefert, dass er ausgerufen haben soll: "Tod, wo ist dein Stachel; Hölle, wo bleibt dein Sieg?!"; dies kann nur einer ausrufen, der das ewige Leben erkannt hat und von seiner Glückseligkeit ergriffen ist. Wer sich ernsthaft für Jesus interessiert, kommt um das Studium des schon einmal erwähnten **Thomas Evangeliums** nicht herum, das 1947 gefunden worden und gesichert echt ist, aber diskret von den Kirchen totgeschwiegen wird. Warum? Weil es im Wesentlichen das von den dogmatischen Kirchen Gelehrte widerlegt und belegt, dass Jesus nicht nur ein Frauenfreund war, sondern mit einer Freundin, namens Salome, zusammenlebte; er war absolut für die Gleichberechtigung von Mann und Frau!

Und jetzt will ich Ihnen der Reihe nach den Schwachsinn der Einwände gegen den Kontakt mit Verstorbenen aufdecken und das Sinnvolle erläutern:

Man soll die Toten ruhen lassen
Richtig, tun wir auch. Nur, es gibt eben nichts Totes, sondern nur Veränderungen. Die unsterbliche ICH-Idee wirkt über die Seele die Verkörperungen. Der Mensch nimmt am Morgen (Morgen für Geburt) Essen und Trinken ein, und am Abend (Abend für Tod) trennt er sich vom Verbrauchten als Urin und Kot. - Die Leiche ist nichts anderes als Seelenkot und völlig uninteressant; das einzig scheinbar Tote, denn nur scheinbar, zumal es am Leben ist, ist dasjenige, was die Leiche auflöst und die Stoffe verändert neuem Nutzen - und damit frisch dem Leben dienend - zuführt. Wir wissen von der Astrophysik, dass es Lichtwellen gibt, deren Spektrum für unsere Augen nicht erfassbar ist. Man muss für die entsprechenden Spektren die auf diese abgestimmten Organe haben, damit die Information des bestimmten Spektrums wahrgenommen werden kann. *Die Seele aber verfügt über ein gigantisches, kosmisches Spektrum - und es ist nur eine reine Frage der Bewusstseinsfähigkeit, in bestimmten kosmischen Schwingungszuständen zu erwachen!* Ein Säugling hat in der Regel voll funktionsfähige Augen und Ohren, was er aber sieht und hört, versteht er noch nicht. Wir Menschen sind sozusagen kosmische Säuglinge, und es ist dem ICH bestimmt, nach göttlichen Regeln in den Kosmos hinaus und hinein zu wachsen und göttlich-kosmischer Bürger zu werden. Dieses Ziel wird jedes ICH erreichen, denn die Gottheit macht keinen Pfusch. Der Unterschied zwischen dem noch physisch Lebenden und dem Verstorbenen ist einzig der Wegfall der Organe: beiden aber bleibt die Seele auf der Ebene der Begegnung und Kommunikation. Wir suchen also auf der seelischen Ebene den Kontakt zu denen, die einmal hier körperlich lebten und nun auf der seelischen Ebene weiterleben. Wir führen also die Praxis seelischer Kontakte durch.

Es ist gefährlich, sich mit den Toten zu beschäftigen
Ich fühle mich zynisch geneigt zu sagen: Die noch Lebenden sind oft viel gefährlicher, wie Kriege und andere Verbrechen deutlich zeigen! Wie schon einmal erwähnt, ist es ein Naturgesetz, dass die meisten Lebewesen, die ja hilflos geboren werden, einen schützenden Lebenskreis erahnen, der sie in Form von Eltern fürsorglich und liebevoll aufnimmt. Das gleiche gilt für das unsterblich-göttliche ICH. Wenn es sich ehrlichen Herzens strebend bemüht und sich nach dem sinnvollen Leben sehnt, ist es von der Gottheit selbst behütet und geleitet. - Wir weihen alle unsere seelischen Anrufungen der Heiligen Gottheit, und nur in ihrer Harmonie und von liebender Sehnsucht getragen, suchen wir den Kontakt zum lieben Verstorbenen. Es existiert keinerlei Gefahr.

Es droht die Gefahr der Besessenheit
Auch das ist völliger Unsinn! Jede Zelle trägt das Muster der individuellen ICH-Idee, und desgleichen ist die eigene individuelle ICH-Idee wie ein kosmischer Schlüssel und zudem von göttlicher Qualität. So aber, wie ein Mensch hier von Dummen und / oder Egoisten beeinflusst wird - und dazu keinesfalls von diesen Besessen sein muss -, so gibt es immer und überall ICHs, die positive und negative Einflüsse nicht unterscheiden können. Wer aber ehrlichen Herzens strebend sich bemüht, steht unter dem Schutz des Göttlichen selbst, und die Einflüsse, denen er nicht gewachsen wäre, werden von ihm ferngehalten, wie treusorgende Eltern Gefahren von ihren Kindern fernhalten.

Ihr wisst ja gar nicht, wer sich da Euch als Verstorbener meldet
Das riecht nach dieser unseriösen Psychologie, die dem Menschen einreden will, dass er selber gar nicht richtig weiss, wer er ist und dies nur von 'ihnen' erfahren könne. Abgesehen davon, dass es nicht wahr ist, ist es eine schlimme und unseriöse Missachtung der Persönlichkeit und Freiheit des anderen Menschen. *In Dir selbst, Mensch, ist die ganze lebendig-göttliche Wahrheit!* Diese gilt es zu erkennen und zu leben! Und dieses Gesetz gilt für das ganze Universum, denn es ist kosmisch-göttlicher Natur. Lebendige Ideen zeigen sich immer in

Formen, ganz egal, welche Art Körperlichkeit besteht, so dass sogar die von mir gelehrte praktische Menschenkenntnis erstklassige Hilfe zu leisten vermag. Wie schon erwähnt, aber zum Thema hier sehr wichtig: Der physische Stoff unserer Körperlichkeit stellt den formbildenden ICH-Kräften einen viel grösseren Widerstand entgegen, als dies die Energieteile des Seelenkörpers tun. Die Wirkung ist, dass sich die Form im Seelischen leichter bilden lässt, so dass harmonische Menschen nach dem physischen Tod immer jünger und jünger und schöner und schöner erscheinen und auch sind, weil für unser physisch-menschliches Zeit- und Raumverständnis alle Lebensbewegungen drüben umgekehrt verlaufen.

Und so wird es gemacht und darf es nach den göttlichen Gesetzen der ewigen Liebe geschehen:

Sende- und Empfangsgerät sind die Seelen der Beteiligten. Die Energie, welche jeder Sender und Empfänger braucht, ist die Stärke der Liebe. Die Adresse ist die individuelle ICH-Idee des andern, die sich in seinem individuellen Bild, das wir von ihm kennen, zeigt.

Das folgende sind Hinweise, die ungefähr beachtet werden möchten: aber auch hier gilt das Individuelle.

Die altägyptischen Gräber sind Beispiele, indem die Bilder und Statuen als Mittel der geistigen Konzentration genutzt wurden, den Energiestrahl der Liebe kosmisch richtig zu lenken.

Nun wissen Sie vor allem von älteren Radiogeräten, dass diese eine gewisse Zeit eingeschaltet sein müssen, da sie eine genügende Stromversorgung benötigen. Hi-Fi-Puristen warten oft 10 Minuten bis eine halbe Stunde, bevor sie sich ihre Musik anhören. - Ähnlich ist es auch hier: man muss in Stimmung sein, man muss engagiert sein - dass dabei die Emotionen hochkommen können, geweint wird, ist absolut in Ordnung und normal.

Nun muss jeder selbst wissen oder herausfinden, wie er sich emotional in Stimmung bringt, damit wir die notwendigen Sende- und Empfangsenergien in der Seele aufnehmen können. Verwitwete Menschen können etwa den Tisch feierlich decken, wie sie das taten, als der liebe Verstorbene noch da war. Wir verstehen uns aber klar: diese Vorbereitungen haben direkt auf den Verstorbenen nicht die geringste Wirkung - sie dienen allein uns selbst, in dem die Gefühle hochkommen: - je stärker, desto besser! Der Religiöse darf ruhig das Ganze im stillen Gebet der Gottheit weihen und um das bitten, was die Gottheit geben will. Keine Gelübde oder irgendwelche Versprechen der Gottheit abgeben: denn weder ist die Gottheit ein schmieriger, die Notlage ausnützender Händler noch ein Ablassschwindler! **Mensch höre: wenn Du den Verstorbenen ehrlich liebst, ist es das, was die Gottheit will und segnen wird. - Da kann gar nichts Negatives geschehen. Mit Freude gehe der durch die Liebe geheiligten und möglich gewordenen Begegnung entgegen.**

Es kann auch irgend etwas anderes sein, was da als Prozedere dient. Ich kannte einmal eine Lehrerin, bei der ich Sprachunterricht nahm, um meine Seminare auch in der französischen Schweiz durchführen zu können. Sie war aber auch diplomierte Musiklehrerin, und in den Pausen spielte sie mir auf ihrem Flügel vor. Dabei vertraute sie mir an, dass sie Chopin verehre und schwärmte von ihm. Sie bedauerte, ihm nicht persönlich begegnen zu können, weil er ja gestorben wäre. Ich antwortete ihr, dass durchaus eine gute Chance bestehe, Chopin zu treffen, und wenn sie wolle, würde ich ihr sehr gern die Technik erklären. Der Blick der Dame wäre ein Foto wert gewesen. Aber auch hier siegte die Liebe, oder doch mindestens die ehrliche Verehrung einer Begabten zum Genie. Ich erklärte ihr, sie möchte gut sichtbar ein Bild von Chopin zwischen zwei brennenden Kerzen aufstellen und Stücke von ihm spielen, dabei innerlich ganz stark wünschen, ihm zu begegnen. Auch dieser Blick der Dame wäre ein Foto wert gewesen. Da ich nie dränge und nur Fragen beantworte, sprach ich nicht weiter über die Sache. Aber sie hatte es tatsächlich versucht, wie sie mir bei der nächsten Unterrichtsstunde mitteilte - und diesen Blick der Dame:

dass ich den nicht auf ein Foto habe bannen können, das ist nun wirklich allzu schade. Sie war der Meinung, dass es funktioniert habe und hat dann vor Schreck das Ganze abgebrochen. Was war geschehen? Sie spielte und schaute dabei nach Möglichkeit auf das Bild zwischen den Kerzen. Das aber strengt die Augen ausserordentlich an: diese versuchen, das Ganze zu entspannen und bewegen die Linsen dazu, was bewirkt, dass das beobachtete Bild sich zu bewegen scheint. Das hat natürlich mit dem Echten nichts zu tun - und darum erkläre ich das hier so ausführlich. Sobald man merkt, dass einen das Betrachten des Bildes anstrengt, darf man ruhig wegsehen, um die Augen zu schliessen und das Bild vor dem inneren Auge sich so lebendig wie möglich vorzustellen. Natürlich ist dieses Vorgehen der Hypnose verwandt - es ist aber keine, weil wir keinerlei Suggestionen anwenden. Wir suggerieren nicht, was und wie etwas zu geschehen habe: das wäre falsch und wäre Hypnose (man könnte es auch positives Denken nennen), also ein Etikettenschwindel! Aber es gilt, das Bewusstsein zu verändern, es wegzubringen von der körperlichen und hinzuführen zu der seelischen Wahrnehmung. - Im Dunkeln kann ich Lichtbilder, Filme vorführen, nicht im freien Tageslicht! Beachten Sie dabei, dass die sogenannten Tageslichtprojektoren immer ungeheuer viel Energie benötigen, um die erforderliche Lichtstärke zu leisten. Das ist bei Menschen in Ausnahmefällen auch möglich, aber als bewusst angewandte Technik wohl kaum, oder doch nur sehr, sehr selten möglich. Die Menschheit kennt gerade im Zusammenhang mit Kriegen (z.B. im Zweiten Weltkrieg) das dort tragischerweise gehäuft vorkommende Phänomen, wo im gleichen Augenblick, in dem der geliebte Mensch durch Waffen zu Tode kommt, es der andere geliebte Mensch in irgend welcher Art miterlebt, weiss (das Phänomen zeigt sich immer auf der seelischen Ebene, aber oft so stark, wie es etwa ein Traum sein kann, bei dem man sich nach dem Aufwachen fragt: war das wirklich ein Traum, oder war das echt?). Frauen sind aufgrund ihrer besonderen seelischen Organisation in der Regel begabter für solche Dinge. Nun ist es wie mit Wasser - rein muss das Wasser sein; schmutziges Wasser ist wertlos. Die ehrlich-kluge, ja weise Frau kann auf diesem Gebiet so unendlich viel den Menschen geben und damit dem

Leben, der Liebe und der GOTTHEIT. Die Menschheit braucht dringend echte Priesterinnen!

Nichts erzwingen! Übrigens gilt auch hier: Übung macht den Meister. Wenn man, vor allem als Anfänger, das Gefühl hat, die Stimmung sei weg - dann aufhören! Aufhören heisst noch lange nicht, dass es nicht funktioniert hat. Wir haben doch auch Telefonbeantworter, wo eine Nachricht aufgezeichnet ist und wartet, bis sie abgespielt wird. Etwas Ähnliches (ähnlich im Sinne der Wirkung, nicht im Vergleich zum Telefonbeantworter natürlich) kann sehr oft bei engagierten Anfängern beobachtet werden: Die haben oft mit voller seelischer Kraft gesendet und den Rest noch nicht richtig im Griff. Durch die volle Konzentration auf das Bild wird die Energie im unendlich grossen Universum, das gleichzeitig unendlich klein ist, auf dieses unsterbliche ICH adressiert und erreicht das Ziel immer, weil es im Universum nach unserem Verständnis gar keine Zeit gibt, aber die ehrliche Liebe ein Ewigkeitsaspekt der GOTTHEIT selbst ist und nur das Echte als sehnsüchtige Liebe entscheidend ist, ob es funktioniert oder nicht. Nach dem scheinbaren Misserfolg gehe man ruhig zu Bett und schlafe ein. Durch den natürlichen Schlaf wird sehr oft das richtige seelische Bewusstsein erreicht, wo seelisch real dem Verstorbenen begegnet werden kann. Dieser ist es in der Regel, der sich im Traum dem Träumer bemerkbar macht - und dann funktioniert es auf diese Weise, die sicher 80 % der Erfolgsquote der Anfänger ausmacht.

Und was ist mit Hass? Es gibt unterschiedlichen Hass! Es gibt den egoistischen, selbstsüchtigen Hass, der wirkt sich aus, wie wenn der Verstärker einen Kurzschluss, einen Defekt hat. Es knallt: im günstigeren Fall räuchert es. Aber der Verstärker hat möglicherweise Schaden genommen! Die Seele kann, weil sie von der GOTTHEIT geschaffen ist, solche 'Hassendungen' gar nicht verarbeiten - und die ganze Energie bleibt beim Sender und droht real mit psychosomatischen Schädigungen, Bewusstseinsstörungen, mit hoher Wahrscheinlichkeit auch mit Schlaganfällen.

Dann aber gibt es auch den ganz berechtigten Hass, wo Verstorbene dem Zurückgebliebenen Unrecht, Elend und vielleicht noch Schlimmeres zugefügt haben, was das Opfer belastet und es frei werden möchte, wo es die Aussprache sucht, die möglich wäre, wenn der Unglückliche noch leben würde. Da kann es sogar 'gut' ausgehen - gefährlich jedenfalls für den Menschen, der in diesem Hass als Verletzter oder Geschädigter den Kontakt aufsucht, ist es nicht. Übrigens ist es nicht selten, dass Verstorbene aus Reue das Opfer aufsuchen und den Frieden suchen, was das Opfer im Traum erlebt. Denken Sie bitte daran: durch den Tod wird zunächst niemand besser in seinem Charakter. Wenn hier ein Dummer stirbt, ist drüben ein Dummer angekommen. Wenn hier einer mit einem schlechten Charakter stirbt, ist drüben einer mit einem schlechten Charakter angekommen. Fast jeder Kriminelle, wenn er erwischt wird, bedauert, und er sucht den Kontakt zum Opfer - aber eigentlich nur, um seine Situation zu verbessern. Und da soll das Opfer zum allem Schlimmen, was ihm da angetan wurde, noch verzeihen?! Nein, armer geplagter Mensch, das musst Du nicht und die GOTTHEIT versteht das: SIE verzeiht nämlich nichts und niemandem, denn SIE ist weder gut noch böse - SIE ist allein göttlich, und sonst nichts - das bedeutet: sie verändert, sie kuriert, sie reinigt und bringt alles wieder in Ordnung! Aber wer meint, er könnte Schaden wirken und dann würde das einfach verziehen, der irrt! Die 'Wut' der GOTTHEIT wird den Schädiger mit den Mitteln des Universums kurieren! Er wird wieder gesund, ganz sicher - aber die 'Schmerzen' beim Prozedere sind die Wirkung des fehlbaren ICHs und haben mit der GOTTHEIT nichts zu tun. Es ist doch gerecht und richtig, dass jeder erntet, was er gesät hat!

Nein, liebes armes, geschundenes und geschädigtes Menschlein: Du brauchst nicht zu verzeihen! Mach' all das, was ich hier vorgeschlagen habe, mit dem einzigen Unterschied, dass Du nicht den Kontakt zum Unglücklichen (denn das ist er kosmisch gesehen) suchst, sondern klage ihn bei der GOTTHEIT an. *Du aber wisse, dass Dein göttliches Wesen gar nicht verschmutzt oder geschädigt werden kann - und Du wirst den Frieden und die Gesundheit finden, die Du brauchst und damit auch wieder eine Zukunft haben, die den Namen verdient!*

So kann man Menschen helfen, die mit einer Sache einfach nicht fertig werden. Ich halte die gängige Praxis vieler (logischerweise nicht aller!) sogenannter 'Psychotherapien' nicht nur für falsch, weil ohne durchdringend befreienden Erfolg, sondern für schlicht heuchlerisch, indem mehr oder weniger das Opfer darauf konditioniert wird, sich mit seinem Elend abzufinden, um mit der Scheisse zufrieden leben zu können! Nein, sage ich, um der Liebe und des Lebens willen. Es gilt, im Opfer seine göttliche ICH-Idee zu beleben, und es wird aus dem Elend aufwachen wie aus einem Alptraum und frei seinen weiteren Weg gehen können. Ich spreche aus praktischer Erfahrung! - Im Augenblick erinnere ich mich an einen Menschen, der mir von seinem Traum und seinem Verhalten in diesem erzählte, wo ihn ein anderer Mensch, der ihn plagte, aufsuchte. Ich darf den Traum aufs Wesentliche und für diese Abhandlung Bedeutsame kürzen: Der Träumer sah im Traum diesen Schädiger ihn anschauen mit dem typisch ironischen Gesichtsausdruck, den der Träumer bestens kannte. Der Verstorbene suchte ganz eindeutig den Kontakt zum Opfer. Im Traum spie der Träumer den Verstorbenen aus warmem, vollem Herzen an, und der verschwand für immer. Im Wachzustand fragte sich der Träumer, ob er dem Verstorbenen nicht doch hätte freundlicher begegnen sollen. Das ist Theorie - Praxis ist, dass wir im Traum alles für Realität nehmen und gemäss unserem Wesen reagieren, dort im Verhältnis zur Traumrealität: wie wir im Körper diese Welt für real halten und auf sie reagieren. - Ich mache hier deutlich klar, dass aus der Sicht universeller Realität es höchst unklug ist, veränderbare und endliche Zustände als exakten Massstab für irgend etwas zu verwenden - sondern man sollte versuchen, alles im Lichte der Natur, der Lebensgesetze, der kosmischen Gesetze zu verstehen. Der Kerl hat doch die Spucke verdient und dabei erlebt, dass es genug ist und er endlich abhauen soll! Der Träumer braucht sich nicht die geringsten Vorwürfe zu machen: er hat natürlich und damit richtig gehandelt, indem er das Negative niemals annimmt und niemals verzeiht - dadurch ist er doch kosmischer Wegweiser für den Verstorbenen geworden! - Ich fragte den Träumer ausdrücklich, ob ich richtig verstanden hätte, dass er den Verstorbenen aus warmem, vollem Herzen angespuckt habe, da mir dies als Widerspruch erschien. Er bestätigte dies ausdrücklich. Da wurde mir etwas Interessantes im richtigen Verstehen dieses Kontaktes mit einem Verstorbenen im Traum klar. Es lag eine ambivalente Situation vor, indem der Träumer mit dem Anspucken einerseits seine negative Haltung zum Verstorbenen eindeutig zeigte, aber andererseits in der Beschreibung: 'aus warmem, vollem Herzen' deutlich macht, dass er trotz allem positiv zu ihm steht, ihm verzeiht, aber will, dass er ihn in Ruhe und Frieden lasse. Vergessen wir nicht, dass wir aus dem Verständnis der Natur - und von ihr gleichnishaft abgeleitet - die Situation haben können, dass ein Schmetterling eine Raupe aufsucht. Der Schmetterling steht gleichnishaft für den Verstorbenen und die Raupe für den Träumer. Nun können zwei Schmetterlinge organisch miteinander viel geschickter Umgang haben, als dies der schwerfälligen Raupe im Verhältnis zum Schmetterling möglich ist: Verständlich wird dadurch nämlich aus dieser Erkenntnis das genannte Traumgeschehen, indem der Verstorbene viel aktiver und beweglicher erscheint und der Träumer in keiner Form seine Arme oder gar Hände benutzt, um zu handeln, sondern mit dem Spucken doch sehr eingeschränkt reagiert!

Für die Praxis benutzten die Altägypter Bilder, Statuen der Verstorbenen - und das von mir geschilderte Prozedere wurde sinngemäss durchgeführt. Dabei wurde in den Vorhallen gefestet und gefeiert, denn in kosmischer Erkenntnis ist der Tod ein Anlass zur Freude, weil sozusagen ein ICH den 'irdischen Arbeitstag' hinter sich gelassen hat und nun ernten darf, was es gesät hat und was seinem Wesen gemäss ist.

Je besser sich der Kontaktsuchende geistig das Bild des Verstorbenen vorstellen kann (Bilder, Statuen sind nur Prothesen, Hilfsmittel), desto schneller und effektiver funktioniert das Ganze.

Kritiker, wenn Du ehrlich bist, bist Du willkommen, wenn nicht, weil Du eine Partei vertrittst und es nicht um Wahrheit, sondern um Macht und Interessen geht, dann bitte, belästige uns nicht mit Deiner Beschränktheit und wanke allein, geleitet von dem, was Deinen Geist ausmacht, dem Grab zu - sie sagen dann noch, sie wollten in ihren Nachfahren weiterleben! Also, beleidigend sind sie auch noch. Viele Kinder zeigen tatsächlich manchmal Ähnlichkeiten zu solchen Erzeugern und Empfängerinnen, welche aber in Art und Qualität eher den Folgen von Verkehrsunfällen gleichen - wobei das neue ICH sich dann ehrlichen Herzens strebend sehr bemüht, trotzdem seinen individuellen Weg zu finden.

Ehrliche Kritik ist immer willkommen, weil sie nützlich ist und den Geist schärft, sicherer zu erkennen und dadurch richtiger zu leben!
Der Kritiker möchte es selbst versuchen, und wenn er einen lieben Verstorbenen hat, steht dem nichts entgegen.

Haben Sie auch schon Geigenspiel bewundert und sich von der Musik bezaubern lassen. Was ist denn Musik, was ist denn Gesang? Seelisch bewusste Aktivität! Seelische Wahrnehmung. Im Sinne materiell-physikalischer 'Wahrheit' schwingen scheinbar nur Saiten, gesteuert durch Tasten hämmert es im Flügel. Aber wir können es doch keinem Schwachsinnigen, für das Erlebnis der Musik Unfähigen, klar machen, was uns Musik bedeutet, während er mit der Freude des Narren, mit dem Lächeln des Schwachsinns triumphierend, uns der Selbsttäuschung bezichtigt, weil in 'Wahrheit' nur Darmsaiten schwängen und Hölzchen klapperten. Musik existiere gar nicht, sagt der mit den Klapper-Hölzchen im Kopf, bei dem das Darmbewusstsein arbeitet, und er beweist es: er kann wirklich nicht musizieren, und wenn er die Geige in die Hand nimmt, schreit sie als misshandelte auf, und der Ton erinnert an den einer Katze, die ein gefühlloser Holzkopf (da hilft auch nicht, wenn es erstklassiges Holz ist), der sie für ein seelenloses Wesen hält, aus wissenschaftlichen Gründen quält. Es geht einfach nicht, und sie halten ihre Unfähigkeit für den Beweis. Aber sie müssen sterben - und es sterben ihnen ihre Menschen weg, und zur Hilflosigkeit gesellt sich dann noch der dumme, geistlose Gesichtsausdruck dazu. Und ihre verkümmerte Seele schreit und zeigt ihre Not durch verschiedenste Krankheiten, gesundheitliche Störungen an. Das wird aber eisern unterdrückt - und mehr und mehr sieht man lebende Tote: sie reagieren nach erlernten Programmen, aber sie leben immer weniger und wirken Frust und Leid für sich und andere. Das sind Beweise seelischer Behinderung! Die Schöpfung ist göttlich-ewig, und im Sterblichen zeigt sie sich durch fortwährendes Leben, nie und nicht im geringsten unterbrochene Lebensprozesse sowie als Abglanz im Genialen. - **Die Wahrheit ist das Leben selbst und alles, was ihm dient!**

Der, dem Musik als Fähigkeit gegeben ist, übt. Er lernt mit Darmsaite und Holzteilen meisterhaft umzugehen und bereitet mit seiner Musik nicht nur anderen Freude, bringt sogar manches dumme Gesicht zum Staunen, nein - es stärkt auch seine Seele, wie sich alles verstärkt, was richtig geübt wird.

Und das gilt natürlich auf für die Technik der Kontaktnahme mit Verstorbenen. Wer das will, muss es üben! Er wird nie, nie mehr einsam sein, weder hüben noch drüben. Er hat Kontakt zu Genialen und träumt Erfindungen, lebt aus dem Vollen!

Ehrliche Kritik lässt das Echte und Leistung gelten, liebt aber die Kontrolle und die damit verbundene grössere Gewissheit. Richtig! Das Leben ist die Wahrheit, und darum freut echte Wahrheit auch die ehrliche Kritik - die Wahrheit kann nur gewinnen, und die ehrliche Kritik hat jede Form von Täuschung verhindert! Darum müssen wir den Einwand, das möglicherweise der Kontaktsuchende sich alles nur einbildet, unbedingt gelten lassen! Weil: das ist wirklich möglich und fast immer dann vorhanden, wenn wahnhaft, egoistisch zwingend, grössenwahnsinnig vorgegangen wird.

Am Anfang muss erlernt werden, die Erlebnisse möglichst geistig wach zu erfahren, und das ist doch etwas schwierig, wie auch das Geigenspielen schwierig ist.

Je mehr die Erlebnisse, die Kontakte mit Verstorbenen Allgemeinheiten beinhalten, nicht aber Kreatives, Wirkliches, Sinnvolles mitteilen, bin ich eher auf der Seite der Kritiker.

Wenn man aber Testamente findet, die unauffindbar waren und dergleichen; wenn man Informationen erhält, die ganz konkret und real helfen, den Weg aus Schwierigkeiten zu finden: Das sind Zeichen des Echten! Je mehr die Situationen überhaupt mit dem Verstorbenen ganz lebendig, intensiv und natürlich erlebt werden, um so grösser ist die Wahrscheinlichkeit, dass sie echt sind. Je unklarer in Bildkraft und erlebter Intensität und vager, wirrer in Begegnung, desto mehr kann man fast mit Sicherheit sagen, dass es sich um ein suggestives Erlebnis handelt und nicht um etwas Echtes.

Das Echte ist in der Charakteristik klar, nie wirr; *das Echte ist lebendig-intensiv und deutlich,* und nie vage.

Der Stichentscheid darf immer der Kontaktsuchende fällen, und wir müssen das akzeptieren. Der Kontaktsuchende muss aber auch die Ablehnung, die Kritik akzeptieren, weil es sich um persönliche Erlebnisse handelt, die leider nicht beweisbar sind.

Wenn ein ehrlicher Kritiker etwa sagt, für ihn lägen unerklärbare Phänomene vor, dann bin ich zufrieden. Mehr ist seriös vom ehrlichen Kritiker nicht zu verlangen. Nur weil jemand nicht unserer Meinung ist, ist er noch lange nicht unser Gegner. Nur wenn Wahrheit gegen Macht- und andere egoistischen Interessen keine Chance hat, dürfen wir das konsequent und als schädlich gegenüber dem Leben erkannt zurückweisen.

Ich führe Seminare durch, wo solche Kontakte zu Verstorbenen hergestellt werden. Da ich weiss, wie man das macht, weil ich dieses Wissen und Können mitgebracht habe, möchte ich meine Fähigkeiten denen zu Verfügung stellen, die aus irgend einem Grund in dieser Sache betreut und *zur Selbständigkeit* geführt werden möchten. Ich bin jedesmal selbst tief ergriffen und darf miterleben den Segen und das Glück, wenn Lebewesen sich begegnen, die sich lieben. Den Segen der GOTTHEIT erlebe ich dabei real. - Mach' Lebewesen glücklich allüberall, Mensch, und Du erlebst die GOTTHEIT real. Du willst dann ehrlich und selbstlos geben, weil Du beim Geben nichts anderes denken kannst als richtig zu geben, richtig zu sein, richtig zu leben. Das ist die wahre Selbstlosigkeit! Und die GOTTHEIT lohnt, obwohl man doch einmal auch gerne etwas für SIE getan hätte. **Wir können etwas für die GOTTHEIT tun, indem wir tun, was nur wir können - das ist, aus unserem Leben als ICH und Mensch etwas Positives, Sinnvolles zu machen, und das kann jeder auf seine Weise - ehrlichen Herzens strebend:** das reicht, weil es das individuell Richtige ist.

Vor hundert Jahren kannte man kein Fernsehen, und viele hätten damals gesagt, das sei etwas Unmögliches. Einige Geniale haben die Lösung gefunden, den Weg gezeigt, und nun kann jeder durchschnittlich Intelligente bei der Produktion von Fernsehgeräten und Sendestationen eingesetzt werden. Die Medizin versteht es, durch geniale Prothesen fehlende Organe zu ersetzen. Die Medizin kann Menschen künstlich und sehr, sehr lange mit Maschinen am Leben erhalten - und es gibt die bekannten verschiedenen Meinungen betreffend Abschalten medizinischer Apparate und Sterbenlassen. Früher gab es dieses Problem nicht, da wären viele, die heute dank der Errungenschaften der Medizin noch leben, tot!

Durch die jahrelange Praxis im Kontakt mit Verstorbenen sind mir einige Dinge aufgefallen, und ich bin fest davon überzeugt, den Weg zu kennen, 'Sehgeräte' herzustellen, mit denen für kurze Zeit der reale Kontakt möglich ist. Ich würde eine solche Erfindung als Segen für die Menschheit erkennen, weil es die Werte, nach denen die meisten Menschen leben, erweitern würde! Das Fortleben nach dem Tod wäre dann bewiesen (während sich in Wahrheit das Problem einfach in der Unendlichkeit verschiebt). Aber immerhin! Es würde real als sinnvoller und richtiger erkannt, sozialer miteinander zu leben. - Wenn es sein darf, werde ich mit den richtigen Menschen zusammen das Gerät bauen - den genialen Weg dazu sehe ich klar.

Lassen Sie mich zum Schluss dieses wichtigen Themas noch einen interessanten Traum einer Seminarteilnehmerin schildern, der durch seine Charakteristik vielen beim Verstehen eigener Kontakte mit Verstorbenen dienlich sein kann.

Eine Frau heiratete und hatte in der Hochzeitsnacht in der neuen Wohnung folgenden Traum: sie schilderte, der Traum wäre so klar, so intensiv gewesen, dass sie geradezu sich hätte zusammenreissen müssen, ihn als Traum gelten zu lassen - aber für ihr Inneres war er wahr. Sie träumte, dass es an der Wohnungstür klingelte, und sie ging hin, um nachzusehen, wer gekommen wäre. Sie öffnete deshalb die Tür - und vor ihr stand ein Mann von etwa 30 Jahren mit einem Strauss Blumen in der Hand, die er ihr übergab. Er beglückwünschte sie und ihren Mann zur Hochzeit und gab an, ein Freund ihres Mann zu sein. Weil der Traum dermassen intensiv war, erzählte sie ihn ihrem Gatten. Der liess sich den Mann beschreiben und konnte mit der ganzen Sache überhaupt nichts anfangen. Sie vertraute mir an, dass sie sogar in der Küche nach den Blumen suchte, obwohl alles doch nur im Traum geschah. Einige Tage später schauten sich die beiden Fotos ihrer Familien an, darunter waren auch Bilder vom verstorbenen Vater des Mannes. Plötzlich geriet die Frau fast ausser sich und sagte: "Das ist der Mann, der mir im Traum erschien, der uns zur Hochzeit gratulierte und mir die Blumen brachte." Der Ehemann meinte, dies sei sein Vater als junger Mann! So habe er ihn selbst nie gesehen und kenne ihn nur von Fotos. Er war perplex, und niemand konnte sich das erklären, was sich solcherart als Phänomen zeigte.

Die Sache ist im Lichte der kosmischen Erkenntnis einfach und klar. Im 'Jenseits' läuft die Zeit für unser bürgerliches und diesseitiges Verständnis umgekehrt und wirkt folglich Verjüngung.

Bei dieser Familie stimmt einfach alles: Denn wenn einer ein richtiger Vater ist, liebt er seinen Sohn, und das hat mit dem Tode gar nichts zu tun. Als Verstorbener liebt er ihn noch genauso wie vorher, und er nimmt als 'Schmetterling' teil am 'Raupenleben' seines Sohnes. Welche Eltern freuen sich nicht, im Wissen darum, was Leben ist, wenn ihre Kinder einen lieben und lebenstüchtigen Partner gefunden haben.

Hier sind alle Merkmale und Hinweise für einen echten Kontakt mit einem Verstorbenen im Traum vorhanden.

Und wenn Du, Mensch, so etwas Schönes, Beglückendes erlebst, dann freue Dich und lass' Dir die Freude durch die seelisch Unfähigen nicht nehmen. Ich würde mit solchen nicht einmal über das Heilige sprechen!

Einer Frau starb ihr Hund, und sie litt sehr darunter, denn sie hatte das Tier sehr geliebt. Ich sagte ihr, wie sie ihn im Traum wiedersehen könne: sie tat wie vorgeschlagen, es funktionierte! Das Glück in ihren Augen hättet Ihr sehen sollen. Die Liebe zu Lebewesen ist der Massstab göttlicher Wissenschaft - und ihre realen Beweise sind Glück, Gesundheit und sinnvolles Leben sowie Erwachen in der kosmischen Realität, die da heisst: Unsterblichkeit!

Das ICH und die GOTTHEIT

Man spricht so oft davon, dass das Göttliche in allem wäre - man spricht so gerne und so oft davon, aber, Mensch, man sollte nicht nur von der GOTTHEIT sprechen: - man darf SIE erleben!

Im Allerheiligsten der altägyptischen Tempel steht (und es wird davon in vielen Überlieferungen berichtet), dass die GOTTHEIT real anwesend war! Nun ja, dies haben die alten Ägypter damals so aufgefasst - wir glauben ja auch vieles: einmal mehr und einmal weniger, und wenn es uns dreckig geht, etwas mehr.

Die alten Ägypter hatten nie einen 'Glauben' vergleichbar dem, was heute und offiziell unter Glauben verstanden wird. Sie verfügten über ein reales Wissen und praktisches Können im Umgang mit dem Leben - sie lebten Gotteswissenschaft!

Wenn sie sagten: die GOTTHEIT sei gegenwärtig, sei dort gewesen, dann berichten sie die Wahrheit, die ich mitlebte und -erlebte, weswegen ich es hier mitteilen kann. Frag' nicht, Mensch, das Unfragbare; lerne von der Natur, dass das Ehrliche und Wahre an seinen Früchten zu erkennen ist, was mit Brot zu nähren vermag und nicht mit kalten Steinen abspeist.

Wenn man die Bauweise der allermeisten altägyptischen Tempel genauer betrachtet, fällt einem auf, dass vom Eingang bis ins Allerheiligste eine gerade Strecke hinführt. Wenn alle Tore und Türen geöffnet sind, kann das Licht direkt in das Allerheiligste leuchten. Der Tempel war Symbol der heiligen und weiblichen Natur, welche die Gottesideen als Geliebte der GOTTHEIT aufnimmt und zum Leben bringt. Im Prinzip funktioniert genauso auch der Fotoapparat: wenn die 'Türe' - also der Verschluss - geöffnet ist, kann das Licht, welches das Bild transportiert, ins 'Allerheiligste' des Fotoapparates auftreffen und den Film belichten; dasselbe Prinzip gilt ebenso für die Filmaufnahme, also für das bewegte Bild.

Der altägyptische Tempel ist nach diesem Prinzip ganz bewusst als ein 'Filmapparat' zur Aufnahme des göttlichen Willens gebaut: das funktionierte - und funktioniert natürlich noch heute.

Diese geniale Technik hat möglicherweise eine uralte Geschichte von vielleicht Millionen von Jahren, die mit den Menschen begann, welche in Geist und Seele erwachten. - Wissenschaftlich wird das gemeinhin mit Schamanentum abgetan. Wenn man nicht weiss (das heisst - 'wissen' im Sinne von: selbst erlebt haben), worum es sich handelt, kann man gar nicht begreifen, was hier in der Tiefe vorliegt. Ich verstehe es und will darum aufklären. Wie schon oft in diesem Buch erklärt, ist die Seele die dynamische und lebendige Verbindung von der Endlichkeit zur Unendlichkeit, und damit ist sie göttlichen Ursprungs. Wer fähig ist, denkend zu beobachten (dies tun übrigens alle Tiere, aber noch lange nicht jeder Mensch!), kann wissen, wie Bewusstsein entsteht - und dieses Bewusstsein, was der sterbliche Mensch durch die Informationen seiner Organe bildet, ist wertvoll, kann ihm aber oft genug die wichtigsten Fragen nicht beantworten und lässt ihn selbst z.B. Krankheiten mehr oder weniger hilflos gegenüber stehen. - Wenn man aber in seiner Seele erwacht, kann man im Rahmen seines individuellen ICHs und seines seelischen Zustandes den göttlichen Willen real in allem sehen: es erscheint alles wie um Dimensionen tiefer belebt, und Gedanke ist Bild und Bilder sind Gedanken - dass heisst: die Umgebung wird zur lebendigen Information, welche, je nach Fähigkeit und charakterlicher Qualität, ein ICH *erleben* kann; ein Lesen ist es eigentlich nicht. **Und das ohne Drogen!** Natürlich haben es immer und zu allen Zeiten die 'seelisch Unsauberen' mit Drogen und Ähnlichem versucht, um die eigene Unfähigkeit und Unzulänglichkeit zu kompensieren. Es wartet auf sie, im Masse ihrer Verstricktheit, das typische Schicksal des Lügners: betrogene Betrüger. Es braucht nämlich keine solchen Hilfsmittel; es braucht nur das ehrliche Herz, den von der Gottheit ergriffenen Geist und die seelische Liebe. - So wie man zuerst den Fotoapparat bereitstellen muss mit Film und entsprechenden Einstellungen, braucht auch das ICH auf individuelle Weise seine Vorbereitung. Der

Mensch, welcher nicht nachhaltig von Emotionen, also vom Seelischen, ergriffen ist, spricht normal; beseeltes, emotionales Sprechen dagegen ist Gesang. Im positiven Sinne ist Singen seelisches Sprechen: und gerade z.b. Wiederholungen in Liedern symbolisieren das glückliche Verweilen in einem angenehmen Zustand - aber es überwiegt darin das körperlich dominierte Wachbewusstsein, obwohl gewisse Lieder und Texte viele Menschen gefühlsmässig derart rühren können, dass ihnen die Tränen kommen, der Freude etwa oder des Leids. Also, die Stimmung wird ganz eindeutig durch das Lied beeinflusst. - Nun gibt es aber Bewusstseinszustände, in denen das seelische Bewusstsein überwiegt und dominiert, was allgemein als Trancezustand verstanden wird. Aber es muss klar sein: alle diese Zustände sind absolut individuell. Im Sinne dieser Abhandlung will ich von den seelischen Zuständen sprechen, die hier von Bedeutung sind. Wenn ein Mensch zu mir kommt, egal aus welchem Grund, interessiere ich mich immer dafür, warum und wozu ihn die GOTTHEIT geschaffen hat - und in diesem Prozess des gegenseitigen Kontaktes erlebe ich mehr oder weniger diesen Trancezustand und kann deshalb davon berichten. Man ist in diesem Zustand keinesfalls eingeengt im Bewusstsein, sondern einerseits total konzentriert auf das, worum es geht, andererseits erlebt man sich gleichzeitig in einem erweiterten Bewusstsein. Das kann soweit gehen, dass man alles vor sich sieht, sogar seinen eigenen Körper. Aber darauf achtet man gar nicht (man erinnert sich in der Nachschau einfach daran), sondern man erlebt sich geistig viel lebendiger als sonst und erlebt das Leben weitaus intensiver, weil die körperlichen Wahrnehmungen durch seelische Wahrnehmungen ergänzt werden. In der Regel liebt man den anderen - aber es ist keine rein seelische Liebe: vielleicht ist es mehr eine energetische seelische Verbundenheit, die erlebt wird, und so wie das Feuer Wärme hat, wirkt diese Energie seelische Wärme, die als Liebe empfunden wird. - In diesem Zustand sieht man den anderen auf eine gewisse Art 'zweimal': man erkennt ihn aus seinen Augen, aber auch aus seiner ganzen Körperlichkeit heraus, an der Art der Bewegungen - man sieht die Wahrheit: nämlich, wie die GOTTHEIT einen bestimmten Menschen will; und man sieht die allfällige 'Differenz' des

Gegenwärtigen in der zeitgebunden Erscheinung im Verhältnis zu diesem ewigen Willensausdruck. Je nachdem ist zu erkennen, wie man den Zustand verbessern, wie man dem Menschen seinen persönlichen roten Faden seines echten Schicksals an die Hand geben kann - und das ist immer Verbesserung! - Es gibt keinen Weg des Kreuzes, es gibt nur schlimme Men- schen, die kreuzigen.

In diesen individuellen Zustand kann das ICH auch durch Singen und Tanzen, Spaziergänge in der Natur usw. gelangen. *Die Seele braucht positive Trancezustände, weil sie ansonsten oft das Schlimme und Gemeine des sterblichen Lebens nicht auszuhalten vermag.* Sie lockert sich dadurch gleichsam. - Viele Weisse lachen über die Farbigen, wenn sie ihre Tänze durchführen: ich fühle mich wohler bei ihnen in der freien Natur und bedaure (und verstehe bis zu einem gewissen Grade) die heutige Jugend, die ganz offensichtlich ihre Welt nur mit Trancezuständen in den Discos ertragen kann. Dies sei also kein Vorwurf an die Jugend. Ist ihrem Verhalten nicht in dem Masse Verständnis entgegenzubringen, als die meisten der ihnen angebotenen kulturellen Werte geistiger und religiöser Art unehrliche, leere Zweckangebote zur Manipulation des Menschen darstellen? Die Jugend sucht Sinn und entsprechende Aufgaben - und findet zu oft brotfarben gefärbte Steine, die ihr verdammt sauer aufstossen. - Auch hier möchte dieses Buch dem jungen Menschen helfen, allem, was ihn an der Umwelt stört, hindert, hemmt, zum Trotz, aus seiner inneren Quelle schöpfend, seinen positiven Lebensweg zu finden und zu gehen. Wer also etwa während seines Musikerlebnisses an die GOTTHEIT denkt und nichts an Drogen genommen hat, dem wird Antwort werden, die ihm hilft und ihn trägt in seinen Liebes- und in seinen Existenzfragen. - Ich wäre wieder einmal vom Thema abgekommen? Ich höre in mich hinein: Nein! denn ich darf die lebendige Brücke sein von der lebenspraktischen Anwendung altägyptischer Weisheit bis hin zum Bericht, wie die GOTTHEIT im Tempel anwesend war.

Es ist allgemein bekannt, dass bestimmte Gerüche, Musikstücke, Lieder und vieles andere Erinnerungen wachrufen, welche an diese auslösenden Ereignisse gebunden sind. So kann das Bild eines lieben Menschen sofort starke Erinnerungen und damit verbundene Gefühle auslösen. Die sogenannten Götterbilder der Altägypter sind solche religiöse *Erinnerungshilfsmittel*. Die wussten ganz genau, dass die Figur beispielsweise aus Holz, Stein oder Gold war - so blöd, anzunehmen, dass in der Figur das Göttliche wäre, waren die altägyptischen Eingeweihten nicht, während ich mit meiner bekannten Zurückhaltung hier nicht direkt bezeichnen will, wie man den Geisteszustand von Leuten einschätzen muss, die einerseits die gigantischen 'Früchte' dieser Hochkultur vor sich sehen und gleichzeitig den Trägern einer solchen Kultur diese Blödheit zumuten. Goethe meinte dazu in seinem Faust, dass man dem Geiste gliche, den man begreife - wie wahr! Diese Götterfiguren waren sozusagen religiöse Notizzettel (oder besser: eben Hilfsmittel), um schneller in den beschriebenen seelischen Trancezustand zu gelangen, in welchem sie das Göttliche real erlebten. Wer sich in Suggestion und Hypnose auskennt, weiss, dass die Beeinflussbarkeit durch entsprechendes Üben gesteigert werden kann. Und was wird denn hier beeinflusst? Die seelische Wahrnehmungsfähigkeit! Alle Fähigkeiten kann man durch Üben steigern. Der Geübte konnte also vermittels dieser Götterfiguren, die als Einstiegshilfen dienten, wenn nötig sofort in den ersehnten Trancezustand übertreten. Diese Vorbereitungen werden dann zum individuellen Ritual - je nach Kultur. Die Handlungen an sich sind eher (oder sogar völlig) unwichtig, aber indirekt unverzichtbar, um in die entsprechende Stimmung einzutauchen. - Also, ob ich nun eine Figur kleide, reinige, ihr Essen und Trinken hinstelle (und hinterher dann selbst zu mir nehme), ist in diesem Sinne zu verstehen und stellt keinen Widerspruch irgendwelcher Art dar.

In der Regel begann das wie folgt: Vor dem Tempel, im Vorhof, traf man sich mit den anderen Eingeweihten (Priester im heutigen Verständnis gab es gar nicht, sondern sie verstanden sich als Diener oder Dienerin des Lebens! So muss es sein, so wirkt es Glück und ist Glück!). Wenn alles sauber und redlich ablief - Missbrauch gab es leider zu allen Zeiten -, wurde derjenige unter den Dienerinnen und Dienern, der die Lichtbotschaft der GOTTHEIT erfahrungsgemäss am besten 'lesen' kann - die Gottesseherin oder der Gottesseher: auch genannt höchster Priester oder Priesterin; Prophet -, bezeichnet.

Jeder durfte soweit die Prozession ins Allerheiligste begleiten, als dies seinem Rang in Bedeutung für den Tempel entsprach. Am Anfang war deshalb die Gruppe grösser, und der Gottesseher bzw. die Gottesseherin ging an der Spitze. Die Prozession diente der oben erklärten Einstimmung und symbolisierte als Weg den Prozess des Erwachens des ICHs über alle Daseinsstufen bis hin zur Verschmelzung, zum Einswerden mit der GOTTHEIT selbst - oder anders richtig formuliert: der Verwirklichung des ICHs im göttlichen Ziel. Singend und in selig-freudiger Stimmung, die sich ständig steigerte, ging es bis hinein zum Allerheiligsten, wo dann der Gottesseher bzw. die Gottesseherin allein der GOTTHEIT real begegnete. Das Sonnenlicht flutete in den Tempel und traf auf das symbolische Gottesbild, wie der Lichtstrahl des Filmprojektors auf die Leinwand trifft, womit das Bild sichtbar wird. - Jetzt liest das in heiliger Bewusstseinserweiterung sich befindende ICH mittels seines göttlichen Teiles und seiner Seele die Lichtbotschaft der GOTTHEIT. - Mensch, bist Du nicht der Meinung, dass wirkliche Eltern sich für die Belange ihrer Kinder interessierten?! - und Deine ewigen Gottheits-Eltern Deines ICHs: sollten die sich nicht für DICH und die Menschen interessieren?! Das, was als Sonnenlicht alles Leben auf der Erde weckt, was immer wieder Frühling auslöst, das soll keinen geistig-seelischen Ursprung und Aspekt haben?! - Es ist jetzt nicht die Zeit, aus Gnade auf die Unvernünftigen, die ihre Begrenztheit zum Massstab erheben, einzugehen. Im Gegensatz zu heute, wo die Religion auf die Strasse gebracht wird, wurde damals die 'Strasse' niemals in die Tempel gelassen. Nimm etwas Schmutz und füge es einem Behälter mit sauberem Wasser zu - und du hast kein sauberes Wasser mehr! Die geistig-seelisch edlen Männer und Frauen feierten wirklich, weil wirksam, mit der GOTTHEIT. Jeder Beteiligte erlebte das für ihn göttlich Bestimmte. Sonach wirkten sie diese gigantische Hochkultur über Jahrtausende. - Kleiner und kleiner wurde über die Zeit hin ihre heilige Schar, weil im Naturreich der Veränderung nicht das SEIN dauerhaft verweilen kann, zumal das Ewige in seiner kreativen Lebendigkeit die Veränderung wirkt und Orte der Verdichtung zu diesem Zwecke ewig neu benötigt. Aber immer lehrten sie, dass das ICH ein Gotteskind ist und es darum geht, diese Wahrheit zu erkennen und zu leben. Und in der Endzeit der altägyptischen Kultur kam ganz eindeutig einer von vielen, die aus diesem Grund nach Ägypten kamen - und sein ICH wurde an der ägyptischen Quelle wach und kehrte heim; er lehrte voller Glück die Lehre vom Gotteskind, das jeder Mensch ist, und ermunterte seine Brüder und Schwestern, ihm nachzufolgen, also von ihm zu lernen, in seinem eigenen ICH als Gotteskind zu erwachen!

Zurück im Geist in den Tempel! Wenn der Gottesseher bzw. die Gottesseherin das Ritual abgeschlossen hatte, verliess man das Allerheiligste und ging, wohin man wollte. Die Sonne erwärmt den Stein, und die Gottheit vergottet dasjenige ICH, das mit IHR auf irgend eine Weise in Berührung kommt. Wer in diesem Zustand einen Kranken berührte, konnte ihn heilen - **kann heilen!** Wer in diesem Zustand berührt wurde, erlebte oft Heilung.

Für die, welche sich dafür interessieren, will ich das Gottesbewusstsein schildern, soweit das überhaupt möglich ist, weil sich logischerweise auch hier das Individuelle zeigt.

Was ist so wertvoll am Gottesbewusstsein? Der Mensch kann erfolgreich und tüchtig sein, wie er will: alle Faktoren, die mit ihm (und er mit ihnen) zu tun haben, kann er nicht wissen noch überblicken. Beispiel: Ein Mensch liebt jemanden vom anderen Geschlecht und diese Liebe wird erwidert; alles stimmt soweit - doch: auch nimmt er im anderen Menschen dessen ganze Vererbung an, was beispielsweise sich bezüglich Krankheit, Nachkommen usw. positiv oder negativ auswirken kann; ebenso nimmt der Mensch durch eine Verbindung die Familie des anderen an, was ebenfalls positiv oder negativ sein kann, aber als Konsequenz nicht im voraus zu wissen ist. Oder anders: Ein Mensch lebt in einer bestimmten Zeit, z.B. zur Zeit des Zweiten Weltkrieges in Deutschland - nun kann der Einzelne so redlich und menschlich sein, wie er will: er musste mitleiden, und das konnte man vor 1933 auch nicht wissen! Diese beiden Beispiele könnte man unendlich nach allen nur denkbaren Seiten fortsetzen; sicher aber verstehen Sie, was damit gemeint ist. - Jetzt aber stellt sich dem denkenden ICH unter diesem Druck die Aufgabe der Suche nach einer lebenspraktischen Antwort auf dieses Problem. Die Antwort muss vom Standpunkt des Gottesbewusstseins so aussehen: da es einer Intelligenz gleicht, welche die totale Übersicht und *grundsätzliche* Macht über alles hat (weil SIE alles Dasein schuf) und imstande ist, alle unendlich gemischten, gegenseitig sich bedingenden Ursachen und Wirkung der Lebewesen überblicken, verstehen zu können -: so muss aus all den Gründen die Antwort folglich immer eine **WIR-Antwort** sein, die gesamthaft dem Leben dient und Leben wirkt! Dass es dieses Bewusstsein geben muss, ist erkennbar in der Tatsache, dass das Universum unendlich ist, aber nirgendwo ein eigentlicher Unterbruch festzustellen ist und alles unter sich in Form prozessartiger Verbindung in Kontakt steht. Formen aber unterliegen Handlungen und Wandlungen, und Formen sind immer Wirkung von Bewusstsein. - In dem heiligen Ritual, das Sonnenlicht ins Allerheiligste strahlen zu lassen, wird nun in diesem erweiterten, kosmischen Bewusstseinszustand sozusagen die Verbindung zwischen der GOTTHEIT über das Licht zum göttlichen ICH hergestellt - somit wird die reale Beziehung zu dieser allwissenden Intelligenz geschaffen! Da SIE alles geschaffen hat, erhält man göttliche Ratschläge, die in der Wirkung demnach sind, dass die ersehnten Wünsche auf eine Weise erreicht werden, dass es für alle stimmt: für das ICH, das DU und die gesamte Umwelt, das Leben insgesamt! Diese Intelligenz ist göttlich und darum nicht naiv. - Diejenige Konsequenz beispielsweise, die radikal verhindert, dass ein Krimineller rückfällig wird, ist eine solche Handlung im WIR: zumal den geschädigten und potentiellen Opfern kein weiteres Unglück droht - und der Täter erlebt die Gnade, nicht mehr von sich falschen Gebrauch zu machen.

Nehmen wir an, einer hegte den Wunsch, reich zu werden: Wünsche sind an sich neutral und durchaus wesensgemäss; wenn nun sogar ein tüchtiger und redlicher Mensch reich ist, so wird dies für alle von grösstem Vorteil sein. - Nach diesem göttlichen Bewusstsein ausgerichtet, kann einer den Weg auf absolut **harmonische Weise** zum Reichtum finden. Die Ziel darf jeder selbst wählen: es darf nur nichts sein, dass das WIR irgendwie verletzt, weder auf dem Weg zum Ziel noch gar als Ziel selbst. - Ein Wort zur Sünde: Sünde an sich gibt es nicht. Zu sündigen kann nur heissen, etwas falsch gemacht oder mit falschen Mitteln angestrebt zu haben - hat man dabei geirrt, so ist dies menschlich und verzeihlich, zumal ein vernünftiges ICH daraus zu lernen weiss; hat man eine kriminelle Tat begangen (also nicht geirrt, sondern in kaltblütiger Absicht jemandem geschadet), dann wird man einfach durch die Wirkkräfte der Natur neu ausgerichtet; aber nie und nimmer ist irgend ein ICH verloren, wie es ein bösartiger religiöser Dogmatismus lehrt.

Darum war der Orakeldienst, wenn er seriös gemacht wurde, eine wunderbare und wichtige Dienstleistung. Warum ich das alles weiss! Noch einmal: weil ich es lebte und lebe. Es gibt unendlich viele Möglichkeiten, in dieses göttliche Bewusstsein zu kommen, das muss keinesfalls auf dem Wege eines Tempeldienstes geschehen. Der innere ehrliche Ruf des ICHs nach der GOTTHEIT ist das, was zählt - und wie man in diese Stimmung gelangt, ist Privatsache. Noch einmal: keine Hilfsmittel irgendwelcher Art machen den Sinn aus, sondern sie dienen lediglich als 'Brücke', um darein zu gelangen! - Der Mensch kann sich und andere Menschen allenfalls täuschen oder gar betrügen - die GOTTHEIT aber kann nicht betrogen werden.

Lerne, Mensch! Wenn Du in Deinem Herzen ehrliche seelische oder seelisch-geistige Liebe zu jemanden erlebst - berühre ihn. Eine Woge von Energie und Heilkraft wird auf den anderen übertragen. Du willst eine glückliche und dauerhafte Partnerschaft? Dann umarme und herze Deine Liebe, wenn Du in Dir die Liebe spürst, selbst wenn kein äusserer Anlass dazu gegeben scheint. Übersieh nicht das glückliche

Aufleuchten in den Augen Deines Nächsten! Wenn es die Umstände nicht erlauben oder die Vernunft ein entsprechendes Vorgehen nicht empfiehlt, reicht es auch, dem anderen die Hand zu reichen, oder vielleicht auf die Schulter zu klopfen. Wichtig ist allein, dass die Berührung in dem Augenblick erfolgt, wenn in einem das seelische oder geistig-seelische Liebesgefühl zugegen ist: die positive Energie geht dann über die Berührung von Seele zu Seele. Auf diese Weise kann man heilen; auf diese Weise kann man jegliche Therapie unterstützen! Gleichfalls im Berufsleben: wenn man von einem Mitarbeiter oder einer Mitarbeiterin begeistert ist, kann man in einem solchen Augenblick dem anderen die Hand reichen und die passenden Worte dazu sagen. So wirst Du Menschen um Dich haben, die Dich lieben können, die gerne bei Dir bleiben - und wenn die Liebe stark genug ist: gar über den Tod hinaus.

Wer in dieser Praxis geübt ist (alle Meisterschaft ist Übung - Talent ist nur günstige Voraussetzung), eignet sich die Fähigkeit an, überall in der ganzen Schöpfung, also in der Natur, in allen Erscheinungen des Lebens das Göttliche zu sehen und mit ihm zusammenzuleben. Dies getan, wird man zum Heiligen. *'Heil' ist ein uraltes deutsches Wort für Gesundheit und Ganzheit: ein Heiliger ist in meinem Verständnis ein geistig-seelisch gesundes ICH, das sich als Gotteskind erkannt hat und diesen Weg gehen will!* Nicht verstehe ich unter dem Begriff Heiliger das (in pathologisch-kriecherischer Brunst) Sich-vor-den-Altar-Werfen.

Die altägyptischen Tempel zeigen ringsherum, aussen wie innen, auf Erdhöhe einen Saum von Pflanzen und Blumen: dies, weil der Tempel gleichsam nur Stufe sein soll in der Wahrnehmung der GOTTHEIT und es in erweiterter Form darum geht, die gesamte Natur als Tempel der GOTTHEIT zu erkennen - **und in jedem Lebewesen einen Teil vom Allerheiligsten!**

Neuntes Kapitel

Das ICH und die Pyramidentexte

Diese Totensprüche spiegeln die lebendige Seele der Menschen des 2. Jahrtausends v. Chr., und wir haben seitdem nicht viel dazugelernt. An der dunklen Mauer des Todes hat all unser Wissen und Können immer noch ein Ende, und niemand kann uns sagen, ob wir in diesen Sprüchen durch einen Spalt der Mauer blicken.

Prof. Erik Hornung

Bei der Übersetzung altägyptischer Pyramidentexte (ebenso für die meisten Papyri und Tempelinschriften) gilt es, die Unsterblichkeit zu berücksichtigen. Die Eingeweihten Altägyptens erwachten in der Unsterblichkeit und leiteten aus ihrem Schauen das 'Betriebssystem der Gottheit' als ihre Gotteswissenschaft ab. Die Zeichen in diesem ursprünglichen Sinne sind die Hieroglyphen als *reine Ideogramme*, weil **die kosmische Schrift der Ewigkeit als Ursachenwelt sich als lebendige Bildsymbolik zeigt** und nicht als Wort. Die gesprochene Sprache entspricht nicht dem Ewigen, sondern dem Zeitgeschehen, dem Sterblichen und Veränderlichen. Diese Tatsache erklärt, warum die auf reiner Linearität basierenden Übersetzungen keinen wirklich sinnvollen Inhalt erschliessen. Wer diese Tatsache nicht berücksichtigt, dem werden die Texte deshalb wirr erscheinen. Ursprünglich wurden also die Hieroglyphen nur für das Verstehen des Heiligen verwendet - aber im Laufe der Zeit wurden sie auch für alltägliche Bereiche eingesetzt, und das führte zum Einsatz von Wortfolgen, um die linearen Abläufe der täglichen Angelegenheiten von Sterblichen zu beschreiben. - So wie der Mensch gleichzeitig unsterblich und sterblich ist, so werden - je nach der Wahrheit, die es zu vermitteln gilt - Ideogramme und lineare Worte vermischt. Die altägyptischen Pyramidentexte künden von der Unsterblichkeit der Seele als Trägerin des göttlichen ICHs und als Medium in Raum und Zeit ewigen Lebens:

gemäss der göttlichen Idee, die das ICH ist, sein darf und sein muss! Die richtige Beschäftigung mit diesen Texten weckt die Seele des Menschen und erweitert seine Bewusstseinsfähigkeit um ein für den Sterblichen unvorstellbares Mass. **Es ist möglich, ja selbstverständlich, über diesen Texten meditierend als Bewusstseinsübung seine individuelle Unsterblichkeit real zu erkennen!**

Bei diesen Übersetzungen besteht leider das höchst unerfreuliche Problem, nicht mit Sicherheit zu wissen, ob richtig übersetzt wird. Der interessierte Laie mahnt mit Recht, dass eigentlich einer sagen kann, was er wolle - und man es glauben kann oder nicht.

Ich versuche mich diesem wirklichen Problem soweit zu stellen, als dies möglich ist. Aus diesem Grund füge ich nach meiner Übersetzung diejenige eines Repräsentanten der offiziellen Ägyptologie bei, so dass dem interessierten Leser wenigsten ein Vergleich möglich wird. Ich benutze dabei die Original-Hieroglyphenumschrift von Prof. Kurt Sethe, damit der Leser jede einzelne Hieroglyphe vergleichen und somit exakt die Übersetzung nachvollziehen kann, sofern er dies möchte. - Rechts, neben diesen Hieroglyphenzeilen, steht jeweils die Zeilennummer, auf die bei der Übersetzung Bezug genommen wird. Nach diesem Prinzip biete ich auch meine entsprechende Übersetzung zum Vergleich an.

Bei meinen Übersetzungen gebe ich auch noch an, wo im Grab diese gefunden werden kann, weil es doch ein traumhaftes Erlebnis sein möchte, bei einem Ägyptenaufenthalt im Grab unmittelbar wenigsten einen kleinen Teil dieser Ewigkeits-Texte übersetzt zu erhalten!

Vielleicht kommen Sie einmal mit mir auf eine Ägyptenreise?

Spruch 213

Pyramiden-Texte (Unas-Pyramide, Sarkophagkammer)

Das ist der Ort des ICHs der Persönlichkeit von Unas (Unas = der zum Leben Berechtigte).

Du gehst nicht fort als keine Persönlichkeit (im Sinne von: du bist nicht tot), **sondern als gerecht erkannt, beurteilt und wirst nicht weggeschüttet** (weggeschüttet im Sinn von: als wertloser Lebenstropfen, Samentropfen erkannt bzw. 'du bist nicht tot' = unbrauchbar fürs Leben. Lebendig = nützlich sein fürs Leben. Leben als Willensausdruck der Gottheit. Der dem Leben Nützliche stirbt nicht, sondern geht an einen anderen Ort, wo er allen Nutzen bringt).

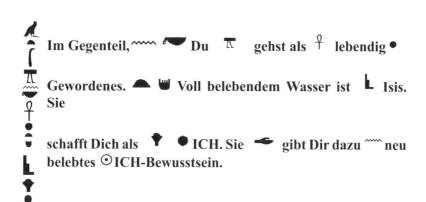

Im Gegenteil, Du gehst als lebendig Gewordenes. Voll belebendem Wasser ist Isis. Sie schafft Dich als ICH. Sie gibt Dir dazu neu belebtes ⊙ICH-Bewusstsein.

Isis 〜 ⬅ belebt Dein ☉ ICH-Bewusstsein ☒ im physischen Körper als Sitz von ∟ 👁 Osiris (Osiris ist die göttliche ICH-Idee. Jedes ICH wird durch den Tod zu Osiris. So würde die korrekt Schreibweise sein: Osiris plus der Name des Verstorbenen - also hier: Osiris-Unas). ⬅ Du (bis das Gefäss) **sollst** ⎮ **herrschen,** denn als 🦊 Gerechter bist ⬅ Du ∟ gegeben (dazu bestimmt), **zu** ⎮ befehlen das 🦅 ⬅ Unreife. **Als** ⎮ Wegführer der 🦊 Wahrheit ⬅ wirkst Du (gibst Du) 🦅 Verjüngung, 〜 belebt zum sich ⋔⋔⋔ ewig 🦅 verjüngenden Leben.

🦊 Die Wahrheit und Gerechtigkeit ist das ⬅ Gefäss, das als ⋒ Persönlichkeit ⎮ herrscht und sich 〜 hingebend 🧍 verwirklicht. So wird sie ∟ verbreitet (bewegt) und ⬤ bewirkt (ergibt), dass sie ⎮ aufrecht und fest begründet steht.

331

All das zusammen (gesammelt) ist Gerechtigkeit und Wahrheit. So kann gegeben werden (zum Nutzen, zum Verteilen, zum Anwenden) das Gesammelte (der geordnete Lebensraum steht zur Verfügung) als **Vorschrift (Befehl) und** Wegführer für das Junge.

In ihm (durch sein Leben) ist die Lebensbasis, welche wirkt (ergibt) das verjüngt erwachte ICH; dies schafft die ewige Isis. (Isis hier als göttlich-weiblicher Lebensraum wie Frau, Erde, Weltall verstanden). - Im folgenden Spruch nun kommt mehrmals bedeutungsvoll die Hieroglyphe Atum vor. Ideogramm und Wort sehen hieroglyphisch ausgeschrieben so aus und bedeuten: **Die göttlich-schöpferische ICH-Idee ist das wahre Gesetz** (das ICH hat sich ja nicht selbst erschaffen, sondern stellt einen göttlichen Willensausdruck dar) **und** schafft deshalb das richtige Fahrzeug (Sandschlitten als Symbol für Fahrzeug, Werkzeug und Lebensweg).

Sie (Isis) schafft so die Möglichkeit (die Gefässe bzw. 'Körper', gefüllt mit allem dazu Notwendigen), welche der Wahrheit und Gerechtigkeit göttliches Fahrzeug gibt. Zwei Arme als Vollstrecker Deines Willens im Diesseits und Jenseits sind Deine unsterblichen Möglichkeiten, gerecht und wahr den von der Gottheit bestimmten Weg zu verwirklichen.

Dir wird ⬥ **gegeben ein** ➤**Sinnenleib** (zeigt Tierfell mit Zitzen und Schwanz. Sinnenkörper als altägyptisches Wort heisst als Sinn genial: ➤ Der Leib, der ⬥ergibt, möglich macht, das I Ich), **der Dir die** ➤ **Möglichkeit** ⬥ **gibt, den göttlich bestimmten** ▬ **Weg** ⬥ **gerecht und wahr zu verwirklichen.**

Diese göttliche Basis ⌐ (⌐ = Werkbank; z.B. das Wort 'geschickt' im Sinn von: Tüchtigkeit wird hieroglyphisch so geschrieben ⟦⟧. Also, nach ⎮ göttlichem Plan werden ⟦⟧ die Lebewesen ⌐ geschickt, hergestellt, 'gemacht', so dass sie als ⎮ harmonische Wesen - beim Menschen: als harmonische Persönlichkeit ▭ Lebensfundamente sind) **vereinigt** ➤ (ist das Gefäss) **die** ⬥ **göttliche Wahrheit und Gerechtigkeit.**

Das ⬥ **ergibt das göttliche Prinzip, wie man** ▬ **seinen Weg gehen kann. Dein** ⬥**Tierkörper** (⬥ Sinnenkörper. Hieroglyphisch ausgeschrieben sieht das so aus: ⟦⟧ , und will wunderschön und klar auf die schöpferische Bedeutung des sinnlichen Körpers als Möglichkeit, ⬥ junges und neues Leben in der ⫽ Dualität von Mann und Frau zu zeugen, hinweisen) **ist Dir** ➤ **Werkzeug** (Gefässinhalt = Gesamtheit aller Werkzeuge), **um in** ⬥ **Gerechtigkeit und Wahrheit zu leisten**⬥ ▬ (dem Leben zu geben) **das Göttliche in Dir.**

Deine ⌊ ⌊ **Beine sind Dir** ➤ **Möglichkeit,** ⬥**gerecht Deinen** ▬ **göttlichen Weg zu** ⬥**verwirklichen** (dein Bestes zu geben).

Im folgenden Abschnitt kommt ⌐ Anubis vor. Anubis ist Diener der Isis und ist damit als Wesenheit in dem Sinne gemeint, ganz konkret im Jenseits den Verstorbenen neue Körper, bestimmt für die Wiedergeburt, zu schaffen. Hieroglyphisch sieht Anubis so aus: 𓃢𓃣𓏏𓊪. Das Wort Anubis ist griechisch, altägyptisch heisst es 'Anpu' und bedeutet: Das 𓃢 göttliche Lebewesen, das die Aufgabe hat, die im Jenseits Lebenden zu ～ beleben, zu 𓃒 verjüngen und sie 𓊪 lebensrichtig physisch (also zurück ins Diesseits) zu ☐ verkörpern.

Dein Gesicht (Produkt der bisherigen Entwicklung und erworbenen Fähigkeiten und Schwächen) **ist** ⌐ (das Gesicht als 'Gefäss' der Reinkarnationssumme) **gerecht** (gerichtet nach dem Gottesurteil als kausale Wirkung des abgelebten Lebens) **von** ⌐ **Anubis nach göttlichem Auftrag geschaffen.**

So wirst Du wieder werden und entstehen als ～ **belebtes** ⌐ **Gefäss** (Körper als Gefäss für das ICH-Programm von Geist, Seele und Körper, was als Werkzeug dient) **und** ▲▲▲**ewige Stätte haben als Gotteskind.** - Horus ist Sohn von Osiris, das bedeutet: die ewige Wiederverkörperung der ICH-Idee im Universum bzw. in der Gottheit selbst. Bei Männern: Gottessohn! Bei Frauen: Gottestochter! - Weil der Text aus der Pyramide von Pharao Unas stammt, müsste Gottessohn stehen.

So wirst Du wieder **entstehen als** ～**belebtes** ⌐ **Gefäss und** ▲▲▲**ewige Stätte haben in Sinnenkörpern.**

Übersetzung nach Prof. Kurt Sethe

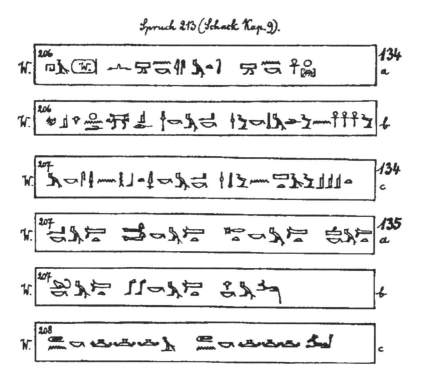

Spruch 213 — Übersetzung.

Spruch 213.
Spätere Varianten.

Neit•N.t, Jpwj•t, Jby•J, Oudjebten•a
M1C, B1P, B4, B6, T9, Th.T240, B19, M2, M5, Lg9, B10,
B10', B10", Th.1L, Th.8, Th.T319, T4Be, B.H.1, B.H.3, β, η, ς,
κ, λ.

Übersetzung.

134a O Wnjs. Du bist nicht weggegangen tot; du bist wegge=
gangen lebend,

134b (damit) du setzest dich auf den Thron des Osiris, in=
dem dein ꜥbꜣ-Szepter in deiner Hand war, als du den
Lebenden befahlst,

134c der Griff deines Lotusblütenszepters ist (nun) in dei=
ner Hand, und du befiehlst denen mit geheimen Stät=
ten (d.i. den Toten).

135a Deine Arme sind (die des) Atum, deine Schultern sind
(die des) Atum, dein Leib ist (der des) Atum, dein Rücken
ist (der des) Atum,

135b dein Hinterer ist (der des) Atum, deine Füße sind (die
des) Atum, dein Gesicht ist (das des) Anubis.

135c Dir dienen die Stätten des Horus, dir dienen die Stät=
ten des Seth.

Spruch 248

Pyramiden-Texte
(Unas-Pyramide, Westgibel rechts, vor Sarkophagraum)

Ewig und ein Bedeutender (Grosser, einer der zu bestimmen hat) ist Unas (Unas = der zum Leben Berechtigte, Auserwählte), **und er wird deshalb zur richtigen** (ihm gemässen) **Verkörperung gegeben, also zur grossen und bedeutenden Persönlichkeit** (Kenner und Vollstrecker der Gesetze).

So **kommst Du bewusst heraus** (aus dem Prozess des Überganges vom Tod ins Jenseits)**, bist belebt** (durch das Wasser des Lebens verjüngt).

Unas, Du bist auf dem geraden (richtigen) **Weg, wie dieser von der Gottheit bestimmt** (gemacht, gegeben) **ist.**

Belebt gemacht durch die mächtigen, zusammenwirkenden Kräfte des Diesseits und des Jenseits der Götterneunheit.

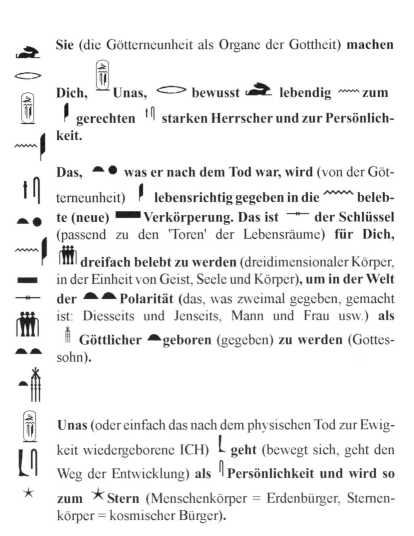

Sie (die Götterneunheit als Organe der Gottheit) **machen Dich, Unas,** bewusst **lebendig zum gerechten starken Herrscher und zur Persönlichkeit.**

Das, was er nach dem Tod war, **wird** (von der Götterneunheit) **lebensrichtig gegeben in die belebte (neue) Verkörperung.** Das ist der Schlüssel (passend zu den 'Toren' der Lebensräume) **für Dich, dreifach belebt zu werden** (dreidimensionaler Körper, in der Einheit von Geist, Seele und Körper), **um in der Welt der Polarität** (das, was zweimal gegeben, gemacht ist: Diesseits und Jenseits, Mann und Frau usw.) **als Göttlicher geboren** (gegeben) **zu werden** (Gottessohn).

Unas (oder einfach das nach dem physischen Tod zur Ewigkeit wiedergeborene ICH) **geht** (bewegt sich, geht den Weg der Entwicklung) **als Persönlichkeit und wird so zum Stern** (Menschenkörper = Erdenbürger, Sternenkörper = kosmischer Bürger).

Als scharfe (im Sinne von klar und wahr) **Persönlichkeit verkörpert bist Du gegeben** (wirst Du gestellt) **als wichtig in den Vordergrund.**

Das ergibt die **Basis** (Rückgrat) der **Verjüngung** (Erneuerung des Lebens) **und kommt so in Gang** (wird verwirklicht: Zellteilung, Wachstum) **nach den Gesetzen der Wahrheit und Gerechtigkeit** (Maat-Eule für Gerechtigkeit und Wahrheit).

Dies ergibt (auf dieser Basis) das **unendliche Weitergehen** (weitergehen im Sinne von: unendlich fortschreitende Entwicklung) **und Wirken.**

Das bringt lebendig zusammen das jeweils **Belebende von Dies- und Jenseits und wird so zum Rohstoff** (der durch das ICH zur Verkörperung genutzt wird: Ei und Zeugung, Lebensraum plus lebendige Inhalte), **der bewusst gemacht wird** (bestimmt ist für etwas), **damit Sinnlich-Materielles entstehen kann** (man beachte die Ähnlichkeit der Hieroglyphe mit der DNS-Doppelhelix).

So wird das **ICH bewusst gemacht und belebt auf den Weg gegeben zum Licht** (das göttliche ICH verwirklicht). **Täglich kommt das richtige Licht und belebt Unas** (Lichtenergie als Nahrung für den Energiekörper, die Seele).

339

Isis L (der ewig-weibliche Teil der Gottheit empfängt vom aktiven Teil der Gottheit die ICH-Idee - alles im Universum ist unendliches Zeugen und Empfangen und muss in der Wirkung göttliche Qualität haben, ansonsten es qualifizierenden 'Veränderungen' anheimfällt) **wirkt den edlen Sinnenkörper, in den das Gotteskind gezeugt und in seinem individuellen Profil zur Realität gebracht wird. Das Können und Wirken des Göttlich-Weiblichen und Mütterlichen** (die Fähigkeiten und Leistungen im Dies- und Jenseits der Isis) **schafft und leistet, damit Unas strahlend** (wie die Sonne am Horizont) **aufgeht, gerechtfertigt und wahr** (echt vor der Gottheit) **als Persönlichkeit, die sich bewegt, bis sie zum Stern geworden ist** (bis sie das göttliche Ziel erreicht hat und fähig für reales ewiges Leben geworden ist).

Übersetzung nach Prof. Kurt Sethe

Spruch 248. Übersetzung.

262a. W ist ein Großer. W ist hervorgegangen zwischen den beiden Oberschenkeln der Götterneunheit.

262b. W ist empfangen worden von der Sachmet, die Šsm.t ist es, die ihn geboren hat,

263a. (als) Stern mit scharfer Stirn (= Blick) und langen Schritten, der den Wegebedarf dem Reʿ bringt alle Tage.

263b. W ist gekommen zu seinem Throne, der über den beiden Schutzgöttinnen von Ober- und Unterägypten (nb.tj) ist, und er erscheint (wie ein solcher König gekrönt) in Gestalt eines Sternes (als ein Stern).

Zehntes Kapitel

Das ICH und sein Ziel: Erlösung - Selbsterlösung!?

Die Pyramidentexte schildern wahrheitsgemäss die Entwicklung des ICHs vom göttlichen Ursprung her zu seinem göttlichen Ziel; und die gegenwärtige Wissenschaft und Naturerkenntnis bestätigt, bei näherer Betrachtung, voll und ganz die altägyptische Botschaft, welche Sinnesantworten zu geben vermag (wovor sich eben unsere Heutigen drücken), auf die das ICH gar nicht verzichten kann! Dort, wo die Wissenschaften vermeinen, die altägyptische Weisheit kritisieren zu müssen, liegt in Wahrheit Unfähigkeit vor. Ja, eine gigantische Unfähigkeit liegt vor, weil keine richtige Ahnung von der Wahrheit besteht, geschweige denn ausreichende Kenntnisse und Fähigkeiten, die Altägypter zu kontrollieren. Seriöse Kritik liegt aber nur dann vor, wenn der Kritiker etwas von der Sache versteht, und das ist offenbar bei den heutigen Wissenschaftlern nicht der Fall (mindestens bei den 'Offiziellen' nicht). - Die dogmatischen Kirchen wiederum brauchen nicht einmal erwähnt zu werden: dies sind die weitaus Schlimmeren als die Wissenschaften. Die Wissenschaft ist Licht mit Schatten; dogmatische Religion ist Jauche mit Wasser (das merkt man, wenn sie davon sprechen, etwas Wahrheit wäre doch vorhanden: auch in der Jauche hat es Wasser - doch der Nährwert ist doch bedenklich gering, wenn nicht gar lebensbedrohend!). Nein, sie haben niemals Gott oder der Gottheit gedient, sie haben aber unvorstellbar vielen Menschen und Lebewesen geschadet und tun es heute noch, indem sie verhindern, dass das ICH seinen eigenen, individuellen Weg findet und ihn gehen kann. Mir hat kürzlich ein katholischer Priester zugestimmt und gesagt: "Sie sind gegen das, worunter wir selber leiden!" Richtig! - Der Nachteil der Wissenschaft dagegen ist nicht das Menschliche und das damit verbundene Irren, welches dann aber doch irgend einmal dem Fleiss und der Erkenntnis weichen muss; der Nachteil der Wissenschaft liegt hauptsächlich in ihrem möglichen Missbrauch durch diejenigen, die gar keine echte Wissenschaft betreiben, sondern nur von ihr leben wollen - für welche also die Wissenschaft eine Kuh ist, die man melkt; und 'Wahrheit', die beim 'melken' stört oder gar den "Milchpreis" verdirbt, wird von denen bekämpft. - Beachten wir doch in diesem Zusammenhang die Medizin: Ihre Geschichte wimmelt, ja eigentlich davon (so kenne ich keine einzige Ausnahme), dass geniale Männer und Frauen gehindert und unterdrückt wurden. Als Beispiel für unendlich vieles stehe hier die Geschichte der Narkose: über Jahre hinweg wurde der Arzt und Erfinder der Äthernarkose von der Ärzteclique, die ihm den Erfolg offenbar neidete, bekämpft! Man beachte: ein Arzt, welcher eine eindeutig positive (er hatte sie zigmal demonstriert!) Entdeckung zum Wohle der Menschen gemacht hat, wird von anderen Ärzten bekämpft! Über Jahre hinweg wurden unnötig Menschen ohne Narkose bei Operationen und anderen Eingriffen gequält!!! Hast Du begriffen, Mensch? Es sind nicht die Kirchen, und es sind nicht die Wissenschaften, die über die Qualität, den Segen oder das Unheil entscheiden - es ist der Mensch. Nimm einen edlen Menschen (das Geschlecht ist dabei völlig egal) und übergibt ihm die Kirche - und die Kirche ist gut geworden. Nimm einen edlen Menschen (das Geschlecht ist dabei völlig egal) und übertrag ihm wissenschaftliche Aufgaben - und jede Wissenschaft ist sauber und gut geworden. Dann stimmt aber auch die umgekehrte Rechnung: entferne egoistische Menschen aus allen Positionen, wo Du ein sauberes und gutes Resultat möchtest, oder gar unverzichtbar brauchst! Darum lehre ich meine kosmisch fundierte Menschenkenntnis, vor der sich kein suchender und irrender Mensch fürchten muss - ganz ihm Gegenteil: Diesem wird sie seinen individuellen Weg zu Glück aufzeigen! Nur Kriminelle jedweder Art müssen die Wirkung meiner Arbeit fürchten, und es ist eine Ehre, dieses Gesindel als Feinde zu haben. Es ist dagegen eine gotteslästernde Schande, Freundschaften dort einzugehen und solchen Kompromissen zuzustimmen, die das Kriminelle noch begünstigen. Positive Kompromisse sind natürlich sinnvoll: denn wenn jemand in seinem wahren ICH wach wird und ein echtes, ehrliches Einsehen hat, ist der positive Kompromiss die Lebensbrücke zum Ufer des Glücks, der besseren Zukunft.

Hoffentlich denken Sie nicht, ich wäre vom Thema abgekommen, weil ich ja dieses Kapitel mit 'Erlösung' überschrieben habe. Nein, nein! Näher als mit den letzten Zeilen kann man dem Thema gar nicht sein, denn: Leben ist unendliche Gleichzeitigkeit - das aber bedeutet: *wenn das ICH nicht Erlöser für die anderen ICHs ist, so ist doch eine eigene Erlösung auch gar nicht möglich!* Dieses: "Ich komm in den Himmel mit wenigen Auserwählten, und viele andere kommen in die Hölle!", dieses ist doch in Wahrheit Egoismus und Schwachsinn auf religiöser Ebene. Das, was ein ICH als Beitrag in irgend einer Form dem Leben leisten kann, ist zu leisten. Es ist keine Schuld, ist kein Muss; es ist Selbstverständlichkeit für das göttliche ICH.

Nach den Pyramidentexten ist die Erlösung dann erreicht, wenn das ICH seine Entwicklung bis zum Stern im Weltraum verwirklicht hat. Schön, denken einige, können sich aber verständlicherweise nicht sehr viel unter einem Sternen-Dasein vorstellen. Ich will versuchen, es Ihnen zu erklären, und danke zum voraus für Ihre humorvolle Güte und Ihr Schmunzeln: folgendes Gleichnis soll das Problem erklärend verdeutlichen. - Wie soll man Ameisen erklären, was Mensch-Sein bedeutet? Wie soll man Menschen das Sternen-Dasein erklären, wo eigentlich der evolutionäre Abstand vom Mensch-Sein zum Sternen-Dasein noch grösser ist, als der evolutionäre Abstand zwischen Ameise und Mensch? Sie denken: dieser Autor ist doch auch ein Mensch, und der will so etwas wissen?! An ihren Früchten sollt ihr sie erkennen! sei hier die erste Antwort - und die zweite: ein klares Ja. - Ich soll es wissen, um es mit denen allen zu teilen, die es auch wissen möchten!

Was ist ein Stern? Frag' die Astrophysik; die Antworten sind recht gut. Mehr aber kommt hier: warum sind diese Sterne, Sonnen, Zentralsonnen, Galaxien frei im Raum? Nichts hält sie. Die Erkenntnisse der Astrophysik beschreiben festgestellte Wirkungen, dass im Weltraum Gesetze herrschen, aber nicht, worin diese Gesetze ihre Ursache haben, wer oder was sie geschaffen hat. Merke, Mensch: Form ist immer die Wirkung von Bewusstsein. Im ganzen Universum findest Du

Form oder Formen, die materiell sind und vieles andere, was Eigenschaften aufweist (Materie ist eine Form von Information). Der ganze Weltraum ist ausnahmslos voller Bewusstsein unendlicher sowie endlicher Art. - Das ICH ist zum Stern geworden, das heisst, es hat sein kosmisches Ziel erreicht. Das aber ist Unsterblichkeit. Zur Ewigkeit und Unsterblichkeit zählt aber alles - auch das Sterbliche, auch der Augenblick als ich diese Zeilen schrieb, und der Augenblick, wo sie gelesen werden. Das heisst aber, dass das Ewige sichtbar ist für den, der weiss, wie sich das Ewige dem Sterblichen zeigt! Eine Stereo-Schallplatte auf einem Monoplattenspieler abgespielt verliert dadurch ihren tonalen Raumeffekt. Einer aber, der weiss, was Stereo ist, kann sich sehr richtig vorstellen, wie die Schallplatte in Stereo tönen würde, und der Fachmann erkennt die Stereofähigkeit an der Art der Rillen auf der Schallplatte. - Und so geht es mir um Ihretwillen. Wenn das ICH sein göttliches Ziel erreicht hat, ist es gleichzeitig Unendlichkeit und Endlichkeit: zudem zusätzlich noch göttlich-kreativ. Die Realität der Ewigkeit braucht das Leben, um ewig bleibend zu sein. Derjenige oder diejenigen, welche den Begriff vom jüngsten Tag formulierten, haben es eindeutig auch verstanden: der jüngste Tag - das ist der Frühling, das ist der Tag, an dem alles wieder jung, neu wird, weil vorher dafür die Voraussetzungen geschaffen wurden! Gescheit war Friedrich der Grosse, der einmal sagte, am jüngsten Tag erhalte jeder alles wieder, was ihm gehöre! Ein erwachtes ICH als grosser König! Ich grüsse Dich, Edler, hier aus der Zeit (sozusagen ein kosmisches E-Mail). - Zurück zum ICH als Stern: Unendlichkeit und Endlichkeit reichten nicht aus, um die Ewigkeit auszumachen: es braucht noch dazu die Bewegung in der Unendlichkeit und in der Endlichkeit. Das aber ist im Stern der Fall. Er leuchtet: das ist seine Energie und sein Leben. Er ist frei im Raum - nein, er ist getragen von der lebendigen Ewigkeit und hat in ihr seinen individuellen Platz. Dieser Platz ist aus Ewigkeit, darum nicht sichtbar, oder **nur in dem Teil sichtbar, der dem Wesen zur Verfügung steht,** und das ist für uns Menschen der leuchtende Punkt im All. - Aus der Sicht des Sterblichen zeigen alle Unsterblichen die Gangart der Spiralbewegung. Der Stern ist aber nicht nur Energie; er ist aus dem Willen der Gottheit, die das ICH will, entstanden. Alles ist deshalb auch gleichzeitig göttlicher Auftrag - und weil das ICH aus Gottheit besteht, ist es gleichzeitig unendlich freier ICH-Wille. Das ewige Leben besteht darin, dass das ICH nicht nur seine Aufgabe erfüllt hat, sondern auch erlernt, so zu leben, dass es alles tun oder lassen kann, was immer es will - dass es für alle eine lebensfördernde Wirkung hat! Das ICH muss 'paradiesfähig' werden - das heisst also: lebenstüchtig in kosmischer Qualität. Die ersten Schritte aber sind: lebenstüchtig zu sein auf sterblicher Ebene. Das ICH gleicht dabei einer kosmischen Pflanze, die gesunde Wurzeln auf der Erde bilden soll, um auf ihr heranzuwachsen und in das Universum zu erblühen.

In diesem Sinne ist die Selbsterlösung richtig, und kein ICH, das wirklich auch nur ein wenig 'verstanden' hat, möchte, dass ein anderes Wesen stellvertretend für seine Irrtümer zahlen muss. Gnade wäre allein die Chance, alles Verbrockte selbst in Ordnung bringen zu dürfen, was zu regeln ist.

Aber im Lichte der Sternenerkenntnis, von der aus ich schreiben darf, ist auch das mit der Selbsterlösung nicht falsch - aber auch nicht ganz richtig. Denn es braucht keine Erlösung, und es braucht keine Gnade! **Denn Du, ICH, bist von der Gottheit geschaffen, und das ist der Garant dafür, dass das ICH auf individuelle Weise und zum individuell richtigen Zeitpunkt absolut sicher sein Ziel erreicht!** Vielleicht durfte ich deshalb 'aus dem Sternenlicht' dies hier schreiben, weil es nur so Sinn macht; denn die Gottheit ist der Friede, und der Friede ist das Zusammenleben der in der Unsterblichkeit Erwachten.

Und all das andere, das Leid? Mensch, ich habe es schon einmal erklärt! Alles Leid erreicht nur Deinen Körper, niemals Dein unsichtbares ICH. Sehn' Dich nach Deinem individuell-göttlichen Bewusstsein - und Du leidest nicht mehr. Wo aber das Bewusstsein am Vergänglichen haftet, ist es wegen der Nebenwirkungen der Lebensprozesse durch Leid erreichbar - ...unendliche Gleichzeitigkeit! Schau Dir einen geliebten Menschen an: dieser hat aber gleichzeitig Magen-,

Darminhalt, Organtätigkeit. - Mann, denkst Du beim Anblick einer schönen Frau an deren Magen- oder Darminhalt? Kaum, würde doch wohl stören. Frau, denkst Du beim Anblick eines attraktiven Mannes an dessen Magen- oder Darminhalt? Kaum, würde doch wohl stören. Aber während Ihr Euch liebt, ist alles gleichzeitig zugegn! So wie Du diesen Menschen bewusstseinsmässig sehen, erleben willst **und kannst**, erscheint er Dir. Er erscheint Dir als subjektive Teilwahrheit! - **Du gleichst dem Geist, den Du begreifst!** Je mehr aber ein ICH die Gesetzmässigkeiten des Lebens verstanden hat und damit umgehen kann, kann es besser und richtiger mit Leben umgehen und Leben erleben.

Ach, Mensch! Da warst Du ein Kind und konntest Dir das Erwachsensein nicht vorstellen; dann wurdest Du Erwachsen, gemäss den Naturgesetzen - und ganz unabhängig von dogmatisch-religiösen Macht- und Dogma-Meinungen. Im Gegenteil; oft genug haben diese bösartigen Missbräuche dem Menschen das Heranwachsen zu Lebenstüchtigem schwer gemacht und schlimme, gar schädliche Folgen gewirkt. - Wenn es doch so ist, warum machst Du, Mensch, nicht endlich Schluss mit dem bösartigen Unfug und vertraust der Natur als göttlicher Botschaft des Lebens? *Vertraue dem, was Dich erschaffen hat und wende Dich an das in Dir, was die Verbindung zum Ewigen ist!*

Nutzen wir die Vernunft und das kosmische Gesetz, dass alles eine **unendliche Gleichzeitigkeit** ist.

Mensch, Du gehst auf Deinen zwei Beinen - und wichtig ist, dass beide gesund sind. Ob man einmal auf dem linke Bein steht oder auf dem rechten, ist in diesem Sinne unerheblich. Wenn ein Bein verletzt ist, hinkt der Mensch, oder in schlimmeren Fällen humpelt er gar: Nimm für ein Bein das sterbliche Leben und für das andere Bein das Seelenleben! Verstehst Du, Mensch, wenn ich davon spreche, dass es für mich nicht wichtig ist, ob ich wach bin oder träume, weil dort, wo ich bin, bin ich ICH.

Je nach individuellem Leistungsvermögen und Nutzen für das Leben ist ein ICH länger oder weniger lange Mensch. Mensch ist man nur eine Zeit lang - **ICH aber ist man ewig!**

Das Kind kann sich das Erwachsen-Sein nicht richtig vorstellen; der Erdenmensch kann sich die kosmische Existenz nicht richtig vorstellen. Dank der Entwicklung meiner Seele kann ich schauen, was ich Ihnen hier mitteile.

Und Sie brauchen mir nichts zu glauben: **Nein, lernen Sie, selbst zu erkennen!** Fragen Sie sich selbst, was daran wahr ist und was Ihrem Leben Freude und Sinn gibt.

Wer körperliche Übungen ausführt, trainiert und stärkt seine körperlichen Möglichkeiten. Wer nicht und niemanden blind glaubt, aber alles auf seine Nützlichkeit für das individuelle Leben prüft und derart kreativ über die Dinge nachdenkt, trainiert und stärkt seinen Geist. Diese Weise des Denkens enthält die Gleichzeitigkeit und stärkt, einfach dadurch, dass immer und immer wieder über diese Fragen des Lebens nachgedacht wird, die individuell-geistige Erkenntnisfähigkeit - und dann kommt plötzlich der Augenblick (er kommt individuell immer richtig!), wo Sie erkennen werden, was ich Ihnen hier schildere: Sie werden freudig - dank Ihren eigenen, gewonnenen seelischen Erkenntnisfähigkeiten - **selbst gelernt haben, im Bewusstsein der unendlichen Gleichzeitigkeit zu erwachen, zu schauen!** Sie werden dann feststellen, dass ich Ihnen die beobachtete Wahrheit mitgeteilt habe; aber Sie werden auch Abweichungen finden - und das ist natürlich, denn Sie sind individuell und erleben die lebendige Wahrheit etwas anders, als jedes andere Lebewesen!

Wenn dort ein Baum ist, der gemalt oder abgezeichnet werden soll, und um ihn herum sitzen Menschen, die ihn malen und zeichnen wollen, so wird auf allen Bildern der gleiche Baum eindeutig zu erkennen sein - die kleinen zu beobachtenden Abweichungen ergeben sich aus dem unterschiedlichen Standpunkt, von dem aus der Baum gesehen wird sowie aus der individuellen Fähigkeit, das Gesehene richtig zu malen, zu zeichnen!

Der Baum des ewigen Lebens ist die Gottheit - und jedes ICH darf SIE individuell sehen.

Jedes ICH darf in seinem Glück die GOTTHEIT nennen, wie es will, und SIE freut sich über jeden Namen, den andere IHR aus ihrer Freude heraus geben.

Ich schliesse dieses Buch mit den Namen für die GOTTHEIT der Eingeweihten Altägyptens, der immer in mir lebte:

**Vater der Väter, Mutter der Mütter
- unter Deinen Füssen fliesst die Zeit.
AMUN will das Glück aller Lebewesen!!!
...und was man dem Geringsten hat angetan,
das hat man der GOTTHEIT angetan...**

Die Osiris-Universität wurde im April 1988 in Kairo gegründet und arbeitet aus und mit der Erkenntnis, dass der lebendige Weltraum als reale Basis eines unfassbaren, schöpferischen Prinzips Sinn und Bedingung allen Lebens ist! Diese Realität lässt sich aus der *unendlichen Gleichzeitigkeit aller Dinge* erkennen. - Wer die Gesetze des Universums kennt, kann in sich und in allen Lebewesen die Schöpfungsabsichten lesen, ja verstehen. Das bedeutet praktisch: Je mehr das ICH sich selbst - und alles andere um sich gleichermassen - im Lichte des schöpferischen Lebens konkret versteht, erlebt es sich immer weniger im Gegensatz zu den Dingen, sondern mehr und mehr erwirbt es die Fähigkeiten, auf lebenstüchtige Weise ganz sich selbst zu sein, ohne dass dies zu Lasten anderer geht, weil es durch die erworbene *Selbsterkenntnis eine universale Lebenstüchtigkeit* gewinnt, die es in eine unendlich-harmonische Wechselbeziehung zum ewigen Leben bringt. - Die Kreativität der Gottheit zeigt sich vor allem auch in der Tatsache, dass alles Geschaffene absolut einmalig ist, ***und deshalb ist die lebendige Wahrheit nur über lebenstüchtig gelebte Individualität zu erreichen!*** Das heisst, es gilt überall und in allem das Individuelle zu erkennen und in seinen harmonischen und nützlichen Wechselbeziehungen zu leben. Osiris bedeutet korrekt übersetzt: individuelle, unsterblich-göttliche ICH-Idee - und diese, lebenstüchtig entwickelt, dient nicht nur sich selbst, sondern steht zum ganzen Schöpfungskreis in einem harmonischen, nutzbringenden Verhältnis. Dieser Aufgabe widmeten sich die Eingeweihten Altägyptens, und sie soll im Rahmen der Osiris-Universität weitergeführt werden. Unsere Universität kann aus Gründen der Unabhängigkeit nur eine private sein. - Eine Wirkung dieses wissenschaftlichen Tuns und Forschens ist auch das Buch: Das ICH und sein Schicksal .

Die Osiris-Universität ist zur Zeit die einzige Universität, die konsequent auf der Basis des Universums arbeitet! Eine zusätzlich unerreichte Leistung ist die Ausbildung von Ärzten und Naturheilpraktikern in der Hermetischen Diagnostik. - Das *Verstehen des eigenen Schicksals* ist mit unseren Methoden auf seriöse Weise möglich; auch Partnerschafts- und Existenzfragen werden damit einer sinnvollen und praktisch realisierbaren Lösung zugeführt. - Die Rätsel des Todes hatten die Eingeweihten Altägyptens mittels kosmischer Erkenntnis für sich real gelöst, und wir bieten, aus direkter Quelle schöpfend und auch Quelle seiend, dem Suchenden diese Erkenntnisse an!

Im diesem, dem ewig-kosmischen Leben verpflichteten, Geiste laden wir Interessierte herzlich zum Mitwirken ein.

Meistens entscheidet öber Erfolg und Misserfolg im Privat- wie im Berufsleben eine fundierte praktische Menschenkenntnis!

Prof. Max Bänziger (Private Osiris-Universität) arbeitet auf der Grundlage kosmischer Naturgesetze und altägyptischer Weisheit. **Jeder Mensch ist eine gewollte kosmische Idee, die in sich den Schlüssel für ein positives Leben trägt.** Sie lernen das Natur-Alphabet, mit dem Sie sich selbst und jeden Menschen individuell lesen können: also keine Typen- oder Naturelllehre, oder sonst wie sortierte Vorurteile, sondern **exakte Psychologie**. Mit sicherer Information über Stärken und Schwächen eines bestimmten Menschen werden Leid, Enttäuschungen weitgehend vermeidbar. Dort, wo menschliche Situationen verbessert werden sollen, werden die Störungen aufgedeckt und durch Wissen und Können seriöse Lösungen gefunden. Als Selbsterkenntnis angewandt, wirkt unsere Lehre Stärkung des ICH!

Kursprogramm: Physiognomie I - III: Einführung, Charakter, Fähigkeiten, Liebe, psychologische Analysen, Studien aus dem Alltag / **Farbenpsychologie:** Spektralanalyse der Persönlichkeit, unerreichte Testverfahren: Eignungstests (Beruf, Partnerschaft etc.), Sexualität, Ehrlichkeit, individuell erfolgreiches Erscheinungsbild im Zusammenhang mit Farben, Raumgestaltung / **Körpersprache:** Jeder Gedanke zeigt sich dem Kenner in einer bestimmten Bewegung und Mimik; Gedankenlesen in jeder Situation / **Handlesen (Chirologie):** Vererbung, Talente; die Hände zeigen in ihrer Gesamtheit den Willensausdruck des Lebens, also den Lebensplan als Basis und Voraussetzung zur individuellen Entfaltung / **Graphologie:** eine neue, geniale Graphologie, mit der aus einem Wort, aus der Unterschrift Wesen, Eigenschaft und Absichten zuverlässig gelesen werden / **Motivforschung:** Suggestion, Traumdeutung (die erste Methode kosmischer Traumdeutung mit unerreichter, sicherer Deutungsfähigkeit) / **Rede- und Verhandlungstechnik / Erfolg und Erfüllung im Liebesleben / Freiwillige Abschlussprüfung** (obligatorisch für Diplomabschluss). - *Verlangen Sie unser ausführliches Seminarprogramm (Ferienseminare)!*

Osiris AG Wissenschaftl. Inst. auf Basis altägyptischer Weisheit
Sonnmattstrasse 9 - CH 6028 Herlisberg - Tel.: ++41 (0)41 930 36 86
Fax: ++41 (0)41 930 37 25 - Zweig Zürich Tel.: ++41 (0) 1 291 02 36
E-Mail: info@osiris-ag.ch - Internet: http://www.osiris-ag.ch

**Max Bänziger** wurde 1941 in Basel geboren. Seit Jahren beschäftigt er sich mit der altägyptischen Mysterienweisheit, und Altägypten ist für ihn seelisch-geistige Heimat. Durch seine hochinteressanten und lehrreichen Vorträge und Seminare ist er im In- und Ausland bekannt. Er übersetzt Hieroglyphentexte, die angeblich nicht zu übersetzen sind. Er gilt als Pionier für eine neue, lebendige Ägyptologie und überzeugt mit verblüffend konkreten und praktischen Leistungsphänomenen. Trotz äusserst einfacher Herkunft entwickelte er eine für unsere Zeit neue, exakte Psychologie auf kosmischer Grundlage, die praktisch in allen Lebensbereichen zuverlässig und kontrollierbar überdurchschnittlich leistungsfähig ist. Zum Beispiel erkannte Dr. med. Franklin Bircher (Mitforscher von Prof. Niehans M.D.) schon 1976 seine ausserordentlichen Fähigkeiten, die er für genial erklärte.

Seine herausragende Leistung im Zusammenhang mit der altägyptischen Kultur ist seine Erkenntnis, dass die alten Ägypter eine kosmische Religion entwickelt hatten, die auf erstaunlichen kosmischen Erkenntnissen beruht, welche zum grossen Teil von unseren heutigen Wissenschaften gar noch nicht erreicht ist. Die modernsten Erkenntnisse heutiger Astrophysik finden verblüffende Bestätigung in den altägyptisch-kosmischen Erklärungen und Schilderungen kosmischer Lebensprozesse: nur mit dem Unterschied, dass die alten Ägypter im Zusammenhang von sinnvollen Erklärungen bedeutender Zusammenhänge für den Menschen der heutigen Wissenschaft deutlich überlegen waren. Auch die religiöse Bedeutung ist phänomenal, weil die altägyptische Religion eine Gotteswissenschaft von Wissen und Können war, und das Beste daraus in vielen heutigen Konfessionen nachweisbar aus Altägypten stammt - wenn auch leider (eher mehr, als weniger) falsch verstanden.

Im April 1988 bot sich ihm in Kairo die Gelegenheit, die private Osiris-Universität zu gründen und als Professor zu führen. Das war deshalb nötig, weil er in reiner Form sozusagen die Brückenfunktion von Altägypten zu uns mit dieser Universität leisten will und auch dafür sorgen möchte, dass die Übermittlung der altägyptischen Erkenntnisse *sauber* erfolgt und nicht unter Interessenlagen sowie dogmatischen Intrigen womöglich leidet.